雲南文庫

百人百部

当代云南社会科学百人百部优秀学术著作丛书

中国西部经济周期研究

梁双陆/著

云南大学出版社
云南人民出版社

作者小传

梁双陆，男，云南石屏人，彝族，1970 年 7 月出生，研究员，经济学博士，博士生导师。立志为云南经济发展贡献毕生。先后在云南省经济研究院、云南大学发展研究院从事教学科研工作。主要研究兴趣为边疆经济与次区域国际经济一体化、西部经济发展与能力构建、云南经济运行与工业经济发展等，承担“空间经济学”和“国民经济核算”的课程教学工作。主持了 2005 年国家社科基金青年项目“国际区域经济一体化背景下中国西部边疆经济发展研究”和 2011 年国家社科基金一般项目“西部大开发中的自我发展能力构建研究”，以及教育部人文社科项目“中国边疆桥头堡经济研究——基于空间经济学的分析”，主持完成云南省政府决策研究课题 10 项，主研省级及以上课题 30 余项，所主持的项目获国家级“良好”等级鉴定和省级“优秀”等级鉴定。先后发表《边疆经济学》等著作 4 本。研究成果获 1997 年中国发展研究奖一等奖，云南省社科优秀成果一等奖 2 项，三等奖 1 项。

图书在版编目（CIP）数据

中国西部经济周期研究／梁双陆著．—昆明：云南大学出版社，2012
（当代云南社会科学百人百部优秀学术著作丛书）
ISBN 978－7－5482－0890－7

Ⅰ.①中… Ⅱ.①梁… Ⅲ.①西部经济—经济周期—研究—中国 Ⅳ.①F127

中国版本图书馆 CIP 数据核字（2012）第 054704 号

责任编辑： 李 红
装帧设计： 刘 雨 王睿韬
责任印制： 张爱成

书 名	**中国西部经济周期研究**
作 者	梁双陆 著
出 版	云南大学出版社 云南人民出版社
发 行	云南大学出版社 云南人民出版社
社 址	昆明市翠湖北路2号云南大学英华园内（650091） 昆明市环城西路609号（650034）
电 话	0871－5031071 5033244 0871－4113185
网 址	http：//www.ynup.com www.ynpph.com.cn
E－mail	market@ynup.com rmszbs@public.km.yn.cn
开 本	787mm×1092mm 1/16
印 张	22
字 数	337千
版 次	2012年5月第1版第1次印刷
印 刷	昆明卓林包装印刷有限公司
书 号	ISBN 978－7－5482－0890－7
定 价	56.00元

《云南文库》编辑说明

《云南文库》是云南省哲学社会科学“十二五”规划的重大项目。编辑出版《云南文库》是落实云南省委、省政府建设民族文化强省的重要举措，是繁荣发展云南哲学社会科学的重要途径，是树立云南文化形象、提升云南文化软实力的基础性工程。

中国学术文化的发展不仅有共性，还有很强的地域性。一国有一国之学术，一方有一方之学术。学术研究是社会发展的动力，是社会智慧的结晶，是文化建设的重要构成部分。云南虽地处边疆，仍不乏丰厚的学术研究传统。尤其明清以来，云南与中原的文化交流日臻密切，省外名宿大儒进入云南的代不乏人，而云南的文人学士也多有游宦中原者。在中原文化的熏陶下，云南的文化学术遂结出累累硕果，文化名人辈出，如杨慎、李贽、李元阳、师范、王崧、方玉润、许印芳等，其总体集中性的代表成果是《滇系》和《云南备征志》。至清末，云南学子开始走出国门到海外留学，成为云南与世界沟通的桥梁，也成为改造社会和推进云南文化学术发展的中坚。但由于交通不便，信息闭塞，云南的学术成果并未为内地所认知。更有甚者，清乾隆年间，四库全书馆在全国征集历代遗书，云南巡抚李右江得到云南先贤的著述，但害怕其中有什么不恰当的内容，竟私藏起来不上报，使得《四库全书》仅从它处收录了3种云南人著述，成为云南文化史上的一大缺憾。辛亥革命后，云南学人痛感地方文化学术之不彰，在地方政府的支持下，赵藩、陈荣昌、袁嘉谷、由云龙、周钟岳、李根源、方树梅、秦光玉等一批当时最负盛名的云南学者倾力收集整理云南文献，于1914年至1923年编成刻印《云南丛书》初编，共152种1064卷，及不分卷者47册；1923年至1940年编成刻印《云南丛书》二编，共69种133卷。另编定31种待刻，后由于抗日战争爆发，整个《云南丛书》的编辑刻印工作中止。历时26年编刻的《云南丛书》把保存下来的历代云南重要地方文献网罗殆尽，是云南有史以来地方文化的一次最系统的总结，对云南的文化建设发挥了不可估量的作用。

学术创新的根基是学术积淀和传承。从编辑刻印《云南丛书》之时算起至今，其间经历了抗日战争、新民主主义革命、社会主义革命和建设、改革开放的新的历史时期。在这近一百年的历史中，云南的学者为抗击日本侵略者和新中国的解放事业，为社会主义新文化的建设贡献了自己的聪明才智，也为云南地方经济、社会、文化的发展创造了一大批研究成果，并形成了自己的风格和特色。今天，文化建设又站在一个新的历史起点上。整理和出版云南学术史和文化史上的优秀成果，是继承优秀的地方历史文化遗产，建设有中国特色的社会主义新文化和民族文化强省的基础性工作。只有站在前人的肩上，我们才看得更远，走得更实。这也是我们编辑出版《云南文库》的初衷。

比之编刻《云南丛书》的时代，云南的经济政治社会文化已经发生了翻天覆地的变化，云南不再是一个封闭落后的边疆省份，而是成为了我国面向南亚、东南亚开放的桥头堡，其战略地位日益突出。云南的文化创造力也大大发展了，学者力量的壮大、学术成果的丰富早已不可同日而语。今天的《云南文库》不可能像当年《云南丛书》一样收录所有的文献资料，只可能是好中选优、优中选精，尽可能地把最能体现云南学术文化水平和云南学术特色的成果收录进来，以达到整理、总结、展示、交流和传承文化，弘扬学术，促进今日云南文化学术的建设与繁荣之目的。功在当代，利在千秋。

《云南文库》分为三个系列。

一是《云南文库·学术大家文丛》，收录云南学术大家的作品。

二是《云南文库·学术名家文丛》，收录中华人民共和国建立以前出生的云南学术名家的作品。

三是《云南文库·当代云南社会科学百人百部优秀学术著作丛书》，收录中华人民共和国建立以后出生的一代学者的优秀作品。

我们将使《云南文库》成为一个开放的体系，随着云南民族文化强省建设的推进而不断丰富它的内涵，不断发挥其在社会主义精神文明建设和云南文化建设中的积极作用。

《云南文库》编辑委员会

2011年6月

目录

导 言

随着改革开放的深入，进入 21 世纪的中国经济步入市场经济国家行列，本身存在较大差距的东西部之间发展差距不断扩大，成为中国经济社会协调、持续、健康发展的重大隐患。区域发展差距拉大属于市场失灵阻碍着中国社会主义市场经济体制的完善和成熟，为此，国家部署和实施了西部大开发战略，提出了包括统筹区域经济协调发展在内的五个统筹的思想。这些重大战略的部署和实施，旨在缩小东西部发展差距，保持东、中、西三大区域都能快速发展，实现中国经济持续、快速、健康发展。东西部发展差距扩大，首先体现为经济增长速度上的差距扩大，要缩小东西部发展差距，实现区域经济协调发展，必须加快西部地区的发展速度。研究西部地区经济增长要素差异、要素结构差异、要素作用机理，提出并实施提升西部发展速度的对策措施，是加快西部地区发展速度的基础，也是西部发展问题研究的重要内容。周期分析作为对经济活动水平呈规则波动过程的分析，通过波动过程的分析，总结经济增长变化特征和规律。周期分析在地区经济发展研究中也具有重要价值，特别是国家调控经济运行手段在西方国家普遍运用后，周期分析和周期调控得到扩展，将经济周期研究方法运用于地区经济发展研究也正在成为一个重点方向。在中国西部开发不断推进、中国区域经济统筹协调发展日益重要的今天，研究中国西部地区的经济增长问题，不能缺少中国西部经济周期领域的研究。

对经济周期的研究，专家学者较为普遍的是通过研究一个时间序列内的经济周期波动规律来分析、预测未来的波动态势，并针对未来可能出现的周期波动状态提出调节措施或方案，缩小经济运行中的有害波动，“熨平”经济周期。西方经济学家一般把经济周期分为四个阶段：繁荣，即经济活动扩张或向上的阶段；衰退，即由繁荣转向萧条的过渡阶段；萧条，即经济过度收缩或向下的阶段；复苏，即由萧条转向繁荣的过渡阶段。通常用国民生产总值、工业生产指数、就业指数、物价指数、收入指数等指标的变动来测定经济活动所处的阶段。不同阶段的经济周期，体现了经济发展过程中不同经济政策的影响力和产业政策的倾向性。由于中国正处于社会主义市场经济体制逐步建立和完善的转轨时期，改革开放以来中国经济周期运行特点既不同于传统体制下的经济周期，也不同于成熟市场经济国家的商业周期。中国西部地区及西部各省区作为中国经济的有机组成部分，它们的经济周期运行脱离不了中国经济周期运行这个大背景，波动和运行状态在大势上也保持与国家基本一致，但各地在要素禀赋上的差异以及由此决定的产业成长差异，使各地经济周期运行往往都会具有自身的特殊性和规律性。

本书重点是对中国改革开放以来西部地区经济增长周期波动过程进行实证分析，从总供给与总需求、供需总量与结构、国家的区域发展战略、调控政策、地方产业选择等方面分析它们对西部经济增长和发展的影响以及存在的问题，探索加快西部经济发展的调控目标、思路与对策。本书的目的在于通过这项研究，揭示西部经济运行的相对特殊规律性，引起社会各界对中国西部地区经济增长及深层次问题的重视，加强研究，促进国家和有关部门对正在实施的西部开发出台和实施更切合西部地区经济运行实际的宏观经济政策，推进西部地区的跨越式发展，实现东西部地区统筹协调发展。因此，本书虽为经济周期的研究，重点却没有放在对经济周期理论的引论和评述上，而是将重心放在分析西部的经济增长问题，对国内外经济周期理论的描述与评价上，只是在研究西部经济增长周期需要的分析方法方面作简单的介绍和评价。

本书所指的西部地区包括内蒙古自治区、广西壮族自治区、重庆市、四川省、贵州省、云南省、西藏自治区、陕西省、甘肃省、青海省、宁夏回族自治区、新疆维吾尔自治区，不包括湖南湘西、湖北恩施、吉林延边。

本书的基本框架是：

第一章从经济周期的一般原理角度探索一个国家内的地区经济周期的一些基本特点，分析、总结中国一些地方在中观经济调控方面的探索与实践。

第二章在分析趋势线划分经济周期方法的基础上，提出中位线划分经济周期方法，并运用这一方法对中国改革开放前和改革开放后、西部经济增长以及西部各省（区、市）经济增长周期进行划分，并简要评述经济周期波动特征评价的一般方法。

第三章分析西部经济周期波动的宏观环境：世界经济周期波动趋势，中国经济周期波动特征，中国改革开放以来的宏观调控政策。这些背景直接或间接地影响着西部经济周期波动。

第四章以中国经济周期波动为比较对象，分析西部地区经济增长周期波动的特征、西部12个省（自治区、直辖市）的经济增长周期波动特征，评价了西部各省（自治区、直辖市）对西部整体经济的影响程度，揭示出西部经济周期虽然存在较大波动，但经济增速不高、增长乏力是西部经济运行最主要的特点，也是西部发展滞后的关键问题。

第五章从总供给角度分析了三次产业对西部经济增长周期波动的影响。通过与全国的对比，揭示出西部地区三次产业对经济增长的贡献力弱，尤其是第二、第三产业增长滞后导致西部地区经济增长缓慢。西部地区工业化进程缓慢，已经严重制约着西部地区经济社会的健康发展。

第六章从总需求角度分析了消费、投资、净出口及其构成要素对西部经济增长周期波动的影响。通过与全国的对比，揭示出西部地区由于城乡居民收入水平偏低，投资环境差，消费和投资对经济增长的贡献不强，并且由于产业竞争力弱，省际贸易逆差扣减了消费和投资需求对经济增长的部分贡献。

第七章通过东西部的经济周期波动特征对比、三次产业影响程度对比、国家宏观经济政策影响程度对比，提出必须采取东西部有差别的宏观调控政策来推进西部大开发，才能实现西部地区跨越式发展。

第八章通过对比东西部各省（自治区、直辖市）“九五”、“十五”计划纲要中重点选择、扶持的产业，探讨进入20世纪90年代后，中国区域发展战略已开始实施区域协调发展战略，东西部经济增长差距却在这个时期拉得最大的原因，指出产业发发展环境发生了变化，但西部地区的产业选择没有适应变化，产业结构调整缓慢。强调西部地区的产业发展不能照搬东部地区的产业发展模式，需要结合西部各地实际，建立自身的特色产业发展模式，才能真正形成支撑西部地区快速发展的产业体系。

第九章探讨了调控西部经济周期的目标和对策。鉴于西部经济总体上在低位运行的实际，以及2020年要全面实现小康社会的要求，当前和今后一个时期，调控西部经济运行的目标应是拉升经济周期波位，保持西部经济高位运行，实现西部地区跨越式发展。要实现这一目标，调控的重点是建立西部地方特色产业发展模式；加快推进西部特色的新型工业化战略；借鉴发达国家开发落后地区的实践经验，进一步加强国家的区域发展战略；以技术模仿创新为重点，建立西部产业创新模式；充分发挥国家在宏观调控中政治动员、财政政策、货币政策、产业导向政策以及计划、价格监督、法律法规等手段，促进西部地区实现跨越式发展。积极探索地方调控体系建设，增强地方政府在财政调控、金融调控、产业政策、计划管理、价格监督、地方法规等方面的调控，实现西部地区跨越式发展。

对中国经济周期的研究目前虽然受到各方面的高度重视，但理论界仍有学者反对社会主义有经济周期存在。中国经济周期的研究还处于引进和借鉴西方经济周期理论的阶段，适合中国国情的经济周期理论体系尚在形成和完善之中。对区域经济周期的研究还存在学术上的争议，对西部经济周期的研究更没有引起重视。中国的西部开发战略已经实施了四年多，这项长期发展战略需要各领域的理论支撑，需要加强各领域的研究，对西部经济周期的研究更是迫切。因此，本项研究虽然粗浅，希望能抛砖引玉，引起学界对西部经济周期运行问题、西部经济增长问题的重视，吸引更多目光来重视西部开发、关心西部开发、推进西部开发。

第一章 地区经济周期与地区调控

国内外对经济周期的研究，已经形成了完善的理论体系和多元化的经济周期学说。这些理论和学说基本上是以一个国家或独立经济体为研究对象，通过实证分析、归纳、推理，形成一般性的、具有普遍适用性的经济周期理论。但针对一个国家内的一个地区，进行经济周期研究的成果还不多。随着中国改革开放的深入和社会主义市场经济体制的初步确立，地区经济由于在改革、开放、市场化进程等方面的程度不同，各地区自身的特殊性越来越明显，中央与地方之间、全国与区域之间既相联系又相冲突的差异更加明显。针对一个国家的、一般化的经济周期理论不能完全反映地区经济运行的特殊性，针对一个国家的、一般化的反周期调控政策对地区经济发展的作用有减弱趋势，为了缩小地区差距，加快欠发达地区经济社会发展，地区性的经济周期研究需要加强，地区性的反周期调控体系需要建立。

第一节 对经济周期理论的简要评价

美国经济学家韦斯利·克莱尔·密契尔（Wesly Clair Mitchell）曾经给经济周期下了这样一个定义："经济周期是以商品经济为主的国家总体经济活动的一种波动，一个周期是由很多经济活动的差不多同时扩张，继之以普遍的衰退、收缩与复苏所组成的；这种变动重复出现。"① 这一定义已被经济学界所接受，作为研究经济周期的一般依据。西方经济学家一般把经济周期分为四个阶段：繁荣，即经济活动扩张或向上的阶段；衰退，即由繁荣转为萧条，也就是经济活动收缩或向下的阶段；萧条，即经济活动达到收缩的最低状态；

① 陈宪主编：《经济学方法通览》，中国经济出版社1995年版，第355页。

复苏，即由萧条转向繁荣的阶段。通常用国民生产总值、工业生产指数、就业指数、物价指数、收入指数等指标的变动来测定经济活动所处的周期阶段。

资本主义社会萌芽以后，人类社会开始进入社会化大生产时代。社会化大生产造成社会经济各个方面越来越密切的分工协作关系，要求社会经济的各个主要方面，特别是供给与消费，以及各个产业部门之间，做到按合理比例协调发展。进入19世纪以后，由于不断地出现国民经济重大比例关系严重失衡而形成经济危机，从而出现了经济危机周期。19世纪20年代，世界上爆发了一次明显的、波及面广、危害性大的经济危机，从此就有较多的经济学家参与经济周期的研究。由于广泛地开展经济周期研究是在发生了对国民经济危害重大的经济危机以后，因而不少参与研究的专家声称，自己研究经济周期的重点是经济危机周期，表达了比较明确的研究目的，即：着重研究经济周期的成因，特别是经济危机周期的成因，掌握经济危机周期发生的规律，提出有效的对策，防止和减轻经济危机的危害。简而言之，经济周期研究的对象是国民经济的衰荣更迭，着重点是研究经济周期的成因，目的是提出使国民经济发展兴利除弊的对策。

在“二战”前，许多著名的经济学家在研究经济周期成因及提出对策方面做了大量工作，提出了许多有益的论点。他们提出的经济周期成因理论，可以概括地分为外因论和内因论两大类。主要包括：单一原因理论、实业周期理论、储蓄投资过程理论、新古典主义理论以及马克思主义理论。每一个理论又由若干学派组成，如储蓄投资过程理论就包括前凯恩斯主义、凯恩斯主义和后凯恩斯主义，而前凯恩斯主义又包括过度投资、消费不足、货币学派、非货币学派以及创新论。马克思指出，产生经济周期，特别是经济危机周期的根本原因，是由于进入社会化大生产的资本主义社会后，存在着生产资料的私人占有和生产社会化的矛盾，存在着企业生产的有组织性和社会生产无政府主义的矛盾。解决的办法，就是要克服上述基本矛盾，实行国民经济有计划、按比例地协调发展。当然，马克思受其所处资本主义初级阶段的局限，不可能提出通过资本主义政府干预国民经济等办法来适度解决矛盾的论点。随着资本主义的发展和经济周期研究的深入，1919年和1930年，英国政府和美国政府先后决定介入住房问题，成为资本主义政府局部地介入国民经济的开端。1936年，著名经济学家凯恩斯（J. M. Keynes）第一次提出了政府要介入国民经济的学术论点。与此同时，美国罗斯福总统决定领导美国政府比较全面地介入国民经济，推行旨在从经济危机中复苏国民经济的新经济政策。从此，拉开了资本主义政府较大范围干预国民经济的序幕。

“二战”以后，各国政府吸纳了经济专家们研究经济周期成因的成果，不同程度地介入了国民经济，实施了加强宏观调控，增强市场信息的准确、及时和透明性，提高企业适应市场变化能力等方面的政策，从而遏制住了经济危机的发生。这是经济周期研究的重大成就和实际意义。

美籍奥地利经济学家熊彼特（J. A. Schumpeter）在1912年所著《经济发展理论》一书中，提出了创新论。说明只有在技术发明真正引入经济活动后才是具有经济意义的创新，认为经济大规模扩张的原因是由重大技术突破和创新所提供的投资机会，并以此来说明现代工业化的市场导向经济中的不稳定性。熊彼特的论点属于成因论的一个学派，西方的专家把创新论归入储蓄投资过程理论，肯定了他研究周期成因的贡献。熊彼特在1939年所著《经济周期》一书中，用三位计算出一些国家在一个时期平均周期长度的专家命名经济周期，根据经济周期的时间长短把经济周期分为基钦周期（短周期）、朱格拉周期（中周期）和康德拉耶夫周期（长周期）。随后的研究者又分出了具有特定含义的熊彼特周期和库茨尼兹周期。各种周期的划分有不同的依据，适用于不同的分析目的。在各种周期的划分中，时间较长的周期往往包含若干个时间较短的周期，这就为周期分析提供了某种连续性和可预测性。

基钦周期，又称存货周期、短周期。经济运动中存在的一种历时3~4年的有规律的经济周期波动。由美国经济学家基钦（Jooeph Kitchin）于1923年在《经济因素中的周期与倾向》一文中提出，指物价、生产、就业人数等短期内的有规则波动，说明经济发展呈现景气和不景气的周期交替变动的短期趋势。他认为，资本主义经济每隔40个月出现一次有规律的上下波动。第二次世界大战以后的经济周期持续的时间也大致是40个月左右，一般认为是存货波动造成的。熊彼特在其经济周期的循环分析中沿用了这一概念，认为它与影响较小和实现期限较短的“创新”有关。克雷门斯（Jeroen Kremeis）对长、中、短周期关系的研究得出：一个长周期约包含18个短周期，一个中周期包含 3 个短周期。短周期与长、中周期的重要区别在于，短周期的数目较多，平均持续时间较短，难以和某项特定的创新联系在一起，而很可能是一些适应性的波动。

朱格拉周期，又称投资周期、中周期，经济运动中存在一种历时约为 8～11 年的有规律的经济周期波动，是近代周期理论的创始人、法国经济学家朱格拉（Clement Jugta）在研究人口、婚姻、出生、死亡等统计资料时发现并提出的，他于 1862 年出版的《法国、英国和美国的商业危机及其周期性发生》一书，是第一次较为系统地论证经济周期波动的著作。朱格拉把经济周期分为繁荣、危机、清算三个阶段，并将这种交替现象称为“国家脉搏”。他强调价格水平的变动是经济周期波动的主要原因，因为价格水平变动会引起货币、信贷和金融体系的混乱，从而引起经济周期性波动。朱格拉认为，危机就好像疾病一样，存在于工商业发达的社会中，繁荣时期以危机来临而结束，衰退期则会孕育着新的繁荣期。这种定期的经济波动表现为一种有规则的趋势，故而成为一种国际现象。这种规则的经济波动是自动发生的，并非偶然。他致力于金融波动的研究，搜集了大量的法、英、美三国金融资料，其中特别重要的资料有六种：物价、利率、贴现与透支、金属储存量、通货流通量、活期存款与定期存款。他认为，在周期波动中，以贴现与透支及金属储存量的波动为规则，表现为在票据及承兑票据利率上升和金属储存量减少之际，危机就迫在眉睫，危机之后，金属储存量就会增加，不久便会带来繁荣。这一周期性波动对资本主义经济产生了重大影响，对这种经济周期的研究一直是西方经济学家的主要课题。在凯恩斯经济学产生之前，经济学家对朱格拉周期提出了各种理论解释，其中较有影响的是：消费不足周期理论、投资过度周期理论、纯货币因素周期理论、心理因素周期理论。凯恩斯经济学出现后，经济学家在凯恩斯的国民收入决定分析基础上构造经济周期理论模型，如卡尔多周期模型、希克斯周期模型，至今仍具有重要影响。

库茨尼兹周期，诺贝尔经济学奖获得者西蒙·库茨尼兹（Simon Smith Kuznets）在 20 世纪 30 年代根据一些经济发展国家的工农业产值和价格变动的历史统计得出平均为20年左右的周期，二次大战后被称为“库茨尼兹周期”①。

康德拉耶夫周期，又称趋势周期、长周期，经济中一种有规律的长期波动，由苏联经济学家康德拉耶夫（Nikolai D. Kondratieff）提出。这种由物价、生产、商业活动的多次波动所构成的长期经济周期，经历的时间约50～60年。康德拉耶夫所使用的资料主要取自英国和法国，并对这些数据序列进行了统计数字的加工，以消除7～11年的商业周期、短周期和可能的偶然波动。研究结果表明，存在着明显的长周期趋势。康德拉耶夫指出，长周期存在着以下五个特征：①在高涨期间，繁荣年景居多；衰退阶段则萧条年景占多数。②在长波的衰退阶段，农业面临着尤为严峻的形势。③衰退阶段涌现大量的创新（他称之为发明），但是在一个新高涨阶段到来之后，它们才能够被广泛应用。④黄金生产在高涨阶段之初有所增加，通常情况下，世界商品市场在新的国家，特别是殖民地国家同化下有所扩大。⑤高涨阶段将发生革命和战争。所有这些特征都内生于长波进程之中，并不是构成长波的外生原因。他认为，长周期产生于资本主义经济本质所固有的那些原因，资本积累是其产生的重要原因。技术的改变、战争的发生、新的国家被纳入世界经济、黄金生产的波动等等，都不是一种外部的、偶然的，从而引起长期波动的因素；相反，这些因素本身就是长期波动节奏的一部分，是长周期的结果，而不是它的原因。例如，生产技术的改变无疑对资本主义的发展进程有非常重大的影响，它意味着有关的科学技术发现和发明已经完成，而且它们运用在经济上是可能的。但是，科学技术发明本身并不足以给生产技术带来真正的变化，只有采用它们的经济条件成熟，它们的大规模应用才是可能的。17世纪和18世纪的科学技术发现和发明，到了18世纪末的产业革命时期，即第一次长周期的上升阶段才得到广泛的应用。技术发展从属于资本主义经济的长期波动。其他因素，如战争与革命、新市场的开发、金矿的发现、黄金储备量的增加等，也都从属于长期波动的节奏，而不是从外部带来这种运动的一个任意的偶然因素。其后，熊彼特把康德拉耶夫周期作为他的经济周期之循环分析的

① 胡寄窗著：《一八七〇年以来的西方经济学院》，经济科学出版社1988年版，第362页。

一部分，认为一个长经济周期总与一些革新浪潮紧密相连。而这种革新浪潮常常具有确定的形式，并以此作为该经济周期的特性。他把近百年来资本主义经济的发展过程进一步分为三个周期或三个长波，而且以创新理论为基础，以各个时期的主要技术发明和生产技术的发展作为各个长波的标志：①18世纪70年代到1842年，即产业革命时代；②1842~1897年，即蒸汽和钢铁时代；③1897年到20世纪40年代末，即电气、化学和汽车时代。熊彼特认为，长周期的根源就在于影响较远，实现期限较长的“创新”。这种“创新”活动的长周期与康德拉耶夫周期是吻合的。对康德拉耶夫长波进行实证分析，理论界存在着争议。刘易斯（Sir Archur Lewis）在1978年指出，生产长波不能从英国、法国、西德和美国四个主要工业国家观察到，也不能从这些国家的加权数中观察到。1981年，V. 尤杰克运用谱分析，发现没有证据表明在生产中存在康德拉耶夫周期，本斯道克也于1983年利用谱分析检验了康德拉耶夫的有关资料，认为在价格和生产方面都不存在长周期。但在同一年，V. 杜伊金则证明了康德拉耶夫波动的事实，他发现尽管从一个国家的水平分析，长波的论据不足，但却有足够的证据表明在世界经济中存在着长周期。大量的事实说明，在世界经济发展过程中，主要的长期运行不连续的存在是毋庸置疑的。然而，证明规则的康德拉耶夫周期不连续性的论据似乎是不充分的。1850~1973年间，在世界经济的发展进程中，出现了一些与特定实践相联系的特殊意义的突变。人们注意到这一期间康德拉耶夫波动有时会消失。

熊彼特周期，是用“创新”来解释资本主义基本特性和经济发展的一种理论。这一理论认为，经济周期是繁荣和衰退的交替，是由创新引起的；创新和继之而来的模仿促使经济繁荣；模仿和继之而来的赢利机会的消失促使经济衰退。资本主义由于不断创新产生了许多新要求，不可能靠私人组织来解决，便提供了用民主的方式通向社会主义的前景。熊彼特经济周期论的依据是他的创新理论，1912年在其主要著作《经济发展理论》一书中首先提出，对后来西方经济学的发展有较大影响。他认为，所谓“创新”包括五个方面：引进新产品；引进新技术（方法）；开辟新市场（需求）；控制原材料的供应来源（供给）；实现企业新的组织管理和生产要素的新组合。① 熊彼特认为，创新就是建立一种新的生产函数，即实现生产要素和生产条件的新组合。发明者不一定是创新者，只有敢于冒险、有眼光、有魄力，把新发明引入经济之中的企业家才是创新者，作为资本主义灵魂的企业家的职能就是不断地实现创新，整个经济的发展就是不断地实现生产条件的新组合。他还认为，资本主义在本质上是经济变动的一种形式或方法，它绝不是静止的，而是创新的，是一种“产业突变”，即不断地从内部革新经济结构，不断地破坏旧的、创造新的结构的过程。任何时候只要停止了创新活动，社会就没有生气，就会衰败。实行创新的企业家是社会的推动者，他们进行创新是因为创新能带来利润，资本则是企业家为了创新、实现新组合、把生产指向新方向、把各项生产要素和资源引向新用途的一种杠杆。资本的职能在于为资本家创新提供必要的条件，利润则是企业家由于实现了新组合而应得的合理报酬。但企业家并不仅仅追求发财致富，他还追求利润以外的某种东西，如想做一番事业等，这种精神被称为企业家精神。熊彼特运用其创新理论对长周期作出解释。他首先假定存在一个一般均衡的经济体系，在“创新”出现之前经济处于静态均衡之中，利润为零。但是，企业家为了追求利润，必然要进行“创新”活动，使生产要素的结合更为有利，从而获得新生产品价格与生产要素价格之间的价值差额——利润。这些少数勇于“创新”的企业家的成功，必然使其他企业家争相效法，从而形成“创新”浪潮，技术革新成串出现。这就造成对银行信贷和生产资料的扩大需求，引起经济高涨。而当“创新”已经普遍地扩展到较多的企业时，赢利机会趋于消失，对银行信贷和生产资料的需求便减少，于是经济收缩。这样，资本主义经济活动中便出现“繁荣”和“衰退”两个阶段。由于“创新”活动不断出现，均衡再次被打破，又引起经济高涨，这样周而复始，循环不已。但是，不同的“创新”对经济的影响范围和程度各不相同，要求把新技术、新产品、新市场、新的组织管理形式引入经济活动的时间长度也各不相同，这样势必出现多种周期。熊彼特认为，长周期的根源就在于影响较远、实现期限较长的“创新”。这种“创新”

① 胡寄窗著：《一八七〇年以来的西方经济学说》，经济科学出版社1988年版，第466页。

活动的长周期同康德拉耶夫周期是吻合的。熊彼特的“创新”理论对后来的长周期技术论产生了重要影响。特别是，门施用现代统计方法验证和补充了熊彼特的理论，强调把需求和创新作为长波运动的引擎。

总结起来，经济学家们提出的导致经济周期的主要原因有以下几个方面：①乘数和加速数相互作用理论。投资影响收入和消费（乘数作用），反过来，收入和消费又影响投资（加速作用）。两种作用相互影响，形成累积性的经济扩张或萎缩。②创新理论。技术革新和发明有高潮和低潮，导致经济的上升和下降。③预期理论。公众对未来的预期看好或看坏导致经济的波动。④政治周期理论。政府周期更替，经济政策相应变化，导致经济周期波动。

在20世纪80年代和90年代，许多国家提出了要实施可持续发展国民经济的发展战略。从经济周期的角度来看，可持续发展就是要尽量延长经济繁荣期，或者说尽可能地“熨平”经济周期。

由于“二战”以后西方国家没有发生过严格意义上的经济危机，所以有的学者提出了经济危机已经熄灭，也就不必再研究经济周期的论点。有的专家则认为，目前个别国家、个别年代仍有出现经济危机的可能，因而现在提经济危机熄灭似嫌过早，而以提经济危机得到了有效遏制为宜；同时还指出，“二战”后，虽然经济危机得到遏制，但经济周期波动的萧条或不景气阶段仍会对社会经济发展产生一定的危害。也正因为有危害的经济周期仍然存在，才需要继续深入开展经济周期研究。

中国经济学界由于受马克思主义传统教科书和经典理论影响，认为经济周期是资本主义固有的产物，社会主义不存在经济周期，所以，中国在20世纪80年代以前基本上没有人研究经济周期，对经济周期的研究在改革开放后才开始起步，发展到现在也才短短20年的时间，并且现在也还存在着“社会主义以及任何自由资本主义以外的其他经济体制都不存在固定的经济周期”①这样的观点，因此，中国经济周期理论体系尚未建立。针对一个国家内的地区经济周期的研究更是没有被重视。

---

① 参见贺铿《经济周期波动不是社会主义固有的经济规律》，载《中南财经大学学报》1998年第4期。

第二节 地区经济周期研究的理论和现实意义

地区经济周期研究在中国还没有被重视，主要有以下几个方面的认识问题：

（1）受计划经济体制的影响，对中国社会主义市场经济体制下市场在区域经济发展中的独立运行机制、相对特殊规律以及区域之间的差异性还没有充分的认识。计划经济体制下，地区经济发展完全执行国家的计划安排，地区产业发展服从国家的计划布局，产品服从国家的计划调拨，地区之间只有产品调拨，没有商品交换，市场机制不发挥作用；地区之间有发展差异的存在，但这种差异主要不是市场因素造成的，而是计划安排和布局上的决策失误造成的。地区内的供给和需求没有相对独立性，也就没有研究地区经济周期的必要。存在的经济周期波动，也只能通过国家的计划安排来解决。改革开放以后，地方的自主权不断扩大，地方的产业发展虽然还受国家的控制，但控制力大大减弱，地区内的供需矛盾将主要通过市场规律进行调整，体现地区经济特殊性的经济周期波动更加突出。由于中国对地区产业发展的计划调节是逐步退出的，地区产业发展中逐步强化的市场调节手段所产生的作用还没有被很好认识，所以，对地区经济周期波动的特殊性，以及反映地区经济周期波动特殊性的经济结构、产业结构、政策作用程度等地区发展问题还没有引起足够的重视。

（2）认为经济周期是总量问题，不是区域问题。这样的认识是片面的。全国经济总量由地区经济构成，在市场经济条件下，地区经济在发展过程中由于要素禀赋差异，各地区会形成自身的特殊性。经济周期运行也一样，要加快地区经济社会发展，就需要制定最适合地区经济发展的政策，而不是各地一刀切的、笼统的政策，因此需要加强地区经济周期的研究。

（3）认识到地区经济周期客观存在，但认为在新经济条件下经济危机已经不存在了，研究经济周期已经没有必要了，更没有必要再研究地区经济周期了。在新经济条件下的经济周期虽然会表现出与传统经济周期不同的特征和规律，但经济周期波动对国民经济的持续健康发展所带来的危害是客观存在的，也需要根据新经济条件下经济周期波动特征、出现的新变化和可能出现的危害，进行反周期调控，通过政府调节市场失灵部分，保持国民经济的健康发展，而地区经济周期也将表现出自身特殊性的一面，从加快地区经济发展的角度出发，也需要加强地区经济周期的研究，制定加快地区经济发展、缩小地区发展差距的国家调控和地方调控政策。

（4）虽然认识到研究中国经济周期非常重要，但认为中国经济周期的研究起步晚，还没有形成中国特色的经济周期理论体系，只有形成了中国的经济周期理论体系，才能指导中国各地区的经济周期研究。地区经济周期问题应该同全国经济周期问题同步研究，地区经济周期理论和反周期调控实践也是构成中国经济周期理论的有机组成部分。中国社会主义市场经济体制已基本确立，没有必要强调非得建立起中国的经济周期理论体系才研究地区经济周期问题。西方国家众多的经济周期理论基本上都是研究市场经济体制下的经济周期波动问题，其研究分析方法可以“拿来”运用于中国的经济周期研究，也可以“拿来”运用于中国各地区的经济周期研究；市场经济体制下的中国经济周期研究成果和地区经济周期研究成果，也是全地界经济周期理论的一部分。

对经济周期研究的目的不同，就产生了不同的研究路径，导致不同的研究结论。笔者认为，对地区经济周期的研究，目的在于用周期分析研究的方法，研究地区经济发展中的总量问题、结构问题、政策问题、中央与地方的关系调整等问题，探索地区经济周期成因，提出熨平经济周期、保持地区经济平稳运行的对策，说到底，也是使地区经济发展兴利除弊。

2002 年，党的十六大提出了中国要全面建设小康社会的奋斗目标，要求 2020 年的国内生产总值比 2000 年翻两番。为此，学界较普遍的观点是到 2020 年中国人均 GDP 应是 3000 美元左右，达到世界银行 2000 年关于世界各国收入水平四类划分标准的中下收入国家水平（邱晓华，2002）。为达到这一目标，未来 20 年中国需要保持 7.2% 左右的经济增长率（胡鞍钢，2002）。这样的速度，要求中国经济在未来 20 年基本保持在连续的经济繁荣期。西部地区是中国经济发展滞后的地区，2000 年西部 12 个省（自治区、直辖市）的人均 GDP 平均值才 4814 元，折算为美元才 582 美元，要在 2020 年达到人均

3000美元的目标，未来20年西部地区需要保持9%以上的年均经济增长率，这样的速度只有超常规发展才能达到，必须使西部地区经济保持在经济繁荣期。西部地区没有达到全面小康，中国就不能算是全面进入小康社会，为此，国家实施了西部大开发战略。西部地区由于经济社会发展条件的特殊性，经济增长与全国、与东部地区乃至中部地区都有明显的差异，西部地区的经济周期也与全国、与东部地区乃至中部地区有明显的差异，适用于全国的、东部的或是中部的反周期调节政策，并不都适用西部。因此，需要加强对西部经济的研究，加强对西部经济周期波动特征和调控政策的研究，更好地为国家决策服务，为加快西部地区发展服务。在中国实施西部大开发战略的今天，研究西部经济周期及其相关问题，更具有重要的理论和现实意义。

第三节　地区经济周期的基本特点

地区经济周期研究是对一个国家中局部的、区域的、中观层次的经济周期波动进行研究，是研究全国总量下的局部分量问题，这个量在全国是分量，在地区是总量。根据我们对地区经济周期的实证研究，地区经济周期具有以下几个一般特点：

第一，地区经济周期是客观存在的。地区经济运行中的波动和变化是客观存在的，所以，反映地区经济波动的地区经济周期也是客观存在的。地区经济由于经济基础、区位、基础设施、资源禀赋、劳动力素质等要素的差异，各地区经济发展中必然产生差异，经济运行也必然出现与全国不太一致的特殊规律，产生与全国经济运行的差异，国家政策在不同地区的实施也会产生不同的政策效果，对地区经济发展产生不同的影响。研究这些差异，分析其深层次的原因，制定符合地方实际的中观调控政策①是非常必要的。

第二，地区经济周期波动离不开全国经济周期的影响和联系。作为全国经济的组成部分，地区经济周期波动也基本与全国经济周期波动表现为大势

① 目前的省级和区域经济中经常出现宏观经济和宏观调控的说法，在本书中界定全国经济为宏观经济，国家政府调控是宏观调控，省级（区域）和部门经济是中观经济，省级调控是中观调控。

上的一致，全国反周期调控在地区经济周期波动中都会有体现。因此，对地区经济周期的研究，不能割离与全国经济周期的关系，更离不开对全国经济周期的判断和评价，对地区经济周期的研究，应该以全国经济周期为背景和参照系。

第三，地区经济周期不能完全等同于全国经济周期。虽然地区经济周期波动在大势上与全国经济周期基本一致，但是地区经济周期往往都具有自身的特殊性。在地区经济研究中，如果简单地通过全国经济周期的分析和研究制定地区经济政策，就会事倍功半；而应该通过地区经济周期波动成因的研究分析来制定地区经济政策，把握省情、区情、市情，才最有利于地区经济的发展。

第四，国家政策一般是地区经济周期波动的重要影响因素。地区经济是全国经济的组成部分，地区经济增长与发展也是国家政策的执行结果。国家在制定经济政策时，都是从全国性的经济发展需要出发，考虑的是全国总量问题、全国结构问题、全国增长速度问题。这些政策的实施过程中，各地区由于经济发展条件的差异，都存在各地的特殊性，因此，在执行国家政策中，总存在着地方服从中央的情况，一条政策在某些地区往往是激发了生产要素加快配置，加速了地区经济增长，而在另外一些地区却会产生负面作用，不利于地区经济的发展，特别是在目前中国大部分地区都还不能做到创造性地执行国家政策，国家政策对地区经济周期波动的影响往往成为重要因素。

第五，地区经济周期波动受产业结构的影响不同于全国经济周期波动受产业结构的影响。各地区经济在全国统一的市场下形成各具优势、各具特色的产业发展格局，各地区不可能，也不应该强调要发展完整的产业体系，只有全国各地形成当地最具优势的产业带动地区经济发展模式，才能形成公平的市场环境，达到效率最大化。如果各地区都强调自己完备的产业体系，就必然出现为保护地区内没有优势的弱质产业而封锁市场，破坏市场经济体制，造成资源浪费，最终导致经济效率低下，发展速度减缓。因此，各地区之间影响经济周期波动最大的产业或产业群是不同的，也不可能形成类似于全国的产业结构。研究地区经济周期波动的产业影响因素，重点要研究地区内主体产业的影响程度。

第四节 经济周期调控作用机制

一、经济周期调控理论简评

西方市场经济国家由于经历了多次深重的经济危机，经济周期调控理论众多。中国1998年以来所进行的宏观调控，从经济理论考察属于参考和借鉴凯恩斯学派的需求管理政策。这种刺激经济增长的财政政策主要包括两类：

一是汉森（Alvin Hansen）的汲水政策，即在经济萧条时期，靠付出一定数额的公共投资诱导景气复苏，补偿私人投资的减少。汲水政策属于临时应急的短期财政政策，时滞短，效应快，经济萧条消失后不再使用。

二是萨缪尔森（Paul Samuelson）为首的新古典综合派的补偿政策，即政府有意识地从当时经济状态的反方向进行调节，以实现经济稳定增长。补偿政策适用于经济萧条和经济过热。不论采取汲水政策还是补偿政策，其主要措施都是扩大公共投资。投资对经济增长的贡献在短期表现为需求效应，其长期表现为供给效应。

世纪之交中国经济存在的通货紧缩态势，绝非单纯的生产能力超过市场容量，在相当程度上是由微观供给方面存在的问题造成的。既有有效需求不足的问题，又存在供给结构严重不合理的问题，导致了供给质量不高，造成结构性积压严重，反过来又增加了需求困境。这种态势不同于20世纪30年代的世界性经济危机，也不同于西方国家70年代的经济滞胀。因此，单纯用凯恩斯的短期刺激经济增长的财政政策，或供给学派的减税等一揽子供给管理政策，均不能达到调控效果。我国的产业结构、企业结构、产品结构和城乡二元经济结构极不合理，导致供给状况不能适应具有不同收入水平和富裕程度的消费者的需要，必须也只能通过供给调整来适应不断变化的消费需求结构。治理的办法在于把政策导向和市场机制有机地结合起来，压缩无效供给，实现结构升级换代。

以上两种经济周期调控方式都是“逆周期调节”，当经济运行接近或处于萧条期时，实施扩张性宏观经济政策，通过各种政府控制手段和公开市场操作，刺激消费、扩大投资、促进出口，以刺激经济增长；当经济运行接近或处于高潮期时，实施紧缩性的宏观经济政策，通过政府控制手段和公开市场操作，抑制即期消费、压缩投资、增加进口，以抑制经济过热。这种调控方式目标是将经济控制在“中度”平均位势上平稳健康运行，可称为“平稳型”周期调控，国家经济周期调控通常采取这种方式。

从理论角度来讲，还存在另外两种不太常用的经济周期调控方式：“拉升型”周期调控和“压低型”周期调控。

“拉升型”周期调控类似于“顺周期调节”，当经济运行接近或处于萧条期时，实施扩张性的经济政策，也就是通过各种政府控制手段和公开市场操作，刺激消费、扩大投资、促进出口，以刺激经济增长；当经济运行接近或处于高潮期时，仍然实施扩张性的经济政策，保持经济增长在“高度”平均位势上运行。这种方式从一个国家角度来说，由于会产生较大程度的结构失衡，不太适用，但适用于促进特定区域或特定行业的快速发展。

“压低型”周期调控，操作方式与“拉升型”周期调控正好相反，保持经济增长在“低度”平均位势上运行。这种方式只有在经济高度发达的情况下为保护资源或其他极其特殊的情况下才可能采用。

我国要在2020年建成全面的、殷实的小康社会，时间很短，对于发展较快的东部地区来说，比较容易达到，但对于发展滞后的西部地区来说，难度很大，必须实现跨越式发展才能做到。为此，就需要我国在整体上实施“平稳型”周期调控的情况下，针对西部地区实施“拉升型”周期调控，促进西部地区经济持续快速发展。

二、中国经济周期调控作用机制与阻碍因素

由于经济周期的存在，世界各国都把经济周期调控作为宏观调控的核心内容高度重视。中国经过新中国成立以来的探索，特别是改革开放以来的积极实践，逐步形成了一整套反周期调控体系，财政、货币、计划、物价、土地、税收、行政等一系列调控政策和手段日趋完善，其中，财政政策和货币政策是国家对国民经济进行调节和控制的两大手段，物价和土地的调节作用也正在不断加强。

（一）财政政策

1. 财政政策传导机制

财政政策是国家为调控经济运行达到一定目标而制定的财政基本方针和准则，具体包括税收政策、支出政策、国债政策、投资政策、预算政策等。在经济过热时财政可采用减支、增收的紧缩政策；在经济不景气时财政可采用增支、减税的扩张性政策。

财政政策的主要功能是通过预算的盈余或赤字、债务规模的缩小与扩大，与货币政策相互协调配合对市场经济自发形成的经济周期波动来进行“反周期”调控操作。当经济运行处于低谷阶段，必须采取扩张性政策，只要经济总体上还没进入自发性扩张阶段，扩张性调控政策的取向就不能改变。

2. 中国积极财政政策的实践

1998 年以前，中国宏观经济调控政策主要是以抑制和治理通货膨胀为目标，调控手段主要是以行政手段为主，其他手段为补充，财政政策的运用集中在税收的调节方面，一直以来都是实行“适度从紧”的财政政策。1998 年，面对亚洲金融危机的冲击和国内外市场需求不足加剧的矛盾，中国加大了扩大内需以刺激经济增长的力度，从 1998 年起开始实施积极财政政策。

1998 年实施积极财政政策的着力点主要是通过发行政府长期建设国债，加强基础设施建设启动投资需求来拉动经济增长，新增国债建设资金加上银行配套贷款抑制了固定资产投资增长急剧下降势头，使当年全社会固定资产投资实现了 13.9% 的增长，使全国基础设施建设出现了前所未有的新局面，国家确定的重点领域投资大幅度增加。但在拉动加工工业和服务业投资增长和民间投资跟进以及刺激消费需求等方面，结果比预期的要低。1998 年各项积极财政政策合计拉动经济增长 2.36 个百分点。

1999 年的财政政策在强调继续发行长期国债用于加强基础设施建设的同时，采取多种办法拓宽融资渠道，鼓励和引导集体、个体和社会其他方面增加投资，但更强调要采取有力措施引导和扩大消费需求，以达到投资和消费双重拉动的目标。在全年增发的 1100 亿元国债中，500 亿元作为建设资金，600 亿元作为增加国有企业下岗职工等低收入人员收入和提高机关及事业单位职工工资，调整税收政策促进出口和酌情调整固定资产投资方向调节税，对企业设备投资实行投资抵免所得税。政策的设计、运作、实施不仅有了明显的多重政策组合性，而且在政策实施过程中还体现出了较强的层次性。经过实施积极财政政策，1999 年全社会消费品零售总额实际增长 10.1%。特别是在商品消费稳定增长的同时，住房、旅游、文化教育等发展性消费显著增加，明显刺激消费需求；外贸出口走出了负增长的低谷，下半年出口增长速度达到 15.8%，以加大出口退税率为主的刺激外贸出口的财政政策收到了非常明显的成效。但刺激投资需求的政策效应却出现了递减倾向。各项宏观调控共拉动经济增长 3.05 个百分点。

2000 年中国在前两年积极财政政策明显起效的形势下，继续采取积极财政政策和实施各项调控措施以巩固调控成果，全年中央预算安排基本建设和技术改造支出 1500 亿元。各项政策措施合力拉动经济增长 2.94 个百分点。

这 3 年连续实施的积极财政政策对国民经济的拉动作用是明显的，同时对扩大就业发挥了较大作用，中国农村人口多，农业就业潜在弹性大，第二产业和第三产业就业受经济周期影响很大。利用改革开放后的有关数据，测算非农业就业的回归模型，可以得到中国就业的 GDP 弹性大约为 0.24，即经济每增长 1%，可促进非农业就业增长 0.24%。按照对政策的增长效应和就业的 GDP 弹性测算，1998～2000 年，积极财政政策促进中国非农业就业分别增长 0.57%、0.73% 和 0.71%，其中国债政策分别促进非农业就业增长 0.36 个、0.47 个和 0.24 个百分点。也就是说，实施积极财政政策 3 年间，每年均可提供 200 万个非农就业机会。

3. 基本评价

在积极财政政策持续作用下，中国经济运行从 2000 年开始走出这一轮经济周期的谷底，到 2004 年部分地区和部分行业出现经济过热迹象，国内生产总值实现了较高幅度增长，财政收入有了较大幅度的增加，经济效益和经济结构发生了积极变化，这标志着积极财政政策取得了实质性成效，政策目标已经实现。在 20 世纪 90 年代末期抵御亚洲金融危机过程中，中国所实施的宏观调控政策与包括日本在内的亚洲其他国家相比较，是最为成功的。中国把扩大需求的短期政策与改善供给的长期政策有机地结合起来，把改革与发展有机地结合起来，不仅成功地拉动了经济增长，而且为中国经济的中长期持续稳定发展奠定了坚实的基础，是市场经济条件下宏观调控的有效尝试。

（二）货币政策

1. 货币政策传导机制

货币政策作为一个中央银行进行宏观调控的政策工具，其货币政策目标（最终目标、中间目标、操作目标）、货币政策工具、货币政策策略和货币政策作用机制，四个相互联系的内容构成一个理论体系。在典型的市场经济国家，货币政策的传导途径是：通过货币供给影响利率水平，又通过利率影响投资，再通过投资影响总产量，总产量的变动和利率对消费的影响又必然会波及供求平衡关系，最后实现货币政策目标。

中国货币政策的最终目标是保持人民币币值稳定，并以此促进国民经济增长①。中国的金融调控正在由直接调控向间接调控转变，中央银行的基础货币供应渠道也在不断变化，但总体上改革还相对滞后。1984 年以前中国并没有现代货币银行学意义上的经典货币政策，1984 年中央银行体制正式确立后，才有了运用货币政策工具控制货币供应量和利率水平，进而影响社会总需求这样的货币政策及其传导机制。

2. 中国货币政策实践

1984～1997 年，货币政策经历多次扩张和紧缩，其主要目标是对付通货膨胀，基本实现了货币政策调控由直接调控向间接调控的转变。

1998 年继续实施防范和化解金融风险，降低多年积累的不良贷款比例，商业银行的风险意识空前增强，对信贷工作提出了贷款质量终身负责制和新增贷款不良比率为零的指标要求，各商业银行出现了“惜贷”现象。但面对需要扩大内需、增加货币供应、增加贷款的形势，中央银行提出了在坚持防范金融风险和提高贷款质量的前提下，适当扩大货币供应量，支持经济增长，具体出台了一系列金融政策（主要是货币政策）措施，主要是：取消了贷款

① 按 1995 年《中国人民银行法》规定，中国货币政策的最终目标概括为：保持人民币币值稳定，并以此促进经济增长。但实际运作过程中，中国货币政策面临多目标约束，这些目标是：物价稳定、促进就业、确保经济增长、支持国有企业改革、配合积极的财政政策扩大内需、确保外汇储备不减少、保持人民币汇率稳定等。

规模的限额控制，给商业银行充分的贷款自主权；灵活运用利率手段，为适当扩大货币供应量主动多次降息；对利率体制进行了一些改革；两次下调存款准备金率，同时改革存款准备金制度；在积极推进货币市场发展的基础上，努力扩大公开市场操作；大力培育货币市场特别是债券市场的发展；扩大全国银行间同业拆借市场，制定规范市场运作规章制度；及时调整信贷政策，优化信贷结构；调整再贷款政策等。

1998 年、1999 年货币政策操作达到的结果是：广义货币 M2，1998 年增长 15.3%，1999 年增长 14.7%；狭义货币 Ml，1998 年增长 11.8%，1999 年增长 17.7%；金融机构贷款，1998 年增加 1149 亿元，1999 年增加 10846 亿元。1998 年经济增长 7.8%，1999 年增长 8.1%，与经济增长相比较，货币供应和贷款增长率都不低。在亚洲金融危机和国内经济运行深层次矛盾逐渐暴露的复杂环境中，中国经济始终保持了快速增长的态势，特别是 2004 年以来经济景气进一步回升，物价持续下跌的趋势得到控制，表明货币政策效应正在逐渐显现。

3. 中国货币政策传导的阻碍因素分析

1998 年以来，中国使用工具最多、力度最大的货币调控政策抑制通货紧缩，启动经济，效应正在显现。但总体上看，中国货币政策的效果并没有达到发达市场经济国家那样的水平，联动效应不明显。主要问题在于中国货币流动渠道不畅，货币政策传导机制存在体制性的阻碍。

一是货币政策传导机制中的机构活力不足。目前 90% 以上的存款集中在大银行，在贷款风险约束加强的情况下，大银行不用央行的再贷款，反而还再贷款；大量购买国债不愿卖给央行，基础货币投放萎缩。结汇和贷款两条传导主渠道出现体制性萎缩，导致货币供应下降。

二是货币政策传导的路径过窄。目前主要只有基础货币投放路径：央行→国有商业银行，资本市场还不完善，对货币政策没有反应。

三是货币政策传导的动力不足、信号失真。由于利率还没有完全市场化，重要金融产品流通没有价差或价差过小，形不成有力的流通，无法形成货币政策的良好反应机制。

四是货币政策传导的环境较差。由于市场不景气，对经济主体的决策和投资选择影响很大，进而影响到各类经济主体对货币流的态度，影响到货币政策传导的速度。

第五节 地区经济调控

地区经济周期波动与全国经济周期波动的差异性，是进行地区经济调控的基础和前提，在国家宏观调控体系中，只有建立适合各地区区情的地方经济调节体系，地区经济才能保持持续快速健康发展步伐。地区经济调控也是国家宏观调控的重要组成部分，地区经济调控分为两个层次：一是国家针对地区经济发展差距而实施的区域经济政策，主要解决效率与公平的问题；二是地区政府根据当地经济发展需要进行的调节，主要解决地区发展问题。

一、地区经济调控的产生与发展

地区经济发展差异和地区经济周期波动差异是建立地区经济调控的动因。西方发达国家经历了地区发展差距扩大与地区经济调控的历程。“二战”后的12年（1945~1957年），当时人们普遍认为，一个国家只要保持快速发展的势头，在普遍繁荣中，通过资本与劳动力的自由流动，市场机制可以调节区域间的不平衡问题。为此，各国都追求最高的发展速度，把大量的财力、物力、人力集中投入经济发达、技术条件好、基础设施良好的地区，以便实现投资少、见效快的目的。然而，这种做法虽然实现了发达地区经济的高度繁荣，却带来了发达地区和欠发达地区之间差距的扩大。这说明，地区之间的差距不会因为繁荣中的市场机制作用得到缓和，而是可能越拉越大。面对这种情况，瑞典经济学家谬尔达尔（Karl Cunnar Myrdal）1957年就提出了累积因果论，他指出，市场力的作用倾向于扩大地区之间的差距而不是缩小差距，一旦差距出现，则发达地区获得累积的竞争优势。也就是说，无论何种原因，一旦差异出现，则条件好而且发展快的地区，在发展过程中不断地为自己积累有利于发展的因素，从而遏制落后地区的经济发展，使落后地区不利于发展的因素越积累越多，落后地区的处境也就日益恶化。他认为，市场机制作用下的一些地区的繁荣是以另一些地区的贫困为代价得来的。美国经济学家赫希曼（Albert Otto Hirschman）在其1958年出版的《经济发展》一书中也提出了类似的观点，他认为，增长在区际的不均衡现象是不可避免的，核心部分的发展会通过“涓滴效应”在某种程度上带动外围地区的发展。与此同时，劳动力与资本从外围地区迅速流入核心区，加强核心区的发展，又起着扩大地区差异的作用。虽然“涓滴效应”与极化效应同时起作用，但在市场机制作用下，极化效应起支配作用。要改变这种情况，缩小地区差距，唯一可行的方法是加强国家的干预，采取各种有效的经济政策扶持落后地区的发展。①20世纪60年代初，西方国家经济繁荣期结束，进入了长波周期的低潮阶段，普遍出现了高失业率。萧条区、落后地区的处境进一步恶化，社会矛盾迅速激化。随着高速增长而出现的发展差距的扩大，不仅使欠发达地区逐渐丧失购买力，甚至债台高筑，无法偿还，而且发达地区也因这种购买力的下降，商品外销日益萎缩，金融业也受到重大损失。这种情况又诱发人口从欠发达地区流入发达地区，发达地区的夕阳产业无法向欠发达地区转移，众多朝、夕阳产业挤在一起，严重影响发达地区赖以得到发展的产业结构的不断升级。如英国以伦敦为中心的东南地区、法国以巴黎为中心的中央地区，都不同程度地出现过产业结构恶化的征兆。而其他地区，特别是边缘地区，经济萧条日趋严重。情况迫使许多国家政府认识到这种趋势不能持续下去，他们借助凯恩斯的理论加强干预，纷纷采取了相应的措施。多数国家都成立了专门解决区域经济发展问题的机构，开展区域规划，制定区域经济政策，设立专门基金（如区域开发基金、社会基金、农业基金等等）和区域开发银行，从金融、财政方面支援欠发达地区。如美国政府于1961年制定了区域再开发法，1965年又制定了公共工程与经济开发法和阿巴拉契亚区域再开发法；日本从1962年开始制订国土综合开发计划，提出了以大中城市为中心划分各种类型的城市经济圈的构想；法国也从20世纪50年代开始进行区域规划，1963年正式成立全国区域发展委员会，实行领土整治计划地区化，并以9大城市或城市群体为核心，将全国划分为9个经济区；英国于1945年制定战后第一个

① 高洪深著：《区域经济学》，中国人民大学出版社2002年版，第14页。

工业布局法。在整个60年代，作为政府区域政策的财政援助形式日趋完善。①

中国东西部发展差异在改革开放以前就存在。改革开放的历程，是中国地区差距不断扩大的过程。中国的改革开放首先是从东部沿海地区开始，然后向内地逐步传递的，因此，东西部地区发展差距的扩大，既有国家运用区域梯度发展理论和区域梯度辐射理论实施改革开放政策的影响，也有市场机制下极化效应的作用。进入21世纪，中国政府已经开始重视东部沿海发达地区和西部欠发达地区的差距不断扩大的问题，提出了实施西部大开发战略，在政治动员和舆论宣传上已经展开，但在调控措施上还有待加强，像西方发达国家那样以法律的形式确立推动欠发达地区的发展，更是还没有提上议事日程。

发达国家的经济发展历史和中国改革开放以来的区域经济发展实践表明，完全竞争的市场机制无法实现区际经济的协调发展。各国无一例外地通过政府的区域政策刺激欠发达地区经济发展，或采取国家层面上的经济手段来缩小区域间的发展差距。这种政府为引导和干预区域经济活动所采取的各项政策措施构成了区域经济政策的重要内容。当然，在一个区域内，为有效地组织区内经济活动所采取的各种措施也属于区域经济政策的范畴。然而在一国之内，不同区域为组织区内经济活动所采取的各项措施，虽然有些差异，但大体都是类似的。因此，在一般情况下，区域政策主要指为解决地区间经济发展差异而采取的各种措施。一般来讲，区域经济政策有两个基本目标：一是经济增长目标，也称效率目标；二是均衡目标，也称公平目标。一般认为，效率和公平是矛盾的，强调效率，则资源在空间配置上首先考虑效率高的地区；强调公平，则要求资源在空间上的均衡配置。其实，效率与公平是不矛盾的，其关键是如何实现区际的合理分工。分税制、税收减免、转移支付、银行贷款、工资补贴、价格调整、强制调配物资、强制行政管理等，都是为实现区际分工或缓解矛盾而采取的政策和措施。中国从编制“九五”计划纲要时，就开始强调东西部之间的协调发展问题，国家的区域经济政策有了一

① 王稳卿主编：《西部大开发与东西部地区共同发展研究》，中国经济出版社2001年版，第565页。

定的力度，主要是加大了转移支付的力度，但从近几年东西部地区发展差距的情况来看，力度是远远不够的。如何通过国家的区域经济政策实现西部欠发达地区的快速发展，以实现区域间合理分工，如何解决效率和公平的问题，仍是区域经济政策的核心。

从西方发达国家的发展历程来看，促进区域经济发展，特别是欠发达地区的经济加快发展，主要的调控是国家调控，国家采取有利于地区经济发展的调控政策是地区经济调控体系的重要组成部分，然后才是地区在国家给予的权力范围内采用各种调控手段进行调节。

二、地区调控的重点是省级调控

在中国，地区政府对地区经济的调控可运用的手段与国家的宏观调控手段有较大差别，差别在于调控手段运用的程度和权限上。如货币政策，国家能够实施货币政策来促进或抑制经济运行活动，地方就没有实施货币政策的权限；如财政政策，国家能够发行国债来实施投资推进经济繁荣，地方则只能依靠自身的财力进行有限的调节；如地方法规，国家无法根据一个地区的情况出台法律法规调节该地区的经济，地方则有权限根据地方实际，在不违背国家法律的前提下制定地方法规来调节地方经济。按中国目前的行政管理体制，省级调控对地区经济发展具有重要意义，无论在理论上还是实践上都应得到加强。

（一）中国省级调控的实践

在社会主义市场经济体制下，中国政府对国民经济的干预指导实行中央统一领导下的分级管理、分级调控体制。国家的宏观调控权集中在中央，宏观经济调控以中央政府调控为主，这是一级调控。它决定着国家宏观调控的总体目标、主要原则和基本要求。党的十四届五中全会《关于制定国民经济和社会发展“九五”计划和2010年远景目标的建议》（后简称《建议》）明确指出：“宏观调控必须集中在中央。”这是因为宏观经济是整个社会的全局性问题，而非局部的或地方性的问题。《建议》同时指出，地方要自觉服从和顾全大局，遵循国家统一政策，正确运用国家赋予的必要权力，调节好本地区经济活动，促进区域经济和社会发展。这也就是说中央赋予了省（自治区、直辖市）地方政府必要的经济调控管理权力。

省级地方处于中央与地方关系的一个非常重要的环节。赋予省一级地方必要的调控调节权，很好地统一全局利益和局部利益，让地方能够结合本地区实际，根据一级调控的要求和部署，对中央宏观调控方针措施进行分解细化，确定本地区具体的调控目标和重点，选择调控时机和控制力度，调节好地方经济活动。相对于中央一级调控，省级调控被视为是二级调控（中观调控）。二级调控是一级调控的完善和必要补充，是中国完整的宏观调控体系中不可缺少的部分。两者的关系是：一级调控决定着二级调控，后者必须服从前者，但也不是简单照搬；一级调控为主，二级调控为辅，既各有侧重，又上下协调统一。二者相互依存、共同配合，构成中国完整统一的经济调控体系。在社会主义市场经济体制下，中央政府和省级地方政府在经济调控中的任务、职责和利益是根本一致的，建立健全和完善省级经济调控体系，可以更好地对国民经济实施有效调控。正是从中国幅员辽阔、地区差异突出的国情实际出发，为了保证中央宏观调控的合理性与有效性，充分调动中央和地方上下两方面的积极性，调控分为中央的宏观调控和省市的中观调控这两级调控是完全必要和可行的。

省级调控是国家宏观调控的重要组成部分，省级调控的成败直接影响着国家宏观调控政策在地方的实施效果，对地方经济发展意义重大。近年来，许多省市先后成立了对地方经济调控的管理机构，强化综合管理部门的调控职能，加大了计划、投资、信贷、市场物价和劳动就业等方面的政府调控力度。

正是基于上述原理，自党的十四大以来，许多省市围绕着建立社会主义市场经济体制的改革目标，在建立、改善省级经济调控体系工作方面进行了积极探索和有益尝试，对促进全省改革开放、经济结构调整和持续快速发展等方面起了重要作用。近年来，许多省市十分注重建立健全省（市）级经济调控体系，陆续出台了不少旨在加强省级调控的重大举措。上海、天津、山东等省市就先后成立了对地方经济调控的管理机构，在精简专业厅局的同时，强化综合管理部门的调控职能，加大了发展计划、基建投资、银行信贷、市场物价和劳动就业等方面的政府调控力度。在实践当中，省级政府客观上已承担起对地方经济总体调控管理的职能。比如在国家计划和产业政策指导下，负责制订本省的经济发展规划、计划和实施细则；在地方财政预算、固定资产投资和重点项目建设、经济结构调整等方面行使决策权；确定对本省哪些地区、行业、产品和项目给予扶持和帮助，等等。许多省市建立了粮食价格风险基金和部分重要商品储备制度，制定了控制物价目标责任制，使省级政府平抑调节重要商品物资价格的能力有所提高，积累了经验；各地都颁布执行了一系列地方经济法规和条例，约束、规范着企业行为和市场经营活动有序地进行。在财税、金融、物价、投资和计划等调控体系各分系统展开了相应体制改革：财政体制方面，按中央统一部署，经历了分级包干、分税制等阶段，地方财政收支和上划中央“两税”稳步增长，既增强了对本省经济的调控能力，又加大了对国家的贡献。在税制改革中，强化了税收经济杠杆的中观调控职能，从制度上保证了财政、税收收入有所增加。金融体制方面，配合国家建立现代化金融体系的方向，人民银行向中央银行职能转变，专业银行则走商业银行的道路，对企业信贷微观经济活动的引导作用不断增强。价格体制方面，在以调为主、调放结合的基础上全面进入以市场形成价格为主的价格形成机制。省物价管理部门从管理、监督、调控、协调、服务等方面逐步加强了中观调控职能，配备起一些价格调控手段。投资体制方面，初步形成多元投资主体并存、分层次决策项目管理模式，开辟了新的融资渠道，探索投资风险约束机制与做法，如“拨改贷”、投资包干、业主负责制等，政府间接调控的机制已初显端倪。计划体制方面，走过了大幅度缩小指令性计划、下放固定资产投资审批权、转变计划职能、改革年度计划、削减行政性管理等变革历程，随着产权制度改革的深入，所有制结构调整中多元经济、混合经济迅速崛起，现代企业制度日趋完善，各省的商品、要素两大市场体系渐趋成熟，为改进、加强和作好省级经济调控准备了较好的微观基础和宽松的市场条件。

尽管如此，应该说中国适应市场经济体制要求的省级调控才刚刚起步，省级经济调控的水平和能力还不适应改革和发展的需要，还需要不断加快探索和实践的步伐。

（二）省级经济调控的方向和原则

1. 省级经济调控的方向

随着中国市场经济体制的建立，省级调控的方向应该是：①从微观管理为主转为中观管理为主，主要针对全省经济的运行和发展方向进行引导、调节和控制。②从直接管理为主转向间接管理为主，不再直接干预生产、流通等环节。③从管理企业为主转为调控管理市场为主，不再插手企业的产供销等具体业务，而主要通过培育、监督、规范市场，再由市场去调节企业。④从单纯使用行政手段为主转向综合运用多种经济手段和法律手段为主，不是必需的特殊情况，一般尽量少用行政手段，主要运用经济计划、政策、预算、信贷、税收、投资、储备和经济法规等办法。⑤从实物形态管理为主转为价值形态管理为主，以提高调控水平、管理的规范性和科学性，力争使调控作用时效与经济周期相吻合，适当超前以确保调控措施及时、有效。

2. 省级经济调控的原则

省级经济调控应遵循以下原则：①坚持以中央宏观经济调控为主。省级调控要在符合中央调控基本要求的前提下进行。调控目标不与中央精神相违背，又要联系本省实际，有自己的特点。②坚持以市场调节为主。政府调控不应取代市场调节，更不能改变市场机制配置资源的基础性作用，只能对市场的失效部分和消极方面进行补充和校正。

（三）省级经济调控体系的要点

1. 明确实施中观调控的目的

中观调控的目的主要是保持地区国民经济协调、持续发展，引导经济结构调整优化，促进资源配置更趋合理，为微观经济创造良好的发展环境，克服市场调节的缺陷和负面影响，防止经济出现大的周期波动，力争使国民经济朝政府预期的目标健康发展。

2. 建立中观调控体系

整个体系一般包括：对中观经济运行的监测和预警系统；对各种调控手段相互配合和制约的协调机制；中观调控方案的研究、制定和决策的管理制度；中观调控实施的保障、协调和监督系统；对中观调控实施效果进行跟踪反馈和评价的评估系统。

3. 处理好省级经济调控与中央宏观调控的关系

地方经济的调控在国家宏观调控中居于举足轻重的基础地位。全国经济发展离不开省级地方经济调控，加强和改善国家宏观调控，最终要落实到省级经济调控的加强和改善。省级经济是中观经济，它是宏观经济与微观经济之间信息和政策传导的中介，是宏观经济调控作用于微观经济的纽带，更是中央政策、法令、措施结合省情进行创造性贯彻的执行者。因此，各省（直辖市、自治区）都要十分重视省级经济调控体系的建设，广泛吸取国家建立宏观调控体系和部分省市地区建立中观调控体系方面的成功做法经验。

4. 省级经济调控中的政府导向作用

一是政府导向目标：效率优先，兼顾公平。按照效率优先和兼顾公平的原则，领导和组织管理好经济建设，始终是政府的职能。二是政府导向机制：中观管好，微观搞活。在经济体制转轨中，政府管理经济还要突破传统的计划经济模式影响，适时建立一套新的管理体制和运行机制，包括市场导向、利益机制、竞争激励机制、职责权利同位机制。政府应依法行政，完善税收，健全市场体系和保障体系，实施调控、协调、管理、监督、信息、服务职能，搞好地区经济综合平衡，主要靠间接管理，实现对全省经济的有效调控，而不能政企不分，官商不分。政府作为“有形的手”是市场经济这只“无形的手”的有效补充，以克服市场经济的盲目性、自发性。三是政府导向运作：转变职能，精兵简政。加快机构改革，根据“功能齐全、结合合理、运转协调、灵活高效”的原则，做到放而有度、活而有序。当前，要在建立、完善省级经济调控中关注以下重点：第一，政企分开。政府经济、行政管理权与国有资产的管理和经营分离，政府不直接管理或经营企业，让企业到市场平等竞争。第二，加强调控的同时，为经济运行和市场主体创造良好的环境和全方位服务，提供法律保障，加强行政监督。

（四）省级经济调控的主要任务

要确保地区中长期规划和年度计划提出的各项主要目标顺利实现。要在经济、社会全局稳定的基础上，充分发挥资源优势，优化资源配置，推进经济持续快速增长。要努力做到经济与财政收入同步增长，保持财政收支基本平衡，逐步减少地、州、县的财政赤字。要促进第一、第二、第三产业以及基础产业与制造业的协调发展，加快培植支柱产业，抓好重大基础设施建设，推动产业结构的优化和升级。要始终强化农业的基础地位，稳定粮食基本供给。要扩大与国际、省外其他省市地区的经济贸易和技术交流，促进国际间、国内省市间的分工与合作。要在解决贫困人口温饱基础上，推进全民向小康迈进，缩小地区差距，防止两极分化。要努力创造更多就业机会，开辟新的就业途径，把城镇待业、失业率控制在社会可承受范围内；引导推动农村劳动力向非农产业转移，促进农村经济发展与加快城市化进程的有机结合。要控制物价总水平上涨幅度，使之保持在低于经济增长率的范围内。要实行计划生育、控制人口增长，普及义务教育，发展文化卫生体育事业，改善生活条件，全面提高人口素质。要贯彻资源开发、保护与节约并重的方针，保护环境维持生态平衡，实施可持续发展战略。

（五）目前中国省级经济调控存在的主要问题

目前，中国许多地区在对全省经济运行进行调控中存在的问题主要有以下几个方面：

1. 调控财力明显不足

特别是1994年国家调整了与地方的财权关系后，财政包干制改为分税制，客观上减少了欠发达地区地方机动财力，削弱了欠发达地区地方政府减免税收等扶持企业的权限，致使欠发达地区调控能力有所下降。

2. 金融信贷调控基本无权限

银行直属中央，省级没有金融调控权能，无力用货币政策等金融杠杆调控地方经济活动；地方金融发展滞后，合作金融的改革与发展不适应市场经济的要求，对地方经济的扶持力度小。

3. 缺乏专门的调控机构和人才队伍

至今尚未组建或设立一个集中统一的、具有足够权威的专职省级经济调控机构，没有一支专门从事中观经济调控的专业队伍和专门人才队伍。因此，没有形成一套完整的省级调控体系，导致调控目标不是很明确，调控方案研究论证不充分，调控程序很不规范，调控行为任意性大等问题存在。

4. 调控机制不完善

具有中观经济管理职能的各部门分散在不同机构和系统，缺乏相互配合，各自为政，缺乏协调一致的行动，各种手段未形成合力，严重影响了调控的及时性和有效性。还没有形成一种高效、灵活、有度的调控机制。

5. 缺乏调控的决策支持系统

由于没有一个专门跟踪分析全省经济运行和发展态势的研究预测、提供调控选择方案的咨询机构。全省经济监测、预警工作虽然时有开展，但尚未专业化、制度化、系统化，因此不能完整、准确、及时地反映经济态势及其变化。

6. 体制约束还有待消除

支撑有效调控的相关条件不完备，市场基础和经济背景还有待改革完善。如政府职能有待转变、政企关系未完全分开、公有制企业的独立市场主体地位没有真正确立、市场体系不健全、运作秩序不规范、信号失真等等。

7. 认识不足

由于处在经济体制转轨中，对省级经济调控的作用和意义，各界认识不统一，理解有差异，甚至看法相冲突，也妨碍调控体系建设和调控目标任务的贯彻实施。此外，传统的指令性行政管理习惯，也对规范化、市场经济要求的政府调控有较大干扰和影响。

三、地区经济调控的主要手段

目前，中国地方政府拥有的调控手段主要有：发展规划、经济政策、财政预算、金融信贷、地方税收、项目投资、物价管理、地方法规、商品储备与投放和行政指导等十个方面。

1. 发展规划

省级区域的中长期规划，是从全局高度提出的未来发展的奋斗目标、主要任务和政策措施，起着战略导向、综合协调的功能和国家宏观经济战略目标在各地实施的途径，是全省经济社会发展的纲领，是区域内各级各部门必须遵循的基本准则。另一方面，也为全省经济调控提供了主要依据，规定了调控的总体目标和主要方向。

2. 中观经济政策

在中观层次上，涉及经济调控的主要政策可分为三类：一是产业政策，二是区域政策，三是对外经贸政策。而其他财政、金融、税收、物价、就业、分配、技术等政策，通常只是根据和围绕这三类政策的要求来进行有机的组合和搭配，通过三大政策来反映自身的作用贡献，并支持和确保这三类政策的有效性和可操作性。

（1）产业政策：体现着省级政府在一定时期内，对不同产业发展采取鼓励、扶持或限制的战略意图，是培植支柱产业、调整优化产业结构的政策保障，制定与产业发展有关的其他各项政策的依据。

（2）区域政策：政府根据地域和资源条件，为生产力布局调节地区差距或扶贫，对不同地区提出不同发展要求和政策导向，它决定着各种在不同区域实行不同政策的基本要求和标准。

（3）对外经贸政策：是省级政府为加强与国际、外省（区）市经济贸易合作与交流采取的引导和鼓励性政策，如以优惠地价、减免地方税收等吸引外地要素向省内流动，它是制定各项对外政策的主要依据。

3. 财政预算

运用省级预算和预算内外的综合财力，按照中央、省和地州市事权划分，建立起比较规范、合理的财政转移支付制度。同时，努力培植新财源，增加财政收入以加强财政调控能力，着重调节收入分配结构和地区分配结构，使其逐步合理、优化。

4. 金融信贷

虽然省级政府这方面调控权十分有限，但仍可以在一定程度上对金融贷款投向，尤其是政策性贷款进行中观指导，以使尽可能多的信贷资金投向基础、支柱产业和骨干企业，以优化投资结构，提高投资效益。

5. 地方税收

在省政府税收管理权限内，对一些产业和地区采取不同税收减免或征后返还等办法，以减轻其税赋负担，促使其加快积累、加快发展。

6. 项目投资

省政府从全局和长远利益出发，安排一批项目并在资金、技术、土地、人力和建设条件上提供支持，以较快形成生产能力，增强经济实力，缩小地区差距。随着市场经济体制的完善，我国省级政府的项目投入将以社会发展领域投资为主。

7. 物价管理

建立完善的价格管理体系，设立、完善价格调节基金，对少数重要商品实行最高参考限价和最低保护价，以保护生产者和消费者的基本权益，打击流通领域的投机行为和暴利倾向，把整个物价涨幅控制在合理范围内。

8. 地方法规

制定、执行一系列完整、配套的全省地方经济法律、法规，规范政府和企业的经济行为，把全社会经济活动纳入轨道。同时，经济管理和执法部门严格执法，监督、打击一切违法经济行为，维护正常经济秩序。

9. 商品储备和投放

省政府对少数极为重要的商品（如粮食、救灾物资、成品油、钢材、化肥等），实行政府订货和储备。待发生灾害或市场价格过度波动时，有计划地向灾区或市场购进或是投放，以缓解灾区困难和平抑市场物价。

10. 行政指导

市场经济下虽然要尽量减少政府直接行政干预经济，但在一些特定情况下（如发生重大突发经济事件、社会危机或经济等调控手段难以在短期内收到成效时），采取及时、适度的行政干预还是必要的。省政府通过会议、发文等形式，可以简捷、及时引导、纠正某些地区或部门经济活动中的偏差，从而减少中观经济上的失误和损失。

四、适应市场经济体制的省级调控改革

中国地方政府管理经济的权限和能力范围是在计划经济体制下形成的，尽管在体制转轨过程中不断完善，地方权限发生许多变化，但还没有完全转变到市场经济体制上来，需要加强改革的力度。

（一）财政税务方面

第一，处理好分税制中地方财政与中央财政的协调，中央财政要在预算、

返还、补贴和转移支付等方面给予西部欠发达地方更多支持，进一步调节公平，西部地区也要积极争取国家的支持，扩大省级调控的财力。

第二，研究、制订省对地（州）县的分税制度方案，通过省财政预算及省对地县财政返还和转移支付制度，合理调节地区之间的经济发展和人民生活。

第三，协调好建立公共财政与加强地方建设的关系。在近中期内，地方重大基础项目和公用设施建设仍主要依靠财政。省地县各级财政都要多筹集资金，节约使用。要研究省级财政集中用于投资方面的资金如何使用和如何加强管理的办法，作为省府调控经济发展的重要手段之一。

第四，要研究制定如何通过财政返还、贴息、补贴等办法扶持新的经济增长点，培植新财源。

第五，各级地方政府要研究如何利用有限的税收管理权限，结合产业政策，调节地方经济发展。

（二）金融信贷方面

第一，按照中央金融体制改革总原则，结合地区经济发展需要，有效地根据国家货币政策，调控经济运行。

第二，广开融资渠道，完善金融市场，大力筹集资金。在商业银行积极吸收各类存款的同时，尽量利用直接融资渠道，发展债券、股票、投资基金等证券业务，发展完善证券市场，扩大拆借业务，健全产权交易市场、证券交易中心系统等，吸引和引导社会资金流向最需要的行业。

第三，为增强地方经济发展活力和调控能力，积极建设地方金融体系，筹建地方发展银行和区域性省区合作银行，积极发展信托、财务公司等非银行金融机构，组建地方的城市合作银行和农村合作银行。

第四，建立国家金融机构在地方的协调机制，推动地方经济的持续健康发展。

第五，外汇调剂使用方面，积极开展外汇交易业务，盘活外汇资源，支持地方发展，要协调好中国银行对一般进出口业务的信贷扶持。

（三）计划和投资方面

第一，计划工作重点转移到以中长期规划为主，制订完善各行业、各地区的发展规划，搞好国民经济重大比例的综合平衡。

第二，改革现行投资体制，按国家产业政策结合地方实际，合理划分竞争性、基础性和公益性项目三大领域。按不同领域性质确定不同的投融资方式，形成主要依靠市场和社会、政府重点扶持和引导的投资机制。配套推行项目法人责任制、投资决策责任制等项改革。

第三，建立地方基本建设基金，组建地方投资公司。基金主要用于基础设施、基础产业的重大工程项目；投资公司经营基建基金，同时赋予投融资功能，使其具有政府投资控股（参股）公司和非银行金融机构双重职能。

第四，合理控制总量，综合运用财政、金融、计划等手段，建立地方投资规模评估、监测和控制体系。

第五，用产业政策统一计划和投资政策，协调财政和金融政策。各种经济手段综合运用，从调控投资结构、优化增量入手，影响存量结构，引导经济向所期望的方向发展。

（四）市场和物价方面

从增强地方政策调控管理市场的能力出发，加强市场管理和物价调节的改革步伐：①组织和加强市场建设，引导市场健康发展，完善市场法规，大力发展中介机构。②间接调控市场运行，平抑市场物价。要在建立重要商品储备外，再建立重点商品市场风险基金。③根据“统一政策、分散决策”的原则，深化价格改革。一是适时调整少数重要生产资料的双轨价格，实现价格并轨，理顺比价关系；二是在培育发展要素市场过程中，逐步实现要素价格的市场形成机制。

第二章　周期划分与周期特征评价体系

第一节　经济周期划分方法再研究

实际经济增长的周期过程并不都是完整的周期性重复，也不能简单地将每一次上下波动理解为一个经济周期。深入的经济周期研究，离不开对变量周期性波动特征的具体分析，对周期长度、峰谷落差等常用的经济周期特征参数的分析首先取决于对每个具体周期进行划分。由于周期划分方法不同，目前对我国的有些时期是否能划分为一个周期有较大争议。

最基础的经济周期划分是按谷底到谷底计算，或按峰值到峰值计算，在此基础上具体划分一个时期内若干个周期过程的方法较多，但都无法避免主观判断差异所带来的争议。采用中位线划分经济周期，能够比较准确地揭示经济周期波动的客观因素，避免周期划分中因主观判断差异产生的争议。

一、对目前常见的几种周期划分方法的再认识

（1）西方经济学家根据经济周期的时间长短把经济周期分为长周期、中周期和短周期。不同阶段的经济周期，体现了经济发展过程中不同经济政策的影响力和产业政策的倾向性。这些周期的划分有不同的依据，适用于不同的分析目的，因此，严格地说，它们是经济周期的特征，而不是周期划分的方法。

（2）有研究结果认为，周期的划分又可分为“古典周期”和“增长周期”，前者主要是指经济周期变动过程中，整个经济走势具有从正值区域到负值区域的状态。而“增长周期”则基本是在正值区域内的经济波动，其周期内经济的起伏波动一般是增长与收缩的过程。这实际上不是周期划分的方法，

而是在划分出周期后对具体周期是否经历经济危机或经济萧条的特征判断。

（3）直观判断法。这是最常见的普通划分方法，根据时序数据曲线和经济周期规律，将一段时期内增长率最低的几个年份作为几个周期的起点和终点，增长率最高的几个点作为几个周期的峰值，对于一些不大的起伏，往往根据经验判断为某个周期中的小波动。这种方法划分周期的准确性跟判断者的经验有直接关系。

（4）趋势线划分法。有学者提出并采用了趋势线划分法，这种方法是在对经济周期直观理解的基础上得出的方法。直观的理解是，扩张与收缩是经济变量绝对水平升降的表现，但这种情况只是特例，扩张和收缩是个相对概念，扩张是相对于收缩而言的，收缩也是相对于扩张而言的。如果承认经济变量在发生波动的同时还存在着趋势性变动，那么当变量的变动由谷底接近趋势变动线时，是处于周期的复苏阶段；由趋势线到达峰顶的过程，是周期的扩张阶段；再由峰顶回归趋势线的过程，是周期的收缩阶段；由趋势线回落谷底的过程，是周期的萧条阶段。这样，在上次周期的萧条阶段与本次周期的复苏阶段之间有一复苏转折点（谷底）；在复苏与扩张阶段之间有个扩张转折点；扩张与收缩之间有个收缩转折点（峰顶）；在收缩与萧条阶段之间有个萧条转折点。周期的复苏、扩张、收缩、萧条四阶段是以确认上述四个转折点为前提的。以此确定了一个周期的起点和终点。

这种方法是通过分离出周期波动成分后，以波动成分的相对规律性变化来划分周期的起点和终点，这样的方法为分析一个时期内造成经济波动的各种影响因素提高了很好的思路。但问题在于所采用的趋势线仍然是主观确定的。采用不同的趋势线，分离出来的周期波动因素是不同的，必然影响到对周期波动因素和特征的判断的准确性。因此，我认为可采用中位线划分法。

（5）中位线划分法。根据研究期间内时序数据的波动状况，采集原始波动中的波峰数值和波谷数值的平均值形成中位线，以中位线为判断标准，确定原始波动峰值和谷值是否作为周期峰值和谷值，谷值年份作为一周期的起点和下一周期的终点。其理论依据是：经济运行的最佳（理想）状态是高位水平运行，即没有周期性波动的经济最佳快速增长。这样的经济运行状态在交易信息不对称、人们预期变化、行为调整、管理失误或偏差等等各种各样的因素影响下，经济背离最佳理论状态运行，形成上下波动，但波动是围绕最佳理论状态变化的，背离的成分就是波动因素，也就是周期分析的对象，通过对这些波动因素的分析，判断出各种波动因素对经济运行的影响程度，才能提出控制、调节或促进这些因素发展的对策措施。

一个国家（或地区）的经济增长在一定时期内由于其相对稳定的经济基础、供给和需求，决定了它将保持一个相对稳定的增长速度，即处于均衡状态，但外部和内部的各种冲击使其背离了均衡状态而形成波动，分离出这些周期性波动成分是为了更好地对经济运行进行调节，使经济保持一种持续、稳定的增长状态。而趋势只是一种可能性的判断，也包含着背离稳定状态的因素。下面假设一个严格周期变动的特例来分析趋势线划分存在的问题。

二、纯理论周期假设条件下趋势线划分法验证

根据目前比较常见的趋势线划分法，下面假设一个完全周期变化的特例来分析趋势线划分存在的问题：

（一）纯理论假设

假定一个地区的经济增长一直在1%和4%之间呈严格的增长周期变化，任取其中的三个周期（如图2－1）作为分析对象。第一周期中，2001年增长1%，是不景气期；2002年增长2%，是复苏期；2003年增长3%，是扩张期；2004年增长4%，是高涨期；2005年增长3%，是收缩期；2006年增长2%，是衰退期；2007年增长1%，是不景气期。第二、第三周期也是这样规律性变化，因此周期波动因素也是规律性的。复苏成分与扩张成分方向相反、绝对值相等，收缩成分与衰退成分方向相反、绝对值相等，经济不景气成分与经济高涨成分方向相反、绝对值相等。于是产生两个结果：一是一个周期中的周期成分从不景气期的最低点到高涨期的最高点的所有数据相加等于0，最高点到最低点的所有数据相加也等于0（2001年、2002年、2003年、2004年的周期成分相加等于0，2004年、2005年、2006年、2007年的周期成分相加也等于0）；二是这三个周期中不景气期的周期成分都相等，复苏期、扩张期、高涨期、收缩期、衰退期各自的周期成分在三个周期都相应地相等。

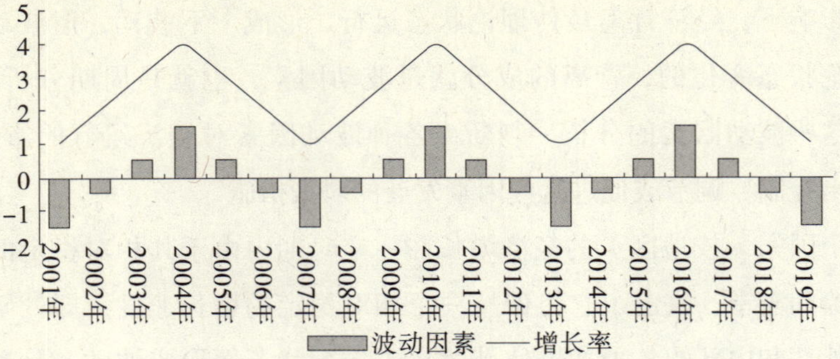

图 2-1　纯理论假定的经济周期波动因素

（二）线性趋势线

由于是完整的规律性周期波动，所以这 19 年增长率数据的线性趋势线是一条水平直线（见图 2-2），即：

$$y=2.4211 \tag{1}$$

以这条趋势线来划分周期，2001 年、2007 年、2013 年、2019 年是“谷—谷”周期划分的起点和终点，符合假设，但就具体年份的周期波动因素来说，就不准确，虽然周期波动因素围绕横坐标轴上下变化，但可以看出周期成分中横坐标轴以上的数据大于横坐标轴以下的数据，以第一周期为例，2001 年的波动因素为 -1.4211，2002 年为 -0.4211，2003 年为 0.5789，2004 年为 1.5789，这四年的波动因素相加为 0.3156，不等于 0。这说明从 2001 年到 2004 年这个从不景气期到高涨期的过程中，扩张成分比复苏成分大，收缩成分比衰退成分大，后面两个周期也是这样，这显然与完全的周期性变化假设不符，因此，采用线性趋势线来作为划分依据是不准确的。

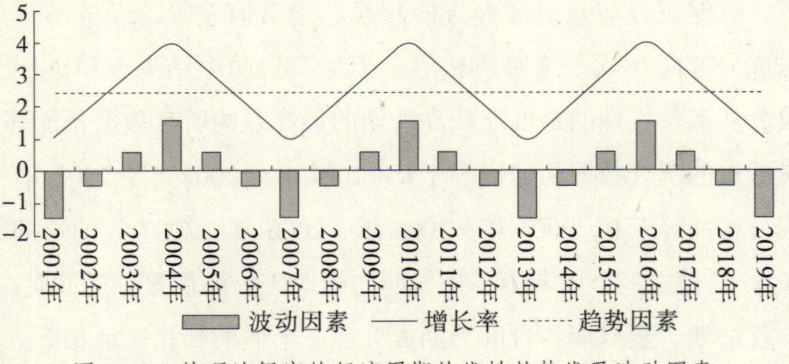

图 2-2　纯理论假定的经济周期的线性趋势线及波动因素

同时，在这个假定特例中，由于图 2－2 中的线性趋势线也等于这个时序内所有增长率的算术平均值 2.4211，因此，采用样本数据的均值刻画的水平线作为划分依据也是不准确的。

（三）二阶多项式趋势线

这 19 年增长率数据的二阶多项式拟合曲线（见图 2－3）为：

$$y=-0.0093x^2+0.1858x+1.7709 \quad (2)$$

$$R^2=0.0628$$

从拟合方程的 R 平方值来看，接近于 0，说明了趋势线的估计值与对应的实际数据之间的拟合程度非常差，趋势线最不可靠。另外，按照趋势线划分方法，趋势线与增长曲线交叉的点，就是经济周期中复苏到扩张、收缩到衰退的转折点。从图 2－3 看，2001 年的周期波动因素为－0.9474，2002 年为－0.1053，2003 年为 0.7554，2004 年为 1.6347，这四年的周期波动因素相加为 1.3374，不等于 0，表明从 2001 年到 2004 年这个从不景气到高涨的过程中，扩张成分比复苏成分大，这显然与完全的周期性变化假设不符，因此，采用二阶多项式趋势线来作为划分依据也是不准确的。

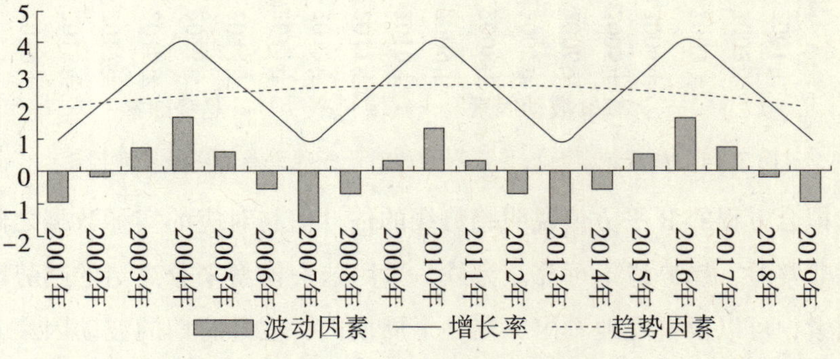

图 2－3　纯理论假定的经济周期的二阶多项式趋势线及波动因素

（四）三阶多项式趋势线

这 19 年的增长率数据的三阶多项式拟合曲线（见图 2－4）为：

$$y=-6E-17x^3-0.0093x^2+0.1858x+1.7709 \quad (3)$$

$$R^2=0.0628$$

从拟合方程的 R 平方值来看，接近于 0，说明了趋势线的估计值与对应的实际数据之间的拟合程度非常差，趋势线最不可靠。另外，按照趋势线划分方法，趋势线与增长曲线交叉的点，就是经济周期中复苏到扩张、收缩到衰退的转折点。在第一周期中，2001 年是不景气期，2002 年是复苏期，2003 年是扩张期，2004 年是高涨期，2005 年是收缩期，2006 年是衰退期，2007 年是不景气期，同时 2007 年又是第二周期的起点。这个模型的第一个系数非常小，接近于0，所以，采用这个模型刻画的趋势线与二阶多项式趋势线的 R 的平方值近似一致。因此，不能作为划分周期的依据。

（五）四阶多项式趋势线

这 19 年的增长率数据的四阶多项式趋势线（见图 2－5）为：

$$y = -0.0008x^4 + 0.0317x^3 - 0.4241x^2 + 2.144x - 0.6347 \quad (4)$$

$$R^2 = 0.2894$$

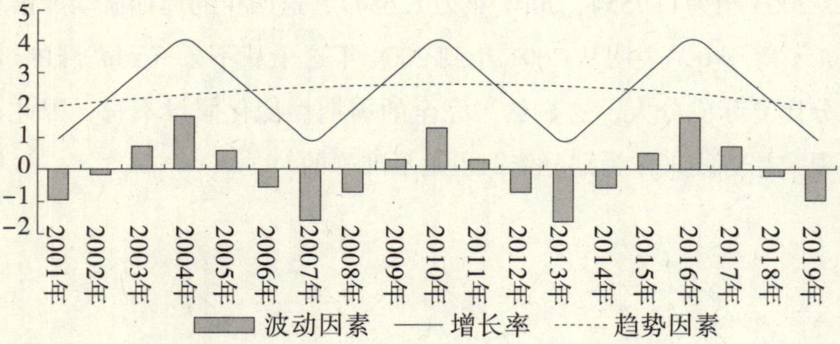

图 2－4　纯理论假定的经济周期的三阶多项式趋势线及波动因素

从拟合方程的 R 平方值说明趋势线的估计值与对应的实际数据之间的拟合程度非常差，趋势线不可靠。另外，采用这一模型来分离出的趋势因素和波动因素，可以很直观地看出，在一个周期内，上升时期的波动因素并不对称。仍以第一周期为例，2001 年的波动因素为 －0.1161，2002 年为 －0.1977，2003 年为 0.2285，2004 年为 1.023，这四年的波动因素相加为 0.935，不等于 0。这说明从 2001 年到 2004 年这个从萧条到高涨的过程中，扩张期比复苏期长，这显然与基本假设是不相符的，因此，采用四阶多项式趋势线来作为划分依据也是不准确的。

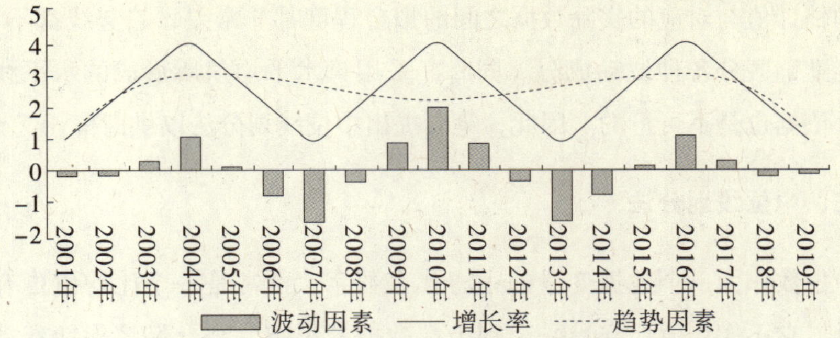

图 2-5　纯理论假定的经济周期的四阶多项式趋势线及波动因素

（六）五阶多项式趋势线

这 19 年的增长率数据的五阶多项式趋势线（见图 2-6）为：

$$y = -6E-16x^5 - 0.0008x^4 + 0.0317x^3 - 0.4241x^2 + 2.144x - 0.6347 \quad (5)$$

$R^2 = 0.2894$

从拟合方程的 R 平方值说明趋势线的估计值与对应的实际数据之间的拟合程度非常差，趋势线不可靠。另外，这个模型的第一个系数非常小，接近于 0，所以采用这个模型拟合的趋势线与四阶多项式的 R 的平方值相当近似，波动因素也相当近似。因此，也同四阶多项式趋势线一样，不能作为周期划分判断的依据。

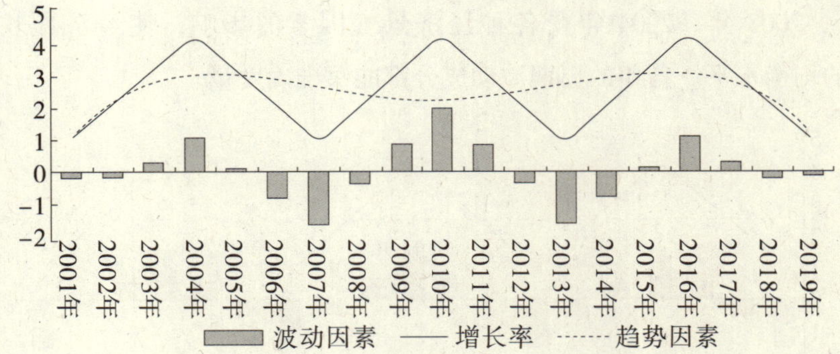

图 2-6　纯理论假定的经济周期的五阶多项式趋势线及波动因素

综合趋势线的分析可以看出，采用 1~5 阶多项式趋势线来划分经济周期，判断周期中的四个阶段是不准确的；采用对数、指数、乘幂等回归分析类型确定的趋势线也存在同样的问题，R 平方值都非常小，接近于 0，说明趋势线的估计值与对应的实际数据之间的拟合程度都非常差，趋势线都不可靠，更不能准确区分各种波动成分。同时，采用算术平均值所形成的水平线来作为划分依据也是不可行的。因此，笔者提出中位线划分法以供商榷。

三、中位线划分法

中位数作为一个数据变量的中心代表数字，常常是一个比均值更有用的统计量，它不像均值那样易受个别极端数据的影响。结合经济周期变动的规律，中位数的计算公式可表示为：

$$M = \frac{\frac{1}{n}\sum_{i=1}^{n} T_i - \frac{1}{m}\sum_{i=1}^{m} B_j}{2} + \frac{1}{m}\sum_{j=1}^{m} B_j = \frac{1}{2}\left(\frac{1}{n}\sum_{i=1}^{n} T_i + \frac{1}{m}\sum_{j=1}^{m} B_j\right) \quad (6)$$

式中：M 为中位数；n 为增长率高位转折点个数；m 为增长率低位转折点个数；i 为相应的各增长率高位转折点；j 为相应的各增长率低位转折点；T_i 为增长率高位转折点数值；B_j 为增长率低位转折点数值。根据式（6），可计算出图 2－1 中的中位数为 2.5（见图 2－7）。中位数描述的水平直线就是中位线。

在这个纯理论假设中，中位线体现了这个时期经济活动内在的均衡增长水平，2001 年、2002 年受各种不景气因素制约，使经济增长低于 2.5% 的均衡水平，2003 年、2004 年受各种经济景气因素的影响，使经济增长高于 2.5% 的均衡水平。各年的周期波动成分都能够准确度量。

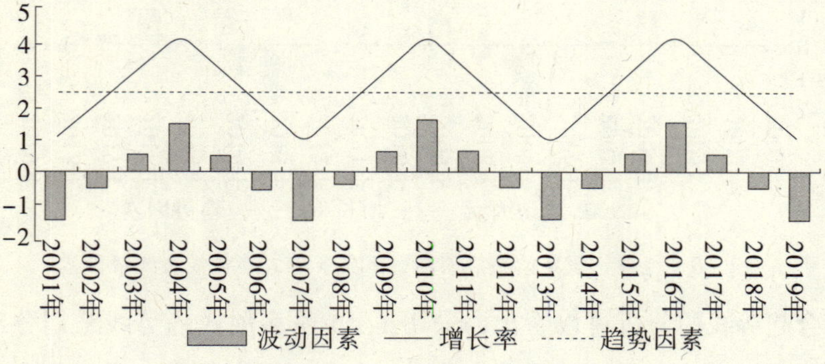

图 2－7　纯理论假定的经济周期的中位线及波动因素

第二节 对中国经济周期的划分

从新中国成立以来的经济增长波动曲线看，改革开放以前属于古典周期状态，改革开放后属于增长周期状态，因此，对中国经济周期的划分，要区分改革开放前和改革开放后两个时期来分别进行。

一、改革开放前的经济周期划分

1952 年中国完成了新中国成立初期的国民经济恢复之后，从 1953 年起进入工业化历程，由此开始了中国的经济周期波动。我们从 1954 年这个第一个谷底点为起点，以 1976 年这个改革开放前最后一个谷底点为终点来进行周期划分（见图 2－8）。

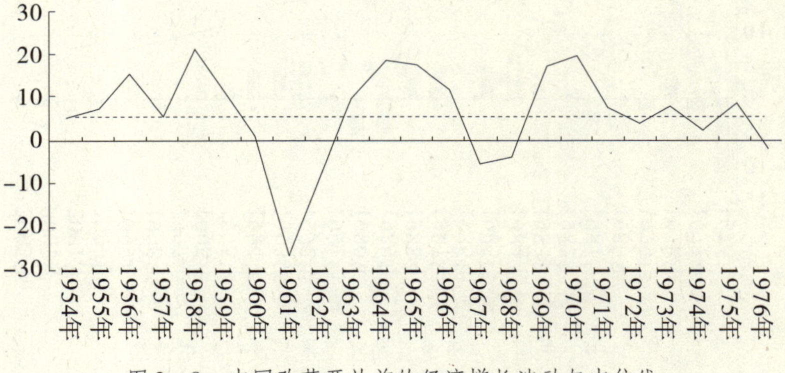

图 2－8 中国改革开放前的经济增长波动与中位线

在这条增长曲线中，直观地、具有明显高位拐点特征的是 1956 年（15%）、1958 年（21.3%）、1964 年（18.3%）、1970 年（19.4%）、1973 年（7.9%）、1975 年（8.7%）6 个点，即 $T_1=15$、$T_2=21.3$、$T_3=18.3$、$T_4=19.4$、$T_5=7.9$、$T_6=8.7$。具有明显低位拐点特征的是 1954 年（4.2%）、1957 年（5.1%）、1961 年（－27.3%）、1967 年（－5.7%）、1972 年（3.8%）、1974 年（2.3%）、1976 年（－1.6%）7 个点，即 $B_1=4.2$、$B_2=5.1$、$B_3=-27.3$、$B_4=-5.7$、$B_5=3.8$、$B_6=2.3$、$B_7=-1.6$。

根据第一节式（6），可计算出这条曲线的中位数为 5.1，中位线为一条 Y

=5.1 的直线。从图 2－8 可以看出，在中位线以下的低位转折点就是各周期的起点和终点，其中，1957 年这个低位拐点正好在中位线上，可作为周期划分点。因此，中国改革开放前（1954～1976 年）共经历了六个周期，1954～1957 年为第一个周期，1957～1961 年为第二个周期，1961～1967 年为第三个周期，1967～1972 年为第四个周期，1972～1974 年为第五个周期，1974～1976 年为第六个周期。

二、改革开放后的经济周期划分

1978 年党的十一届三中全会开始了中国的改革开放和市场经济发展历程，直到现在。我们从 1976 年这个计划经济体制时期最后一个谷底点为起点，以 2003 年为终点，来进行改革开放后的经济增长周期划分（见图 2－9）。

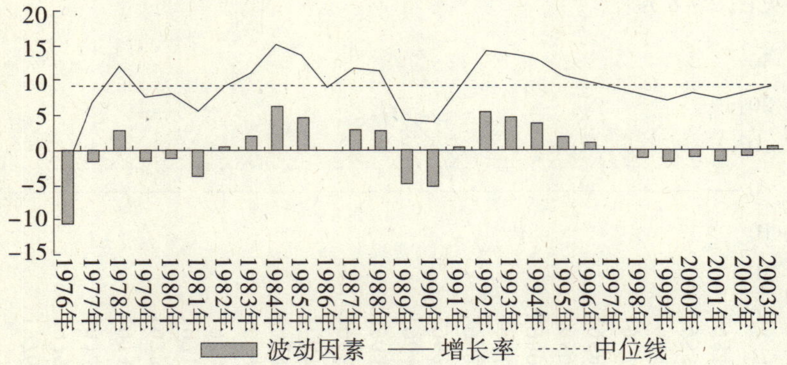

图 2－9 中国改革开放后的经济增长波动与中位线

在这条增长曲线中，直观地、具有明显高位拐点特征的是 1978 年（11.7%）、1984 年（15.2%）、1987 年（11.6%）、1992 年（14.2%）4 个点，即 $T_1=11.7$、$T_2=15.2$、$T_3=11.6$、$T_4=14.2$。具有明显低位拐点特征的是 1976 年（－1.6%）、1981 年（5.2%）、1986 年（8.8%）、1990 年（3.8%）、1999 年（7.1%）5 个点，即 $B_1=-1.6$、$B_2=5.2$、$B_3=8.8$、$B_4=3.8$、$B_5=7.1$。

根据第一节式（6），可计算出这条曲线的中位数为 8.9，中位线为一条 Y=8.9的直线。从图 2－9 可以看出，在中位线以下的低位转折点就是各周期的起点和终点，1986 年作为低位拐点虽然达到 8.8，但仍然低于中位线，可作为一个周期的划分点。因此，中国改革开放后（1976～2003年）共经历了四个完整的经济周期，正在进入第五个周期的复苏阶段，其中，1981年以前（1976～1981年）为改革开放后的第一个周期，1981～1986年为第二个周期，1986～1990年为第三个周期，1990～1999年为第四个周期，2000年后进入第五个周期。

采用中位线划分的中国经济周期与中国社会科学院数量经济与技术研究所划分的结果是一致的。采用中位线划分法避免了经济周期划分中主观因素的差异所导致的争论。决定中位数的主要因素是经济增长中的高位转折点和低位转折点，是由数据本身决定的，不受人为主观因素的影响。

第三节　对西部地区经济周期的划分

一、西部地区经济周期划分

通过加权平均测算出1979年以来西部地区经济增长率[①]（见图2－10）。运用中位数划分法，对西部地区改革开放以来的经济周期进行划分，根据第一节式（6）计算1979～2003年西部地区经济增长曲线的中位数，结果为9.4。从图2－10中可以看出，西部地区加权平均后的经济增长波动与全国保持基本的态势，共经历了四个周期，正在进入第五个周期。其中，1981年以前为改革开放后的第一个周期，1981～1986年为第二个周期，1986～1989年为第三个周期，在这个周期中，1988年达到这个短周期的顶点，形成峰值的状态，虽然增长率只有9.41，但处于中位数以上，同时，对西部12省（自治区、直辖市）的经济增长率进行算术平均计算后，1988年的经济增长率算术平均值为9.8%，高于中位线0.4个百分点，因此，将1986～1989年划分为一个周期（是什么原因导致这个年份的经济增长率偏低，形成峰值的特征不明显，将在第七章进行分析），1989～1999年为第四个周期，2000年后进入第五个周期。

① 西部地区经济增长率采用西部12个省（自治区、直辖市）的GDP增长率，以该省的当年价GDP为权重，加权平均计算得出。

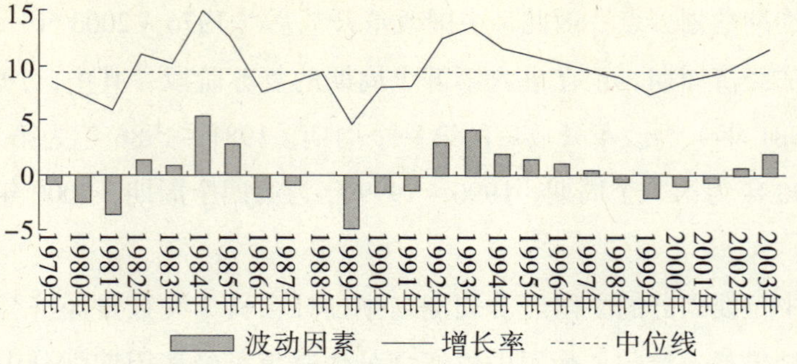

图 2－10　中国西部地区改革开放后的经济增长波动与中位线

二、分省区经济周期划分

（一）内蒙古自治区经济周期划分

1979 年以来内蒙古自治区的经济增长曲线见图 2－11。运用中位数划分法划分内蒙古自治区改革开放以来的经济周期，根据第一节式（6）计算 1979～2003 年内蒙古自治区经济增长曲线的中位数，结果为 9. 927。从图 2－11 中可以看出，改革开放以来，内蒙古自治区的经济增长波动相当频繁，共经历了五个周期，正在进入第六个周期。其中，1980 年以前为改革开放后第一个周期，1980～1983 年为第二个周期，1983～1989 年为第三个周期，在这个周期中，1988 年似乎达到了顶点，形成峰值的状态，但增长率只有 9. 84%，低于中位数 0. 09 个百分点，在中位线以下，不能判断为峰值点，因此，没有形成一个周期，1985 年虽然在中位线附近，但实际增长率为 9. 1%，低于中位线，所以可以判断为谷，因此 1989～1995 年为第四个周期，1995～1999 年为第五个周期，2000 年后进入第六个周期。

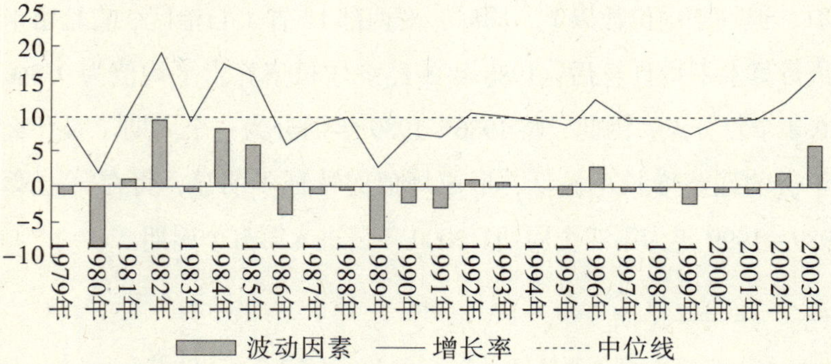

图 2－11　内蒙古自治区改革开放后的经济增长波动与中位线

（二）广西壮族自治区经济周期划分

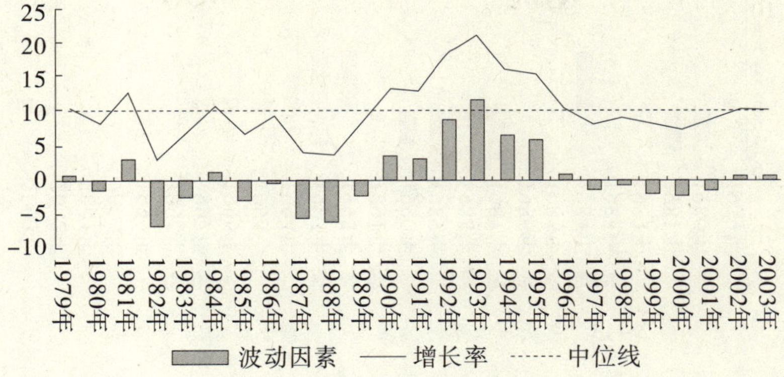

图 2－12　广西壮族自治区改革开放后的经济增长波动与中位线

1979 年以来广西壮族自治区的经济增长曲线见图 2－12。运用中位数划分法划分广西壮族自治区改革开放以来的经济周期，根据第一节式（6）计算 1979～2003 年广西壮族自治区经济增长曲线的中位数，结果为 9.693。从图 2－12中可以看出，改革开放以来广西壮族自治区的经济增长经历了四个周期，正在进入第五个周期。其中，1980 年以前为改革开放后的第一个周期，1980～1982 年为第二个周期，1982～1988 年为第三个周期，1988～2000 年为第四个周期，2001 年后进入第五个周期。

（三）重庆市经济周期划分

1979 年以来重庆的经济增长曲线见图 2－13。运用中位数划分法划分重庆市改革开放以来的经济周期，根据第一节式（6）计算 1979～2003 年重庆市经济增长曲线的中位数，结果为 9.980。从图 2－13 中可以看出，改革开放以来重庆市的经济增长共经历了三个周期，正在进入第四个周期。其中，1981 年以前为改革开放后的第一个周期，由于 1986 年在中位线以下，没有形成峰值，所以 1981～1989 年为第二个周期，1989～1999 年为第三个周期，2000 年后进入第四个周期。

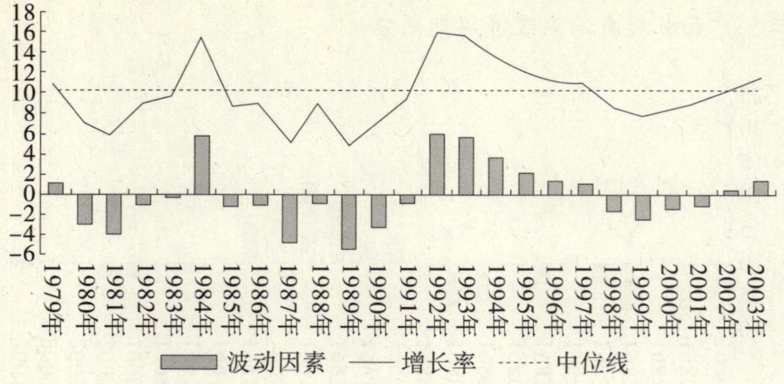

图 2－13　重庆市改革开放后的经济增长波动与中位线

（四）四川省经济周期划分

1979 年以来四川省的经济增长曲线见图 2－14。运用中位数划分法划分四川省改革开放以来的经济周期，根据第一节式（6）计算 1979～2003 年四川省经济增长曲线的中位数，结果为 7.90。从图 2－14 中可以看出，改革开放以来四川省的经济增长共经历了四个周期，正在进入第五个周期。其中，1981 年以前为改革开放后的第一个周期，1981～1986 年为第二个周期，1986～1989年为第三个周期，1989～1999 年为第四个周期，2000 年后进入第五个周期。

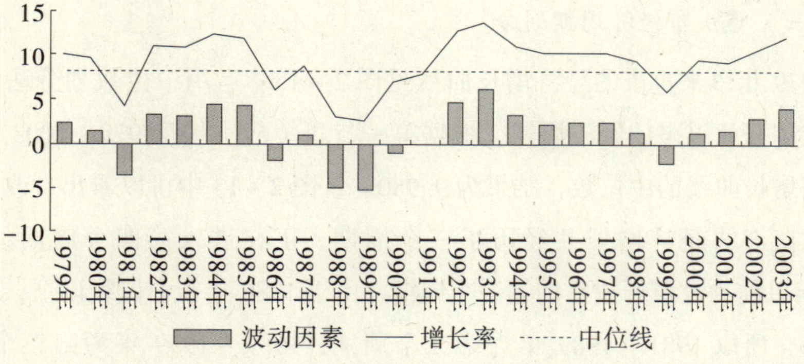

图 2－14　四川省改革开放后的经济增长波动与中位线

（五）贵州省经济周期划分

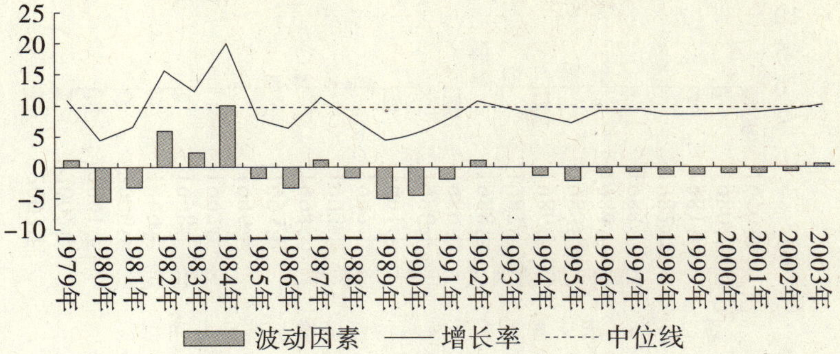

图 2－15　贵州省改革开放后的经济增长波动与中位线

1979 年以来贵州省的经济增长曲线见图 2－15。运用中位数划分法划分贵州省改革开放以来的经济周期，根据第一节式（6）计算 1979～2003 年贵州省经济增长曲线的中位数，结果为 9.744。从图 2－15 中可以看出，改革开放以来贵州省的经济增长共经历了四个周期，目前第五个周期还没有结束。其中，1980 年以前为改革开放后的第一个周期，1980～1986 年为第二个周期，1986～1989 年为第三个周期，1989～1995 年为第四个周期，1996 年后进入第五个周期。

（六）云南省经济周期划分

1979 年以来云南省的经济增长曲线见图 2－16。运用中位数划分法划分云南省改革开放以来的经济周期，根据式第一节（6）计算 1979～2003 年云南省经济增长曲线的中位数，结果为 9.520。从图 2－16 中可以看出，改革开放以来云南省的经济增长共经历了五个完整周期，正在进入第六个周期。其中，1979 年以前为改革开放以来的第一个周期，1979～1983 年为第二个周期，1983～1986 年为第三个周期，1986～1989 年为第四个周期，1989～2001 年为第五个周期，2002 年后进入第六个周期。

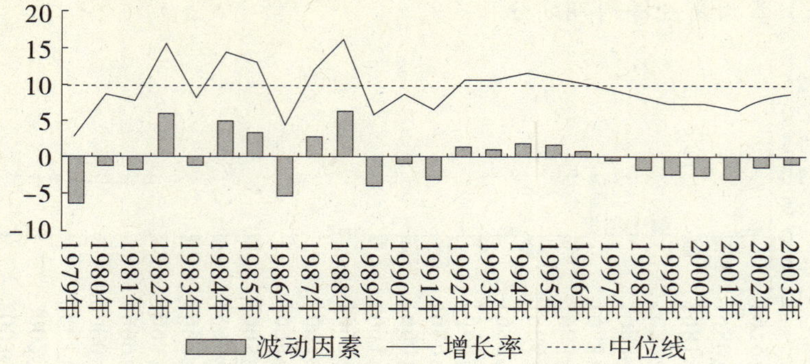

图 2－16　云南省改革开放后的经济增长波动与中位线

（七）西藏自治区经济周期划分

从 1979 年以来西藏自治区的经济增长曲线（见图 2－17）可以看出，西藏的经济周期是从 1987 年才开始进入增长周期阶段，1986 年以前还处于古典周期阶段，因此，西藏自治区经济增长曲线的中位数计算采用 1987 年以来的数据。根据第一节式（6）计算 1987～2003 年西藏自治区经济增长曲线的中位数，结果为 8.290。从图 2－17 中可以看出，改革开放以来西藏自治区的经济增长共经历了四个周期。以 1979 年为起点，到 1983 年为改革开放后第一个周期，1983～1986 年为第二个周期，1986～1991 年为第三个周期，1991 年到 2003 年为第四个周期。

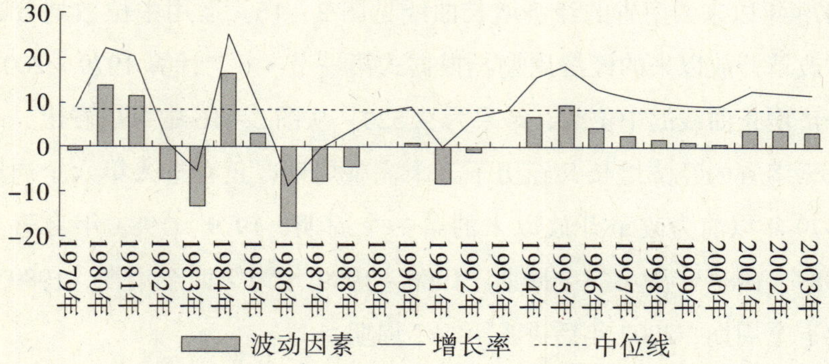

图 2－17　西藏自治区改革开放后的经济增长波动与中位线

（八）陕西省经济周期划分

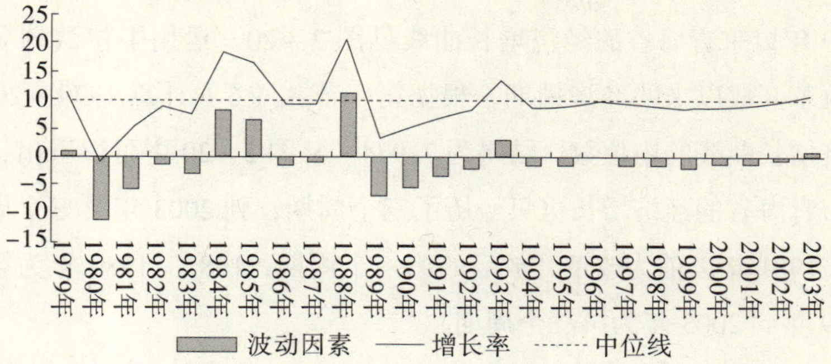

图 2－18 陕西省改革开放后的经济增长波动与中位线

1979 年以来陕西省的经济增长曲线见图 2－18。运用中位数划分法划分陕西省改革开放以来的经济周期，根据第一节式（6）计算 1979～2003 年陕西省经济增长曲线的中位数，结果为 10.217。从图 2－18 中可以看出，改革开放以来陕西省的经济增长共经历了四个周期，正在进入第五个周期。其中，1980 年以前为改革开放后的第一个周期，1980～1986 年为第二个周期，1986～1989 年为第三个周期，1989～1999 年为第四个周期，2000 年后进入第五个周期。

（九）甘肃省经济周期划分

1979 年以来甘肃省的经济增长曲线见图 2－19。运用中位数划分法划分甘肃省改革开放以来的经济周期，根据第一节式（6）计算 1979～2003 年甘肃省经济增长曲线的中位数，结果为 8.235。从图 2－19 中可以看出，改革开放以来甘肃省的经济增长共经历了三个周期。其中，1981 年以前为第一个周期，1981～1991 年为第二个周期，1991 年到 2003 年为第三个周期。

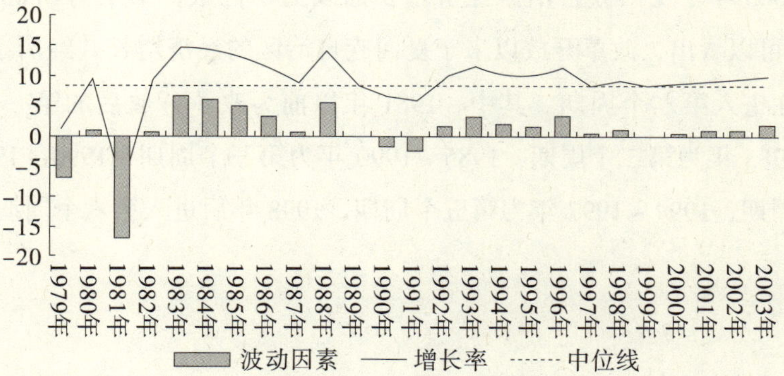

图 2－19 甘肃省改革开放后的经济增长波动与中位线

（十）青海省经济周期划分

1979年以来青海省的经济增长曲线见图2－20。运用中位数划分法划分青海省改革开放以来的经济周期，根据第一节式（6）计算1979～2003年青海省经济增长曲线的中位数，结果为7.974。从图2－20中可以看出，改革开放以来，青海省的经济增长也只经历了三个周期，到2003年第三个周期还没有结束。1981年以前为改革开放后的第一个周期，1981～1989年为第二个周期，1989年到2003年为第三个周期。

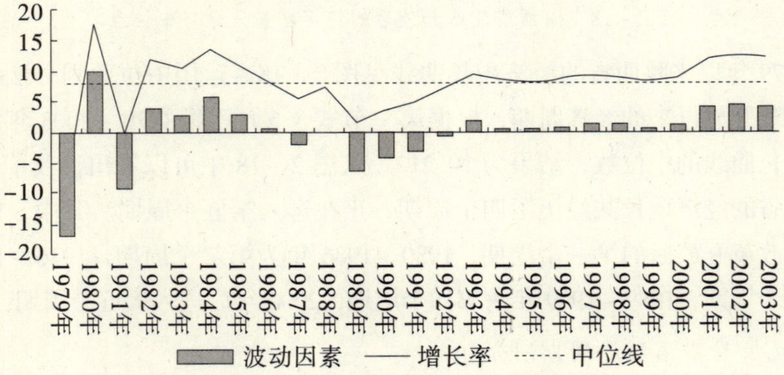

图2－20　青海省改革开放后的经济增长波动与中位线

（十一）宁夏回族自治区经济周期划分

1979年以来宁夏回族自治区的经济增长曲线见图2－21。运用中位数划分法划分宁夏回族自治区改革开放以来的经济周期，根据第一节式（6）计算1979～2003年宁夏回族自治区经济增长曲线的中位数，结果为8.630。从图2－21中可以看出，改革开放以来宁夏回族自治区的经济增长共经历了五个周期，正在进入第六个周期。其中，1981年以前为改革开放后的第一个周期，1981～1985年为第二个周期，1985～1990年为第三个周期，1990～1994年为第四个周期，1994～1997年为第五个周期，1998年后进入第六个周期。

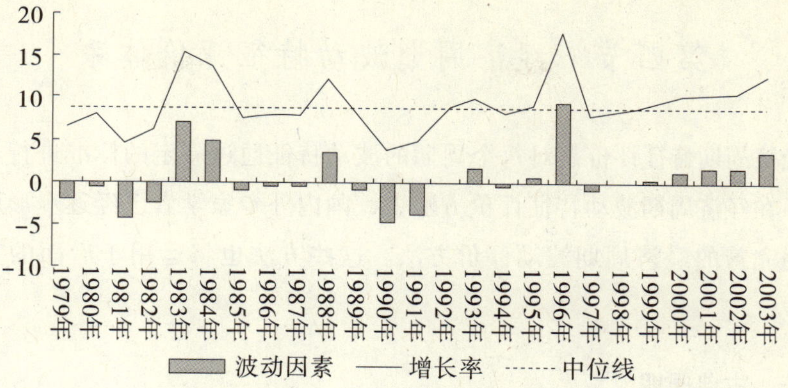

图 2－21　宁夏回族自治区改革开放后的经济增长波动与中位线

（十二）新疆维吾尔自治区经济周期划分

1979 年以来新疆维吾尔自治区的经济增长曲线见图 2－22。运用中位数划分法划分新疆维吾尔自治区改革开放以来的经济周期，根据第一节式（6）计算 1979～2003 年新疆维吾尔自治区经济增长曲线的中位数，结果为 10.074。从图 2－22 中可以看出，改革开放以来新疆维吾尔自治区的经济增长共经历了四个周期，正在进入第五个周期。其中，1980 年以前为改革开放后的第一个周期，1980～1989 年为第二个周期，1989～1996 年为第三个周期，1996～1999 年为第四个周期，2000 年后进入第五个周期。

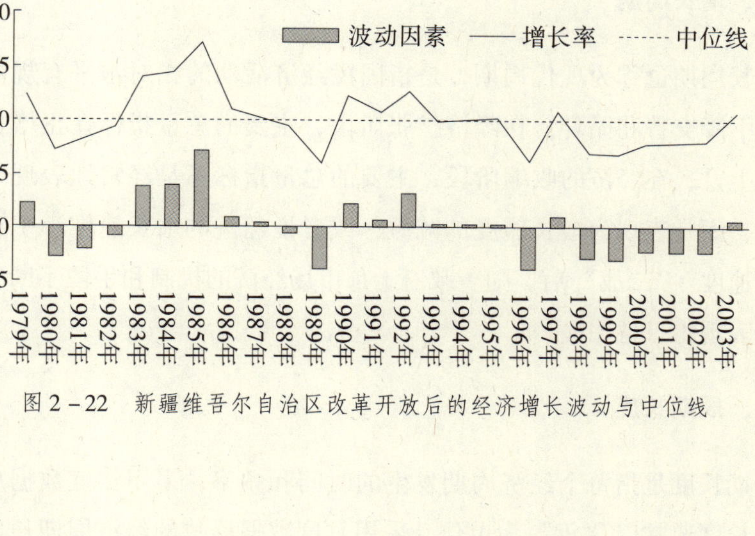

图 2－22　新疆维吾尔自治区改革开放后的经济增长波动与中位线

第四节　经济周期波动特征评价体系

经济周期特征评价是对每个周期的波动特征通过一定的标准进行具体的描述。在经济周期波动特征评价方法上，国内外专家学者已经逐步形成了一套较为完善的经济周期波动评价方法。这些方法也将运用于后面的实证分析中。

一、古典周期

从经济周期发展和演变的动态过程出发，学界一般将经济周期划分为古典周期和增长周期两大类。古典周期也称为传统周期，是指国民经济活动的绝对水平有规律地出现上升和下降的交替和循环，完整地或基本上经历经济危机、复苏、繁荣、衰退四个阶段，在扩张阶段，国民经济主要的总量指标表现为正增长，在收缩阶段，国民经济主要的总量指标表现为绝对量的下降和相对量的负增长。古典周期下，往往是一个周期循环后出现一定程度的经济后退。随着政府干预市场经济的机制和手段不断完善，古典周期发生的几率越来越少。

二、增长周期

增长周期也称为现代周期，是指国民经济活动的相对水平有规律地出现上升与下降交替和循环。在经济扩张阶段，主要的总量指标在正增长的基础上不断上升，在经济的收缩阶段，主要的总量指标不是经常地表现为绝对量的下降，而是表现为增长速度的减缓，或者说经济的增长速度小于充分就业的增长速度。“二战”后，随着政府干预市场经济的机制和手段不断完善，增长周期表现得日益明显。

三、周期长度

周期长度是指每个经济周期发生的时间和频率，采用年度数据反映的经济周期长度通常以“年”为单位，采用月度数据反映的经济周期长度通常以

“月”为单位。在对比状态下，经济增长周期长度体现了国民经济增长波动的频繁程度，周期越短，说明经济波动越频繁。

四、波动峰位

经济周期波动的峰位，也称为波动的高度，是指每个经济周期内峰顶位置的指标值，它体现每个周期经济扩张的强度。在对比状态下，峰位高，说明经济扩张能力强；峰位低，说明经济扩张能力弱。从经济增长周期看，峰位直接反映经济增长能力的强弱，峰位高，说明经济增长动力强劲；峰位低，说明经济增长乏力。

五、波动谷位

经济周期波动的谷位，也称为波动的深度，是指每个周期内谷底位置的指标值，它体现每个周期经济收缩的程度。在对比状态下，谷位高，说明经济抗收缩能力强；谷位低，说明经济抗收缩能力弱。从经济增长周期看，谷位直接反映经济增长抗衰退能力的强弱，谷位高，说明经济增长抗衰退能力强；谷位低，说明经济增长抗衰退能力弱。

六、波动振幅

经济周期波动的振幅，也称为波动的幅度，是指每个周期内峰顶和谷底指标值的离差，它体现每个周期内指标值波动的激烈程度。在对比状态下，振幅大，说明经济波动程度大；振幅小，说明经济波动程度低。从经济增长周期看，振幅是经济增长动力、稳定性的综合反映，也隐藏着经济结构、产业结构等经济增长影响因素的变动程度。

七、波动系数

经济周期的波动系数是指每个周期内指标实际值围绕长期趋势上下波动的量值。它体现了周期波动幅度对历史趋势偏离程度的标准化指标。在对比状态下，波动系数的绝对值越大，说明实际值偏离长期趋势的程度越大，稳定性越差，波动系数的绝对值越小，说明实际值偏离长期趋势的程度越小，稳定性越好。（经济增长周期）波动系数的计算公式为：

$$V = ó/\overline{Y} \tag{7}$$

其中：

$$\overline{Y} = \frac{1}{n}\sum_{1}^{n} Y \tag{8}$$

$$ó = \sqrt{\frac{1}{n}\sum_{1}^{n}(Y - \overline{Y})^2} \tag{9}$$

式中，V 为波动系数，Y 为实际经济增长率，$\overline{Y}$ 为 Y 的算术平均值，表示一定历史时期内国民经济的平均增长率或长期增长趋势，$ó$ 为标准差，表示实际经济增长率偏离长期增长趋势的波动幅度，n 为实际值的样本数。

八、波动的波位

经济周期波动的波位，也称为波动的平均位势，是指每个周期内各年的平均指标值。它体现每个周期内指标值的总体水平。平均位势的高低，受到峰位高低、谷位高低以及整个周期振幅大小的影响，经济增长周期的平均位势反映了整个周期的经济增长水平。（经济增长周期）平均位势的计算可采用两种方法：一种是计算年递增率，其计算公式为：

$$G = (\sqrt[n]{X_n/X_0} - 1) \times 100\% \tag{10}$$

式中，G 表示年均经济增长率，X_n 为报告期不变价的经济总量，X_0 为基期不变价经济总量，n 为报告期距基期的年数。另一种是计算一个周期内各年实际经济增长率的算术平均值（后面章节中的周期波位都采用算术平均值方法测算）。

九、波动的扩张长度

经济周期波动的扩张长度，是指每个周期内扩张期的时间长度。它体现每个周期经济扩张的持续性。在对比状态下；扩张期长，说明经济扩张能力强，扩张期短，说明经济扩张能力弱。

十、波动的收缩长度

经济周期波动的收缩长度，是指每个周期内收缩期的时间长度。它体现每个周期内经济收缩的持续性。扩张长度和收缩长度构成这个经济周期的长度。在对比状态下；收缩期长，说明经济抗衰退能力强；收缩期短，说明经济抗衰退能力弱。

以上是国内外专家学者在经济周期研究过程中不断完善形成的经济周期波动特征的基本评价方法，较为全面地反映了经济周期波动的状态特征，是实证研究中应该充分吸收应用的重要成果。

第三章　西部经济周期运行的宏观背景

第一节　世界经济周期在20世纪80年代以来的运行态势评述

纵观世界经济的发展，20世纪80年代以来出现了新的变化。国际贸易高速发展，国际金融市场迅速扩大，国际直接投资大幅度增长；跨国公司数量迅速增加；以信息、新生物、新材料技术为主体的工业技术革命自70年代中期兴起，80~90年代迅速发展，科技成果产业化步伐加快，使高新技术推进经济增长的作用明显增强，促进了世界经济总量的快速扩大，引起全球经济结构、管理方式等的革命，推动了世界分工的发展；信息技术的不断发展创新，为传统经济注入了新的活力，并创造了新的需求。科技进步和制度创新把世界经济带入一个波动平缓的高繁荣周期。

在经济全球化趋势日趋加强的态势下，世界经济周期波动表现出一些与过去不同的新特点：

第一，世界经济周期波动表现出起伏平缓的“微波”化新趋势。“二战”结束以来，西方一些主要国家的经济周期波动就明显表现出“微波”化趋势（见图3-1）。20世纪60年代是日本经济的高速增长时期。1959~1969年的11年间，日本GDP增长率年均为10.5%（算术平均值），被称为“东亚奇迹”。这期间，包含有两次波动，每次波动的峰谷落差分别为4.4个百分点和3.7个百分点。20世纪60年代，美国经济处于一个美国人称之为“美国历史上最长的扩张阶段”。1959~1969年的11年间，美国经济没有出现严格意义上的衰退，即没有出现负增长，GDP增长率年均4.2%（算术平均值）。这期间，包含有三次波动，每次波动的峰谷落差分别为3.6个百分点、1.2个百分点、2.9 个百分点。80 年代，美国经济又处于"二战"后的第二个"长期繁荣时期"，1983～1990 年的 8 年间，美国经济仍没有出现严格意义上的衰退，GDP 增长率年均 3.6%（算术平均值）。这期间，有一次波动，峰谷落差为 3.9 个百分点。1991～2000 年 7 月美国经济一直稳定增长，微波化态势更加明显。

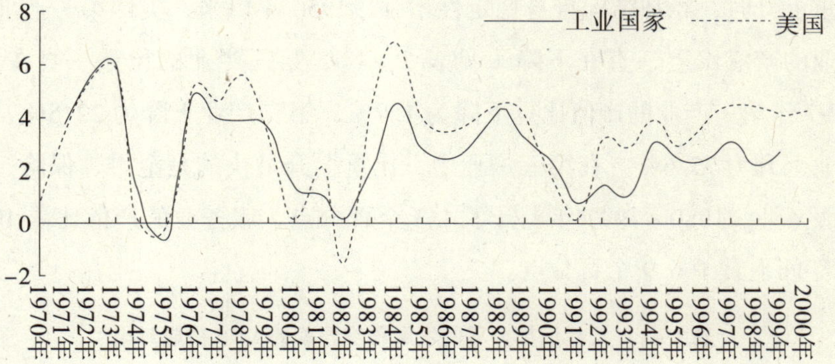

图 3－1　发达国家经济周期波动态势

资料来源：《经济研究》2000 年第 8 期；世界银行《发展报告》1982 年、1987 年；IMF《世界经济展望》1996 年。

第二，科学技术迅速发展应用，使劳动生产率大大提高，推动了经济较长时间扩张和从下降中尽快恢复，使经济增长周期延长，衰退周期缩短且波动幅度大为平缓。70 年代末和 80 年代初，个人计算机的问世，是信息技术发展过程的一个重大的革命性"转变"。在此基础上，90 年代又进入信息技术发展的"互联网时代"。信息技术革命以新供给创造了新需求，又以新需求推动了新供给，促进了社会总供求的良性互动，推动了经济持续、稳定增长，从而延长了经济扩张期，减小了经济波动的幅度；信息技术革命缩短了供求之间的距离，从而缩小了整个经济的波动；1945 年以来美国经济衰退时间平均为 11 个月，而 1854～1945 年期间衰退期平均为 21 个月。

第三，产业结构的调整使农业的经济构成比重下降，工矿业、建筑业比重略有上升，第三产业比重上升较大，使周期波动幅度更为平缓。信息技术革命推动了产业结构的优化和升级，特别是促进了现代第三产业发展，增强了经济结构自身的稳定性。三次产业由于各自的生产与技术特点不同，而有着不同的波动特点。第一产业受自然条件影响大，其增长率较不稳定；以工业为主的第二产业，具有很强的突然跳跃式的扩张力和收缩力，增长波动幅度最大；第三产业以服务为主，服务形态的“产”与“销”基本同步，对服务的需求本身波动较小，因此增长波动幅度较小。从发达国家经济发展历程可以看出，当第二产业比重上升时，整个国民经济波动的幅度增大；第三产业比重上升时，经济结构自身稳定性增强。1950 年以来，美国第一产业和第二产业的产值比重一直在下降（见表 3－1），第三产业的比重一直在上升。到 1997 年第一产业的产值比重下降为 1.7%，第二产业下降为 22.5%，而第三产业上升为 75.6%。在第三产业中，比重上升最快的是金融、保险、不动产和服务业，1980～1997 年上升了 4.3 个百分点，服务业的产值比重 1980～1997 年间上升了 6.9 个百分点。

表 3－1　二战后部分不同发展程度国家的 GDP 构成对比

单位：%

	农业				工业				服务业			
	1965	1980	1995	1998	1965	1980	1995	1998	1965	1980	1995	1998
美国	3	3	2	2	38	33	26	27	59	64	72	71
日本	9	4	2	7	43	42	38	35	48	54	60	58
韩国	38	15	7	6	25	40	43	43	37	45	50	51
泰国	32	23	11	11	23	29	40	40	45	48	49	49
中国	44	30	21	18	39	49	48	49	17	21	31	33
印度	44	38	29	25	22	24	29	30	34	39	41	45

资料来源：世界银行《发展报告》。

第四，各国政府反周期的经济干预，成为影响经济周期波动的重要因素，使经济波动幅度得到缓和的同时使经济周期变形。半个世纪以来，纵观美国经济周期，尽管没有两个经济周期完全相同，但从运行模式可以看出美联储的宏观经济调控产生了规律性作用：经济经过几年的扩张之后，总需求超过总供给，从而导致通货膨胀上升，于是，美联储提高利率抑制需求。随着存货的增加，企业减少生产，缩小生产规模，最终使经济步入衰退。此时，美联储又降息刺激需求上升，产量增加，经济开始进入新一轮的扩张之中。相反的是，日本经济在泡沫破灭之后，日本银行迟迟未能实现宽松的货币政策，直到 1991 年夏季，即股市崩盘 18 个月后，才降低利率，但由于日本一直允许通货紧缩的存在，致使长时期维持零利率也无法使日本经济复苏。

第五，世界范围的区域经济组织和经济合作对世界经济发展产生的影响日益深远。随着欧元的启动和今后宏观政策的逐步统一协调，欧元区良好的经济发展势头对世界经济增长将起到巨大的推动作用；亚洲金融危机爆发后，亚洲各国都力图寻求有效的手段以化解和防范金融危机的再度发生。为了保护本区域经济、化解各国因货币贬值带来的金融风险，2001 年 4 月的东盟财长会议把东盟货币储备互换协定扩大到了 10 个成员，东盟成员的外汇储备将与中国、韩国及日本的外汇储备挂钩。亚洲国家和地区通过经济合作和密切经济联系，尽可能恢复和促进市场信心，消除金融危机的潜在影响，对未来世界经济的稳定发挥着越来越重要的作用；其他区域性组织也加强了经济合作与协调，对世界经济周期波动更加平缓将产生很大影响。

第六，在世界经济周期总体上呈现“微波化”趋势下，全球经济一体化发展加强了经济周期波动的频度，发展中国家将更多地承受经济全球化、一体化导致的冲击和损害。世界经济全球化、一体化使发展中国家更多地承受了跨国公司和投机资本的冲击，使民族工业发展潜力和国民经济的稳定性减弱。1995～1999 年国际上先后爆发的三次金融危机都不同程度地对地区乃至全球经济产生了影响和冲击，特别是 1997 年在泰国爆发的金融危机蔓延至东南亚地区及韩国，最终影响到全球经济的发展，对中国经济产生了重大而深远的影响。

综上所述，在全球性结构调整、信息技术为重点的新技术推动、各国反周期调控加强等因素作用下，世界经济增长周期改变了过去“大起大落”的波动态势，转为“微波化”周期波动态势，中国的经济周期波动也不会脱离这一趋势。同时，经济全球化对发展中国家的冲击难以避免，随着中国市场化进程加快，特别是加入 WTO 后，世界经济周期波动将对中国经济周期波动产生越来越大的影响。

第二节　世界经济周期与中国经济周期的相关性

随着中国对外开放程度的不断提高，世界经济对中国经济运行的影响不断加深。20 世纪末期的亚洲金融危机正好发生在中国经济从繁荣走向不景气的收缩阶段，经济增长率逐年下降，从 1993 年的 13.5% 下降到 1999 年的 7.1% 。2000 年中国经济增长率达到 8% ，当时有学者认为中国经济增长的拐点已经出现，新一轮周期就要开始，但进入新世纪的第一年，中国经济增长似乎并没有出现进一步回升的迹象，2001 年经济增长率重新回到了 8% 以下。与亚洲金融危机同时存在的是，世界经济进入收缩期，世界经济的领头羊——美国经济接近衰退，日本经济低迷不振长达 10 年。中国经济是源于自身周期波动的原因，在世纪之交还没有彻底走出低谷？还是受国际经济周期的影响，中国经济的上升势头遭到了来自外部的打压？许多研究者对这个问题进行了认真的研究，并得出了较有说服力的结论。

刘树成（1996）对中国经济周期波动各阶段的特点进行了描述，刘金全、范剑青（2001）分析了经济周期的非对称性和经济变量周期成分之间的关联性，刘乃全（1997）研究经济周期的国际传递，秦宛顺、靳云汇、卜永祥（2002）研究了改革开放以来中国经济周期波动与美、日等发达国家经济周期之间的关系。他们介绍了西方发达国家之间经济周期的相关性，分析了中国经济周期与发达国家之间经济周期的同步性，给出了中国经济周期与世界经济周期同步性与发达国家之间同步性存在差异的原因以及结论。

他们首先介绍了 20 世纪 60 年代以来美国经济周期对其他发达国家经济周期的影响。根据 Backus、Kehoe 和 Kydland（1992）的结果（见表 3 – 2），把美国经济周期与其他国家经济周期的相关性分为以下四种情形，一是强相关（两国 GDP 的相关系数在 0.7 以上），包括加拿大和欧洲；二是较强相关（GDP 的相关系数在 0.3 到 0.7 之间），包括英国、德国、意大利、日本、奥地利；三是弱相关（GDP 的相关系数在 0.1 到 0.3 之间），包括澳大利亚、瑞典、法国；四是不相关或负相关（GDP 相关系数在 0.1 以下或为负数），如芬兰为不相关，南非为负相关。他们还根据 Kontolemis 和 Samiei（2000）的结果，考察了20世纪90年代以来美国经济周期对其他国家影响的一些新特点，表现为美英之间经济周期的联系加强，美德、美意之间的联系则有所减弱（见表3-3）。其次，他们分析了对中国经济周期波动有重要影响的美国、日本的经济周期与中国经济周期的关系，计算出中美和中日周期波动之间的相关系数，分别为0.145和-0.254，中美经济周期的联系为弱相关关系，中日经济周期的关系为负相关。中美经济周期既不如美国与加拿大那样的强相关，也不如美英那样的较强相关，甚至不如美国和澳大利亚、法国、瑞典之间的相关性。超出多数人们的想象，中日之间经济周期的走势是逆道而行的。再次，他们也分析了中美、中日之间经济周期波动机制的联系，考察经济周期合拍的程度，即分析不同经济之间转折点出现的相关性，和中美、中日经济同处在衰退期或复苏期的程度。把美国、日本、中国的季度GDP数对时间趋势项T进行回归认为，虽然中美经济周期之间在周期转折点上相关性较强，但这种相关性是一种负向的相关性，即中国经济周期与美国经济周期并不具有同衰退、同复苏的合拍性，不能认为美国经济处在衰退期，必然会把中国经济拖入衰退期。

表3-2　20世纪60~80年代美国经济周期对其他国家经济周期的影响

国家	和美国指标的相关系数	
	产出	消费
澳大利亚	0.25	0.13
奥地利	0.31	0.07
加拿大	0.77	0.65
芬兰	0.02	-0.01
法国	0.22	-0.18
德国	0.42	0.39
意大利	0.39	0.25
日本	0.39	0.30
南非	-0.15	-0.23

续 表

国 家	和美国指标的相关系数	
	产 出	消 费
瑞典	0.27	0.25
英国	0.48	0.43
欧洲	0.70	0.46

资料来源：Backus、Kehoe 和 Kydland（1992）；时间：20世纪60年代到80年代末。

表 3－3 20世纪90年代以来美国经济周期对其他国家的影响

国 家	和美国指标的相关系数	
	产 出	经济冲击
英国	0.58	0.19
加拿大	0.74	0.31
法国	0.31	0.13
德国	0.33	0.24
意大利	0.22	0.04

资料来源：Kontolemis 和 Samiei（2000）。

最后，他们分析了中国经济周期波动与发达国家经济周期弱相关的原因。即使在实行汇率、贸易、资本账户自由化的西方发达国家，国际经济周期的联系并非主要来自国际经济的冲击，而是源于本国的供给方面的冲击。对中国而言，经济开放度与发达国家相比还相距甚远，汇率机制本质上是固定汇率，国际贸易的自由度不高，资本账户还在实行管制，中国经济周期与美国等西方发达国家的经济周期的相关性低是情理中的事，决定中国经济周期波动的关键力量来自中国经济自身，尤其是因投资者投资动力缺乏带来的失业率上升是中国经济周期不能继续维持回升势头的根本原因。投资者投资动力的缺乏，一是由于对投资者投资收益的保障不力。二是若干投资领域缺乏充分的公平竞争。政府应尽早从竞争性行业中退出，专心致志地做好社会保障和社会福利事业。三是经济制度创新乏力。中国改革开放以来经济强劲增长的源泉在于经济制度的不断创新，只有在企业制度、金融制度、市场准入制度等方面进一步创新才能使中国经济长盛不衰。

他们最后得出的结论是：中国经济周期波动的原因来自内部，美国经济衰退期的到来并不意味着中国经济周期的大势将被逆转，同样也不能把中国经济的内部问题归结为国际因素的影响，全球经济形势对中国的影响不是很大，作为中国内部的一个区域，西部地区的经济周期波动受发达国家乃至世界经济周期波动的影响就更小，中国西部以及西部各省（自治区、直辖市）经济周期波动的原因和影响因素也主要来自国内。

第三节 中国经济周期波动态势

中国西部地区的经济周期波动是在中国经济周期波动大势下运行的，中国经济增长对西部经济增长具有重大的影响。

中国完成了新中国成立初期的国民经济恢复之后，从 1953 年起进入工业化历程，由此开始了中国的经济周期波动。对中国经济的周期波动，我们以经济增长（GDP 增长率）波动为主要考察对象，根据第二章的周期划分，1954～2003 年这 50 年中，共经历了十个周期（见表 3－4），改革开放前有六个周期，改革开放后有四个周期。1999 年中国经济增幅持续下降 7 年后达到谷底，2000 年中国经济增长率为 8.0%，是 1992 年经济增长持续下滑以来的首次止跌回升，2000 年开始进入新中国成立以来的第十一个周期，中国经济增长周期波动进入了一个新的循环。从表 3－4 可以看出，第七个周期是 1977～1981 年，1977 年属于改革前，1978～1981 年属于改革后，由于其波峰年份（1978 年）在改革开放后，所以将其作为改革开放后的第一个周期，这样改革开放前有六个周期，改革开放后有四个周期。关于改革开放以来经济周期的划分，学术界还存在一定的争论，特别是针对 1986 年是否是谷底的争论，形成了三周期观点和四周期观点。以中国统计局景气分析研究中心为典型的观点认为，从 1977 年以来中国的经济增长波动应划分为三个周期，即 1977～1981 年为第一个周期，1982～1990 年为第二个周期，1991～2000 年为第三个周期。以中国社会科学院数量经济与技术研究所为典型的观点认为，从 1977 年以来中国的经济增长波动应划分为四个周期（刘树成，1996），即 1977～1981 年为第一个周期，1982～1986 年为第二个周期，1987～1990 年为第三个周期，1991 年以来为第四个周期。但这种争论并不影响总体上对中国经济周期运行特征的把握。我们在第二章运用中位数划分的周期结果显示，中国改革开放后经历了四个完整的周期，正在进入第五个周期。通过改革开放前后周期的波动状态特征变化对比，可以总结出中国改革开放后经济周期的特征。

表 3－4　改革开放前后中国经济周期划分对比

改革开放前			改革开放后		
周期序号	年　份	GDP 增%	周期序号	年　份	GDP 增%
1	1953	15.6	1（总 7）	1977	7.6
	1954	4.2		1978	11.7
	1955	6.8		1979	7.6
	1956	15.0		1980	7.8
	1957	5.1		1981	5.2
2	1958	21.3	2（总 8）	1982	9.1
	1959	8.8		1983	10.9
	1960	－0.3		1984	15.2
	1961	－27.3		1985	13.5
3	1962	－5.6		1986	8.8
	1963	10.2	3（总 9）	1987	11.6
	1964	18.3		1988	11.3
	1965	17		1989	4.1
	1966	10.7		1990	3.8
	1967	－5.7	4（总 10）	1991	9.2
4	1968	－4.1		1992	14.2
	1969	16.9		1993	13.5
	1970	19.4		1994	12.6
	1971	7.0		1995	10.5
	1972	3.8		1996	9.6
5	1973	7.9		1997	8.8
	1974	2.3		1998	7.8
6	1975	8.7		1999	7.1
	1976	－1.6	5（总 11）	2000	8.0
				2001	7.3
				2002	8.0
				2003	9.1

资料来源：根据《中国统计年鉴》中的 GDP 增长指数计算。

一、改革开放以来中国经济周期波动变化

1. 波动峰位有所下降

波动的峰位或称高度，是指每个周期内波峰年份的经济增长率（见表3－5第二列）。改革开放前六个周期的高度平均为15.1%，年增长率在15.5%以上的就有6年，最高达到21.3%（1958年）；改革开放后四个周期的高度平均为13.2%，下降了1.9个百分点。这表明中国经济增长在一定程度上减少了盲目扩张性。

2. 波动谷位明显上升

波动的谷位或称深度，是指每个周期内波谷年份的经济增长率（见表3－5第三列）。改革开放前六个周期的深度平均为－5.4%，出现经济负增长的年份就有6年，最低达－27.3%；改革开放后四个周期的深度平均为6.2%，上升了11.6个百分点，并且没有一年负增长，波谷最低的年份也是3.8%。改革开放前后相比，谷位上升极为明显。这表明，中国经济增长有了较强的抗衰退力。中国改革开放前的六个周期波动属古典型周期波动，改革开放后均转变为增长型周期波动。

3. 波动振幅明显缩小

波动的振幅或称幅度，是指每个周期内经济增长率上下波动的离差（见表3－5第四列）。改革开放前的六个周期，有五个周期振幅均在10个百分点以上，特别是第二个周期的振幅达48.6个百分点。还有两个周期分别是24和15.6个百分点；改革开放后的四个周期，振幅均在8个百分点以下。改革开放前六个周期的振幅平均为20.5个百分点，改革开放后四个周期振幅平均为7个百分点，下降了13.5个百分点，改革开放前后相比，波动幅度下降极为明显。改革开放前波动系数每个周期都在0.5以上，平均为5.56，改革开放后每个周期的波动系数都不到0.4，平均只有0.27，下降相当大。表明中国经济增长的稳定性在增强，同时也显示中国对经济过热和紧缩进行宏观调控起到了积极的作用。

4. 波动的波位明显上升

波动的波位或称平均位势，是指每个周期内年平均经济增长率（见表3－

5第五列）。改革开放前六个周期的波位平均为6.0%（1953~1976年GDP增长率的算术平均值），改革开放后的四个周期的波位平均为9.6%（1977~2000年GDP增长率的算术平均值），改革开放后比改革开放前上升了3.6个百分点。这表明，中国经济在克服“大起大落”中，总体增长水平有了显著提高。

5. 波动的扩张期延长

波动的扩张期或称扩张长度，是指每个周期扩张期的时间长度（见表3-5第六列）。改革开放前扩张期长度平均为2.0年，改革开放后平均也是2.0年，说明中国经济周期性变化中的扩张期总体上没有太大变化。

6. 波动的收缩期也延长了

波动的收缩期或称收缩长度，是指每个周期收缩期的时间长度（见表3-5最后一列）。改革开放前收缩期长度平均为1.8年，改革开放后各周期收缩期平均为3.8年，延长了2.0年，特别是改革开放后的第四个周期的收缩期延长到了7年，平稳回落的这7年，也是中国经济在高位稳定增长的时期，收缩并没有带来经济衰退，这主要得益于积极的财政政策和稳健的货币政策的及时调整。这表明，中国宏观调控政策对抗经济周期中的收缩期有了更强的持续性。

表3-5　改革开放前后中国经济周期波动特征对比

周期序号	峰位	谷位	振幅	波动系数	波位	扩张期	收缩期
	%	%	百分点		%	年	年
改革开放前							
1	15	4.2	10.8	0.55	7.78	3	1
2	21.3	-27.3	48.6	28.57	0.63	1	3
3	18.3	-5.7	24	1.30	7.48	3	3
4	19.4	-4.1	23.5	0.92	8.60	3	2
5	7.9	2.3	5.6	0.55	5.10	1	1
6	8.7	-1.6	10.3	1.45	3.55	1	1

续 表

周期序号	峰位	谷位	振幅	波动系数	波位	扩张期	收缩期
	%	%	百分点		%	年	年
改革开放后							
1	11.7	5.2	6.5	0.26	7.98	2	3
2	15.2	8.8	6.4	0.22	11.50	3	2
3	11.6	3.8	7.8	0.38	7.70	1	3
4	14.2	7.1	7.1	0.23	10.37	2	7
改革前平均	15.1	-5.4	20.5	5.56	6.0	2.0	1.8
改革后平均	13.2	6.2	7.0	0.27	9.6	2.0	3.8
改革后比改革前平均升降（百分点）	-1.9	11.6	-13.5	-5.28	3.6	0.0	1.9

资料来源：根据表3-4测算。

综上所析，改革开放前中国经济周期波动状态的特征是：振幅大、峰位高、谷位深、平均位势低、扩张期短、收缩期短。改革开放后波动状态的特征是：振幅减小、峰位下降、谷位上升、平均位势提高、扩张期变化不大，但收缩期延长。即改革开放以来中国经济增长的周期波动由“大起大落低增长”型转向“波幅平缓高增长”型。

二、改革开放后第四个周期运行的新特点

改革开放后的第四个周期（1991~1999），与过去的历次经济周期相比，其波动状态有两个最突出的特点：

第一，这一轮周期是新中国成立以来物价上涨最高的一个周期。表3-4列出了全国商品零售价格上涨率在历次经济周期中的最高值。在改革开放后的第四个周期中，物价上涨率达21.7%（见表3-6），是新中国成立以来最高的。

第二，与扩张阶段的各年度经济增长率的上升跳跃很大形成鲜明对照的，

是在收缩阶段各年度之间经济增长率的平稳回落。从 GDP 增长率看：1991 年、1992 年分别比上年跳跃式上升了 5.4、5.0 个百分点；1993～1999 年分别比上年平稳回落了 0.7、0.9、2.1、0.9、0.8、1.0、0.7 个百分点。

表 3－6　改革开放后各周期振幅与物价上涨率

周期序号	扩张期振幅（谷—峰落差）（百分点）	收缩期振幅（峰—谷落差）（百分点）	物价上涨率（周期内最高值）（%）
改革开放后			
1（总 7）	13.3	6.5	6.0（1980 年）
2（总 8）	10.0	6.4	8.8（1985 年）
3（总 9）	2.8	7.8	18.5（1988 年）
4（总 10）	10.4	7.1	21.7（1994 年）
改革开放前平均	20.5	21.7	
改革开放后平均	9.1	7.1	

资料来源：根据表 3－4 和《中国统计年鉴》中的物价指数计算。

这个周期延续时间最长，长达 10 年时间，其中扩张期仅 2 年，但收缩期却达 7 年之久，重要原因是，对于这一轮周期，在扩张阶段到收缩阶段的转折点，中央采取“适度从紧”的宏观调控政策切入较为及时，在收缩期采取积极的财政政策和稳健的货币政策进行相机调控，大大延缓了进入谷底的时间。这表明在中国社会主义市场经济体制的建立过程中，反周期调控政策和手段日趋成熟，对“熨平”中国经济周期的实践进行了卓有成效的尝试，使中国经济周期也进入了“微波化”的新态势。

中国改革开放以来的经济周期波动包含了西部地区的经济周期波动，对西部地区经济周期波动具有重大的影响，中国经济周期波动的微波化趋势也引导着西部地区经济周期波动向微波化趋势发展。

第四节　中国改革开放以来宏观经济调控与决策回顾

一、改革开放初到西部大开发战略的提出

在经历了“十年动乱”的重灾之后，中国的改革开放于1978年在经济十分困难的条件下起步，国家首先选择了经济基础和开放区位良好的东部沿海地区实行开放，从此开始了先东部沿海后西部内地的改革开放历程，直到1999年国家提出西部大开发战略，历时22年。国家经济决策以东部地区为重心，因此，对中国经济周期波动的调控，可以认为是以东部地区经济周期调控为重心的宏观经济决策。西部地区这22年的经济周期波动就是在这样的宏观经济决策大环境下运行的。

这22年，中国整体经济呈现波浪式稳步发展与增长的态势。根据前面的周期波动状态来看，国家对经济波动的调节决策大体按四个波段进行（这四次大的经济决策和调整以及1998年的调控决策对西部经济周期波动的影响将在第七章中进行分析）。

（一）第一波段：1978～1981年，历时3年多

党的十一届三中全会确立了以经济建设为中心、实施改革开放的思想，以家庭联产承包责任制为重点的改革随之在全国展开，经济快速发展，相应地出现了物价上涨、经济过热的状态。这是中国改革开放初期的首次经济波动，由于缺乏经验，在经济界和理论界引起争论，城市居民对物价长期平稳后的猛烈升高感到震惊，产生了对改革开放的疑虑。

这次经济波动的主要原因有三个：

一是大幅度调整农副产品价格。由于前十年生产发展严重滞后，消费品供需矛盾十分尖锐，在长期的低价收购以及销售财政补贴政策影响下，价格体系十分不合理，严重影响了农业生产。1979年，国家对8种农副产品大幅度提高了收购价格，价格总水平上升达22.1%，从而促使城市的农副产品和相关产品价格猛烈上升。长期固定的消费品市场价格被打破，引发了经济

波动。

二是城市职工工资调整和部分奖金放活，货币过快增加。职工工资、奖金以及其他收入放活，人民币增加过快，造成财政赤字大幅增加，只好依靠向人民银行透支和借支加以弥补，货币超经济发行导致了一定程度的货币贬值，引发通货膨胀。

三是固定资产投资规模增长过快，使生产资料供求矛盾越来越突出。在投资需求拉动下，经济短缺状况更加严重。

针对当时的情况，党和国家及时采取调节措施，通过加大农村改革的力度，放开部分农副产品经营，压缩固定资产投资总规模，控制城镇货币收入过快增长，紧缩国家财政支出，实行“分灶吃饭”财政新体制等重大举措，稳定了市场，稳定了财政，稳定了货币，降低了经济增长速度，经济增长波动减弱。

（二）第二波段：1984～1985年，历时一年多

这是一次经济商品化、货币化进程中引发的膨胀性经济波动。随着中国农村改革取得突破性成功，改革的重点逐步由农村转向城市。围绕增强企业活力，解决计划经济体制下管得过多、过死的弊端，国家实施了“放权让利”取向的企业改革，企业经营自主权明显扩大；流通体制实行“城乡通开”和多种所有制经济共同发展的政策，使中国经济的商品化、货币化进程大大加快。在经济搞活的同时，由于相应的宏观调控机制没有建立，投资与消费都出现了需求猛涨的失控状况。1984年成为货币失控最严重的一年。

针对当时的情况，1985年国家采取紧缩政策，收紧了银根，从严控制固定资产投资规模，严格管理消费基金的发放，大幅度压缩社会集团购买力，加强现金管理和信贷规模限制，同时整顿市场秩序。这些调节措施的运用，使经济增长下降，经济波动减弱。

（三）第三波段：1988～1989年，历时一年多

当时，由于农村改革成功、城市改革全面展开、经济保持较高增长的局面，使经济界和理论界一部分人产生了“经济突进”、“以适度物价上涨推进增长”的思想，社会上和领导层也出现了“通货膨胀适度无害”的思想。在

这种思想的影响下，出现了信贷失控、投资失控、消费失控和赤字高增的现象。1988 年一年内出现了四次抢购风潮，一次严重的银行挤兑风潮。物价大幅上涨，出现了严重的通货膨胀。针对当时的情况，1988 年党的十三届三中全会提出了治理整顿的方针，实行紧缩的财政政策和货币政策，大力压缩固定资产投资总规模，努力增加有效供给，整顿商品流通秩序。治理整顿到 1989 年下半年初见成效。

（四）第四波段：1992～1993 年，历时一年多

1992 年邓小平南巡讲话和党的十四大召开，确立了中国社会主义市场经济体制的改革目标，全国人民进一步解放思想，开拓进取，改革开放和现代化建设进入了新阶段。在这样的动力下，1993 年上半年中国经济开始过热，房地产严重膨胀，开发区盲目扩张，固定资产投资持续高速增长，信贷投放猛增，物价总水平不断攀升，经济波动加剧。

在这种情况下，国家及时采取果断措施，1993 年 7 月出台了宏观调控 16 条措施，采取区别对待和“软着陆”政策，鼓励有市场、有效益的产业发展，鼓励正当经营和深化改革，同时，提出了引导好、保护好、发挥好的“三好”政策，出台国家政策重点领域。经过一年多的宏观调控，经济过热得到有效治理，经济在高位增长，但通货膨胀回落，成功实现了“软着陆”。

随后的经济增长在高位运行，但 1997 年的亚洲金融危机造成了中国的对外贸易、利用外资、维持货币稳定等方面的困难和压力。这时的中国经济由于国有企业改革力度的加大、结构的调整、资产重组的全面推进，生产落后的停产、半停产企业增多，失业下岗人数明显增加，就业成为社会热点问题。中国已走出短缺经济状态，形成了买方市场。国家针对这种情况，采取了扩大国内需求增加投资需求，加快改革，实施积极的财政政策和稳健的货币政策以启动经济。在保持人民币稳定的前提下，实施外贸多元化战略，努力扩大出口。在持续的宏观调控刺激经济增长情况下，提出了实施西部大开发战略的部署。

二、国家实施西部大开发战略的目的和基本思路

1999 年 6 月 17 日，江泽民总书记在西北五省区国有企业改革发展座谈会

上强调，要“抓住世纪之交的历史机遇，加快西部地区开发步伐”。之后提出了加快西部地区开发的总原则，即“把加快西部经济社会发展同保持政治社会稳定、加强民族团结结合起来，把西部发展同实现全国第三步发展战略目标结合起来，在国家财力稳定增长的前提下，通过转移支付，逐步加大对西部地区的支持力度；在充分调动西部地区自身积极性的基础上，通过政策引导，吸引国内外资金、技术、人才等投入开发，有目标、分阶段地推进西部地区人口、资源、环境与经济社会的协调发展”①。

1999 年 11 月，中央经济工作会议确定了进行西部大开发战略的决策。2000 年 1 月，国务院组成了以朱镕基总理任组长、温家宝副总理任副组长、国务院和中直 19 个相关部委主要负责人参加的西部地区开发领导小组，3 月中旬国务院西部地区开发领导小组办公室正式成立并开始工作。

（一）实施西部地区大开发战略的目的

实施西部地区大开发战略的目的主要有以下几方面：第一，实施西部大开发战略是实现共同富裕、加强民族团结、保持社会稳定和边疆安全的战略举措。新中国成立特别是改革开放以来，各地区经济和社会发展都取得了长足进展，东部地区由于具有较好的经济基础、有利的地理位置，加上国家政策的支持，现代化建设走在了全国的前列，经济和社会发展突飞猛进，人们普遍过上了小康生活。西部地区由于受历史、自然和区位等诸多因素的影响，总体发展水平与东部相比存在着较大的差距，近十几年来，这种差距还呈拉大趋势。在继续加快东部沿海地区经济发展的同时，不失时机地实施西部大开发战略，对于逐步缩小地区间发展差距，加速实现全国各地区的共同繁荣和人民的共同富裕，保持全国社会稳定，将发挥重要作用。广大西部省区地处祖国边疆，是少数民族集中聚居的地方。多年来，国内外敌对势力对中国实行“分化”和“西化”，利用西部民族和宗教问题搞颠覆和分裂活动。维护和保持民族地区的稳定，挫败国内外敌对势力分裂中国的阴谋，特别是要不断加快这些地区的经济发展和社会进步，进一步巩固和发展平等、团结、互助的社会主义民族关系，增强整个中华民族的凝聚力和向心力，从根本上

① 《江泽民论有中国特色社会主义（专题摘编）》，中央文献出版社 2002 年版，第 177 页。

巩固社会稳定和边疆安宁的大好局面。

第二，实施西部大开发战略是扩大国内有效需求，实现经济持续快速增长的重要途径。近年来，国内有效需求不足，成为影响中国经济发展的主要制约因素。在这种情况下，国内有相当一部分资金、技术和劳动力需要寻求新的生产领域、新的市场、新的发展空间。西部地区幅员辽阔，自然资源丰富，但发展水平较低，还蕴藏着巨大的投资机会、巨大的市场潜力和发展潜力。实施西部大开发战略，加快中西部地区发展，通过发展特色经济，可以提高人民的生活水平，并有效地扩大国内投资需求和消费需求。

第三，实施西部大开发战略是实现现代化建设第三步战略目标的客观需要。中国实现现代化建设第三步战略目标，与其他地区相比，西部地区的任务更为艰巨。加上千百年来频繁的战乱、自然灾害和各种人为的原因，西部地区的自然环境不断恶化，荒漠化年复一年地加剧，并有逐步向东推移的趋势。这不仅对西部地区，而且也给东部的经济社会发展带来了严重的不利影响。因此，不遏制西部地区的生态环境恶化趋势，就没有全国经济社会的可持续发展；没有西部地区的小康，就没有全国的小康；没有西部地区的现代化，也就谈不上全国的现代化。

第四，实施西部大开发战略是适应世界范围结构调整、提高中国国际竞争力的迫切要求。当今世界经济的一个突出特点是经济结构调整正在全球范围内广泛而深入地进行，给各国经济发展带来了深刻的影响。我们既面临着新的发展机遇，也面临着严峻挑战。为了在新世纪抓住机遇，迎接挑战，努力使我们发展得更快、更好，必须加快结构调整的步伐，不断增强综合国力和国际竞争力。实施西部大开发战略，加快中西部地区发展，充分发挥这些地区市场潜力大、自然资源丰富和劳动力成本低的比较优势，为加快全国经济结构调整和产业优化升级提供广阔的空间，为东部地区发展提供市场和能源、原材料支持，为东部地区的结构调整创造条件。

（二）西部地区开发的基本思路和战略任务

2000 年 1 月 19 日至 22 日，国务院西部地区开发领导小组在京召开西部地区开发会议，研究加快西部地区发展的基本思路和战略任务，认为实施西部大开发是一项规模宏大的系统工程，也是一项艰巨的历史任务。当前和今后一个时期，要集中力量抓好几件关系西部地区开发全局的重点工作：

第一，加快基础设施建设。必须从战略眼光出发，下更大的决心，以更大的投入，先行建设，适当超前。要以公路建设为重点，加强铁路、机场、天然气管道干线建设；加强电网、通信和广播电视等基础设施建设；加强水利基础设施建设，特别是要坚持把水资源的合理开发和节约利用放在突出位置，要在做好充分论证的基础上，着力抓好一批重大骨干工程。

第二，切实加强生态环境保护和建设。这是推进西部开发重要而紧迫的任务。要加大天然林保护工程实施力度，同时采取“退耕还林（草）、封山绿化、以粮代赈、个体承包”的政策措施，由国家无偿向农民提供粮食和苗木，对陡坡耕地有计划、分步骤地退耕还林还草。坚持“全面规划、分步实施，突出重点、先易后难，先行试点、稳步推进”，因地制宜，分类指导，做到生态效益和经济效益相统一。坚持先搞好实施规划和试点示范。试点的规模要适当，不宜铺得太大，防止一哄而起。要加强政策引导，尊重群众意愿，不能搞强迫命令。

第三，积极调整产业结构。实施西部大开发战略，起点要高，不能搞重复建设。要抓住中国产业结构进行战略性调整的时机，根据国内外市场的变化，从各地资源特点和自身优势出发，依靠科技进步，发展有市场前景的特色经济和优势产业，培育和形成新的经济增长点。要加强农业基础，调整和优化农业结构，增加农民收入；合理开发和保护资源，促进资源优势转化为经济优势；加快工业调整、改组和改造步伐；大力发展旅游等第三产业。

第四，发展科技和教育，加快人才培养。要充分发挥老工业基地、军工企业、科研机构和高等院校现有科技力量的作用，加快科技成果的转化和推广应用，积极引进国内外先进技术。要确保教育优先发展，在办好高等教育的同时，特别要加快少数民族地区和贫困地区教育的发展，提高劳动者素质。要千方百计使用好现有人才，采取积极措施从国内外引进人才，大力培养各类人才。

第五，加大改革开放力度。实施西部大开发，不能沿用传统的发展模式，必须研究适应新形势的新思路、新方法、新机制，特别是要采取一些重大政策措施，加快西部地区改革开放的步伐。要转变观念，面向市场，大力改善投资环境，采取多种形式更多地吸引国内外资金、技术、管理经验。要深化国有企业改革，大力发展城乡集体、个体、私营等多种所有制经济，积极发展城乡商品市场，逐步把企业培育成为西部开发的主体。

2004 年 3 月，温家宝总理在国务院西部开发工作会议上，确定了当前和今后一个时期的主要任务：一是要加大解决“三农”问题的力度。以增加农民收入为中心，稳定和提高粮食综合生产能力，大力发展特色农业，继续推进扶贫攻坚。二是认真搞好生态环境保护和建设。要扎扎实实搞好退耕还林、退牧还草、天然林保护、风沙源等重点工程。退耕还林要巩固成果，确保质量，完善政策，稳步推进。三是继续加强基础设施建设。一方面继续抓好事关西部开发全局的重大工程项目建设，另一方面抓好与群众利益密切相关的中小项目，特别是要加强农村基础设施建设。四是积极发展特色经济和优势产业。依托各类资源优势，大力发展优势产业。防止盲目投资和低水平重复建设，严格控制被淘汰的生产工艺、设备转移到西部。五是大力发展教育、卫生等各项社会事业。确保如期完成西部地区教育“两基”攻坚任务，加强公共卫生设施建设。切实落实干部交流和人才开发任务。六是加快改革开放步伐。积极推动国有企业改革，加快调整国有经济布局和结构，大力发展混合所有制经济，特别要积极鼓励、支持和引导个体私营等非公有制经济发展。

第五节　西部经济周期运行的基础条件简评

中国西部地区包括重庆、四川、贵州、云南、西藏、陕西、甘肃、青海、宁夏、新疆、内蒙古、广西等 12 个省、自治区、直辖市，面积 685 万平方公里，占全国的 71.4%；1978 年人口 2.75 亿人，占全国人口的 28.6%，2002 年人口 3.67 亿人，占全国人口的 28.6%；1978 年生产总值 721.6 亿元，占全国的 19.9%，2002 年生产总值 20053 亿元，占全国的 19.1%。西部地区战略位置重要，资源丰富，市场潜力大，但由于自然、历史、社会等原因，经济发展相对落后，1978 年人均生产总值平均为 298.9 元，相当于全国的 78.9%，2002 年人均生产总值平均为 5758.4 元，相当于全国的 70.3%，仅是东部地区平均水平的38%，迫切需要加快改革开放和现代化建设步伐。

一、资源条件

1. 能源矿产资源丰富

中国已发现的160种主要矿产中，西部地区均有相当储量，其中水能资源占全国的80%以上①，天然气储量占70%以上，煤炭储量占60%左右。长江、黄河、珠江、澜沧江等江河上游的水能资源，塔里木、柴达木、陕甘宁、川渝盆地的天然气、石油资源，陕西、内蒙古、宁夏、贵州等地的优质煤炭资源，内蒙古、青海、贵州、云南、新疆、广西、甘肃等地的稀土、钾、磷、铜、铝、铅、锌、镍等矿产资源，是西部地区乃至中国经济发展的重要动力和原材料支持基地。

2. 农牧业资源条件得天独厚

西部地区幅员辽阔，未利用土地较多，草地面积占全国的1/4以上，水资源年均总量占全国的一半左右，光热资源丰富，气候类型多样，物种资源独特，农产品生产历史悠久，农业和农村经济发展有一定的发展潜力。

3. 旅游资源相当丰富

西部地区在历史上曾是中国最繁荣的地区之一。历史古迹众多，地理风貌独特，民族风情多样，人文景观丰富，自然、社会与文化因素相结合的旅游资源，具有巨大的开发潜力。

西部地区与周边十几个国家接壤，是中国通往东亚、中亚、西亚、南亚和东南亚以及蒙古、俄罗斯等国家和地区的陆上通道和对这些国家与地区开发的前沿。

二、产业基础

新中国成立后，经过国家“一五”、“二五”、“三五”时期的建设，在西部地区布局了一大批项目，建成了许多老工业基地、国防工业企业、科研院所和高等学校，发展了一些重要技术，聚集了大批人才，具备了生产协作配

① 参见《中国西部统计年鉴（2001年）》“综述”。

套的条件。改革开放以来，西部地区积极改造传统产业，发展特色经济，开始培育出有一定竞争力、发展前景好、带动作用强的主导产业。60年代建设的三线企业进行了大规模的调整、改造和搬迁。一些基础较好的地方，充分利用资源优势，在大力发展农业、能源、原材料等产业的同时，积极发展高技术产业和新兴产业，取得了较大成效，具备一定的产业基础。按照中国的对外开放部署，通过这些年对外开放内陆省会城市、沿长江城市和沿边城市，促进了西部地区与国际经济的交流与合作。沿长江地区基础设施建设不断加强，投资环境不断改善。西南地区的澜沧江—湄公河流域次区域合作，加大了与周边国家和地区的区域合作步伐，中国—东盟自由区的建设，为西部开发提供了良好的机遇。

三、制约发展的主要因素

制约西部地区经济和社会发展的因素很多，主要有：一是资源条件相对较差，西北地区荒漠化较多，干旱缺水，西南地区多山缺土，可耕地少，制约着农业的发展，国民经济的基础难以打牢。二是基础设施薄弱，水利设施不足，交通路网单薄，电网建设落后，电话普及率低；生态环境恶化问题突出，林草植被减少，水土流失严重，不少城市的大气污染、水污染和垃圾污染等问题也很突出。三是与东部沿海地区经济发展差距拉大，在全国经济总量中的比重与其人口比重不协调的矛盾加剧。四是经济结构不合理，农业生产条件差，工业技术水平低下，资源开发难以形成经济优势，第三产业发展滞后。五是企业机制不活，市场化程度低，对外开放水平低。六是贫困地区、边远少数民族地区、老工业基地困难较多，社会事业发展缓慢。七是地区经济结构趋同化和低水平重复建设问题突出，西部地区各省区的主导产业集中在原材料初级加工工业，技术水平、产业结构调整和优化的难度很大。八是劳动力受教育程度低，人才流失严重。

在以上基础条件下，改革开放以来的西部地区经济形成了相对独特的运行方式和增长波动形式。

第四章　西部经济周期波动特点

在世界经济周期呈“微波化”趋势运行、中国经济周期在经历了20世纪80年代的频繁波动后，90年代也呈“微波化”、“宽带化”趋势运行的背景下，西部经济周期也呈现了这样的运行态势。

第一节　西部地区经济周期波动的基本特征

对西部地区改革开放以来的经济周期波动，我们以GDP增长率的波动为主要考察对象，以三次产业、工业增长率的周期波动为补充考察对象，较全面反映西部地区经济增长的波动变化态势、趋势和影响因素的影响程度。

根据前面第二章的划分，西部地区改革开放以来共经历了四个周期，正在进入第五个周期。1981～1986年是一个周期长度为6年的经济周期，1986～1989年是一个长度为3年的经济周期，1989～1999年是一个长度为10年的周期，周期数与全国一样，说明西部地区与全国经济密不可分，从图4－1来看，经济增长波动态势基本一致。表4－1列出了各年份的经济增长率和阶段划分。通过与全国经济增长周期波动特征的对比，来分析1981年以来西部经济增长周期波动的状态特征。

第一，波动峰位低。西部地区1981年以来三个完整经济增长周期波动的峰位（见表4－2）平均为12.5%，年增长率在14.1%以上的只有一年，最高只有14.7%（1984年）；全国1981年以来的三个完整经济增长周期的峰位或高度平均为13.7%，比西部高1.1个百分点。这表明1981年以来西部地区在经济景气时期的扩张强度比全国弱，经济增长动力比全国弱。

第二，波动谷位与全国基本一致。西部地区1981年以来的三个完整经济周期波动的深度或谷位平均为6.5%，最低为4.66%（1989年）；全国1981年以来三个完整经济增长周期的谷位平均为6.6%，比西部略高0.1个百分点，但最低为3.8%（1990年），最低谷位比西部低0.9个百分点。西部地区经济增长周期谷位与全国平均水平差异总体上不大，说明1981年以来西部地区在经济不景气时期的经济增长与全国平均水平基本一致。

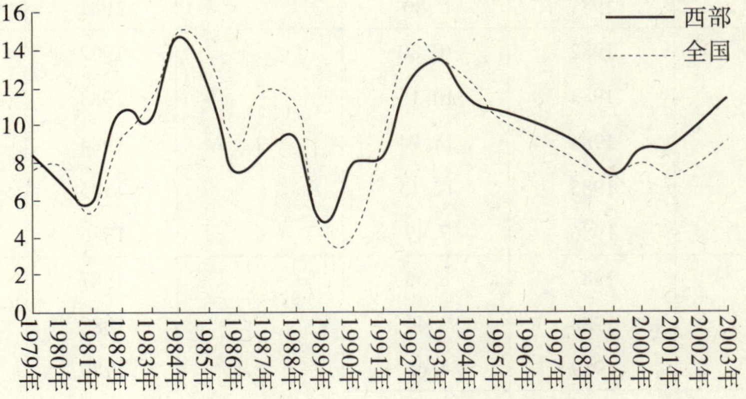

图4-1 中国西部地区经济增长波动态势

第三，波动振幅相对较小。西部地区1981年以来的三个完整经济增长周期的振幅平均为6.1个百分点，全国1981年以来的三个完整经济增长周期的振幅平均为7.1个百分点，西部地区比全国低1个百分点。西部地区三个周期的波动系数在0.3以下，两个周期的波动系数平均为0.23，全国三个周期的波动系数在0.4以下，平均为0.28，西部比全国低0.05。综合起来看，西部地区整体上经济周期波幅比全国小。

第四，波动的波位相对较低。西部地区1981年以来的三个完整经济增长周期的波位平均为9.5%，全国1981年以来的三个完整经济增长周期的波位平均为9.9%，西部地区比全国低0.4个百分点。这表明西部地区1981～1999年（西部大开发实施前）在比全国低的位势上增长，经济增长平均低于全国。

表 4－1　中国西部地区经济周期划分与全国对比

西部			全国		
周期序号	年份	GDP 增%	周期序号	年份	GDP 增%
1	1979	8.58	1	1979	7.6
	1980	6.99		1980	7.8
	1981	5.86		1981	5.2
2	1982	10.80	2	1982	9.1
	1983	10.15		1983	10.9
	1984	14.74		1984	15.2
	1985	12.15		1985	13.5
	1986	7.47		1986	8.8
3	1987	8.55	3	1987	11.6
	1988	9.41		1988	11.3
	1989	4.66		1989	4.1
4	1990	7.86		1990	3.8
	1991	8.14	4	1991	9.2
	1992	12.35		1992	14.2
	1993	13.45		1993	13.5
	1994	11.40		1994	12.6
	1995	10.77		1995	10.5
	1996	10.34		1996	9.6
	1997	9.61		1997	8.8
	1998	8.77		1998	7.8
	1999	7.26		1999	7.1
5	2000	8.49	5	2000	8.0
	2001	8.76		2001	7.30
	2002	9.98		2002	8.00

资料来源：《中国统计年鉴》、《中国西部统计年鉴》。

第五，波动的扩张期相对较长。西部地区 1981 年以来的三个完整经济增长周期的扩张长度平均为 3.0 年；而全国 1981 年以来的三个经济增长周期的扩张长度平均为2.0年，西部地区比全国高1年。这表明西部地区经济增长在扩张期的持续性比全国长。

第六，波动的收缩期相对较短。西部地区1981年以来的三个经济增长周期的收缩期平均为3.0年；而全国1981年以来的三个经济增长周期的收缩期平均为4.0年，西部地区比全国短1年。表明西部地区对抗经济周期中的收缩性相对较弱。

表4-2　中国西部地区经济周期波动特征与全国对比

周期序号	峰位	谷位	振幅	波动	波位	扩张期	收缩期
	%	%	百分点	系数	%	年	年
西　部							
1981~1986年	14.74	7.47	7.26	0.22	11.06	3	2
1986~1989年	9.41	4.66	4.75	0.27	7.54	2	1
1989~1999年	13.45	7.26	6.19	0.19	10.00	4	6
全　国							
1981~1986年	15.2	8.8	6.4	0.22	11.50	3	2
1986~1990年	11.6	3.8	7.8	0.38	7.70	1	3
1990~1999年	14.2	7.1	7.1	0.23	10.37	2	7
西部平均	12.5	6.5	6.1	0.23	9.5	3.0	3.0
全国平均	13.7	6.6	7.1	0.28	9.9	2.0	4.0
西部比全国							
升降（百分点）	-1.1	-0.1	-1.0	-0.05	-0.4	1.0	-1.0

注：根据表4-1测算。

综合以上分析，西部地区从1981年以来经济增长周期波动与全国对比，基本特征是：经济周期波动大势基本与全国一致；差异是波动峰位低、谷位低、振幅小，体现了西部经济增长能力相对较弱的特点；波位低，体现了西部经济增长比全国平均水平缓慢的特点；扩张期长、收缩期短，体现了西部地区经济整体上的抗衰退能力较弱的特点。

第二节　西部经济周期波动对全国经济周期波动的影响

改革开放以来，中国西部地区经济总量（GDP）从1978年的721.59亿元发展到2002年的20053.05亿元，但中国西部地区经济发展仍然滞后，属于欠发达省区，中国西部地区生产总值占全国国内生产总值的比重在20%左右。虽然西部地区经济总量占全国的比重不大，但西部地区对中国经济发展具有重要的影响。西部地区GDP及其各产业对全国的GDP和各产业的影响程度如何，下面采用回归分析进行比较。

一、西部经济周期波动对全国经济周期波动的影响

将全国GDP增长率对西部地区GDP增长率（WG）进行回归，得出：

样本：1979～2002年

$$GDP = -1.2387 + 1.1266WG \qquad (1)$$

$$(-0.94)\ (8.30)$$

$$R^2 = 0.75 \quad D.W. = 1.49 \quad F = 69.02$$

模型通过统计检验，表明西部地区GDP增长变化对全国GDP增长变化的影响在统计上是显著的。西部地区GDP增长变化1个百分点时，影响全国GDP增长变化1.13个百分点。这是值得深入研究的问题，西部地区经济对全国经济的影响绝不仅仅是经济总量所占20%的程度，还包括西部地区为发展较快的东部地区以及中部地区提供广阔的市场。

全国1981年以来三个完整周期波动系数平均是0.28，西部地区1981年以来三个完整周期的波动系数平均是0.23，西部地区比全国低0.05，说明西部地区整体上经济波动稍小于全国。

将改革开放以来第二个到第四个周期的全国经济周期波动系数对西部地区经济周期波动系数进行回归，得出：

样本：2～4周期

$$GDP = -1.3718WG \qquad (2)$$

$$(6.89)$$

$$R^2 = 0.64 \quad D.W. = 2.73$$

模型通过统计检验，表明西部地区经济周期波动对全国经济周期波动的影响在统计上是显著的。当西部地区经济周期波动 1 个百分点时，相应地引致全国经济周期波动 1.37 个百分点。

从以上两个回归模型中的回归系数来看，西部地区经济增长对全国经济增长的影响超过了一般的认识，因此，加快西部地区经济增长速度，不但是西部地区发展的需要，也是加快中国国民经济持续健康发展的需要。

二、西部第一产业周期波动对全国第一产业增长波动的影响

西部地区第一产业增长周期波动与全国第一产业增长周期波动差异较大。西部地区第一产业经历了四个周期，其中，1983 年以前为第一个周期，1983～1986 年为第二个周期，1986～1993 年为第三个周期，1993～2001 年为第四个周期，2001 年后进入第五个周期。全国第一产业经历了五个周期，比西部地区多一个周期，其中，1980 年以前为第一个周期，1980～1985 年为第二个周期，1985～1988 年为第三个周期，1988～1991 年为第四个周期，1991～2000 年为第五个周期，2000 年后进入第六个周期（见图 4－2）。因此，全国第一产业增长周期波动比西部地区频繁，西部地区第一产业增长周期波动系数平均为 0.37，全国第一产业增长周期波动系数平均为 0.38，比西部地区高 0.01。

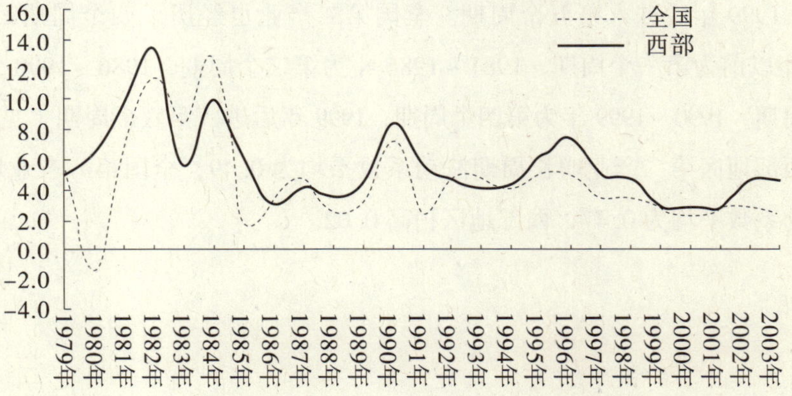

图 4－2　中国西部地区第一产业增长波动态势与全国对比

分别对全国第一产业增长率对西部地区第一产业增长率、全国第一产业增长周期波动系数对西部地区第一产业增长周期波动系数进行回归，回归模型难以通过统计检验，表明西部地区第一产业的第一到第四周期波动对全国第一产业的第二到第五周期波动的影响在统计上是不显著的，但这并不能说明西部第一产业增长周期波动就对全国第一产业周期波动没有影响，而是西部地区传统农业成分还比较高，农业经济比重大，延缓了全国农业经济增长。

三、西部第二产业周期波动对全国第二产业增长波动的影响

将全国第二产业增长率对西部地区第二产业增长率（*WSI*）进行回归，得出：

样本：1979～2002年

$$SI = 0.9382 + 0.9631WSI \qquad (3)$$

（0.73）（8.78）

$R^2 = 0.78 \quad D.W. = 1.45 \quad F = 77.16$

模型通过统计检验，表明西部地区第二产业增长对全国第二产业增长的影响在统计上是显著的。当西部第二产业增长变动1个百分点时，影响全国第二产业增长变动0.96个百分点。

西部地区第二产业增长周期波动与全国第二产业增长周期波动基本一致，西部地区第二产业经历了四个周期，其中，1981年以前为第一个周期，1981～1986年为第二个周期，1986～1989年为第三个周期，1989～1999年为第四个周期，1999年后进入第五个周期。全国第二产业也经历了四个周期，其中，1981年以前为第一个周期，1981～1986年为第二个周期，1986～1990年为第三个周期，1990～1999年为第四个周期，1999年后进入第六个周期（见图4－3）。西部地区第二产业增长周期波动系数平均为0.49，全国第一产业增长周期波动系数平均为0.47，西部地区稍高0.02。

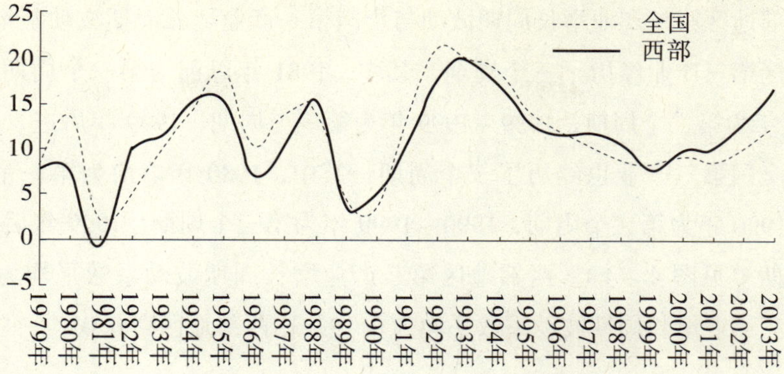

图 4-3　中国西部地区第二产业增长波动态势与全国对比

将全国第二产业增长的四个周期波动系数对西部地区第二产业增长的四个周期波动系数进行回归，得出：

样本：1 ~4 周期

$$SI = 0.8963WSI \quad (4)$$

（6.63）

$R^2 = 0.99$　$D.W. = 1.58$

模型通过统计检验，表明西部地区第二产业周期波动对全国第二产业周期波动的影响在统计上是显著的。当西部第二产业增长波动 1 个百分点时，影响全国第二产业增长波动 0.90 个百分点。这个影响系数低于第一产业的影响系数，表明了西部地区由于工业化进程缓慢，第二产业对全国第二产业的影响相对较小。

四、西部第三产业周期波动对中国第三产业周期波动的影响

将全国第三产业增长率对西部地区第三产业增长率（*WTI*）进行回归，得出：

样本：1979 ~2002 年

$$TI = -1.7374 + 0.9768WTI \quad (5)$$

（-1.01）（7.20）

$R^2 = 0.70$　$D.W. = 1.57$　$F = 51.89$

模型通过统计检验，表明西部地区第三产业增长对全国第三产业增长的影响在统计上是显著的。当西部第三产业增长变动 1 个百分点时，影响全国第三产业增长变动 0.98 个百分点。

西部地区第三产业增长周期波动与全国第一产业增长周期波动基本一致。西部地区第三产业经历了三个周期，其中，1981 年以前为第一个周期，1981 ~1989 年为第二个周期，1989 ~ 1999 年为第三个周期，1999 年后进入第四个周期。全国第三产业也经历了三个周期，其中，1980 年以前为第一个周期，1980 ~ 1990 年为第二个周期，1990 ~ 1999 年为第三个周期，1999 年后进入第四个周期（见图 4 – 4）。西部地区第三产业增长周期波动系数平均为 0. 18，全国第三产业增长周期波动系数平均为 0. 19，比西部地区高 0. 01。

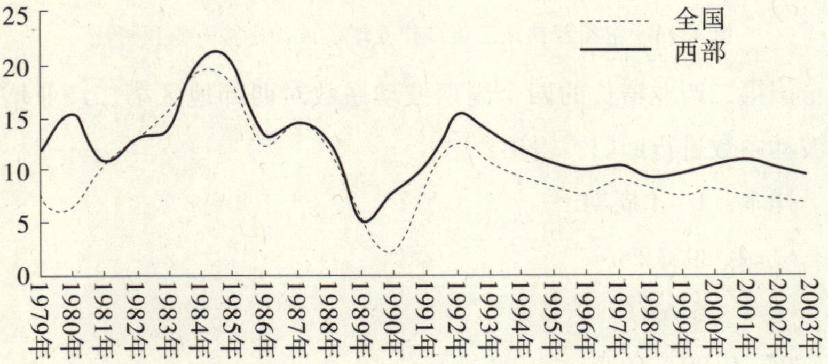

图 4 – 4　中国西部地区第三产业增长波动态势与全国对比

将全国第三产业增长的四个周期的波动系数对西部地区第三产业的四个周期的波动系数进行回归，得出：

样本：第一至三周期和第四周期的前三年

$TI = 1.1188WTI$　　（6）

（9. 23）

$R^2 = 0.90$　$D. W. = 3.16$

模型通过统计检验，表明西部地区第三产业周期波动对全国第三产业周期波动的影响在统计上是显著的。当西部地区第三产业周期波动 1 个百分点时，影响全国第三产业周期波动 1. 12 个百分点，说明中国第三产业增长波动受西部第三产业增长波动的影响较大。

五、西部工业经济增长对中国工业经济增长的影响

将全国工业增长率对西部地区工业增长率（*WI*）进行回归，得出：

样本：1979 ~ 2002 年

$$I = 0.2744 + 1.0440WI \quad (7)$$

$R^2 = 0.82 \quad D.W. = 1.45 \quad F = 97.42$

模型通过统计检验，表明西部地区工业增长对全国工业增长的影响在统计上是显著的。当西部工业增长变动 1 个百分点时，影响全国工业增长变动 1.04 个百分点。

西部地区工业增长周期波动与全国工业增长周期波动完全一致。西部地区工业增长经历了四个周期，其中，1981 年以前为第一个周期，1981 ~ 1986 年为第二个周期，1986 ~ 1990 年为第三个周期，1990 ~ 1999 年为第四个周期，1999 年后进入第五个周期。全国工业经历的四个周期是，1981 年以前为第一个周期，1981 ~ 1986 年为第二个周期，1986 ~ 1990 年为第三个周期，1990 ~ 1999 年为第四个周期，1999 年后进入第五个周期（见图 4 - 5）。西部地区工业增长周期波动系数平均为 0.41，全国工业增长周期波动系数平均为 0.46，比西部地区高 0.05。

将全国工业增长四个周期的波动系数对西部地区工业增长四个周期的波动系数进行回归，得出：

样本：第一至四周期

$$I = 1.0554WI \quad (8)$$

（10.49）

$R^2 = 0.58 \quad D.W. = 2.15$

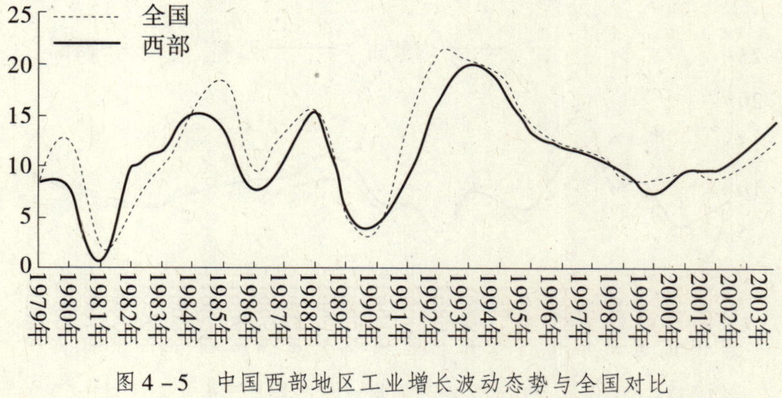

图 4 - 5　中国西部地区工业增长波动态势与全国对比

模型通过统计检验，表明西部地区工业经济周期增长波动对全国工业经济周期波动的影响在统计上是显著的。当西部地区工业经济周期波动 1 个百分点时，影响全国工业经济周期波动 1.06 个百分点。

从以上分析看，西部地区经济增长以及各产业的增长对中国经济增长具有较大的影响，这其中既有西部作为中国经济组成部分的因素，也有作为东部地区的资源支撑、市场支撑所发挥的作用，这些因素共同作用在对经济增长波动的影响上。

第三节 西部各省区经济周期波动基本特征

下面通过西部地区各省区经济增长周期与西部地区综合的比较，来分析各省区经济增长的特征。

一、内蒙古自治区经济周期波动基本特征

改革开放以来，内蒙古自治区经济增长波动相当频繁，共经历了五个周期，正在进入第六个周期，与全国和西部的经济增长周期波动态势差异较大。其中，1980～1983 年是一个长度为 3 年的周期，1983～1989 年是一个长度为 6 年的周期，1989～1995 年是一个长度为 6 年的周期，1995～1999 是一个长度为 4 年的周期，2000 年后进入一个新的周期上升阶段（见图 4－6）。表 4－3 列出了各年份的经济增长率和阶段划分以及与西部周期阶段的对比。通过与西部经济周期的对比，可以看出改革开放以来内蒙古自治区经济增长周期波动的状态特征。

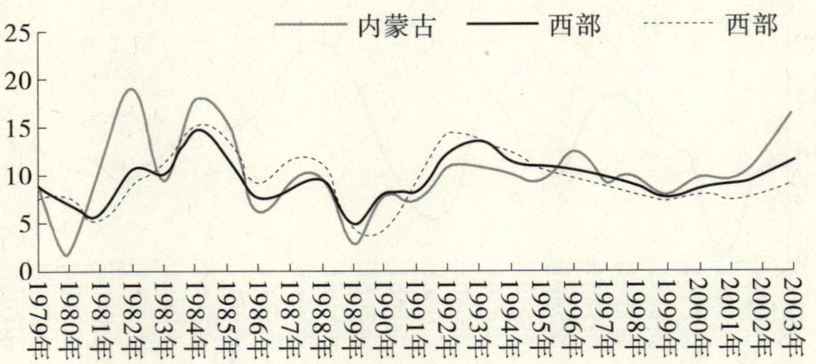

图 4－6 内蒙古自治区经济周期波动态势与西部、全国对比

第一，波动的峰位高。内蒙古自治区 1980 年以来的四个经济增长周期波动的峰位（见表 4－4）平均为 15.1%，1981 年高达 19.28%，比西部经济周期平均峰值高 2.6 个百分点，比全国经济周期平均峰值高 1.5 个百分点。这表明 1980 年以来内蒙古自治区在经济景气时期的经济增长率比西部地区和全国平均水平高。

第二，波动的谷位相对较高。内蒙古自治区 1980 年以来的四个经济增长周期波动的谷位平均为 6.7%，比西部经济周期平均谷位高 0.2 个百分点，比全国经济周期平均谷位高 0.1 个百分点。这表明 1980 年以来内蒙古自治区在经济不景气时期的经济增长率比西部地区和全国平均水平稍高。

第三，波动的振幅大。内蒙古自治区 1980 年以来的四个经济增长周期的振幅平均为 8.4 个百分点，比西部经济周期平均振幅高 2.3 个百分点，比全国经济周期平均振幅高 1.3 个百分点。内蒙古四个周期的波动系数平均为 0.30，比西部三个经济周期的平均波动系数高 0.07，比全国三个经济周期的平均波动系数高 0.02，表明 1980 年以来内蒙古自治区经济周期的波动大、落差大。

第四，波动的波位相对较高。内蒙古自治区 1980 年以来的四个经济增长周期的波位平均为 10.7%，比西部经济周期平均位势高 1.2 个百分点，比全国经济周期平均位势高 0.8 个百分点，表明 1980 年以来内蒙古自治区的经济增长速度相对高于西部地区平均水平和全国平均水平。

表 4－3　内蒙古自治区经济周期划分与西部经济周期划分对比

西部			内蒙古		
周期序号	年份	GDP 增%	周期序号	年份	GDP 增%
1	1979	8.58	1	1979	9.07
	1980	6.99		1980	1.54
	1981	5.86	2	1981	10.94
2	1982	10.80		1982	19.28
	1983	10.15		1983	9.37
	1984	14.74	3	1984	17.57
	1985	12.15		1985	15.91
	1986	7.47		1986	6.09
3	1987	8.55		1987	9.06
	1988	9.41		1988	9.84
	1989	4.66		1989	2.77

续 表

西部			内蒙古		
周期序号	年 份	GDP 增%	周期序号	年 份	GDP 增%
4	1990	7.86	4	1990	7.81
	1991	8.14		1991	7.04
	1992	12.35		1992	11.00
	1993	13.45		1993	10.60
	1994	11.40		1994	10.10
	1995	10.77		1995	9.10
	1996	10.34	5	1996	12.70
	1997	9.61		1997	9.70
	1998	8.77		1998	9.60
	1999	7.26		1999	7.76
5	2000	8.49	6	2000	9.66
	2001	8.76		2001	9.56
	2002	9.98		2002	12.10

资料来源：《中国统计年鉴》、《中国西部统计年鉴》。

第五，波动的扩张期较短。内蒙古自治区 1980 年以来的四个经济增长周期的扩张长度为 1.8 年，比西部经济周期平均扩张期短 1.2 年，比全国经济周期平均扩张期短 0.2 年，表明 1980 年以来内蒙古的经济增长在扩张期的持续性比西部地区平均水平和全国平均水平都弱。

第六，波动的收缩期短。内蒙古自治区 1980 年以来的四个经济增长周期的收缩长度平均只有 3.0 年，与西部经济周期平均收缩期一致，比全国经济周期平均收缩期短 1 年，表明内蒙古对抗经济周期中的收缩能力比全国平均水平都弱。

表 4－4　内蒙古自治区经济周期波动特征与西部经济周期波动特征对比

周期序号	峰位	谷位	振幅	波动系数	波位	扩张期	收缩期
	%	%	百分点		%	年	年
西　部							
1981～1986 年	14.74	7.47	7.26	0.22	11.06	3	2
1986～1989 年	9.41	4.66	4.75	0.27	7.54	2	1
1989～1999 年	13.45	7.26	6.19	0.19	10.00	4	6
内蒙古							
1980～1983 年	19.28	9.91	0.33	13.19	2	1	
1983～1989 年	17.57	2.77	14.80	0.51	10.21	1	5
1989～1995 年	11.00	7.04	3.96	0.16	9.28	3	3
1995～1999 年	12.70	7.76	4.94	0.18	9.94	1	3
西部平均	12.5	6.5	6.1	0.23	9.5	3.0	3.0
内蒙古平均	15.1	6.7	8.4	0.30	10.7	1.8	3.0
内蒙古比西部							
升降（百分点）	2.6	0.2	2.3	0.60	1.2	－1.2	0.0
内蒙古比全国							
升降（百分点）	1.4	0.1	1.3	0.02	0.8	－0.2	－1.0

注：根据表 4－3 测算。

综合以上分析，内蒙古自治区 1980 年以来经济增长周期波动的基本特征是：周期波动态势与西部和全国的差异都很大，波动的峰位高、谷位高、振幅大，说明内蒙古自治区经济增长波动的幅度大，落差大，经济增长的稳定性较差；波动的平均位势高，说明内蒙古自治区经济增长比西部和全国平均水平相对较快；波动的扩张期和收缩期都很短，说明内蒙古自治区经济增长整体上比西部地区和全国平均水平的持续扩张能力和抗衰退能力都很弱。

二、广西壮族自治区经济周期波动基本特征

改革开放以来，广西壮族自治区的经济增长经历了四个周期，正在进入第五个周期，周期波动态势与西部地区经济周期和全国经济周期差异很大。其中，1980～1982 年是一个长度为 3 年的周期，1982～1988 年是一个长度为 6 年的周期，1988～2000 年是一个长度为 12 年的周期，2001 年进入一个新的周期上升阶段（见图 4－7 所示）。表 4－5 列出了各年份的经济增长率和阶段划分以及与西部周期阶段的对比。通过与西部经济周期的对比，可以看出改革开放以来广西壮族自治区经济增长周期波动的状态特征是：

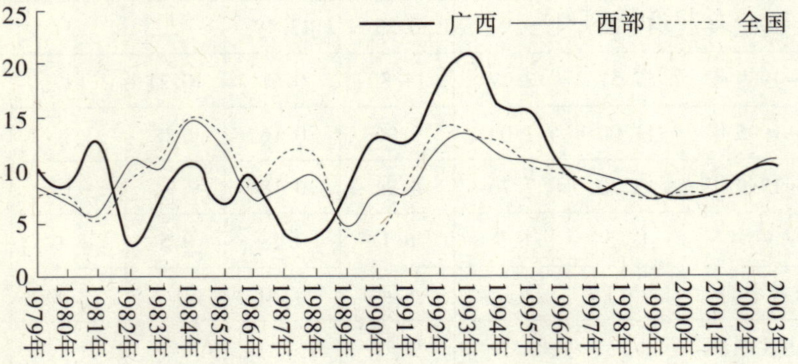

图 4－7　广西壮族自治区经济周期波动态势与西部、全国对比

第一，波动的峰位高。广西壮族自治区 1980 年以来的三个经济增长周期波动的峰位（见表 4－6）平均为 14.9%，最高的 1993 年达到 21.2%，比西部经济周期平均峰值高 2.4 个百分点，比全国经济周期平均峰值高 1.2 个百分点，表明 1980 年以来广西壮族自治区在经济景气时期的经济增长率比西部地区和全国平均水平高。

第二，波动的谷位低。广西壮族自治区 1980 年以来的三个经济增长周期波动的谷位平均为 4.5%，比西部经济周期平均谷位低 2.0 个百分点，比全国经济周期平均谷位低 2.1 个百分点，表明 1980 年以来广西壮族自治区在经济不景气时期的经济增长率比西部地区和全国平均水平低。

表 4－5　广西壮族自治区经济周期划分与西部经济周期划分对比

西部			广西		
周期序号	年　份	GDP 增%	周期序号	年　份	GDP 增%
	1979	8.58	1	1979	10.32
1	1980	6.99		1980	8.14
	1981	5.86	2	1981	12.67
	1982	10.80		1982	2.85
	1983	10.15		1983	7.26
2	1984	14.74		1984	10.82
	1985	12.15	3	1985	6.57
	1986	7.47		1986	9.20
	1987	8.55		1987	4.13
3	1988	9.41		1988	3.34
	1989	4.66		1989	7.53
	1990	7.86		1990	13.04
	1991	8.14		1991	12.66
	1992	12.35		1992	18.30
	1993	13.45		1993	21.20
4	1994	11.40	4	1994	16.00
	1995	10.77		1995	15.30
	1996	10.34		1996	10.30
	1997	9.61		1997	8.10
	1998	8.77		1998	9.10
	1999	7.26		1999	7.71
	2000	8.49		2000	7.27
5	2001	8.76	5	2001	8.24
	2002	9.98		2002	10.30

资料来源：《中国统计年鉴》、《中国西部统计年鉴》。

第三，波动的振幅大。广西壮族自治区 1980 年以来的三个经济增长周期的振幅平均为 10.4 个百分点，比西部经济周期平均振幅高 4.3 个百分点，比全国经济周期平均振幅高 3.3 个百分点。广西壮族自治区三个周期的波动系数平均为 0.42，比西部地区经济周期的平均波动系数高 0.19，比全国经济周期的平均波动系数高 0.14，表明 1980 年以来广西壮族自治区经济周期波动大，落差大，稳定性很弱。

表 4－6　广西壮族自治区经济周期波动特征与西部经济周期波动特征对比

周期序号	峰位	谷位	振幅	波位	波位	扩张期	收缩期
	%	%	百分点	系数	%	年	年
西　部							
1981～1986 年	14.74	7.47	7.26	0.22	11.06	3	2
1986～1989 年	9.41	4.66	4.75	0.27	7.54	2	1
1989～1999 年	13.45	7.26	6.19	0.19	10.00	4	6
广　西							
1980～1982 年	12.67	2.85	9.82	0.51	7.76	1	1
1982～1988 年	10.82	3.34	7.47	0.38	6.89	2	4
1988～2000 年	21.20	7.27	13.93	0.37	12.21	5	7
西部平均	12.5	6.5	6.1	0.23	9.5	3.0	3.0
广西平均	14.9	4.5	10.4	0.42	9.0	2.7	4.0
广西比西部							
升降（百分点）	2.4	－2.0	4.3	0.19	－0.5	－0.3	1.0
广西比全国升降（百分点）	1.2	－2.1	3.3	0.14	－0.9	0.7	0.0

注：根据表 4－5 测算。

第四，波动的波位稍低。广西壮族自治区 1980 年以来的三个经济增长周期的波位平均为 9.0%，比西部经济周期平均波位低 0.5 个百分点，比全国经济周期平均波位低 0.9 个百分点，表明 1980 年以来广西壮族自治区的平均经济增长速度低于西部地区平均水平和全国平均水平。

第五，波动的扩张期高于西部、低于全国。广西壮族自治区 1980 年以来的三个经济增长周期的扩张长度平均为 2.7 年，比西部经济周期的平均扩张期短 0.3 年，但比全国经济周期的平均扩张期长 0.7 年，表明 1980 年以来广西的经济增长在扩张期的持续性比西部地区平均水平短但比全国平均水平长。

第六，波动的收缩期较长。广西壮族自治区 1980 年的三个经济增长周期的收缩长度平均为 4.0 年，比西部经济周期的平均收缩期长 1 年，与全国经济周期的收缩期一致，表明广西壮族自治区在经济增长中有一定的抗衰退能力。

综合以上分析，广西壮族自治区1980年以来经济增长周期波动的基本特征是：周期波动态势与西部和全国的差异都很大，波动的峰位高、谷位低、振幅大，说明广西壮族自治区经济增长波动的幅度大，落差大，经济增长稳定性较差；波位低，说明广西壮族自治区经济增长总体上略低于西部，也低于全国平均水平；波动的扩张期较短、收缩期较长，说明广西壮族自治区经济增长整体上持续扩张能力不强，但抗衰退能力稍强。

三、重庆市经济周期波动基本特征

根据前面的周期划分，改革开放以来重庆市的经济增长共经历了三个周期，正在进入第四个周期，周期波动走势与全国和西部的经济增长周期波动态势大体一致，但1986年没有形成峰值。其中，1981～1989年为一个长度为9年的周期，1989～1999年为一个长度为11年的周期，2000年进入一个新的周期上升阶段（见图4－8所示）。表4－7列出了各年份的经济增长率和阶段划分以及与西部周期阶段的对比。通过与西部经济周期的对比，可以看出改革开放以来重庆市经济增长周期波动的状态特征是：

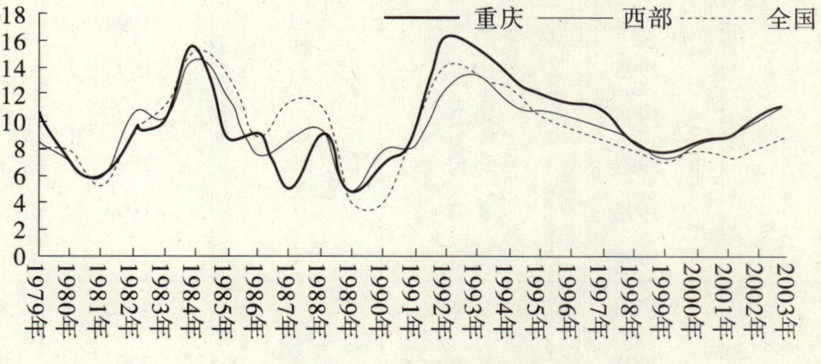

图4－8 重庆市经济周期波动态势与西部、全国对比

第一，波动的峰位高。重庆市1981年以来的两个经济增长周期波动的峰位（见表4－8）平均为15.7%，比西部经济周期平均峰值高3.2个百分点，比全国经济周期平均峰值高2.0个百分点。这说明重庆市1981年以来在经济景气时期的经济增长率比西部地区和全国平均水平高。

表4－7　重庆市经济周期划分与西部经济周期划分对比

西部			重庆		
周期序号	年　份	GDP增%	周期序号	年　份	GDP增%
1	1979	8.58	1	1979	10.96
	1980	6.99		1980	7.05
	1981	5.86		1981	5.95
2	1982	1.80	2	1982	9.01
	1983	10.15		1983	9.68
	1984	14.74		1984	15.59
	1985	12.15		1985	8.70
	1986	7.47		1986	8.92
3	1987	8.55		1987	5.09
	1988	9.41		1988	9.07
	1989	4.66		1989	4.66
4	1990	7.86	3	1990	6.67
	1991	8.14		1991	9.07
	1992	12.35		1992	15.86
	1993	13.45		1993	15.55
	1994	11.40		1994	13.49
	1995	10.77		1995	11.90
	1996	10.34		1996	11.20
	1997	9.61		1997	11.0
	1998	8.77		1998	8.40
	1999	7.26		1999	7.60
5	2000	8.49	4	2000	8.49
	2001	8.76		2001	9.00
	2002	9.98		2002	10.30

资料来源：《中国统计年鉴》、《中国西部统计年鉴》。

第二，波动的谷位低。重庆市1981年以来的两个经济增长周期波动的谷位平均为5.7%，比西部经济周期平均谷位低0.8个百分点，比全国经济周期平均谷位低0.9个百分点，表明1981年以来重庆市在经济不景气时期的经济增长率比西部地区和全国平均水平低。

表4-8　重庆市经济周期波动特征与西部经济周期波动特征对比

周期序号	峰位	谷位	振幅	波位系数	波位	扩张期	收缩期
	%	%	百分点		%	年	年
西　部							
1981～1986年	14.74	7.47	7.26	0.22	11.06	3	2
1986～1989年	9.41	4.66	4.75	0.27	7.54	2	1
1989～1999年	13.45	7.26	6.19	0.19	10.00	4	6
重　庆							
1981～1989年	15.59	4.66	10.93	0.35	8.84	3	5
1989～1999年	15.86	6.67	9.19	0.27	11.07	3	7
西部平均	12.5	6.5	6.1	0.23	9.5	3.0	3.0
重庆平均	15.7	5.7	10.1	0.31	10.0	3.0	6.0
重庆比全国升降（百分点）	3.2	-0.8	4.0	0.08	0.5	0.0	3.0
重庆比全国升降（百分点）	2.0	-0.9	3.0	0.03	0.1	1.0	2.0

注：根据表4-7测算。

第三，波动的振幅大。重庆市1981年以来的两个经济增长周期的振幅平均为10.1个百分点，比西部经济周期平均振幅高4.0个百分点，比全国经济周期平均振幅高3个百分点。重庆市两个周期的波动系数平均为0.31，比西部经济周期的平均波动系数高0.08，比全国经济周期的平均波动系数高0.03，表明1981年以来重庆市经济周期波动大、落差也大。

第四，波动的波位略高于西部，与全国一致。重庆市1981年以来的两个经济增长周期的波位平均为10.0%，比西部经济周期平均波位高0.5个百分点，比全国平均水平高0.1，表明1981年以来重庆市的经济增长速度略高于西部地区和全国平均水平。

第五，波动的扩张期长。重庆市1981年以来的两个经济增长周期的扩张长度为3年，与西部经济周期的平均扩张期一致，比全国经济周期的平均扩张期长1年，表明1981年以来重庆市的经济增长在扩张期的持续性上比全国平均水平强。

第六，波动的收缩期长。重庆市1981年以来的两个经济增长周期的收缩长度平均为6年，比西部经济周期的平均收缩期长3.0年，比全国平均水平长2年，表明重庆市对抗经济周期中的收缩能力高于西部平均水平，也高于全国平均水平。

综合以上分析，重庆市1981年以来经济增长周期波动的基本特征是：周期波动态势与西部和全国大体一致，但在周期特征上，波动的峰位高、谷位低、振幅大，说明重庆市的经济增长波动幅度大，落差大，经济增长的稳定性较差；波动的平均位势比西部和全国平均水平高，说明重庆市经济增长高于西部和全国平均水平；波动的扩张期长、收缩期长，说明重庆市经济增长整体上的持续扩张和抗衰退能力在西部省区中较强。

四、四川省经济周期波动基本特征

改革开放以来四川省的经济增长共经历了四个周期，正在进入第五个周期，与全国和西部的经济增长周期波动态势基本一致。其中，1981～1986年是一个长度为5年的周期，1986～1989年是一个长度为3年的周期，1989～1999年是一个长度为10年的周期，2000年进入一个新的周期上升阶段（见图4－9）。表4－9列出了各年份的经济增长率和阶段划分以及与西部周期阶段的对比。通过与西部经济周期的对比，可以看出1981年以来四川省经济增长周期波动的状态特征是：

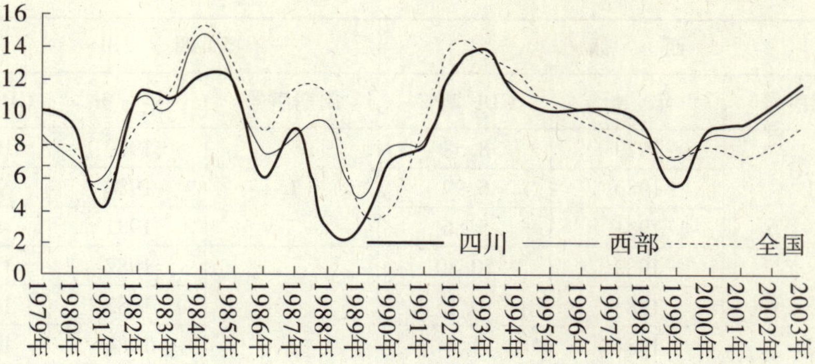

图 4－9　四川省经济周期波动态势与西部、全国对比

第一，波动的峰位低。四川省 1981 年以来的三个经济增长周期波动的峰位（见表 4－10）平均为 11.6%，最高值只有 13.9%（1993 年），比西部经济周期的平均峰位低 0.9 个百分点，比全国经济周朗的平均峰位低 2 个百分点，表明四川省 1981 年以来经济繁荣时期的经济增长率低于西部地区和全国平均水平。

第二，波动的谷位低。四川省 1981 年以来的三个经济增长周期波动的谷位平均为 4.7%，比西部经济周期的平均谷位低 1.8 个百分点，比全国经济周期的平均谷位低 1.9 个百分点，表明 1981 年以来四川省经济不景气时期的经济增长率比西部地区和全国平均水平低。

第三，波动的振幅比西部大、比全国小。四川省 1981 年以来的三个经济增长周期的振幅平均为 6.9 个百分点，比西部经济周期的平均振幅高 0.8 个百分点，比全国经济周期的平均振幅低 0.2 个百分点。四川省三个周期的波动系数平均为 0.36，比西部经济周期的平均波动系数高 0.13，比全国经济周期的平均波动系数高 0.08，表明 1981 年以来四川省经济周期波动相对较大。

第四，波动的波位相对较低。四川省 1981 年以来的三个经济增长周期的波位平均为 8.5%，比西部经济周期的平均波位低 1.0 个百分点，比全国经济周期的平均波位低 1 个百分点，表明 1981 年以来四川省的经济增长速度低于西部地区平均水平和全国平均水平。

表 4-9　四川省经济周期划分与西部经济周期划分对比

西部			四川		
周期序号	年　份	GDP 增%	周期序号	年　份	GDP 增%
1	1979	8.58	1	1979	10.15
	1980	6.99		1980	9.22
	1981	5.86		1981	4.18
2	1982	10.80	2	1982	11.09
	1983	10.15		1983	10.85
	1984	14.74		1984	12.21
	1985	12.15		1985	12.04
	1986	7.47		1986	5.91
3	1987	8.55	3	1987	8.75
	1988	9.41		1988	2.77
	1989	4.66		1989	2.54
4	1990	7.86	4	1990	6.81
	1991	8.14		1991	7.85
	1992	12.35		1992	12.60
	1993	13.45		1993	13.90
	1994	11.40		1994	11.10
	1995	10.77		1995	10.00
	1996	10.34		1996	10.10
	1997	9.61		1997	10.20
	1998	8.77		1998	9.10
	1999	7.26		1999	5.60
5	2000	8.49	5	2000	9.00
	2001	8.76		2001	9.20
	2002	9.98		2002	10.60

资料来源：《中国统计年鉴》、《中国西部统计年鉴》。

第五，波动的扩张期比西部地区短，但比全国长。四川省 1981 年以来的三个经济增长周期的扩张长度为 2.7 年，比西部经济周期的平均扩张期短 0.3 年，比全国经济周期的平均扩张期长 0.7 年，表明 1981 年以来四川省的经济增长在扩张期的持续性比西部地区略弱，但比全国平均水平强。

第六，波动的收缩期短。四川省 1981 年以来的三个经济增长周期的收缩长度平均为 3 年，与西部经济周期的平均收缩期一致，比全国经济周期的平均收缩期短 1 年，表明四川经济增长中的抗衰退能力比全国弱。

表 4－10 四川省经济周期波动特征与西部经济周期波动特征对比

周期序号	峰位	谷位	振幅	波位系数	波位	扩张期	收缩期
	%	%	百分点		%	年	年
西 部							
1981～1986 年	14.74	7.47	7.26	0.22	11.06	3	2
1986～1989 年	9.41	4.66	4.75	0.27	7.54	2	1
1989～1999 年	13.45	7.26	6.19	0.19	10.00	4	6
四 川							
1981～1986 年	12.21	5.91	6.31	0.22	10.42	3	1
1986～1989 年	8.75	2.54	6.21	0.61	4.69	1	2
1989～1999 年	13.90	5.60	8.30	0.25	10.38	4	6
西部平均	12.5	6.5	6.1	0.23	9.5	3.0	3.0
四川平均	11.6	4.7	6.9	0.36	8.5	2.7	3.0
四川比西部升降（百分点）	－0.9	－1.8	0.9	0.13	－1.0	－0.3	0.0
四川比全国升降（百分点）	－2.1	－1.9	－0.2	0.08	－1.4	0.7	－1.0

注：根据表 4－9 测算。

综合以上分析，四川省 1981 年以来经济增长周期波动的基本特征是：周期波动态势与西部和全国的走势基本一致，但在波动的状态特征上，波动峰位低、谷位低、振幅小，表明四川省经济增长波动落差不大，经济增长的稳定性相对较强；波动的平均位势低，说明四川省经济增长比西部和全国平均水平相对较慢；波动的扩张期不长，收缩期短，说明四川省经济增长的持续扩张和抗衰退能力较弱。

五、贵州省经济周期波动基本特征

改革开放以来贵州省的经济增长共经历了四个周期，目前第五个周期还没有结束，与全国和西部的经济增长周期波动态势差异较大。其中，1980～1986 年是一个长度为 6 年的周期，1986～1989 年是一个长度为 3 年的周期，1989～1995 年是一个长度为 6 年的周期，1995 年到现在是一个经历了 9 年的周期（见图 4－10）。表 4－11 列出了各年份的经济增长率和阶段划分以及与西部周期阶段的对比。通过与西部经济周期的对比，可以看出 1980 年以来贵州省经济增长周期波动的状态特征是：

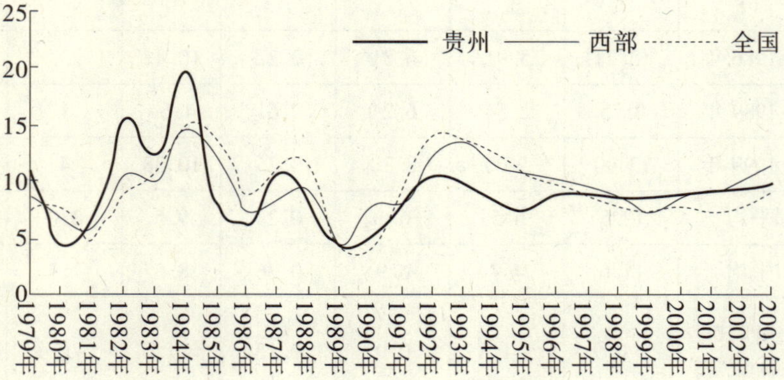

图 4－10　贵州省经济周期波动态势与西部、全国对比

第一，波动的峰位低。贵州省 1980 年以来的四个经济增长周期波动的峰位（见表 4－12）平均为 12.7%，比西部经济周期的平均峰位略高 0.2 个百分点，比全国经济周期的平均峰位低 1.0 个百分点；从图 4－10 也可以看出，除了 1984 年的峰位高于西部和全国，其他峰位都低于西部和全国，表明 1980 年以来贵州省在经济景气时期的经济增长率总体上低于全国平均水平。

第二，波动的谷位低。贵州省 1980 年以来的四个经济增长周期波动的谷位平均为 6.1%，比西部经济周期的平均谷位低 0.4 个百分点，比全国经济周期的平均谷位低 0.5 个百分点，表明 1980 年以来贵州省在经济不景气时期的经济增值率低于西部和全国平均水平。

表 4－11　贵州省经济周期划分与西部经济周期划分对比

西部			贵州		
周期序号	年份	GDP 增%	周期序号	年份	GDP 增%
1	1979	8.58	1	1979	10.91
	1980	6.99		1980	4.42
	1981	5.86	2	1981	6.59
2	1982	10.80		1982	15.75
	1983	10.15		1983	12.22
	1984	14.74		1984	19.84
	1985	12.15		1985	8.17
	1986	7.47		1986	6.18
3	1987	8.55	3	1987	10.99
	1988	9.41		1988	8.09
	1989	4.66		1989	4.54
4	1990	7.86	4	1990	5.21
	1991	8.14		1991	7.73
	1992	12.35		1992	10.81
	1993	13.45		1993	9.90
	1994	11.40		1994	8.50
	1995	10.77		1995	7.50
	1996	10.34	5	1996	8.90
	1997	9.61		1997	9.00
	1998	8.77		1998	8.50
	1999	7.26		1999	8.35
5	2000	8.49		2000	8.65
	2001	8.76		2001	8.85
	2002	9.98		2002	9.10

资料来源：《中国统计年鉴》、《中国西部统计年鉴》。

第三，波动的振幅比西部高、比全国低。贵州省 1980 年以来的四个经济增长周期的振幅平均为 6.6 个百分点，比西部经济周期的平均振幅高 0.5 个百分点，比全国经济周期的平均振幅低 0.5 个百分点。贵州省四个周期的波动系数平均为 0.26，比西部经济周期的平均波动系数高 0.03，比全国经济周期的平均波动系数低 0.02，表明贵州省 1980 年以来的经济周期波动的落差相对较小，特别是 1990 年以来，一直保持较为平稳的增长态势。

第四，波动的波位低。贵州省1980年以来的四个经济增长周期的波位平均为9.1，比西部经济周期的平均波位低0.4个百分点，比全国经济周期的平均波位低0.8个百分点，表明贵州省1980年以来的经济增长速度低于西部地区和全国平均水平。

第五，波动的扩张期长。贵州省1980年以来的四个经济增长周期的扩张长度为3.8年，比西部经济周期的平均扩张期长0.8年，比全国经济周期的平均扩张期长1.8年，表明贵州省1980年以来经济增长的持续扩张性比西部地区平均水平和全国平均水平强。

表4－12 贵州省经济周期波动特征与西部经济周期波动特征对比

周期序号	峰位	谷位	振幅	波动系数	波位	扩张期	收缩期
	%	%	百分点		%	年	年
西 部							
1981～1986年	14.74	7.47	7.26	0.22	11.06	3	2
1986～1989年	9.41	4.66	4.75	0.27	7.54	2	1
1989～1999年	13.45	7.26	6.19	0.19	10.00	4	6
贵 州							
1980～1986年	19.84	6.18	13.66	0.44	11.46	4	2
1986～1989年	10.99	4.54	6.45	0.33	7.87	1	2
1989～1995年	10.81	5.21	5.60	0.22	8.27	3	3
1995～现在	9.10	8.35	0.75	0.03	8.76	7	0
西部平均	12.5	6.5	6.1	0.23	9.5	3.0	3.0
贵州平均	12.7	6.1	6.6	0.26	9.1	3.8	1.8
贵州比西部升降（百分点）	0.2	－0.4	0.5	0.03	－0.4	0.8	－1.2
贵州比全国升降（百分点）	－1.0	－0.5	－0.5	－0.02	－0.8	1.8	－2.2

注：根据表4－11测算。

第六，波动的收缩期短。贵州省1980年以来的四个经济增长周期的收缩长度平均只有 1.8 年，比西部经济周期的平均收缩期短 1.2 年，比全国经济周期的平均收缩期短 2.2 年，表明贵州省 1980 年以来经济增长中的抗衰退能力很弱。

综合以上分析，贵州省 1980 年以来经济增长周期波动的基本特征是：周期波动态势与西部和全国的差异较大，波动峰位低、谷位低、振幅小，说明贵州省经济增长波动幅度小，落差不大，经济增长乏力；波动的平均位势低，说明贵州省经济增长慢于西部和全国平均水平；波动的扩张期较长、收缩期很短，说明贵州省经济增长整体上的持续扩张能力较强，但抗衰退能力很弱。

六、云南省经济周期波动基本特征

改革开放以来云南省的经济增长共经历了五个完整周期，正在进入第六个周期，与全国和西部的经济增长周期波动态势差异很大。其中，1979～1983 年是一个长度为 4 年的周期，1983～1986 年是一个长度为 3 年的周期，1986～1989 年是一个长度为 3 年的周期，1989～2001 年是一个长度为 11 年的周期，2001 年进入一个新的周期上升阶段（见图 4－11）。表 4－13 列出了各年份的经济增长率和阶段划分以及与西部周期阶段的对比。通过与西部经济周期的对比，可以看出 1979 年以来云南省经济增长周期波动的状态特征是：

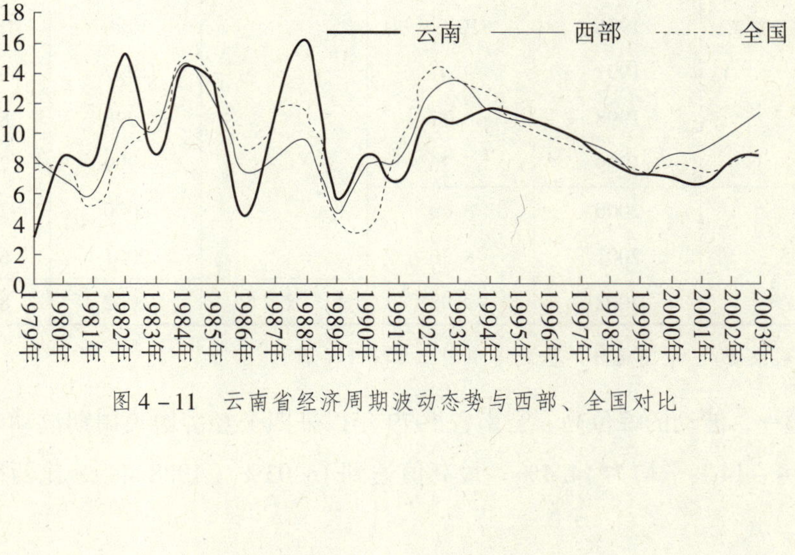

图 4－11　云南省经济周期波动态势与西部、全国对比

表 4－13　云南省经济周期划分与西部经济周期划分对比

西部			云南		
周期序号	年　份	GDP 增%	周期序号	年　份	GDP 增%
1	1979	8.58	1	1979	3.11
	1980	6.99	2	1980	8.52
	1981	5.86		1981	7.83
2	1982	10.80		1982	15.50
	1983	10.15		1983	8.40
	1984	14.74	3	1984	14.45
	1985	12.15		1985	13.03
	1986	7.47		1986	4.33
3	1987	8.55	4	1987	12.30
	1988	9.41		1988	16.03
	1989	4.66		1989	5.80
4	1990	7.86	5	1990	8.0
	1991	8.14		1991	6.56
	1992	12.35		1992	10.90
	1993	13.45		1993	10.60
	1994	11.40		1994	11.60
	1995	10.77		1995	11.20
	1996	10.34		1996	10.40
	1997	9.61		1997	9.40
	1998	8.77		1998	8.00
	1999	7.26		1999	7.22
5	2000	8.49		2000	7.12
	2001	8.76		2001	6.50
	2002	9.98	6	2002	8.10

资料来源：《中国统计年鉴》、《中国西部统计年鉴》。

第一，波动的峰位高。云南省 1979 年以来四个经济增长周期波动的峰位（见表 4－14）平均为 14.4%，最高值达到 16.03%（1988 年），比西部经济周期的平均峰值高 1.9 个百分点，比全国经济周期的平均峰值高 0.7 个百分点，表明 1979 年以来云南省在经济景气时期的经济增长率比西部地区和全国平均水平高。

第二，波动的谷位低。云南省 1979 年以来的四个经济增长周期波动的谷位平均为 4.9%，比西部经济周期的平均谷位低 1.6 个百分点，比全国经济周期的平均谷位低 1.7 个百分点，表明 1979 年以来云南省在经济不景气时期的经济增长率比西部地区和全国平均水平低。

表 4－14　云南省经济周期波动特征与西部经济周期波动特征对比

周期序号	峰位	谷位	振幅	波动系数	波位	扩张期	收缩期
	%	%	百分点		%	年	年
西　部							
1981～1986 年	14.74	7.47	7.26	0.22	11.06	3	2
1986～1989 年	9.41	4.66	4.75	0.27	7.54	2	1
1989～1999 年	13.45	7.26	6.19	0.19	10.00	4	6
云　南							
1979～1983 年	15.50	3.11	12.39	0.31	8.67	3	1
1983～1986 年	14.45	4.33	10.13	0.42	10.60	1	2
1986～1989 年	16.03	5.80	10.24	0.37	11.38	2	1
1989～2001 年	11.60	6.50	5.10	0.20	9.02	5	7
云南比西部升降（百分点）	1.9	－1.6	3.4	0.10	0.4	－0.3	－0.3
云南比全国升降（百分点）	0.7	－1.7	2.4	0.05	－0.02	0.8	－1.3

注：根据表 4－13 测算。

第三，波动的振幅大。云南省 1979 年以来的四个经济增长周期的振幅平均为 9.5 个百分点，比西部经济周期的平均振幅高 3.4 个百分点，比全国经济周期的平均振幅高 2.4 个百分点。云南省四个周期的波动系数平均为 0.33，比西部经济周期的平均波动系数高0.10，比全国经济周期的平均波动系数高0.05，表明1979年以来云南省经济周期波动大、落差大。

第四，波动的波位略高。云南省1979年以来的四个经济增长周期的波位平均为9.5%，比西部经济周期的平均波位高0.4个百分点，比全国经济周期的平均波位高0.02个百分点，表明1979年以来云南省的经济增长速度略高于西部地区平均水平和全国平均水平。

第五，波动的扩张期比西部地区短，但比全国长。云南省1979年以来的四个经济增长周期的扩张长度平均为2.8年，比西部经济周期的平均扩张期短0.3年，比全国经济周期的平均扩张期长0.8年，表明1979年以来云南省的经济增长的持续扩张性比西部地区平均水平短，但比全国平均水平长。

第六，波动的收缩期短。云南省1979年以来的四个经济增长周期的收缩长度平均只有2.8年，比西部经济周期的平均收缩期短0.3年，比全国经济周期的平均收缩期短1.3年，表明云南省1979年以来经济增长中的抗衰退能力很弱。

综合以上分析，云南省1979年以来经济增长周期波动的基本特征是：周期波动态势与西部和全国的差异较大，波动峰位高、谷位低、振幅大，说明1979年以来云南省经济增长波动大，落差大，稳定性很弱；波动的平均位势略高于西部和全国平均水平；波动扩张期比西部地区短，但比全国长，收缩期很短，说明云南省经济增长整体上的持续扩张和抗衰退能力弱。

七、西藏自治区经济周期波动基本特征

改革开放以来西藏自治区的经济增长共经历了四个周期，第四个周期还没有结束，与全国和西部的经济增长周期波动态势差异较大。其中，1979～1983年是一个长度为4年的周期，1983～1986年是一个长度为3年的周期，1986～1991年是一个长度为5年的周期，1991年到现在是一个经历了12年的周期（见图4－12）。表4－15列出了各年份的经济增长率和阶段划分以及与西部周期阶段的对比。通过与西部经济周期的对比，可以看出1979年以来西藏自治区经济增长周期波动的状态特征是：

第一，波动的峰位很高。西藏自治区1979年以来的四个经济增长周期波

动的峰位（见表 4－16）平均为 18.5%，最高值达到 25.19%（1984 年），比西部经济周期的平均峰值高 6.0 个百分点，比全国经济周期的平均峰值高 4.8 个百分点，表明 1979 年以来西藏自治区在经济景气时期的经济增长率比西部地区和全国平均水平高。

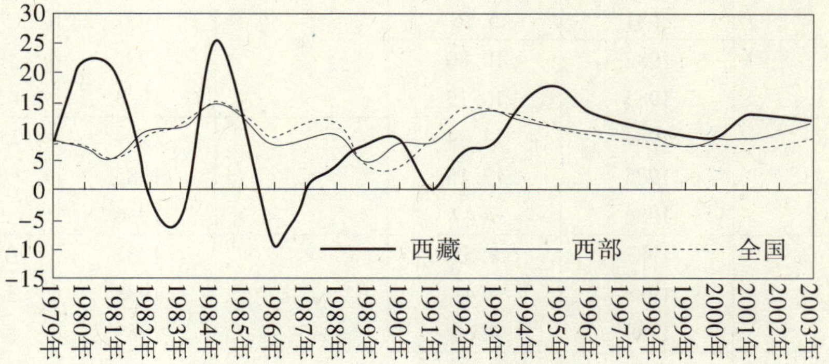

图 4－12　西藏自治区经济周期波动态势与西部、全国对比

第二，波动的谷位很低。西藏自治区 1979 年以来的四个经济增长周期波动的谷位平均为－1.8%，是西部 12 个省区中唯一处于负值的省区，最低值达到－9.26%（1986 年），比西部经济周期平均谷位低 8.3 个百分点，比全国经济周期的平均谷位低 8.4 个百分点，表明 1979 年以来西藏自治区在经济不景气时期的经济增长率比西部地区和全国平均水平低得多。

第三，波动的振幅大。西藏自治区 1979 年以来的四个经济增长周期的振幅平均高达 20.3 个百分点，比西部经济周期的平均振幅高 14.2 个百分点，比全国经济周期的平均振幅高 13.2 个百分点。西藏自治区四个周期的波动系数平均为 0.98，比西部经济周期的平均波动系数高 0.75，比全国经济周期的波动系数高 0.70，表明 1979 年以来西藏自治区经济周期波动很大、落差也很大。

第四，波动的波位低。西藏自治区 1979 年以来的四个经济增长周期的波位平均为 8.6%，比西部经济周期的平均波位低 0.9 个百分点，比全国经济周期的平均波位低 1.3 个百分点，表明 1979 年以来西藏自治区的经济增长速度低于西部地区平均水平和全国平均水平。

表 4－15　西藏自治区经济周期划分与西部经济周期划分对比

西部			西藏		
周期序号	年 份	GDP 增%	周期序号	年 份	GDP 增%
1	1979	8.58		1979	7.90
	1980	6.99	1	1980	21.91
	1981	5.86		1981	19.95
2	1982	10.80		1982	1.06
	1983	10.15		1983	－5.13
	1984	14.74	2	1984	25.19
	1985	12.15		1985	11.36
	1986	7.47		1986	－9.26
3	1987	8.55	3	1987	0.66
	1988	9.41		1988	3.90
	1989	4.66		1989	8.10
4	1990	7.86		1990	8.90
	1991	8.14		1991	0.07
	1992	12.35	4	1992	7.10
	1993	13.45		1993	8.20
	1994	11.40		1994	15.60
	1995	10.77		1995	17.90
	1996	10.34		1996	13.20
	1997	9.61		1997	11.30
	1998	8.77		1998	10.20
	1999	7.26		1999	9.64
5	2000	8.49		2000	9.41
	2001	8.76		2001	12.80
	2002	9.98		2002	12.50

资料来源：《中国统计年鉴》、《中国西部统计年鉴》。

第五，波动的扩张期比西部短、比全国长。西藏自治区 1979 年以来的四个经济增长周期的扩张长度平均为 2.5 年，比西部经济周期的平均扩张期短 0.5 年，比全国经济周期的平均扩张期长 0.5 年，表明 1979 年以来西藏自治区的经济增长的持续扩张性比西部地区平均水平弱。

表 4－16　西藏自治区经济周期波动特征与西部经济周期波动特征对比

周期序号	峰位	谷位	振幅	波动系数	波位	扩张期	收缩期
	%	%	百分点		%	年	年
西　部							
1981～1986	14.74	7.47	7.26	0.22	11.06	3	2
1986～1989 年	9.41	4.66	4.75	0.27	7.54	2	1
1989～1999 年	13.45	7.26	6.19	0.19	10.00	4	6
西　藏							
1979～1983 年	21.91	－5.13	27.04	1.24	9.45	1	3
1983～1986 年	25.19	－9.26	34.45	1.56	9.10	1	2
1986～1991 年	8.90	0.07	8.83	0.85	4.33	4	1
1991～现在	17.90	7.10	10.8	0.26	11.62	4	7
西部平均	12.5	6.5	6.1	0.23	9.5	3.0	3.0
西藏平均	18.5	－1.8	20.3	0.98	8.6	2.5	3.3
西藏比西部升降（百分点）	6.0	－8.3	14.2	0.75	－0.9	－0.5	0.3
西藏比全国升降（百分点）	4.8	－8.4	13.2	0.70	－1.3	0.5	－0.8

注：根据表 4－15 测算。

第六，波动的收缩期短。西藏自治区 1979 年以来的四个经济增长周期的收缩长度平均为 3.3 年，比西部经济周期的平均收缩期略长 0.3 年，比全国经济周期的平均收缩期短 0.8 年，表明西藏自治区对抗经济周期中的收缩能力很弱。

综合以上分析，西藏自治区 1979 年以来经济增长周期波动的基本特征是：周期波动态势与西部和全国的差异很大，波动的峰位很高、谷位很低、振幅很大，说明 1979 年以后的经济周期还具有古典周期的特征，波动大，落差大，经济增长的稳定性很弱。波动平均位势低，说明西藏自治区的经济增长速度比西部和全国平均水平都慢；波动的扩张期较短、收缩期很短，说明西藏自治区经济增长的持续扩张和抗衰退能力都很弱。

八、陕西省经济周期波动基本特征

改革开放以来陕西省的经济增长共经历了四个周期，正在进入第五个周期，陕西省经济周期与全国和西部的经济增长周期一样，但波动态势差异较大。其中，1980～1986 年是一个长度为 6 年的周期，1986～1989 年是一个长度为 3 年的周期，1989～1999 年是一个长度为 10 年的周期，2000 年进入一个新的周期上升阶段（见图 4－13）。表 4－17 列出了各年份的经济增长率和阶段划分以及与西部周期阶段的对比。通过与西部经济周期的对比，可以看出 1980 年以来陕西省经济增长周期波动的状态特征是：

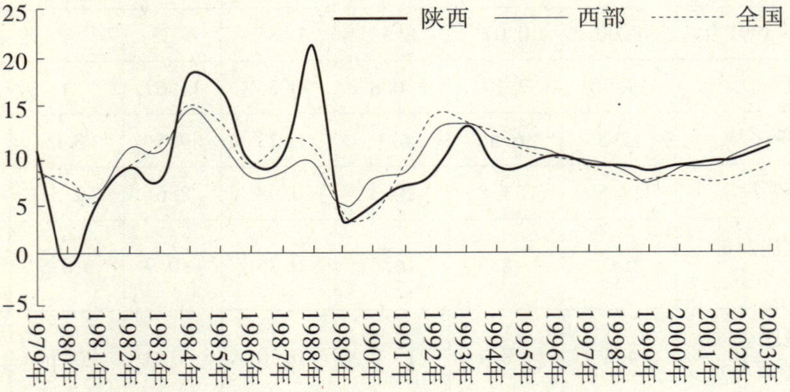

图 4－13　陕西省经济周期波动态势与西部、全国对比

第一，波动的峰位很高。陕西省 1980 年以来的三个经济增长周期波动的峰位（见表 4－18）平均为 17.6%，最高值达到 21.21%（1988 年），比西部经济周期的平均峰值高 5.1 个百分点，比全国经济周期的平均峰值高 3.9 个百分点，表明 1980 年以来陕西省在经济景气时期的经济增长率比西部地区和全国平均水平高。

第二，波动的谷位低。陕西省 1980 年以来的三个经济增长周期波动的谷位平均为 4.4%，最低值达到 －1.16%（1980 年），比西部经济周期的平均谷位低 2.2 个百分点，比全国经济周期的平均谷位低 2.3 个百分点，表明 1980 年以来陕西省在经济不景气时期的经济增长率低于西部地区和全国平均水平。

表 4－17 陕西省经济周期划分与西部经济周期划分对比

西部			陕西		
周期序号	年份	GDP 增%	周期序号	年份	GDP 增%
1	1979	8.58	1	1979	11.07
	1980	6.99		1980	－1.16
	1981	5.86	2	1981	4.74
2	1982	10.80		1982	9.06
	1983	10.15		1983	7.29
	1984	14.74		1984	18.30
	1985	12.15		1985	16.50
	1986	7.47		1986	9.14
3	1987	8.55	3	1987	9.43
	1988	9.41		1988	21.21
	1989	4.66		1989	3.27
4	1990	7.86	4	1990	5.04
	1991	8.14		1991	6.89
	1992	12.35		1992	8.20
	1993	13.35		1993	13.30
	1994	11.40		1994	8.50
	1995	10.77		1995	9.00
	1996	10.34		1996	10.20
	1997	9.61		1997	9.20
	1998	8.77		1998	9.10
	1999	7.26		1999	8.35
5	2000	8.49	5	2000	9.03
	2001	8.76		2001	9.10
	2002	9.98		2002	9.70

资料来源：《中国统计年鉴》、《中国西部统计年鉴》。

第三，波动的振幅大。陕西省 1980 年以来的三个经济增长周期的振幅平均为 13.2 个百分点，比西部经济周期的平均振幅高 7.1 个百分点，比全国经济周期的平均振幅高 6.1 个百分点。陕西省三个周期的波动系数平均为 0.45，比西部地区经济周期的平均波动系数高 0.22，比全国经济周期的平均波动系数高 0.17，表明 1980 年以来陕西省经济周期波动较大、落差也比较大。

表4－18 陕西省经济周期波动特征与西部经济周期波动特征对比

周期序号	峰位 %	谷位 %	振幅 百分点	波动系数	波位 %	扩张期 年	收缩期 年
西　部							
1981～1986年	14.74	7.47	7.26	0.22	11.06	3	2
1986～1989年	9.41	4.66	4.75	0.27	7.54	2	1
1989～1999年	13.45	7.26	6.19	0.19	10.00	4	6
陕　西							
1980～1986年	18.30	4.74	13.55	0.45	10.84	4	2
1986～1989年	21.21	3.27	17.93	0.66	11.30	2	1
1989～1999年	13.30	5.04	8.26	0.23	8.78	4	6
西部平均	12.5	6.5	6.1	0.23	9.5	3.0	3.0
陕西平均	17.6	4.4	13.2	0.45	10.3	3.3	3.0
陕西比西部升降（百分点）	5.1	－2.2	7.1	0.22	0.8	0.3	0.0
陕西比全国升降（百分点）	3.9	－2.3	6.1	0.17	－0.4	1.3	－1.0

注：根据表4－17测算。

第四，波动的波位高。陕西省1980年以来的三个经济增长周期的波位平均为10.3%，比西部经济周期的平均波位高0.8个百分点，比全国经济周期的平均波位高0.4个百分点，表明1980年以来陕西省的经济增长速度略高于西部和全国平均水平。

第五，波动的扩张期长。陕西省1980年以来的三个经济增长周期的扩张长度平均3.3年，比西部经济周期的平均扩张期长0.3年，比全国经济周期的平均扩张期长1.3年，表明1980年以来陕西省经济增长的持续扩张性比全国平均水平长。

第六，波动的收缩期短。陕西省1980年以来的三个经济增长周期的收缩长度平均为3.0年，与西部经济周期的平均收缩期一致，比全国经济周期的平均收缩期短 1.0 年，表明 1980 年以来陕西省对抗经济周期中的收缩能力比全国弱。

综合以上分析，陕西省 1980 年以来经济增长周期波动的基本特征是：周期波动态势与西部和全国的差异较大，波动的峰位很高、谷位较低、振幅很大，说明陕西省经济增长波动大，落差大，经济增长的稳定性弱；波动的平均位势低，说明陕西省经济增长比西部和全国平均水平慢；波动的扩张期长、收缩期短，说明陕西省经济增长有一定的持续扩张能力，但抗衰退能力弱。

九、甘肃省经济周期波动基本特征

改革开放以来甘肃省的经济增长共经历了三个周期，目前第三个周期还没有结束，与全国和西部的经济增长周期波动态势差异较大。其中，1979 ~ 1981 年是一个长度为 3 年的周期，1981 ~ 1991 年是一个长度为 10 年的周期，1991 年到现在是一个长度经历了 13 年的周期（见图 4 – 14）。表 4 – 19 列出了各年份的经济增长率和阶段划分以及与西部周期阶段的对比。通过与西部经济周期的对比，可以看出 1980 年以来甘肃省经济增长周期波动的状态特征是：

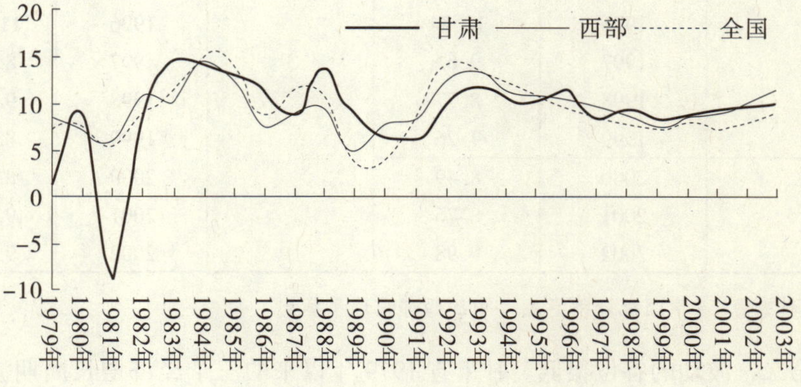

图 4 – 14　甘肃省经济周期波动态势与西部、全国对比

第一，波动的峰位低，甘肃省 1979 年以来的三个经济增长周期波动的峰位（见表 4 – 20）平均为 11.9%，最高值只有 14.83%（1983 年），比西部经济周期平均峰值低 0.6 个百分点，比全国经济周期平均峰值低 1.8 个百分点，表明 1979 年以来甘肃省在经济景气时期的经济增长率低于西部地区和全国平均水平。

表 4－19　甘肃省经济周期划分与西部经济周期划分对比

西部			甘肃		
周期序号	年份	GDP 增%	周期序号	年份	GDP 增%
1	1979	8.58		1979	1.27
	1980	6.99	1	1980	9.20
	1981	5.86		1981	－8.62
2	1982	10.80	2	1982	8.95
	1983	10.15		1983	14.83
	1984	14.74		1984	14.17
	1985	12.15		1985	13.29
	1986	7.47		1986	11.44
3	1987	8.55		1987	8.76
	1988	9.41		1988	13.92
	1989	4.66		1989	8.32
4	1990	7.86		1990	6.70
	1991	8.14		1991	5.90
	1992	12.35	3	1992	9.90
	1993	13.45		1993	11.60
	1994	11.40		1994	10.40
	1995	10.77		1995	9.90
	1996	10.34		1996	11.50
	1997	9.61		1997	8.50
	1998	8.77		1998	9.20
	1999	7.26		1999	8.35
5	2000	8.49		2000	8.71
	2001	8.76		2001	9.36
	2002	9.98		2002	9.40

资料来源：《中国统计年鉴》、《中国西部统计年鉴》。

第二，波动的谷位很低。甘肃省 1979 年以来的三个经济增长周期波动的谷位平均只有 1.9%，最低值低达－8.62%（1981 年），比西部经济周期平均谷位低 4.6 个百分点，比全国经济周期的平均谷位低 4.7 个百分点，表明 1979 年以来甘肃省在经济不景气时期的经济增长速度比西部地区和全国平均水平低得多。

表 4－20　甘肃省经济周期波动特征与西部经济周期波动特征对比

周期序号	峰位	谷位	振幅	波动系数	波位	扩张期	收缩期
	%	%	百分点		%	年	年
西　部							
1981～1986 年	14.74	7.47	7.26	0.22	11.06	3	2
1986～1989 年	9.41	4.66	4.75	0.27	7.54	2	1
1989～1999 年	13.45	7.26	6.19	0.19	10.00	4	6
甘　肃							
1979～1981 年	9.20	－8.62	17.82	11.82	0.29	1	1
1981～1991 年	14.83	5.90	8.93	0.31	10.63	2	8
1991～现在	11.60	8.35	3.25	0.11	9.71	2	9
西部平均	12.5	6.5	6.1	0.23	9.5	3.0	3.0
甘肃平均	11.9	1.9	10.0	4.08	6.9	1.7	6.0
甘肃比西部升降（百分点）	－0.6	－4.6	3.9	3.85	－2.6	－1.3	3.0
甘肃比全国升降（百分点）	－1.8	－4.7	2.9	3.80	－3.0	－0.3	2.0

注：根据表 4－19 测算。

第三，波动的振幅大。甘肃省 1979 年以来的三个经济增长周期的振幅平均为 10.0 个百分点，比西部经济周期的平均振幅高 3.9 个百分点，比全国经济周期的平均振幅高 2.9 个百分点。甘肃省三个周期的波动系数平均为 4.08，主要是 1979～1981 年这个周期的落差太大所致，由于 1981 年甘肃省经济负增长，并且是－8.62%，导致这个周期的波动系数高达 11.82，比西部经济周期的平均波动系数高 3.85，比全国经济周期的平均波动系数高 3.80，表明 1979 年以来甘肃省经济周期波动大、落差大。

第四，波动的波位低。甘肃省 1979 年以来的三个经济增长周期的波位平均为 6.9%，比西部经济周期的平均波位低 2.6 个百分点，比全国经济周期的平均波位低 3.0 个百分点，表明 1979 年以来甘肃省的经济增长速度低于西部地区平均水平和全国平均水平。

第五，波动的扩张期很短。甘肃省1979年以来的三个经济增长周期的扩张长度只有1.7年，比西部经济周期的平均扩张期短1.3年，比全国经济周期的平均扩张期短0.3年，表明1979年以来甘肃省经济增长的持续扩张性比西部地区平均水平和全国平均水平弱。

第六，波动的收缩期长。甘肃省1979年以来的三个经济增长周期的收缩长度平均为6.0年，比西部经济周期的平均收缩期长3.0年，比全国经济周期的平均收缩期长2.0年，表明甘肃省对抗经济周期中的收缩能力较强。

综合以上分析，甘肃省1979年以来经济增长周期波动的基本特征是：周期波动态势与西部和全国的差异较大，波动的峰位低、谷位很低、振幅很大，说明甘肃省经济增长的波动较大，落差较大，经济增长的稳定性较差；波动的平均位势低，说明甘肃省经济增长比西部和全国平均水平慢；波动的扩张期短、收缩期长，说明甘肃省经济增长整体上持续扩张能力弱，但抗衰退能力较强。

十、青海省经济周期波动基本特征

改革开放以来，青海省的经济增长也只经历了三个周期，到现在第三个周期还没有结束，青海省的经济周期波动与全国和西部的经济增长周期波动态势差异较大。其中，1979～1981年是一个长度为3年的周期，1981～1989年是一个长度为8年的周期，1989年到现在是一个经历了15年的周期（见图4－15）。表4－21列出了各年份的经济增长率和阶段划分以及与西部周期阶段的对比。通过与西部经济周期的对比，可以看出1979年以来青海省经济增长周期波动的状态特征是：

第一，波动的峰位高。青海省1979年以来的三个经济增长周期波动的峰位（见表4－22）平均为14.6%，最高值达到17.78%（1980年），比西部经济周期的平均峰值高2.1个百分点，比全国经济周期的平均峰值高0.9个百分点，表明1979年以来青海省在经济景气时期的经济增长率比西部地区和全国平均水平高。

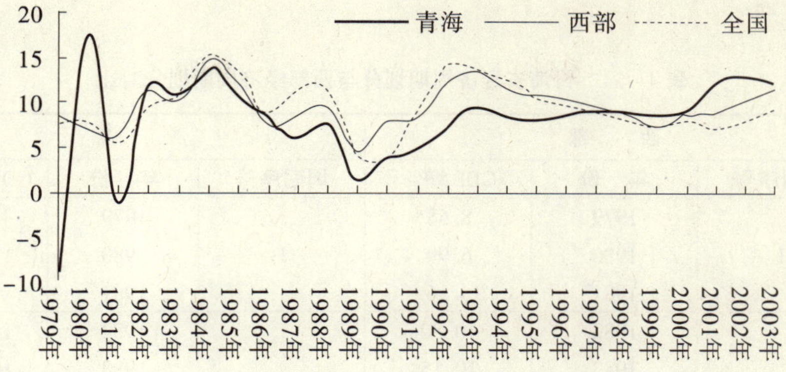

图 4－15　青海省经济周期波动态势与西部、全国对比

第二，波动的谷位很低。青海省 1979 年以来的三个经济增长周期波动的谷位平均只有 1.2%，最低值低达 －9.10%（1979 年），比西部经济周期的平均谷位低 5.3 个百分点，比全国经济周期的平均谷位低 5.4 个百分点，表明 1979 年以来青海省在经济不景气时期的经济增长速度比西部地区和全国平均水平低得多。

第三，波动的振幅很大。青海省 1979 年以来的三个经济增长周期的振幅平均为 13.4 个百分点，比西部经济周期的平均振幅高 7.3 个百分点，比全国经济周期的平均振幅高 6.3 个百分点。青海省三个同期的波动系数平均为 1.78，主要是 1979 ~ 1981 年这个周期波动太大，波动系数为 4.66，导致三个周期的平均波动系数扩大，比西部地区经济周期的平均波动系数高 1.55，比全国经济周期的平均波动系数高 1.50，表明 1979 年以来青海省经济周期波动很大、落差也很大。

第四，波动的波位低。青海省 1979 年以来的三个经济增长周期的波位平均为 8.4%，比西部经济周期的平均波位低 1.1 个百分点，比全国经济周期的平均波位低 1.5 个百分点，表明 1979 年以来青海省的经济增长速度远低于西部地区平均水平和全国平均水平。

第五，波动的扩张期长。青海省 1979 年以来的三个经济增长周期的扩张长度为 5 年，其中主要是 1989 年到现在的周期拉长了 1979 年以来的扩张期；比西部经济周期的平均扩张期长 2 年，比全国经济周期的平均扩张期长 3 年，表明 1979 年以来青海省经济增长的持续扩张性比西部地区平均水平和全国平均水平强。

表 4－21　青海省经济周期划分与西部经济周期划分对比

西部			青海		
周期序号	年份	GDP 增%	周期序号	年份	GDP 增%
	1979	8.58		1979	－9.10
1	1980	6.99	1	1980	17.78
	1981	5.86		1981	－1.40
	1982	10.80		1982	11.80
	1983	10.15		1983	10.60
2	1984	14.74		1984	13.60
	1985	12.15	2	1985	10.84
	1986	7.47		1986	8.10
	1987	8.55		1987	5.70
3	1988	9.41		1988	7.70
	1989	4.66		1989	1.20
	1990	7.86		1990	3.72
	1991	8.14		1991	4.69
	1992	12.35		1992	7.39
	1993	13.45		1993	9.61
4	1994	11.40		1994	8.20
	1995	10.77		1995	8.00
	1996	10.34	3	1996	8.60
	1997	9.61		1997	9.00
	1998	8.77		1998	9.00
	1999	7.26		1999	8.20
	2000	8.49		2000	9.00
5	2001	8.76		2001	12.00
	2002	9.98		2002	12.40

资料来源：《中国统计年鉴》、《中国西部统计年鉴》。

第六，波动的收缩期短。青海省 1979 年以来的三个经济增长周期的收缩长度平均只有 3 年，与西部经济周期的平均收缩期一致，比全国经济周期的平均收缩期短 1.0 年，表明 1979 年以来青海省对抗经济周期中的收缩能力较弱。

表 4-22 青海省经济周期波动特征与西部经济周期波动特征对比

周期序号	峰位	谷位	振幅	波动系数	波位	扩张期	收缩期
	%	%	百分点		%	年	年
西 部							
1981~1986 年	14.74	7.47	7.26	0.22	11.06	3	2
1986~1989 年	9.41	4.66	4.75	0.27	7.54	2	1
1989~1999 年	13.45	7.26	6.19	0.19	10.00	4	6
青 海							
1979~1981 年	17.78	-1.40	19.18	4.66	8.19	1	1
1981~1989 年	13.60	1.20	12.4	0.42	8.69	3	5
1989~现在	12.40	3.72	8.68	0.27	8.45	11	3
西部平均	12.5	6.5	6.1	0.23	9.5	3.0	3.0
青海平均	14.6	1.2	13.4	1.78	8.4	5.0	3.0
青海比西部升降（百分点）	2.1	-5.4	7.3	1.55	-1.1	2.0	0.0
青海比全国升降（百分点）	0.9	-5.4	6.3	1.50	-1.5	3.0	-1.0

注：根据表 4-21 测算。

综合以上分析，青海省 1979 年以来经济增长周期波动的基本特征是：周期波动态势与西部和全国的差异很大，波动的峰位高、谷位很低、振幅很大，说明青海省经济周期在 80 年代初期还具有古典周期的一些特征，经济增长波动的幅度大，落差大，经济增长的稳定性较差；波动的平均位势低，说明青海省的经济增长比西部和全国平均水平慢；波动的扩张期较长，收缩期很短，说明青海省经济增长整体上持续扩张能力较强，但抗衰退能力很弱。

十一、宁夏回族自治区经济周期波动基本特征

改革开放以来宁夏回族自治区的经济增长共经历了五个周期，第六个周期还没有结束，与全国和西部的经济增长周期波动态势差异很大。其中 1981~

1985 年是一个长度为 4 年的周期，1985 ~ 1990 年是一个长度为 5 年的周期，1990 ~ 1994 年是一个长度为 4 年的周期，1994 ~ 1997 年是一个长度为 5 年的周期，1997 年到现在是一个经历了 7 年的周期（见图 4 – 16）。表 4 – 23 列出了各年份的经济增长率和阶段划分以及与西部周期阶段的对比。通过与西部经济周期的对比，可以看出 1981 年以来宁夏回族自治区经济增长周期波动的状态特征是：

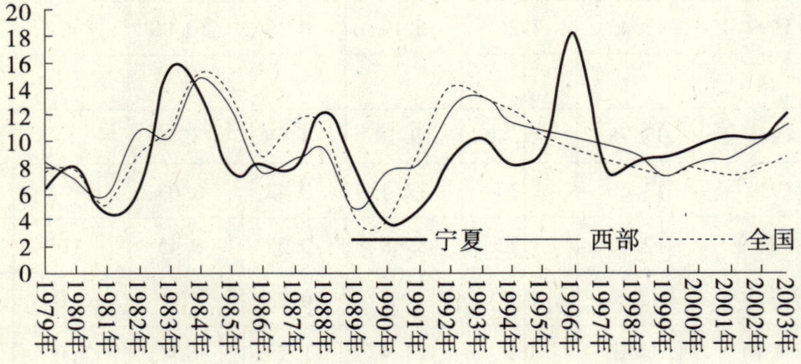

图 4 – 16　宁夏回族自治区经济周期波动态势与西部、全国对比

第一，波动的峰位比西部略高、比全国低。宁夏回族自治区 1981 年以来的五个经济增长周期波动的峰位（见表 4 – 24）平均为 13.2%，比西部经济周期的平均峰值高 0.7 个百分点，比全国经济周期的平均峰值低 0.5 个百分点，表明 1981 年以来宁夏回族自治区在经济景气时期的经济增长率比全国平均水平低。

第二，波动的谷位低。宁夏回族自治区 1981 年以来的五个经济增长周期波动的谷位平均为 6.2%，比西部经济周期的平均谷位低 0.3 个百分点，比全国经济周期的平均谷位低 0.4 个百分点，表明 1981 年以来宁夏回族自治区在经济不景气时期的经济增长率低于西部和全国平均水平。

第三，波动的振幅大。宁夏回族自治区 1981 年以来的五个经济增长周期的振幅平均为 7.1 个百分点，比西部经济周期的平均振幅大 1.0 个百分点，与全国平均水平基本一致，但前四个周期的平均波动系数为 0.34，比西部经济周期的平均波动系数高 0.11，比全国经济周期的平均波动系数高 0.06，表明 1981 年以来宁夏回族自治区经济周期波动幅度大，周期长度很短，波动过于频繁，周期规律特征不突出，说明宁夏回族自治区经济增长的稳定性极差。

表 4－23　宁夏回族自治区经济周期划分与西部经济周期划分对比

西部			宁夏		
周期序号	年份	GDP 增%	周期序号	年份	GDP 增%
1	1979	8.58	1	1979	6.59
	1980	6.99		1980	7.97
	1981	5.86		1981	4.32
2	1982	10.80	2	1982	6.29
	1983	10.15		1983	15.57
	1984	14.74		1984	13.58
	1985	12.15		1985	7.60
	1986	7.47	3	1986	8.07
3	1987	8.55		1987	8.01
	1988	9.41		1988	12.15
	1989	4.66		1989	7.64
4	1990	7.86		1990	3.73
	1991	8.14	4	1991	4.71
	1992	12.35		1992	8.59
	1993	13.45		1993	10.10
	1994	11.40		1994	8.20
	1995	10.77	5	1995	9.00
	1996	10.34		1996	18.10
	1997	9.61		1997	7.60
	1998	8.77	6	1998	8.50
	1999	7.26		1999	8.70
5	2000	8.49		2000	9.76
	2001	8.76		2001	10.10
	2002	9.98		2002	10.20

资料来源：《中国统计年鉴》、《中国西部统计年鉴》。

表 4－24　宁夏回族自治区经济周期波动特征与西部经济周期波动特征对比

周期序号	峰位 %	谷位 %	振幅 百分点	波动系数	波位 %	扩张期 年	收缩期 年
西　部							
1981～1986 年	14.74	7.47	7.26	0.22	11.06	3	2
1986～1989 年	9.41	4.66	4.75	0.27	7.54	2	1
1989～1999 年	13.45	7.26	6.19	0.19	10.00	4	6
宁　夏							
1981～1985 年	15.57	6.29	9.27	0.36	10.76	2	2
1985～1990 年	12.15	3.73	8.42	0.34	7.92	3	2
1990～1994 年	10.10	4.71	5.39	0.25	7.90	3	1
1994～1997 年	18.10	7.60	10.5	0.40	11.57	2	1
1997～现在	10.20	8.50	1.7		9.45	5	0
西部平均	12.5	6.5	6.1	0.23	9.5	3.0	3.0
宁夏平均	13.2	6.2	7.1	0.34	9.5	3.0	1.2
宁夏比西部升降（百分点）	0.7	－0.3	1.0	0.11	0.0	0.0	－1.8
宁夏比全国升降（百分点）	－0.5	－0.4	0.0	0.06	－0.4	1.0	－2.8

注：根据表 4－23 测算。

第四，波动的波位低。宁夏回族自治区 1981 年以来的五个经济增长周期的波位平均为 9.5%，与西部经济周期的平均波位一致，比全国经济周期的平均波位低 0.4 个百分点，表明 1981 年以来宁夏回族自治区的经济增长速度低于西部地区平均水平和全国平均水平。

第五，波动的扩张期长。宁夏回族自治区 1981 年以来的五个经济增长周期的扩张长度为 3 年，与西部经济周期的平均扩张期一致，比全国经济周期的平均扩张期长 1 年，表明 1981 年以来宁夏回族自治区经济增长有一定的持续扩张性。

第六，波动的收缩期很短。宁夏回族自治区1981年以来的五个经济增长周期的收缩长度平均只有1.2年，比西部经济周期的平均收缩期短1.8年，比全国经济周期的平均收缩期短2.8年，表明1981年以来宁夏回族自治区对抗经济周期中的衰退能力很弱。

综合以上分析，宁夏回族自治区1981年以来经济增长周期波动的基本特征是：周期波动态势与西部和全国的差异很大，波动的峰位低、谷位低、振幅大，说明宁夏回族自治区经济增长波动大，落差大，波动频繁；波动平均位势低，说明宁夏回族自治区的经济增长比西部和全国平均水平慢；波动的扩张期长，收缩期很短，说明宁夏回族自治区经济增长有一定的持续扩张能力，但抗衰退能力很弱。

十二、新疆维吾尔自治区经济周期波动基本特征

改革开放以来新疆维吾尔自治区的经济增长共经历了四个周期，正在进入第五个周期，波动态势与西部和全国的经济增长周期波动态势差异也较大。其中，1980~1989年是一个长度为9年的周期，1989~1996年是一个长度为7年的周期，1996~1999年是一个长度为3年的周期，2000年进入一个新的周期上升阶段（见图4-17）。表4-25列出了各年份的经济增长率和阶段划分以及与西部周期阶段的对比。通过与西部经济周期的对比，可以看出1980年以来新疆维吾尔自治区经济增长周期波动的状态特征是：

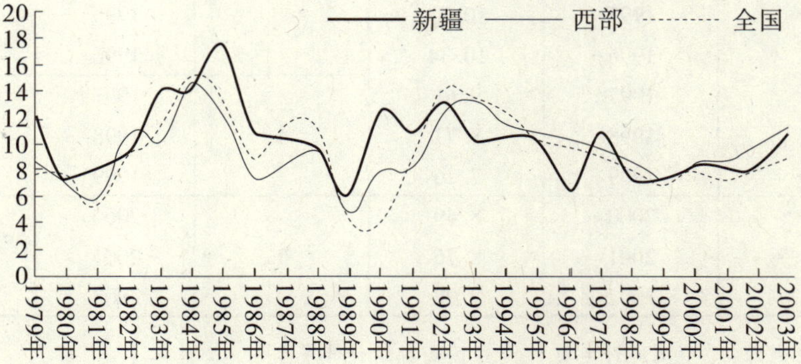

图4-17　新疆维吾尔自治区经济周期波动态势与西部、全国对比

第一，波动的峰位高。新疆维吾尔自治区1980年以来的三个经济增长周

期波动的峰位（见表 4－26）平均为 13. 8%，最高值达到 17. 37%（1985 年），比西部经济周期的平均峰值高 1. 3 个百分点，比全国经济周期的平均峰值高 0. 1 个百分点，表明 1980 年以来新疆维吾尔自治区在经济景气时期的经济增长率比西部地区和全国平均水平略高。

表 4－25　新疆维吾尔自治区经济周期划分与西部经济周期划分对比

西部			新疆		
周期序号	年份	GDP 增%	周期序号	年份	GDP 增%
1	1979	8. 58	1	1979	12. 26
	1980	6. 99		1980	7. 27
	1981	5. 86	2	1981	8. 25
2	1982	10. 80		1982	9. 57
	1983	10. 15		1983	13. 99
	1984	14. 74		1984	14. 12
	1985	12. 14		1985	17. 37
	1986	7. 47		1986	11. 01
3	1987	8. 55		1987	10. 48
	1988	9. 41		1988	9. 54
	1989	7. 47		1989	6. 13
4	1990	7. 86	3	1990	12. 31
	1991	8. 14		1991	10. 81
	1992	12. 35		1992	13. 10
	1993	13. 45		1993	10. 30
	1994	11. 40		1994	10. 30
	1995	10. 77		1995	10. 30
	1996	10. 34		1996	6. 40
	1997	9. 61	4	1997	11. 00
	1998	8. 77		1998	7. 30
	1999	7. 26		1999	7. 07
5	2000	8. 49	5	2000	8. 22
	2001	8. 76		2001	8. 10
	2002	9. 98		2002	8. 1

资料来源：《中国统计年鉴》、《中国西部统计年鉴》。

第二，波动的谷位与西部基本一致。新疆维吾尔自治区 1980 年以来的三个经济增长周期波动的谷位平均为 6. 5%，最低值也达到 6. 13%（1989 年），与西部经济周期的平均谷位一致，比全国经济周期的平均谷位低0.1个百分点，表明1980年以来新疆维吾尔自治区在经济景气时期的经济增长率基本与西部地区和全国平均水平一致。

表4－26　新疆维吾尔自治区经济周期波动特征与西部经济周期波动特征对比

周期序号	峰位	谷位	振幅	波动系数	波位	扩张期	收缩期
	%	%	百分点		%	年	年
西　部							
1981～1986年	14.74	7.47	7.26	0.22	11.06	3	2
1986～1989年	9.41	4.66	4.75	0.27	7.54	2	1
1989～1999年	13.45	7.26	6.19	0.19	10.00	4	6
新　疆							
1980～1989年	17.37	6.13	11.24	0.29	11.16	5	4
1989～1996年	13.10	6.40	6.70	0.19	10.50	3	4
1996～1999年	11.00	7.07	3.93	0.21	8.46	1	2
西部平均	12.5	6.5	6.1	0.23	9.5	3.0	3.0
新疆平均	13.8	6.5	7.3	0.23	10.0	3.0	3.3
新疆比西部升降（百分点）	1.3	0.0	1.2	0.00	0.5	0.0	0.3
新疆比全国升降（百分点）	0.1	－0.1	0.2	－0.05	0.1	1.0	－0.7

注：根据表4－25测算。

第三，波动的幅度大。新疆维吾尔自治区1980年以来的三个经济增长周期的振幅平均为7.3个百分点，比西部经济周期的平均振幅大1.2个百分点，比全国经济周期的平均振幅大0.2个百分点。三个周期的波动系数平均为0.23，与西部经济周期的平均波动系数一致，比全国经济周期的平均波动系数低0.05，表明1980年以来新疆维吾尔自治区的经济周期波动幅度比西部大。

第四，波动的波位高。新疆维吾尔自治区1980年以来的三个经济增长周期的波位平均为10.0%，比西部经济周期的平均波位高0.5个百分点，比全国经济周期的平均波位高 0.1 个百分点，表明 1980 年以来新疆维吾尔自治区的经济增长速度高于西部地区平均水平和全国平均水平。

第五，波动的扩张期长。新疆维吾尔自治区 1980 年以来的三个经济增长周期的扩张长度为 3 年，与西部经济周期的平均扩张期一致，比全国经济周期的平均扩张期长 1 年，表明 1980 年以来新疆维吾尔自治区经济增长的持续扩张性比全国平均水平长。

第六，波动的收缩期短。新疆维吾尔自治区 1980 年以来的三个经济增长周期的收缩长度平均为 3.3 年，比西部经济周期的平均收缩期长 0.3 年，比全国经济周期的平均收缩期短 0.7 年，表明新疆维吾尔自治区对抗经济周期中的收缩能力弱。

综合以上分析，新疆维吾尔自治区 1980 年以来经济增长周期波动的基本特征是：周期波动态势与西部和全国的差异较大，波动的峰位高、谷位不低、振幅大，基本与西部和全国一致，说明新疆 1980 年以来的经济增长波动幅度处于西部和全国的差异中间；波动的平均位势高，说明新疆维吾尔自治区经济增长比西部和全国平均水平相对较快；波动的扩张期长、收缩期短，说明新疆维吾尔自治区经济增长整体上有一定的持续扩张能力，但抗衰退能力弱。

十三、基本评价

西部六个省、五个自治区和一个直辖市改革开放以来的经济周期波动差异很大，体现了西部各省区之间各具特色的资源条件和建立在各自资源开发基础上的经济发展特征。同时，也存在着欠发达地区的经济周期波动的共性特点。总结起来主要有以下几点：

一是各省区经济增长波动的差异性很大，但这种差异在不断缩小。在 20 世纪 80 年代，各省区的经济周期波动振幅都相当大，真正可称为“大起大落”型，到 90 年代基本处于小幅波动型。从四个周期阶段来看，第一个周期内 12 个省（区、市）的经济增长率极差（最高省份与最低省份的离差），平均值为 24.3 个百分点，第二个周期缩小到 17 个百分点，第三个周期缩小到 12.4 个百分点，第四个周期继续缩小到 8.7 个百分点，进入第五个周期这三年进一步缩小到只有4.4个百分点。图4-18示意了改革开放以来西部12个省（自治区、直辖市）经济周期波动差异的区间，也是12个省（自治区、直辖市）的经济增长率分布区间，可以直观看出，西部各省区之间的经济周期波动差异呈逐步缩小的过程，其中，1997~2000年缩到最小程度。这说明随着中国市场经济体制的初步确立，西部地区市场化程度不断提高，各省区经济增长在向着较为稳定的同一趋势推进。

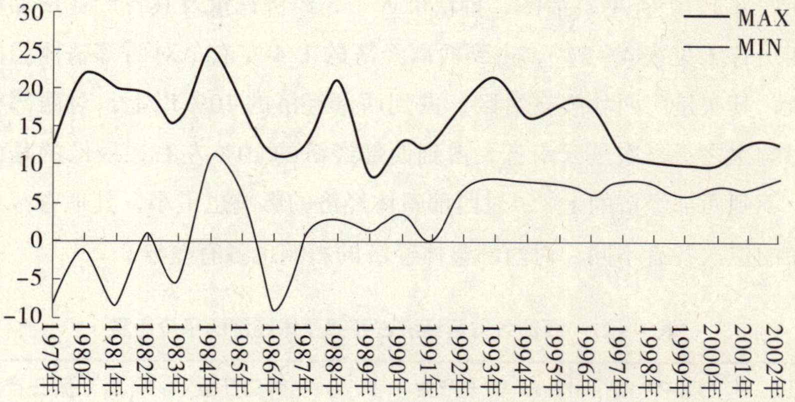

图4-18　西部各省区经济周期波动差异区间

二是各省区经济周期波动存在很大差异性的同时，体现出不同区域的相对同一性。虽然西部12个省（自治区、直辖市）市的经济周期波动差异很大，但相对来说，又存在着相邻区域的同一性。西南地区的四川、重庆、云南、贵州四省市的经济周期波动差异较小，基本呈一致态势，西北的陕西、宁夏、青海、甘肃、内蒙古五省区的经济周期波动差异较小，基本呈一致态势；广西、新疆、西藏三个自治区的经济周期波动与其他省区都有巨大差异，广西改革开放以来的经济周期波动与西部其他省差异很大，但与东部沿海地区的经济周期波动态势基本一致；西藏和新疆由于其特殊的资源条件和特殊的经济、社会结构特征，决定了它们完全不同于其他省区和西部整体的经济周期波动态势。

三是从西部各省（自治区、直辖市）的经济周期波动来看，各自的差异都比较大，在西部大开发中、在努力实现西部地区跨越式发展过程中，西部各地都要根据自身的特殊性、结合自身的特点来制定发展思路、发展对策，各自省区的成功经验很难在西部地区广泛推广。在资源条件具有相对同一性的西南、西北几个省区，经济周期波动差异相对较小，体现产业结构具有同一性的特征，在今后的跨越式发展进程中，这些地区应加强联合与合作。

第四节　西部各省区经济增长对西部整体经济增长的影响

在西部12个省（自治区、直辖市）中，经济总量及其各产业增加值最高的是四川省（见表4－27），占到西部经济的1/4左右，对西部整体经济的影响最大；其次是广西壮族自治区，占到西部经济的10%以上，对西部整体经济的影响次之；再次是云南省，占到西部经济的10%左右；最低的是西藏自治区，不到西部经济的1%，对西部整体经济的影响也最小，其他省区在西部地区中的位次各有不同，对西部整体经济的影响也各有差异。

表4－27　西部各省区经济占西部整体经济的平均比重

排序	GDP		第一产业		第二产业		第三产业	
	省份	比重	省份	比重	省份	比重	省份	比重
1	四川	24.34	四川	26.47	四川	23.40	四川	23.21
2	广西	12.03	广西	13.82	陕西	11.59	广西	12.89
3	云南	10.96	云南	11.03	云南	11.36	陕西	10.92
4	陕西	10.40	重庆	8.40	广西	10.01	云南	10.14
5	重庆	9.11	陕西	8.31	重庆	9.82	内蒙古	9.33
6	内蒙古	8.52	内蒙古	8.31	内蒙古	8.34	重庆	8.66
7	新疆	7.08	贵州	7.80	甘肃	8.02	新疆	7.17
8	甘肃	6.67	新疆	7.13	新疆	6.89	甘肃	6.85
9	贵州	6.66	甘肃	5.07	贵州	6.45	贵州	5.72
10	青海	1.77	宁夏	1.30	青海	1.90	青海	2.19
11	宁夏	1.69	青海	1.29	宁夏	1.83	宁夏	1.98
12	西藏	0.77	西藏	1.08	西藏	0.38	西藏	0.94

资料来源：根据《中国西部统计年鉴》、《中国统计年鉴》数据测算；1978～2002年。

一、西部各省区 GDP 增长对西部整体 GDP 增长的影响

改革开放以来，西部 12 个省（区、市）GDP 占西部地区 GDP 比重的平均值由高到低依次是：四川 24.34%、广西 12.03%、云南 10.96%、陕西 10.40%、重庆 9.11%、内蒙古 8.52%、新疆 7.08%、甘肃 6.67%、贵州 6.66%、青海 1.77%、宁夏 1.69%、西藏 0.77%。这个 25 年的平均比重排序体现了西部各省区对西部地区经济的影响程度，也基本反映了西部各省区对西部经济增长的影响程度。

将改革开放后西部地区经济增长率对内蒙古（NMG）、广西（GXG）、重庆（CQG）、四川（SCG）、贵州（GZG）、西藏（XZG）、陕西（SXG）、甘肃（GSG）、青海（QHG）、宁夏（NXC）、新疆（XJG）、云南（YNG）等西部 12 个省（自治区、直辖市）的经济增长率进行回归，得出：

样本：1979～2002 年

$$
\begin{aligned}
GDP = {} & 0.0688NMG + 0.1150GXG + 0.1004CQG + 0.2452SCG + 0.0661GZG \\
& (10.73) \quad (22.36) \quad (9.91) \quad (33.10) \quad (10.43) \\
& + 0.0089XZG + 0.1071SXG + 0.0753GSG + 0.0174QHG \\
& (5.15) \quad (22.37) \quad (13.13) \quad (4.64) \\
& + 0.0081NXG + 0.0685XJG + 0.1241YNG \qquad (9) \\
& (1.89) \quad (14.40) \quad (24.16)
\end{aligned}
$$

$R^2 = 0.999 \quad D.W. = 1.00 \quad F = 4088.71$

模型通过统计检验，表明西部各省自治区、直辖市 GDP 增长对西部地区 GDP 增长的影响在统计上是显著的。当西部地区 GDP 增长率变化 1 个百分点时，各省自治区、直辖市的增长贡献分别是：内蒙古 0.07、广西 0.12、重庆 0.10、四川 0.25、贵州 0.07、西藏 0.01、陕西 0.11、甘肃 0.08、青海 0.02、宁夏 0.01、新疆 0.07、云南 0.12 个百分点。

从式（9）的回归系数可以看出，改革开放以来，西部各省（自治区、直辖市）对西部经济增长的贡献率由高到低分别是：四川 24.52%、云南 12.41%、广西 11.50%、陕西 10.71%、重庆 10.04%、内蒙古 6.88%、新疆 6.85%、甘肃 7.53%、贵州 6.61%、青海 1.74%、西藏 0.89%、宁夏

0.81%，这些数据与前面各省（自治区、直辖市）GDP 分别占西部地区 GDP 的比重值基本一致。以上数据说明，四川省在西部地区经济增长中具有举足轻重的作用，同时，广西、云南、陕西、重庆、内蒙古等省（自治区、直辖市）对西部经济增长的影响也不小。由于四川省 GDP 所占的绝对比重，在 1988 年这个全国经济周期的峰值年份经济增长率只有 2.77%，影响较大的广西也只有 3.34%，再加上西藏（3.09%）、青海（7.7%）、贵州（8.09%）等省区在这个年份的增长率都不高，所以导致加权平均后的西部地区经济增氏在这个年份都不高。

二、西部各省区第一产业增长对西部地区第一产业增长的影响

改革开放以来，西部 12 个省（自治区、直辖市）第一产业增加值占西部地区第一产业增加值比重的平均值由高到低依次是：四川 26.47%、广西 13.82%、云南 11.03%、重庆 8.40%、陕西 8.31%、内蒙古 8.31%、贵州 7.80%、新疆 7.13%、甘肃 5.07%、宁夏 1.30%、青海 1.29%、西藏 1.08%。这个 25 年的平均比重排序体现了西部各省自治区、直辖市第一产业对西部地区第一产业的影响程度。

将改革开放后西部地区第一产业增长率对内蒙古（NMPI）、广西（GX-PI）、重庆（CQPI）、四川（SCPI）、贵州（GZPI）、西藏（XZPI）、陕西（SXPI）、甘肃（GSPI）、青海（QHPI）、宁夏（NXPI）、新疆（XJPI）、云南（YNPI）等西部 12 个省（自治区、直辖市）的第一产业增长率进行回归，得出：

样本：1979～2002 年

$$\begin{aligned} PI = {} & 0.0701NMPI + 0.1358GXPI + 0.0885CQPI + 0.292SCPI + 0.0606GZPI \\ & (14.41) \quad (20.98) \quad (5.04) \quad (16.24) \quad (6.50) \\ & + 0.0127XZPI + 0.0975SXPI + 0.0495GSPI + 0.0128QHPI \\ & (8.76) \quad (2.32) \quad (4.83) \quad (1.13) \\ & + 0.0130NXPI + 0.0761XJPI + 0.1195YNPI \qquad (10) \\ & (2.16) \quad (7.60) \quad (6.33) \end{aligned}$$

$R^2 = 0.998 \quad D.W. = 2.12 \quad F = 536.32$

模型通过统计检验，表明西部各省（自治区、直辖市）第一产业增长对

西部地区第一产业增长的影响在统计上是显著的。当西部地区第一产业增长率变化 1 个百分点时，各省自治区、直辖市的增长贡献分别是：内蒙古 0.07、广西 0.14、重庆 0.09、四川 0.29、贵州 0.06、西藏 0.01、陕西 0.10、甘肃 0.05、青海 0.01、宁夏 0.01、新疆 0.08、云南 0.12 个百分点。

从式（10）的回归系数可以看出，改革开放以来，西部各省（自治区、直辖市）对西部地区第一产业增长的贡献率由高到低分别是：四川 29.2%、广西 13.58%、云南 11.95%、陕西 9.75%、重庆 8.85%、新疆 7.61%、内蒙古 7.01%、贵州 6.06%、甘肃 4.95%、宁夏 1.30%、青海 1.28%、西藏 1.27%，这些数据与前面各省自治区、直辖市第一产业分别占西部地区第一产业的比重值基本一致。以上数据说明，四川省的第一产业在西部地区第一产业增长中具有举足轻重的作用，同时，广西、云南、陕西、重庆、新疆、内蒙古等省（自治区、直辖市）对西部地区第一产业增长的影响也不小。

三、西部各省区第二产业增长对西部地区第二产业增长的影响

改革开放以来，西部 12 个省（自治区、直辖市）第二产业增加值占西部地区第二产业增加值比重的平均值由高到低依次是：四川 23.40%、陕西 11.59%、云南 11.36%、广西 10.01%、重庆 9.82%、内蒙古 8.34%、甘肃 8.02%、新疆 6.89%、贵州 6.45%、青海 1.90%、宁夏 1.83%、西藏 0.38%。这个 25 年的平均比重排序体现了西部各省（自治区、直辖市）第二产业对西部地区第二产业的影响程度。

将改革开放后西部地区第二产业增长率对内蒙古（NMSI）、广西（GXSI）、重庆（CQSI）、四川（SCSI）、贵州（GZSI）、西藏（XZSI）、陕西（SXSI）、甘肃（GSSI）、青海（QHSI）、宁夏（NXSI）、新疆（XJSI）、云南（YNSI）等西部 12 个省（区、市）的第二产业增长率进行回归，得出：

样本：1979 ~ 2002 年

$$SI = 0.0693NMSI + 0.113GXSI + 0.0977CQSI + 0.2464SCSI + 0.0676GZSI$$

（5.85）（17.96）（8.38）（13.54）（7.04）

$$+ 0.0047XZSI + 0.1207SXSI + 0.1310GSSI + 0.0140QHSI$$

（10.81）（2.28）（10.24）（2.14）

$$+0.0105NXSI+0.0320XJSI+0.1176YNSI \quad (11)$$

$$(0.94) \quad (2.48) \quad (11.22)$$

$$R^2=0.999 \quad D.W.=1.54 \quad F=1860.75$$

模型通过统计检验，表明西部各省（自治区、直辖市）第二产业增长对西部地区第二产业增长的影响在统计上是显著的。当西部地区第二产业增长率变化1个百分点时，各省（自治区、宣辖市）的增长贡献分别是：内蒙古0.07、广西0.11、重庆0.10、四川0.25、贵州0.07、西藏0.00、陕西0.12、甘肃0.13、青海0.01、宁夏0.01、新疆0.03、云南0.12个百分点。

从式（11）的回归系数可以看出，改革开放以来，西部各省（区、市）对西部第二产业增长的贡献率由高到低分别是：四川24.64%、甘肃13.1%、陕西12.07%、云南11.76%、广西11.31%、重庆9.77%、内蒙古6.93%、贵州6.76%、新疆3.20%、青海1.40%、宁夏1.05%、西藏0.47%，这些数据与前面各省（自治区、直辖市）第二产业分别占西部地区第二产业的比重值基本一致，甘肃省的贡献比较靠前，对西部地区第二产业的影响大一些。以上数据仍然说明，四川省的第二产业在西部地区第二产业增长中具有举足轻重的作用，同时，甘肃、陕西、云南、广西、重庆等省（自治区、直辖市）对西部地区第二产业增长的影响也不小。

四、西部各省区第三产业增长对西部地区第三产业增长的影响

改革开放以来，西部12个省（自治区、直辖市）第三产业增加值占西部地区第三产业增加值比重的平均值由高到低依次是：四川23.21%、广西12.89%、陕西10.92%、云南10.14%、内蒙古9.33%、重庆8.66%、新疆7.17%、甘肃6.85%、贵州5.72%、青海2.19%、宁夏1.98%、西藏0.94%。这个25年的平均比重排序体现了西部各省（自治区、直辖市）第三产业对西部地区第三产业的影响程度。

将改革开放后西部地区第三产业增长率对内蒙古（NMTI）、广西（GX-TI）、重庆（CQTI）、四川（SCTI）、贵州（GZTI）、西藏（XZTI）、陕西（SXTI）、甘肃（GSTI）、青海（QHTI）、宁夏（NXTI）、新疆（XITI）、云南（YNTI）等西部12个省（自治区、直辖市）的第三产业增长率进行回归，

得出：

样本：1979~2002 年

$$TI = 0.098NMTI + 0.1228GXTI + 0.0775CQTI + 0.2069SCTI + 0.0659GZTI$$
$$(8.92) \quad (12.28) \quad (8.96) \quad (14.03) \quad (4.31)$$
$$+ 0.0133XZTI + 0.1209SXTI + 0.0927GSTI + 0.0366QHTI$$
$$(5.11) \quad (11.89) \quad (12.21) \quad (4.39)$$
$$+ 0.0119NXTI + 0.0971XJTI + 0.0631YNTI \qquad (12)$$
$$(0.55) \quad (6+10) \quad (3.77)$$
$$R^2 = 0.999 \quad D.W. = 1.05 \quad F = 1072.18$$

模型通过统计检验，表明西部各省（区、市）第三产业增长对西部地区第三产业增长的影响在统计上是显著的。当西部地区第三产业增长率变化 1 个百分点时，各省（自治区、直辖市）的增长贡献分别是：内蒙古 0.10、广西 0.12、重庆 0.08、四川 0.21、贵州 0.07、西藏 0.01、陕西 0.12、甘肃 0.09、青海 0.04、宁夏 0.01、新疆 0.10、云南 0.06 个百分点。

从式（12）的回归系数可以看出，改革开放以来，西部各省（自治区、直辖市）对西部地区第三产业增长的贡献率由高到低分别是：四川 20.69%、广西 12.28%、陕西 12.09%、内蒙古 9.76%、新疆 9.71%、甘肃 9.27%、重庆 7.75%、贵州 6.59%、云南 6.31%、青海 3.66%、西藏 1.33%、宁夏 1.19%，这些数据与前面各省第三产业增加值分别占西部第三产业增加值的比重值基本一致。以上数据仍然说明，四川省的第三产业在西部地区第三产业增长中具有举足轻重的作用，同时，陕西、广西、内蒙古、新疆等省（自治区、直辖市）对西部地区第三产业增长的影响也不小。

五、西部各省区工业增长对西部地区工业增长的影响

改革开放以来，西部 12 个省（自治区、直辖市）工业增加值占西部地区工业增加值比重的平均值由高到低依次是：四川 24.01%、广西 10.28%、陕西 11.47%、云南 11.49%、内蒙古 8.19%、重庆 10.12%、新疆 6.25%、甘肃 8.10%、贵州 6.49%、青海 1.65%、宁夏 1.76%、西藏 0.18%。这个 25 年的平均比重排序体现了西部各省（自治区、直辖市）工业对西部地区工业

的影响程度。

将改革开放后西部地区工业增长率对内蒙古（NMI）、广西（GXI）、重庆（CQI）、四川（SCI）、贵州（GZI）、西藏（XZI）、陕西（SXI）、甘肃（GSI）、青海（QHI）、宁夏（NXI）、新疆（XJI）、云南（YNI）等西部12个省（自治区、直辖市）的工业增长率进行回归，得出：

样本：1979～2002年

$$I = 0.0565NMI + 0.1102GXI + 0.1181CQI + 0.2326SCI + 0.0722GZI$$
$$(4.45) \quad (17.29) \quad (9.14) \quad (13.45) \quad (8.00)$$
$$+0.0067XZI + 0.1204SXI + 0.1080GSI + 0.0213QHI$$
$$(1.15) \quad (7.63) \quad (8.00) \quad (3.71)$$
$$+0.0164NXI + 0.0235XJI + 0.1190YNI \qquad (13)$$
$$(1.68) \quad (1.67) \quad (7.58)$$

$R^2 = 0.999 \quad D.W. = 1.46 \quad F = 1179.56$

模型通过统计检验，表明西部各省（自治区、直辖市）工业增长对西部地区工业增长的影响在统计上是显著的。当西部地区工业增长率变化1个百分点时，各省（区、市）的增长贡献分别是：内蒙古0.06、广西0.11、重庆0.12、四川0.23、贵州0.07、西藏0.01、陕西0.12、甘肃0.11、青海0.02、宁夏0.02、新疆0.02、云南0.12个百分点。

从式（13）的回归系数可以看出，改革开放以来，西部各省（区、市）对西部工业增长的贡献率由高到低分别是：四川23.26%、陕西12.04%、云南11.90%、重庆11.81%、广西11.02%、甘肃10.80%、贵州7.22%、内蒙古5.65%、新疆2.35%、青海2.13%、宁夏1.64%、西藏0.67%，这些数据与前面各省（自治区、直辖市）工业分别占西部地区工业比重值基本一致。以上数据仍然说明，四川省的工业在西部地区工业增长中具有举足轻重的作用，同时，陕西、云南、广西、甘肃、重庆等省（自治区、直辖市）对西部地区工业增长的影响也不小。

六、结论

西部12个省（区、市）虽然都属于中国欠发达地区，但相互之间也存在经济社会发展的较大差异，对西部整体经济周期波动的影响也不同。其中，四川省对西部经济周期波动影响最大，云南、广西、陕西、重庆是对西部经济周期波动影响较大的自治区、直辖市，其他省（区）的影响相对较小。其中：西部地区整体上第一产业增长波动受四川省的影响最大，广西、云南、陕西、重庆、新疆、内蒙古等省（自治区、直辖市）对西部第一产业增长波动的影响也较大，其他省（区）影响较小；第二产业增长波动也是受四川省影响最大，甘肃、陕西、云南、广西、重庆等省（自治区、直辖市）对西部第二产业增长波动的影响也比较大，其他省（区）影响较小；第三产业增长波动仍然是受四川省的影响最大，陕西、广西、内蒙古、新疆等省（自治区、直辖市）对西部第三产业增长波动的影响也比较大，其他省（区）影响较小。因此，在今后的西部开发中，要充分发挥四川、云南、广西、陕西、重庆等对西部整体经济影响较大省（自治区、直辖市）的带动作用，这些地区也要争取在重点领域、重点产业、重点区域有所突破。

第五章　总供给要素对西部经济周期的影响

第一节　研究路径

一、几个基本概念

从总供给角度看，国内生产总值（GDP）由第一产业、第二产业、第三产业构成。2002 年以前，中国实行 1985 年以来的国民经济行业划分标准，其中，第一产业又称为农业，有广义和狭义之分，广义的第一产业包括种植业、林业、牧业、副业和渔业，狭义的第一产业单指种植业，本文中的第一产业是指广义的农业。第二产业由工业和建筑安装业构成。工业包括：（1）对自然资源的开采业，如煤炭、石油等；（2）对农副产品的加工、再加工业，如粮油食品加工业、纺织制革业等；（3）对采掘品的加工、再加工业，如钢铁、化工、石油化工、机器制造、电力、自来水、煤气等；（4）对工业品的修理、翻新业。工业可按所有制不同分为国有工业、集体工业、个体工业、其他经济类型工业。按产品属性分为轻工业和重工业，轻工业是主要提供生活消费品和制作手工工具的工业，重工业是为国民经济各部门提供生产资料的工业。按行业分为采掘业、制造业、电力煤气及水生产供应业。第三产业则是指第一、二产业以外的其他各业，分为流通和服务两大部门，包括四个层次：第一层次是流通部门，其中有交通运输业、邮电通信业、商业、饮食业、物资供销和仓储业；第二层次是为生产和生活服务的部门，其中有金融、保险业、房地产业等；第三层次是为提高科学文化水平和国民素质服务的部门，包括教育、文化、科研、卫生等；第四层次是为社会公共需要服务的部门，其中有政府机关、社会团体、军队等。中国现行国民经济核算中，第三产业按行业划分包括：（1）农林牧渔服务业；（2）地质勘探和水利管理业；（3）交通运输、仓储及邮电通信业；（4）批发和零售贸易、餐饮业；（5）金融保险业；（6）房地产管理、房地产开发与经营、自有住户服务业；（7）社会服务业；（8）卫生、体育、社会福利业；（9）教育、文艺、广播电影电视业；（10）科学研究和综合技术服务业；（11）国家机关、党政机关和社会团体；（12）其他行业。

根据《国民经济行业分类》（GB/T4754－2002），从2003年起，实行新的三次产业划分标准（详见表5－1）：第一产业是指农、林、牧、渔业（含农、林、牧、渔服务业）；第二产业是指采矿业，制造业，电力、燃气及水的生产和供应业，建筑业；第三产业是指除第一、第二产业以外的其他行业，包括交通运输、仓储和邮政业，信息传输、计算机服务和软件业，批发和零售业，住宿和餐饮业，金融业，房地产业，租赁和商务服务业，科学研究、技术服务和地质勘查业，水利、环境和公共设施管理业，居民服务和其他服务业，教育，卫生、社会保障和社会福利业，文化、体育和娱乐业，公共管理和社会组织，国际组织。

表5－1　西部三次产业对经济增长的贡献度与全国的比较

年份	全国					西部地区				
	GDP	第一产业	第二产业	第三产业	误差	GDP	第一产业	第二产业	第三产业	误差
1979	7.6	1.7	3.9	1.9	0.1	8.6	1.8	3.5	2.3	0.9
1980	7.8	-0.5	6.4	1.3	0.6	7.0	2.5	3.3	3.0	-1.8
1981	5.2	2.1	0.9	2.2	-0.1	5.9	3.6	-0.4	2.2	0.4
1982	9.1	3.7	2.6	2.8	0.0	10.8	5.4	3.8	2.8	-1.2
1983	10.9	2.8	4.7	3.3	0.2	10.2	2.3	4.2	3.0	0.6
1984	15.2	4.3	6.5	4.3	0.1	14.7	4.0	5.7	4.6	0.4
1985	13.5	0.6	8.1	4.5	0.4	12.2	2.4	5.7	4.8	-0.7
1986	8.8	0.9	4.4	3.5	0.0	7.5	1.1	2.7	3.3	0.3
1987	11.6	1.3	6.0	4.2	0.1	8.6	1.5	3.8	3.9	-0.6
1988	11.3	0.7	6.4	3.9	0.4	9.4	1.3	5.7	3.6	-1.1

续 表

年份	全国					西部地区				
	GDP	第一产业	第二产业	第三产业	误差	GDP	第一产业	第二产业	第三产业	误差
1989	4.1	0.8	1.7	1.6	0.0	4.7	1.5	1.3	1.5	0.3
1990	3.8	1.8	1.4	0.7	-0.1	7.9	2.8	1.8	2.4	0.9
1991	9.2	0.6	5.8	2.8	0.0	8.1	1.9	3.6	3.3	-0.6
1992	14.2	1.1	8.9	4.1	0.0	12.3	1.6	6.3	4.9	-0.4
1993	13.5	1.0	8.7	3.7	0.1	13.5	1.2	7.3	4.5	0.4
1994	12.6	0.8	8.7	3.1	-0.1	11.4	1.2	6.9	3.8	-0.5
1995	10.5	1.0	6.7	2.7	0.2	10.8	1.7	5.3	3.4	0.4
1996	9.6	1.0	5.9	2.4	0.2	10.3	2.1	4.6	3.2	0.4
1997	8.8	0.7	5.2	2.7	0.1	9.6	1.5	4.7	3.4	0.1
1998	7.8	0.7	4.5	2.6	0.1	8.8	1.3	4.3	3.1	0.1
1999	7.1	0.5	4.0	2.5	0.1	7.3	0.7	3.2	3.3	0.0
2000	8.0	0.4	4.7	2.7	0.2	8.5	0.7	4.1	3.7	0.1
2001	7.3	0.5	4.4	2.5	0.0	8.8	0.7	4.2	4.0	0.0
2002	8.0	0.4	5.1	2.5	0.0	10.0	1.0	5.1	3.8	0.0

注：（1）西部地区的GDP、三次产业实际增长率采用以西部12省、区、市相应的GDP及三次产业绝对值为权数的加权平均法；（2）增长率采用以上年为100的实际增长指数计算。

资料来源：《中国统计年鉴》、《中国西部统计年鉴》等。

经济增长各要素的贡献度与贡献率是宏观经济分析中经常使用的概念。贡献度是某一指标的某一个构成要素报告期的增加值与这一指标基期值的比，它说明在该指标增长的几个百分点中各要素分别贡献了多少个百分点。某一要素贡献度与某一指标的增长率之比即为这一要素对该指标的贡献率，它说明在该指标的增长额中各要素增长额各自所占的百分比。

二、分析框架和路径

为了总体上分析影响经济增长周期的供给因素，纵横结合，展开分析，得出结论。“纵”是对西部地区改革开放以来整个时期、以每个周期的时期、以1990年为界的前后两个时期、以国民经济五年计划时期等各个时期内的对比分析，以及同全国平均水平的对比；“横”是从供给结构中的第一层次（即分三次产业）各产业的值地位、产业增长与GDP增长的相关性、影响程度、产业的贡献等方面进行分析（如图5－1），揭示西部地区供给要素对经济周期波动的影响。

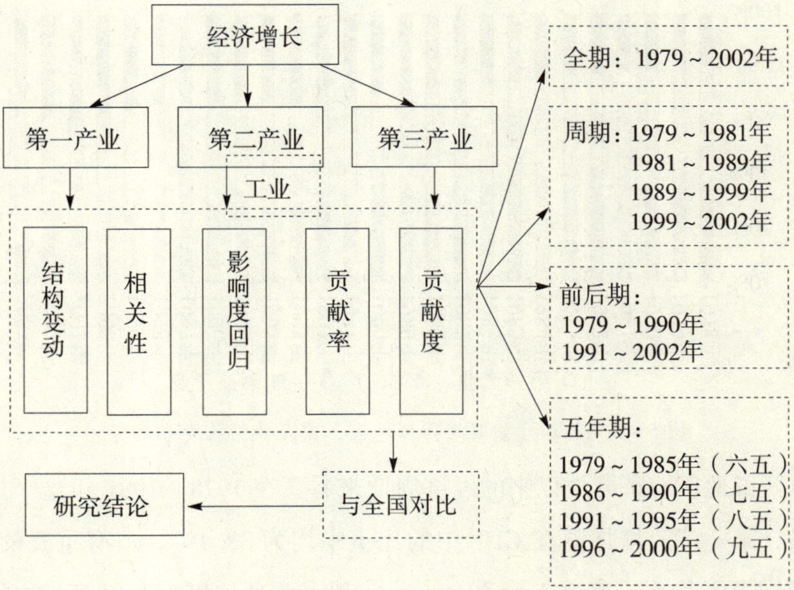

图5－1 第五章研究路径示意图

第二节 第一产业对经济周期波动的影响

一、第一产业在西部地区经济中的地位

改革开放以来，西部地区第一产业在西部经济中占有重要地位，第一产业增加值从1978年的267.83亿元发展到2002年的4016.82亿元，年平均增

长率为5.7%，比同期、同口径全国第一产业年平均增长率高1.1个百分点①，西部农业发展速度略高于全国平均水平。1978～2002年这25年，第一产业增加值占西部地区GDP的比重平均为31.8%，比同期全国第一产业占GDP的比重均值高7.5个百分点。1985年以前，西部地区第一产业增加值占生产总值的比重高达40%左右，最高的1982年达到41.13%，随着经济结构的不断调整，产业结构不断趋于合理，第一产业比重不断下降，到2002年，第一产业增加值占GDP的比重下降为20.03%，达到了改革开放25年来的最低比重（见图5－2）。但与2002年全国平均水平（14.5%）相比，还高5.5个百分点。

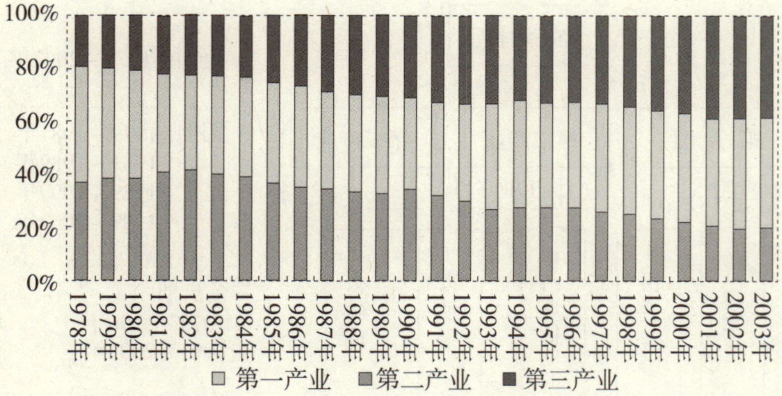

图5－2 改革开放以来西部地区三次产业结构变化态势

从西部地区改革开放以来的经济周期来看，在1978～1981年这个周期下降阶段，第一产业增加值在GDP中的比重平均为38.4%，占有重要的地位，比全国同期平均水平高8.1个百分点，体现了西部地区农业经济为主体的经济周期特征。在1981～1986年这个周期内，第一产业占GDP的比重平均为38.9%，仍然占有重要地位，比全国同期平均水平高8.0个百分点，体现了西部地区还是农业经济为主体的周期特征。在1986～1989年这个周期内，第一产业的比重下降到34.4%，比上一周期下降了4.5个百分点，比全国同期

① 本章的年平均增长率指该时期内各年实际增长率的算术平均值；西部地区各年三次产业及工业的实际增长率是采用西部12个省（自治区、直辖市）的三次产业及工业的实际增长率，以相应产业增加值为权重，进行加权平均得出。

高12.7个百分点。在1989～1999年这个周期内，第一产业占GDP的比重平均为28.7%，比上一周期的平均值下降了8.5个百分点，下降的幅度比较大，体现了产业结构调整对经济周期产生了较大的影响，虽然这个阶段第一产业在西部地区经济中的地位大幅下降，但比同期全国平均水平仍然高7.4个百分点，体现了西部地区农业经济成分比全国强。在1999～2002年这个西部地区新一轮周期的上升阶段，第一产业比重的平均值继续下降到了21.8%，比上一周期下降了6.9个百分点，体现了西部地区在这个阶段产业结构不断调整，第一产业比重不断下降的过程，但与全国平均水平相比，比同期全国平均水平高5.9个百分点，说明发展到现在，特别是西部大开发实施以来，西部地区产业结构调整取得较大成效，但第一产业在经济发展中的地位仍然比全国强。

以1990年为界，将这25年划分为两个时期，1978～1990年这个时期内，西部地区第一产业所占比重平均为37.1%，1991～2002年这个时期西部地区第一产业所占比重平均为26.0%，90年代比80年代下降了11.1个百分点，说明西部地区经济的农业经济特征在20世纪80年代比90年代明显，也体现了产业结构不断调整优化的结果。在1978～1990年这个时期内，西部地区第一产业所占比重平均值比同期全国平均水平高7.9个百分点，在1991～2002年这个时期内，西部地区第一产业所占比重平均值比同期全国平均水平高6.9个百分点，说明西部地区在改革开放25年来农业经济成分比全国平均水平高，农业经济发展水平对经济周期波动的影响程度大于全国平均水平。

按国民经济发展计划阶段进行比较，也可以看出西部地区第一产业比重的下降过程和西部地区经济中农业经济的更高地位。西部地区在“六五”期间，第一产业所占比重平均值为38.9%，具有主体地位，同期全国只有31%。在“七五”期间，西部地区第一产业所占比重平均值为34.8%，比上一个五年计划期间下降了4.1个百分点，全国是下降了4.3个百分点，说明西部地区产业结构调整所导致的第一产业比重下降幅度基本与全国一致。在“八五”期间，西部地区第一产业所占比重平均值为28.9%，比上一个五年计划又下降了5.9个百分点，同期全国下降了5.3个百分点，说明西部地区产业结构调整所导致的第一产业比重下降幅度也基本与全国一致。在“九五”期间，西部地区第一产业所占比重平均值为25.2%，比上一个五年计划期间值下降了3.7个百分点，同期全国下降了3.0个百分点，说明西部地区第一产业在产业结构继续优化调整中，下降幅度也基本与全国一致。在西部地区第一产业所占比重逐步下降的态势与全国基本一致的情况下，西部地区各个五年计划期间第一产业所占比重大大高于全国平均水平。“六五”期间西部地区第一产业所占比重比全国高7.9个百分点，“七五”期间比全国高8.1个百分点，“八五”期间比全国高7.5个百分点，“九五”期间比全国高6.8个百分点。通过各个五年计划期间西部地区与全国平均水平的比较可以看出，西部地区第一产业在国民经济发展中的地位远高于全国平均水平，第一产业发展的好与坏，第一产业增长的快与慢，对西部地区经济发展的作用强于全国平均水平，因此，加快西部地区农业经济发展步伐，对西部地区加快经济增长具有十分重要的意义。

与东中部地区相比，西部地区农业生产条件差，自然灾害频繁，农业劳动力受教育程度低，传统农业程度高，加工业不发达，现代农业发展缓慢。从这个层次上来说，西部地区第一产业比重虽然不断下降，增长速度略高于全国平均水平，但质量并没有得到相应的提高，农业发展水平仍远低于全国平均水平。

西部地区第一产业增加值占全国第一产业增加值的比重25年来基本保持在25%左右，这一比重高于西部地区的GDP、第二产业、第三产业占全国的比重，比GDP占全国的比重高6个百分点，比第二产业占全国的比重高9.1个百分点，比第三产业占全国的比重高6.1个百分点。因此，目前第一产业对西部地区经济发展还具有重要的影响的情况下，第一产业发展缓慢，直接影响着西部地区经济社会发展水平。

二、第一产业增长与GDP增长的相关性

虽然西部地区第一产业在GDP中所占的比重较大，但第一产业增长率与GDP增长的相关性总体上不强，1979～2002年两者的相关系数为0.2122，表现为弱相关。与全国相比，西部地区改革开放以来第一产业增长率与GDP增长率的相关性弱的特点与全国是一致的。1979～2002年全国这两者的相关系数是0.1972，也是弱相关，说明西部地区第一产业增长对经济增长波动的影响基本与全国平均水平呈一致状态。

在西部地区各经济增长周期，第一产业增长率与GDP增长率之间也呈现弱相关性，在1979～1981年这个周期的下降阶段，相关系数为－0.9565，为高度负相关性，同期全国第一产业增长率与GDP增长率之间的相关性为－0.6360，也是较强的负相关性，这个阶段是改革开放以来第一产业比重最高的，但两者却是负相关，说明对这个周期下降阶段的影响，第一产业的作用相对较小；在1981～1986年这个周期，西部地区第一产业增长率与GDP增长率的相关系数是0.2607，为弱相关性，全国同期第一产业增长率与GDP增长率的相关系数是0.1627，也是弱相关，说明在这个周期，无论是全国还是西部地区，对经济增长影响较大的是第二、第三产业，第一产业的影响相对较小；在1986～1989年这个周期内，西部地区第一产业增长与GDP增长的相关系数是－0.4352，呈负相关性，全国同期的相关系数是0.2891，也是弱相关，但差异在于全国是正相关，西部是负相关；在1989～1999年这个周期内，西部地区第一产业增长率与GDP增长率的相关系数是－0.0071，为弱的负相关性，全国同期第一产业增长率与GDP增长率的相关系数是－0.0342，也为弱的负相关性，说明这个周期内，无论是全国还是西部地区，第一产业对经济增长波动的影响相对于第二、第三产业更小；1999～2002年这个周期上升阶段，西部地区第一产业增长率与GDP增长率的相关系数是0.8092，为高度正相关，但同期全国第一产业增长率与GDP增长率的相关系数是－0.3452，为弱的负相关性，说明在这个周期的上升阶段，西部地区第一产业在增长率不高的情况下，对经济增长波动的影响加强，而全国却仍然是负相关，体现了西部地区农业经济特征还较为明显。通过以上各周期的分析，可以看出西部地区第一产业增长率对GDP增长周期波动的影响相对较弱，但进入1999年开始的这个新的周期后，第一产业对经济增长波动的影响变强。从图5－3可以看出，西部地区第一产业与GDP增长率之间的弱相关性，在1981年以前的这个周期，两者呈反方向运动，因此是高度负相关；在1981～1989年这个周期，从1983年开始，第一产业增长率与GDP增长率呈同方向运动，并且拐点基本在同一年，但偏离较大，所以为弱相关；在1989～1999年这个周期，两者又呈反方向运动，但没有严格地形成对立运动态势，所以为弱的负相关；1999～2002年由于时间很短，这三年两者呈现同方向运动，所以形成高度正相关状态，但这并不能就完全说明新的一轮周期第一产业增长与 GDP 增长高度相关，还有待于今后一段时期的数据验证。

以 1990 年为界，将改革开放以来的 25 年划分为两个阶段来考察两者的相关性，发现西部地区的两个阶段均为弱相关性，1979～1990 年两者的相关系数为 0.3503，1991～2002 年两者的相关系数为 0.2881。这与全国平均水平形成较大反差，全国在 1979～1990 年第一产业增长率与 GDP 增长率的相关系数是 0.1180，也是弱相关，但在 1991～2002 年两者的相关系数却是 0.7024，为正的强相关。说明西部地区整体上第一产业对经济增长的直接作用相对较小，第一产业作为支撑国民经济发展的基础作用发挥得不够。

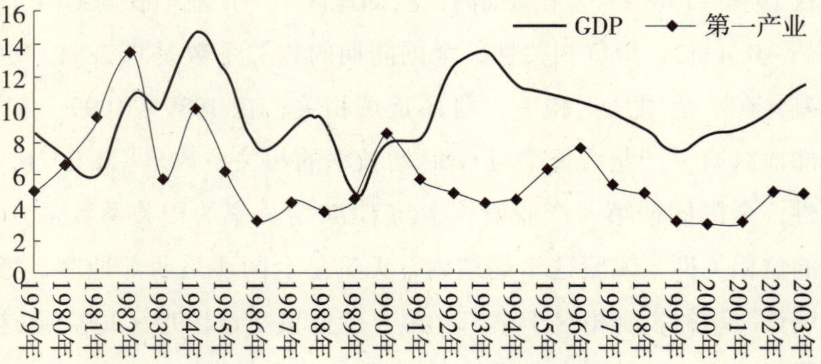

图 5－3　西部地区第一产业增长与 GDP 增长曲线对比

与国民经济计划相对应，按 5 年为一个计划时期来考察两者的相关性，发现西部地区除"九五"期间高度正相关外，其他五年计划期间都存在较大差异。"六五"期间西部地区第一产业增长率与 GDP 增长率的相关系数是 0.2103，为弱相关，全国同期两者的相关系数是 0.2802，也是弱相关性，说明在"六五"期间，虽然第一产业占 GDP 的比重较大，但第一产业增长对经济增长波动的影响力相对较弱；"七五"期间西部地区两者的相关系数是 －0.0385，为负的弱相关，全国同期两者的相关系数是 －0.4561，也是负的弱相关，说明"七五"期间虽然第一产业占 GDP 的比重还较高，但对经济增长波动的影响很小，也就是说，经济增长的变动不是随着第一产业增长率的变动而明显变动；"八五"期间两者的相关系数为 －0.6593，为负的强相关，但全国同期却是强的正相关，两者的相关系数是 0.6332，西部地区与全国正好相反，这是由于第二、第三产业的影响不同导致的；“九五”期间西部地区第一产业增长率与GDP增长率的相关系数是0.9071，为高度正相关，体现了“九五”期间市场有效需求不足特征显现后，由于第二、第三产业增长率下降，虽然第一产业随着结构调整，在GDP中的比重不断下降，但对经济增长波动的影响加大了，全国同期也是如此，两者的相关系数是0.8306，也是高度正相关。西部地区与全国在“八五”期间的差异，即全国“八五”期间第一产业增长率与GDP增长率的相关系数是0.6332，为正的强相关性，但西部地区在这一时期，还处于负的强相关，其原因是“八五”和“九五”期间是中国农业和农村开始出现增产不增收的矛盾后，开始实施农业经济结构调整，改造传统农业、发展现代农业的重要时期，这说明西部地区在农业和农村经济发展条件较差的情况下，第一产业内部各行业发展滞后了5年左右。

从以上分析可以看出，虽然西部地区第一产业比重大，但第一产业增长与GDP增长弱相关，说明西部地区“三农”问题严重，直接制约着西部地区经济的持续快速健康发展。

三、第一产业增长波动对经济增长的影响程度

将西部地区、中国的GDP增长率对第一产业增长率（*PI*）进行回归，发现它们之间不存在显著的线性关系，是由于第一产业作为国民经济的基础产业，在经济发展中具有基础性作用，但是，它已经不是决定经济增长速度的重要产业，第一产业的增长速度也很低，经济增长主要依靠第二、第三产业的拉动。

西部地区第一产业增长周期波动系数平均为0.36，比经济增长周期平均波动系数低0.15，从两者曲线图的对比可以看出，第一产业的波动集中在1983年以前，之后波动幅度很小；比全国第一产业增长周期平均波动系数低0.20，说明西部地区第一产业增长波动比全国弱。

将改革开放以来西部地区经济周期波动系数对第一产业增长周期波动系数进行回归，得出：

样本：改革开放后的2~4周期

$$GDP = 0.5700PI \qquad (1)$$

$$(0.04)$$

$R^2=0.88 \quad D.W.=1.89$

模型通过统计检验，表明西部地区第一产业增长波动对国民经济增长波动的影响在统计上是显著的。当第一产业增长波动 1 个百分点时，相应地引致 GDP 增长波动 0.57 个百分点。

与全国进行比较：

将改革开放以来全国经济周期波动系数对第一产业增长周期波动系数进行回归，发现第一产业增长波动与 GDP 增长波动之间不存在显著的线性关系。通过比较可以看出，第一产业增长波动对国民经济增长波动的影响程度西部地区要大于全国平均水平，说明西部地区农业经济还具有较强的地位。

四、第一产业对经济增长的贡献率分析

贡献率是从相对量考察贡献程度。1979 年以来，西部地区第一产业对经济增长的贡献率 24 年平均为 21.3%，这一贡献率高于全国（14.2%）6.9 个百分点，总体趋势也与全国一样呈不断下降的趋势，但变动较大。

在西部各经济周期阶段，第一产业对经济增长贡献的变化也较大，在 1979～1981 年这个周期下降阶段，第一产业对经济增长的平均贡献率为 39.6%，占主体地位，全国这一时期只有 19.0%，西部地区比全国平均水平高近 20 个百分点，说明在改革开放初期，西部地区的经济增长主要依靠第一产业的发展；在 1981～1986 年这个周期内，第一产业对经济增长的平均贡献率为 32.8%，虽然有较大幅度下降，但也具有重要地位，同期全国为 24.8%，西部比全国平均水平高 8.0 个百分点，说明这一周期阶段，西部经济发展对第一产业的依赖性比较大；在 1986～1989 年这个周期内，第一产业对西部经济增长的平均贡献率是 19.6%，比上一周期下降了 13.2 个百分点，全国同期是 11.7%，也比上一阶段下降了 12.1 个百分点；在 1989～1999 年这个周期内，西部第一产业对经济增长的平均贡献率为 18.2%，比上一周期下降了 10.7 个百分点，这一时期全国也下降为 12.8%，西部比全国高 5.4 个百分点，在这一周期阶段，西部地区经济发展更多依靠第二、第三产业的增长，对第一产业增长的依赖性大大减弱，但与全国相比，西部地区第一产业在经济发展中仍然具有比全国大的贡献；在 1999～2002 年这个新一轮周期的

上升阶段，西部第一产业对经济增长的贡献率进一步下降为9.0%，说明西部地区已经摆脱了农业为主的经济增长状态，全国同期也下降到6.1%，西部地区比全国平均水平高2.9个百分点，因此，发展到现在，西部地区农业经济在整体经济发展中的地位和作用，仍然高于全国平均水平（改革开放以来各年第一产业对经济增长的贡献率详见表5－2）。

表5－2 西部三次产业对经济增长的贡献率与全国的比较

年份	全国				西部地区			
	第一产业	第二产业	第三产业	误差	第一产业	第二产业	第三产业	误差
1979	22.6	52.0	24.4	1.1	21.5	40.6	27.1	10.8
1980	－6.0	82.6	16.2	7.2	35.2	46.6	43.4	－25.2
1981	40.5	17.7	42.8	－1.0	62.1	－6.1	37.9	6.1
1982	40.2	28.5	31.2	0.1	50.2	35.1	26.1	－11.4
1983	25.3	42.9	30.3	1.4	22.7	41.8	29.7	5.8
1984	28.0	42.5	28.6	0.9	27.2	38.9	31.1	2.8
1985	4.3	59.7	33.5	2.6	19.6	47.1	39.3	－5.9
1986	10.6	50.0	39.2	0.2	14.8	36.1	44.7	4.5
1987	11.0	52.0	35.8	1.2	17.7	44.3	45.5	－7.5
1988	5.9	56.3	34.2	3.5	13.3	60.1	37.8	－11.2
1989	19.4	40.9	39.8	－0.1	32.6	28.9	32.1	6.4
1990	48.0	36.2	19.3	－3.6	35.4	22.7	30.4	11.5
1991	7.1	62.9	30.0	0.1	23.5	44.0	40.2	－7.6
1992	8.1	62.9	29.2	－0.2	12.7	51.0	39.7	－3.4
1993	7.6	64.7	27.2	0.5	9.2	54.4	33.6	2.8
1994	6.3	69.3	24.9	－0.5	10.5	60.2	33.3	－4.0
1995	9.6	63.3	25.5	1.5	15.9	49.1	31.7	3.3
1996	10.9	61.5	25.3	2.3	20.3	44.6	30.9	4.2

续 表

年份	全国				西部地区			
	第一产业	第二产业	第三产业	误差	第一产业	第二产业	第三产业	误差
1997	8.1	59.1	31.1	1.7	15.2	48.6	35.1	1.0
1998	8.6	57.0	32.9	1.5	14.4	49.1	34.9	1.5
1999	7.3	56.2	34.8	1.8	10.3	44.3	44.9	0.5
2000	5.3	58.6	33.7	2.3	8.2	48.0	43.1	0.7
2001	6.3	59.9	33.9	0.0	7.5	47.6	45.2	-0.3
2002	5.5	63.3	30.7	0.5	10.1	51.5	38.6	-0.1

注：数据测算方法和来源同表5-1。

以1990年为界，将这24年划分为两个大的时期，1979~1990年西部地区第一产业对经济增长的平均贡献率为29.4%，说明西部地区在20世纪80年代，经济发展对第一产业的依赖还占1/3左右，农业经济为主的经济增长特征还没有改变；同期全国第一产业对经济增长的平均贡献率为20.8%，占1/5，农业经济为主的经济增长特征比西部地区弱。到了90年代，1991~2002年西部第一产业对经济增长的贡献率下降到了平均为13.2%，地位大大减弱，同期全国平均为7.6%，西部地区比全国高6.6个百分点。

与国民经济计划相对应，按5年为一个计划时期来考察，也可以看出第一产业对经济增长的贡献在不断减弱。“六五”时期西部第一产业对经济增长的平均贡献率为34.1%，农业经济对整体经济增长的贡献还比较强，这一时期全国为22.1%，比西部地区低12.0个百分点；“七五”时期西部第一产业对经济增长的平均贡献率为22.8%，比上一个五年计划期间下降了11.3个百分点，下降的幅度比较大，说明第一产业对经济增长的地位在下降，第二、第三产业的地位在不断增强，这一时期全国为19.0%，比西部地区低3.8个百分点，与上一个五年计划期间相比，下降了3.1个百分点，西部地区的下降幅度比全国大得多；“八五”时期西部第一产业对经济增长的平均贡献率为14.4%，又比上一个五年计划期间下降了8.4个百分点，同期全国却下降到了平均只有7.7%，下降幅度达到11.3个百分点，西部地区的下降幅度低于全国平均水平；“九五”时期西部第一产业对经济增长的平均贡献率为13.7%，比“八五”期间略有下降，下降了0.7个百分点，同期全国平均为8.0%，比“八五”期间上升0.3个百分点，说明全国经济随着产业结构的不断调整和优化，农业经济发展从数量型向质量效益型的转变已经逐步显现，但西部地区还相对滞后。

五、第一产业对经济增长的贡献度分析

贡献度是从绝对量考察贡献程度。从贡献度看，西部地区第一产业对经济增长的贡献度并没有与经济增长一致的波动（见图5-4），而是总体上呈下降趋势，这一趋势与全国平均水平基本一致。1979～2002年西部地区经济增长率的算术平均值为9.5%，第一产业的平均贡献度为1.9个百分点，全国在9.4%的平均经济增长率中，第一产业的平均贡献度为1.2个百分点，西部地区第一产业的贡献度比全国平均水平高0.7个百分点，说明西部地区经济发展对农业经济的依赖性还比较强。

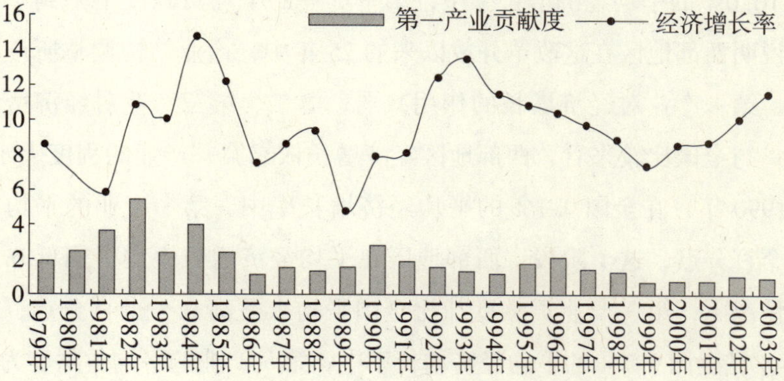

图5-4 西部地区第一产业对经济增长的贡献度

从西部经济周期看，在1979～1981年这个周期下降阶段，在7.2%的平均经济增长率中，第一产业对经济增长的平均贡献度为2.6个百分点，具有很重要的地位，同期全国在6.9%的平均经济增长率中，第一产业对经济增长的平均贡献度只有1.1个百分点，西部地区比全国平均水平高1.5个百分点；在1981～1986年这个周期内，在10.2%的平均经济增长率中，第一产对经济增长的平均贡献度为3.1个百分点，同期全国在10.5%的平均经济增长率中，

第一产业对经济增长的贡献度是2.4个百分点，西部地区比全国高0.7个百分点，可以看出，在这个周期阶段，西部地区第一产业对经济增长的作用还比较大；在1986~1989年这个周期内，在7.6%的平均经济增长率中，第一产业的贡献度是1.4个百分点，地位下降，同期全国9%的平均经济增长率中，第一产业的贡献度只有0.9个百分点，地位更低；在1989~1999年这个周期内，平均经济增长率上升到9.5%，第一产业对经济增长的贡献度平均为1.6个百分点，同期全国在9.2%的平均经济增长率中，第一产业的贡献度只有0.9个百分点，西部地区仍然比全国高0.7个百分点；在1999~2002年这个新一轮周期的上升阶段，在西部地区8.7%的平均经济增长率中，第一产业对经济增长的贡献度只有0.8个百分点，说明西部地区经济增长对第一产业的依赖性减弱。

还是将这24年以1990年为界来分析20世纪80年代和90年代西部地区第一产业对经济增长的贡献，1979~1990年，在西部地区9.0%的平均经济增长率中，第一产业的平均贡献度为2.5个百分点，而1991~2002年，在西部地区10.0%的平均经济增长率中，第一产业的平均贡献度下降到1.3个百分点。说明西部地区在这改革开放以来的25年中，产业结构调整所产生的明显结果，第一产业对经济增长的作用减弱，第二、第三产业对经济增长的作用增强。与全国比较来看，西部地区经济增长依靠第一产业的程度大于全国，1979~1990年，在全国9.1%的平均经济增长率中，第一产业的平均贡献度为1.7个百分点，这个阶段，西部地区在平均经济增长率比全国低0.1个百分点的情况下，第一产业贡献度却比全国平均水平高0.8个百分点；1991~2002年，在全国9.7%的平均经济增长率中，第一产业的平均贡献度为0.7个百分点，在这个阶段，西部地区在平均经济增长率比全国高0.3个百分点的同时，第一产业贡献度比全国平均水平高0.6个百分点，说明西部地区经济增长对第一产业的依赖性比全国强（改革开放以来各年第一产业对经济增长的贡献度详见表5-1）。

以国民经济计划时期划分来看，“六五”期间，西部地区在9.9%的平均经济增长率中，第一产业的平均贡献度为3.1个百分点，具有重要的地位；全国在“六五”期间也是9.9%的平均经济增长率，但第一产业的贡献度只有2.1个百分点，西部比全国平均水平高1.0个百分点，说明西部地区经济增长在“六五”时期第一产业具有很重要的地位。“七五”期间，西部地区在7.6%的平均经济增长率中，第一产业的平均贡献度为1.6个百分点，地位有所下降；全国在“七五”期间7.9%的平均经济增长率中，第一产业平均贡献度为1.1个百分点，这个五年期间，西部在平均经济增长率比全国平均水平低0.3的情况下，第一产业贡献度比全国平均水平高0.5个百分点，说明西部地区在“七五”期间，第一产业在经济曾长中的地位比全国强。“八五”期间，西部地区在11.2%的平均经济增长率中，第一产业的平均贡献度为1.5个百分点，经济增长率平均每年上升了3.6个百分点的情况下，第一产业贡献度每年只上升0.4个百分点，说明西部地区到了“八五”时期，第一产业对经济增长的地位大大减弱；全国在“八五”期间12.0%的平均经济增长率中，第一产业的平均贡献度只有0.9个百分点，平均经济增长率在每年比西部地区高0.8个百分点的情况下，第一产业的贡献度比西部地区平均每年低0.6个百分点，说明在“八五”时期虽然西部地区第一产业在经济增长中的贡献减弱，第一产业对经济增长波动的影响仍然比全国大。“九五”期间，西部地区在8.9%的平均经济增长率中，第一产业的平均贡献度为1.3个百分点，经济增长率每年平均比“八五”时期下降2.3个百分点的情况下，第一产业的平均贡献度每年只下降0.2个百分点，说明西部地区在“九五”期间，第一产业对经济增长的作用还比较大；全国在“九五”期间8.3%平均经济增长率中，第一产业的平均贡献度为0.7个百分点，增长率平均每年比西部地区低0.6个百分点的同时，第一产业贡献度也平均每年比西部地区低0.6个百分点，说明“九五”期间第一产业对经济增长波动的影响西部地区仍然比全国大。

六、研究结论

第一，改革开放以来，西部地区第一产业在GDP中的比重不断下降，对经济增长的贡献也在不断下降，对经济周期波动的影响也呈由强到弱的趋势，与全国的变化趋势基本一致，这是中国产业结构调整政策在西部地区实施的结果。

第二，在上述总体趋势下，西部地区第一产业在GDP中的比重、对经济增长的贡献都比全国平均水平大，第一产业对经济周期波动的影响西部比全国强，体现了西部地区农业发展落后的格局。

第三，在20世纪80年代，第一产业无论是在GDP中的比重，还是对经济增长的贡献，都比90年代大，这种状态也与全国基本一致，因此，80年代的经济周期更多地含有农业经济增长特征，这种特征西部地区比全国更明显，90年代的经济周期更多地含有第二、第三产业增长特征，这种特征西部地区比全国弱。

第四，西部地区第一产业对经济增长波动的影响减弱，并不能说明第一产业对西部地区经济的重要性减弱，第一产业作为基础性产业的地位在西部地区更强，更需要加快西部地区现代农业发展的发展步伐，从质量上提高第一产业对经济增长的贡献。

第三节　第二产业对经济周期波动的影响

一、第二产业在西部地区经济中的地位

改革开放以来，西部12个省（自治区、直辖市）汇总的第一产业在西部地区经济中也占有重要地位，第二产业增加值从1978年的310.49亿元发展到2002年的8290.22亿元，年平均增长率为10.8%，比同期、同口径全国第二产业年平均增长率低0.4个百分点，西部第二产业发展速度略低于全国平均水平。1978~2002年这25年，第二产业增加值占西部地区GDP的比重平均为39.1%，比同期全国第二产业占GDP的比重平均值低7.5个百分点，正好与第一产业占GDP的比重比全国高7.5个百分点形成对应，相应的，第三产业占GDP的比重就与全国平均水平一致，说明西部地区与全国的发展差异在第一、第二产业上，西部地区第二产业发展慢，比重小，特别是工业发展滞后，工业化进程缓慢严重制约着西部地区经济社会的发展步伐。西部地区这25年第二产业占GDP的比重变化不大，基本保持在40%上下（见图5-2）。因此，说明西部地区的产业结构调整效果重点体现在第一产业的下降和第三产业的上升上，对第二产业发展的影响较小。

从西部地区改革开放以来的经济周期来看，在1978~1981年这个周期下

降阶段，第二产业增加值在 GDP 中的比重平均为 41.2%，占有重要的地位，但比全国同期平均水平低 6.4 个百分点，体现了这个阶段西部地区工业经济不发达、农业经济为主体的经济周期特征。在 1981～1986 年这个西部经济周期内，第二产业占 GDP 的比重平均为 37.7%，仍然占有重要地位，但比全国同期平均水平低 7.7 个百分点，体现了西部地区还是农业经济为主体的周期特征。在 1986～1989 年这个周期内，第二产业比重比上一周期略有下降，为 37.1%，同期全国第二产业的比重是 43.8%，西部地区比全国低 6.7 个百分点。在 1989～1999 年这个周期内，第二产业占 GDP 的比重平均为 38.8%，比上一周期的平均值只上升了 1.7 个百分点，上升幅度不大，而同期全国上升了 4.4 个百分点，说明西部地区产业结构调整对经济周期波动的影响基本不是通过工业经济发展产生的，体现了西部地区农业经济成分比全国强。在 1999～2002 年这个西部地区新一轮周期的上升阶段，第二产业比重的平均值为 41.1%，比上一周期略为上升了 2.3 个百分点，同期全国平均水平上升了 4 个百分点，达到 50.6%，西部地区第二产业的比重比全国低 9.5 个百分点，差异很大。说明发展到现在，西部地区产业结构调整取得的成效主要是第一产业比重的下降和第三产业比重的上升，工业经济没有得到足够的发展，因此西部大开发应该重点加快西部地区的工业化进程，切实提高工业经济增长速度和增长质量，提高第二产业在 GDP 中的地位。

以 1990 年为界，将这 25 年划分为两个时期，1978～1990 年这个时期内，西部地区第二产业所占比重平均为 38.3%，1991～2002 年这个时期西部地区第二产业所占比重平均为 39.9%，90 年代只比 80 年代提高 1.6 个百分点，说明西部地区的工业经济在国民经济中的地位没有得到实质性的提高。1978～1990 年这个时期内，西部地区第二产业所占比重平均值比同期全国平均水平低 6.6 个百分点，1991～2002 年这个时期内，西部地区第二产业所占比重平均值比同期全国平均水平低 8.6 个百分点，说明西部地区在改革开放 25 年来工业经济成分比全国平均水平低，农业经济成分比全国平均水平高，工业经济发展水平对经济周期波动的影响程度小于全国平均水平，同时，农业经济发展水平对经济周期波动的影响程度大于全国平均水平。

按国民经济五年计划阶段进行比较，也可以看出西部地区第二产业比重的变化不大的特点。西部地区在“六五”期间，第二产业所占比重平均值为39.3%，虽具有重要地位，但同期全国是45.8%，西部地区比全国平均水平低6.5个百分点。在“七五”期间，西部地区第二产业所占比重平均值为36.8%，比上一个五年计划期间下降了2.5个百分点，全国也是下降了2.5个百分点，说明西部地区产业结构调整所导致的第二产业比重下降幅度基本与全国一致。在“八五”期间，西部地区第二产业所占比重平均值为38.6%，比上一个五年计划期间平均值上升了1.8个百分点，同期全国上升了2.7个百分点，说明西部地区产业结构调整所导致的第二产业比重上升幅度也基本与全国一致。在“九五”期间，西部地区第二产业所占比重平均值为40.7%，比上一个五年计划期间平均值只上升了2.1个百分点，同期全国却上升了3.7个百分点，说明西部地区第二产业在这个五年计划期间产业结构的继续优化调整中，第二产业的调整优化慢于全国。由于西部地区第二产业所占比重上升幅度不大，西部地区各个五年计划期间第二产业所占比重远低于全国平均水平。“六五”期间西部地区第二产业所占比重比全国低6.5个百分点，“七五”期间比全国低6.5个百分点，“八五”期间比全国低7.4个百分点，“九五”期间比全国低9个百分点。通过各个五年计划期间西部地区与全国平均水平的比较可以看出，西部地区第二产业在国民经济发展中的地位远低于全国平均水平，以工业为主的第二产业发展缓慢，是制约西部地区经济发展的重要因素，因此，加快西部地区工业经济发展步伐，对西部地区加快经济增长具有十分重要的意义。

与东中部地区相比，西部地区开放的时间晚，开发的步伐缓慢，交通等基础设施制约严重，产业配套能力弱，条件差，劳动力受教育程度低，科技不发达。从这个层次上来说，西部地区不但第二产业比重上升不大，增长速度略低于全国平均水平，而且增长质量也比东中部地区差，工业经济发展水平仍远低于全国平均水平。

西部地区第二产业增加值占全国第二产业增加值的比重25年来基本保持在16%左右，呈缓慢下降态势，从1978年的17.8%下降到2002年的15.7%，这一比重低于西部地区的GDP、第一产业、第三产业占全国的比重，比GDP占全国的比重低3.1个百分点，比第一产业占全国的比重低9.1个百分点，比第三产业占全国的比重高3个百分点。因此，第二产业发展缓慢是西部地区经济发展缓慢的重要原因。

二、第二产业增长与GDP增长的相关性

虽然西部地区第二产业在GDP中所占的比重大，对GDP增长的相关性很强，1979～2002年两者的相关系数是0.8707，为强相关。

在各周期也呈现强相关性，1979～1981年这个周期的下降阶段，相关系数为0.8331，为高度正相关性；1981～1986年这个周期，相关系数为0.9221，也为强相关性；1986～1989年这个周期，相关系数为0.9276，也是强相关性；1989～1999年这个周期，相关系数为0.9510，相关性进一步增强；1999～2002年这个周期上升阶段，相关系数为0.9946，正相关更进一步增强。这说明第二产业增长率对GDP增长周期波动的影响很大，进入1999年开始的这个新的周期后，第二产业对经济增长波动的影响更强。从图5－5可以看出西部地区第二产业与GDP增长率之间的这种强相关性，在1981年以前的这个周期，两者呈同方向运动，只是谷底比GDP增长率更低；1981～1989年这个周期，第二产业增长率与GDP增长率不但呈同方向运动，并且拐点都在同一年，偏离也小；1989～1999年这个周期，两者仍呈同方向运动，趋势一致，所以正相关性进一步增强；1999～2002年虽然时间很短，这三年两者在同方向运动中趋势高度一致，所以形成高度正相关状态，说明第二产业的增长对西部地区经济发展发挥着越来越重要的作用。

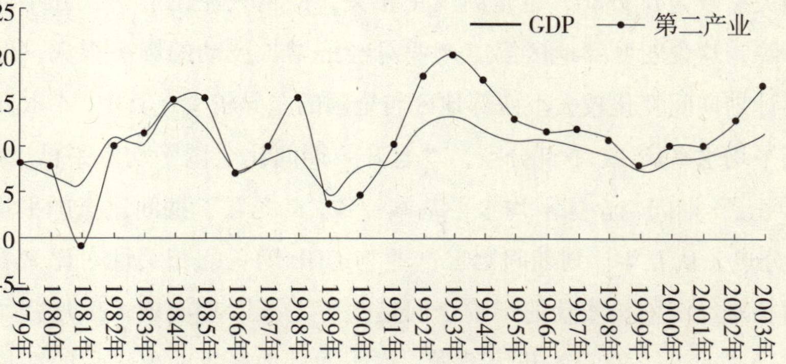

图5－5 西部地区第二产业增长与GDP增长曲线对比

与全国相比，西部地区改革开放以来第二产业增长率与GDP增长率的相关性很强的特点与全国是一致的，1979～2002年全国这两者的相关系数是0.8849，也是高度强相关，说明西部地区第二产业发展对经济增长波动的影响基本与全国平均水平呈一致的状态。

以1990年为界，将改革开放以来的25年划分为两个阶段来考察两者的相关性，发现均为强相关性。1979～1990年两者的相关系数为0.8351，1991～2002年两者的相关系数为0.9654，在相关性很高的情况下，后期还比前期上升了13个百分点。这一态势与全国平均水平也一致，全国在1979～1990年第二产业增长率与GDP增长率的相关系数是0.8569，也是强相关，在1991～2002年两者的相关系数是0.9887，也是更高的强相关。在这个前后两个阶段相关性增强的过程中，西部地区与全国平均水平一致，都是13个百分点，但西部地区第二产业增长与经济增长的相关性小于全国平均水平，说明西部地区整体上第二产业对经济增长波动的影响作用相对较小，第二产业对西部地区经济发展的推动作用发挥得不够。

与国民经济计划相对应，按5年为一个计划时期来考察，发现西部地区从“六五”到“九五”期间均为高度正相关，其中，“六五”期间高于全国平均水平，其他三个五年计划期间都低于全国平均水平。“六五”期间两者的相关系数为0.8971，为强相关；“七五”期间两者的相关系数是0.8147，也是高度强相关，但相关性比上一个五年计则期间下降；“八五”期间两者的相关系数为0.9610，强相关比上一个五年计划期间大大提高；“九五”期间两者的相关系数为0.9386，也是高度正相关，但相关性比上一个五年计划期间略有下降，这说明西部地区第二产业对经济增长波动的影响很大，但在这四个五年计划期间变化较大。西部地区与全国的差异较大，其中，“六五”期间比全国平均水平高12个百分点，“七五”期间比全国平均水平低18个百分点，“八五”期间与全国平均水平基本一致，“九五”期间比全国平均水平低6个百分点。从五年计划期间第二产业与GDP增长的相关性对比来看，第二产业增长对经济增长波动的影响全国是在“七五”期间就大大增强了，但西部地区到“八五”期间才开始增强，说明西部地区工业化进程的滞后和通过第二产业发展来推动国民经济的快速发展比全国整体上滞后一个五年计划的时间。

三、第二产业增长波动对经济增长的影响程度

将西部地区 GDP 增长率对第二产业增长率（SI）进行回归，得出：

样本：1979～2002 年

$$GDP = 4.7147 + 0.4357SI \quad (2)$$

（7.63）（8.30）

$R^2 = 0.76 \quad D.W. = 1.46$

模型通过统计检验，表明西部地区第二产业增长对国民经济增长的影响在统计上是显著的。当第二产业增长 1 个百分点时，引致 GDP 增长 0.44 个百分点。

与全国进行比较：

将全国 GDP 增长率对第二产业增长率（SI）进行回归，得出：

样本：1979～2002 年

$$GDP = 3.4247 + 0.5246SI \quad (3)$$

（4.68）（8.91）

$R^2 = 0.78 \quad D.W. = 1.06$

模型通过统计检验，表明全国第二产业增长对国民经济增长的影响在统计上是显著的。当第二产业增长 1 个百分点时，相应地引致 GDP 增长 0.52 个百分点。

通过比较式（2）和式（3）可以看出，第二产业增长对国民经济增长的影响程度西部地区比全国平均水平低得多，说明西部地区第二产业对经济增长的带动作用还比较弱。

西部地区第二产业增长周期波动系数平均为 0.49，比经济增长周期平均波动系数高 0.28，从两者曲线图的对比也可以看出，第二产业增长周期波动比经济增长周期波动大；比全国第二产业增长周期平均波动系数高 0.02，说明西部地区第二产业增长波动比全国稍大。

将改革开放以来西部地区经济周期波动系数对第二产业增长周期波动系数进行回归，得出：

样本：改革开放后的 2～4 周期

$$GDP = 0.5730SI \quad (4)$$
$$(9.17)$$
$$R^2 = 0.59 \quad D.W. = 1.52$$

模型通过统计检验，表明西部地区第二产业增长波动对国民经济增长波动的影响在统计上是显著的。当第二产业增长波动 1 个百分点时，相应地引致 GDP 增长波动 0.57 个百分点。

与全国进行比较：

将改革开放以来全国经济周期波动系数对第二产业增长周期波动系数进行回归，得出：

样本：改革开放后的 2～4 周期

$$GDP = 0.7424SI \quad (5)$$
$$(11.57)$$
$$R^2 = 0.89 \quad D.W. = 2.33$$

模型通过统计检验，表明全国 1981 年以来第二产业增长波动对国民经济增长波动影响在统计上是显著的。当第二产业增长波动 1 个百分点时，引致 GDP 增长波动 0.74 个百分点。

通过比较式（4）和式（5）可以看出，第二产业增长波动对国民经济增长波动的影响程度西部地区比全国平均水平低得多，也同样说明西部地区第二产业对经济增长的带动作用还比较弱。

四、第二产业对经济增长的贡献率分析

1979 年以来，西部地区第二产业对经济增长的贡献率 24 年平均为 42.9%，这一贡献率低于全国（54.2%）11.3 个百分点，在总体趋势上，贡献率都比较高，但变动较大。

在西部各经济周期阶段，第二产业对经济增长的平均贡献总体变化是逐步扩大，在 1979～1981 年这个周期下降阶段，第二产业对经济增长的平均贡献率为 27%，比第一产业的平均贡献率低 17.6 个百分点，全国这一时期贡献率高达 50.8%，是西部地区的两倍多，说明在改革开放初期，西部地区的经

济增长主要依靠第一产业的发展，第二产业的贡献不大；在1981～1986年这个周期内，第二产业对西部地区经济增长的平均贡献率为32.2%，比第一产业的平均贡献率还低0.6个百分点，但对经济增长的作用有所增强，同期全国为40.2%，西部比全国平均水平低8个百分点，说明这一周期阶段，西部经济发展对第二产业的依赖性有所加强，但比全国平均水平弱；在1986～1989年这个周期内，第二产业对西部经济增长的平均贡献率提高到42.4%，比上一个周期提高了10.2个百分点，比第一产业的平均贡献率高22.8个百分点，同期全国第二产业对经济增长的平均贡献率是49.8%，比上一阶段提高了9.6个百分点，提高的幅度比西部小。在1989～1999年这个周期内，第二产业对西部地区经济增长的平均贡献率为45.2%，比上一周期上升了2.8个百分点，这一时期全国也上升为57.6%，西部比全国平均水平低12.4个百分点，在这一周期阶段，西部地区经济发展更多依靠第二产业的增长，对第一产业增长的依赖性大大减弱，但与全国相比，西部地区第二产业的贡献率还很低，第一产业在经济发展中仍然具有比全国大的贡献；在1999～2002年这个新一轮周期的上升阶段，西部地区第二产业对经济增长的贡献率进一步上升为47.9%，说明西部地区已经摆脱了农业为主的经济增长状态，全国同期上升到59.5%，西部地区比全国平均水平低11.6个百分点，因此，发展到现在，西部地区以工业为主体的第二产业对经济增长的作用低于全国平均水平，农业经济在整体经济发展中的地位和作用，仍然高于全国平均水平（改革开放以来各年第二产业对经济增长的贡献率详见表5－2）。

以1990年为界，将这24年划分为两个大的时期，1979～1990年西部地区第二产业对经济增长的平均贡献率为36.3%，比第一产业的平均贡献率高7.1个百分点，说明西部地区在20世纪80年代，经济发展对第一产业的依赖还比较强的情况下，工业经济为主的经济增长特征已经显现；同期全国第二产业对经济增长的平均贡献率为40.8%，比西部地区高10.5个百分点，工业经济为主的经济增长特征比西部地区强。到了90年代，1991～2002年西部地区第二产业对经济增长的平均贡献率上升到49.4%，地位大大增强，成为主要决定因素，但同期全国平均为61.6%，西部地区比全国低12.2个百分点，差距很大，体现了西部地区以工业为主的第二产业发展相对缓慢，对经济增长的作用相对较小的特点。

与国民经济计划相对应，按5年为一个计划时期来考察，也可以看出第二产业对经济增长的贡献在不断增强的特点。“六五”时期西部第二产业对经济增长的平均贡献率为34.9%，与第一产业的贡献基本相等，说明这个时期农业经济对整体经济增长的贡献还比较强，这一时期全国为46.6%，比西部地区高11.7个百分点；“七五”时期西部地区第二产业对经济增长的平均贡献率为38.4%，比上一个五年计划期间上升了3.5个百分点，说明第一产业对经济增长的地位在下降，第二、第三产业的地位在不断增强，这一时期全国为47.1%，比西部地区高8.7个百分点，与上一个五年计划期间相比，只上升了0.5个百分点，西部地区的上升的幅度比全国大；“八五”时期西部地区第二产业对经济增长的平均贡献率为51.7%，超过了50%，又比上一个五年计划期间上升了13.3个百分点，上升幅度很大，同期全国也上升到64.6%，上升了17.5个百分点，说明“八五”期间无论是全国平均水平还是西部地区，工业经济得到快速发展，对经济增长发挥了巨大的作用，但西部地区第二产业贡献的提高速度慢于全国平均水平很多，相差12.9个百分点；“九五”时期西部地区第二产业对经济增长的平均贡献率为46.9%，比“八五”期间略有下降，下降了4.8个百分点，同期全国平均为58.5%，比“八五”时期也下降了6.1个百分点，说明无论是全国还是西部地区，随着产业结构的不断调整和优化，第三产业得到较快发展，但从这个五年时期内第二产业对经济增长的贡献率与全国的差距来看，西部比全国平均水平低11.6个百分点，说明西部地区在第一产业增收、第二产业增效、第三产业增产的产业结构调整中，明显落后于全国平均水平。

五、第二产业对经济增长的贡献度分析

从贡献度看，西部地区第二产业对经济增长的贡献度与经济增长呈高度一致波动（见图5-6），可以说GDP的增长主要是随着第二产业贡献度的变化而波动的，这与第一产业形成鲜明的对比，通过图5-6与图5-4的比较可以很明显地看出，第一产业的贡献度总体上是呈下降趋势的，而第二产业贡献度的波动变化与GDP增长率高度一致，这一趋势与全国平均水平也一致，

从第二产业贡献度的总体变动趋势看，第二产业的增长对经济增长具有相当重要的作用，无论全国还是西部地区都是如此，这是由中国处于工业化初期向中期过渡这个经济发展阶段特征决定的。1979～2002 年西部地区经济增长率的算术平均值为 9.5%，第二产业的平均贡献度为 4.2 个百分点，具有重要的影响作用，全国在 9.4% 的平均经济增长率中，第二产业的平均贡献度为 5.2 个百分点，西部地区第二产业的贡献度比全国平均水平低 1 个百分点，说明西部地区经济发展对工业为主的第二产业的依赖性相对较弱，对农业经济的依赖性还比较强。

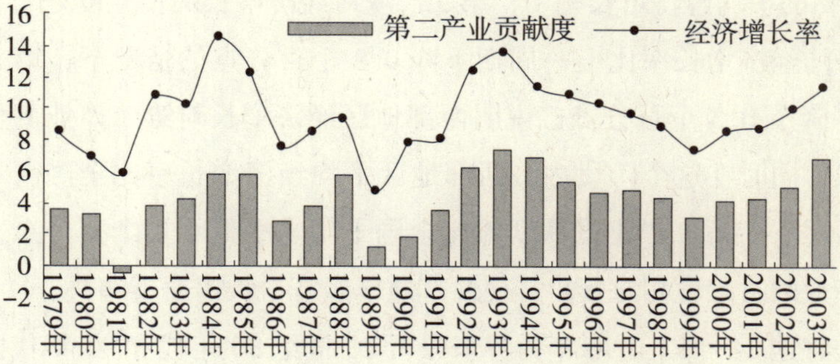

图 5－6　西部地区第二产业对经济增长的贡献度

从西部经济周期看，在 1979～1981 年这个周期下降阶段，在 7.2% 的平均经济增长率中。第二产业对经济增长的平均贡献度为 2.1 个百分点，比这个阶段第一产业的贡献度低 0.5 个百分点，同期全国在 6.9% 的平均经济增长率中，第二产业对经济增长的平均贡献度是 3.7 个百分点，西部地区比全国平均水平低 1.6 个百分点；在 1981～1986 年这个西部经济周期内，在 10.2% 的平均经济增长率中，第二产业对经济增长的贡献度平均为 3.6 个百分点，同期全国在 10.5% 的平均经济增长率中，第二产业对经济增长的贡献度是 4.5 个百分点，西部地区比全国低 0.9 个百分点，说明在这个周期内，西部地区第二产业对经济增长的作用有所扩大，但低于全国平均水平，第一产业的作用大于全国平均水平；在 1986～1989 年这个周期内，在 7.6% 的西部平均经济增长率中，第二产业的平均贡献度是 3.4 个百分点，虽然贡献度有所下降，但相对经济增长率来说，第二产业的贡献大大加强了，同期全国在 9% 的平均经济增长率中，第二产业的平均贡献度是 4.6 个百分点，贡献也很强；

在1989～1999年这个周期内，平均经济增长率上升到9.5%，第二产业对经济增长的贡献度比上一个周期提高1.1个百分点，为4.5个百分点，地位进一步提高，比第一产业的贡献度提高了近3个百分点，同期全国在9.2%的平均经济增长率中，第二产业的贡献度达到5.6个百分点，西部地区在经济增长率平均高于全国平均水平0.3个百分点的情况下，第二产业的贡献度却比全国低1.1个百分点，说明在这个周期内的经济增长波动，虽然受第二产业的影响比较大，但其作用没有全国平均水平大，体现了西部地区工业化发展进程相对缓慢的问题；在1999～2002年这个新一轮周期的上升阶段，在西部地区8.7%的平均经济增长率中，第二产业对经济增长的贡献度是4.2个百分点，在平均经济增长率比上一周期下降0.8个百分点的情况下，第二产业贡献度只下降了0.3个百分点，说明西部地区经济增长对第二产业的依赖性进一步增强，同时在这个阶段内，西部地区平均经济增长率比全国高1.1个百分点的情况下，第二产业贡献度却比全国平均水平低0.4个百分点，说明由于第二产业的贡献度相对较小，使西部地区经济增长速度不够快。

还是将这24年以1990年为界来分析20世纪80年代和90年代西部地区第二产业对经济增长的贡献度。1979～1990年，在西部地区9.0%的平均经济增长率中，第二产业的平均贡献度为3.4个百分点，而1991～2002年，在西部地区10.0%的平均经济增长率中，第二产业的平均贡献度上升到5.0个百分点，说明西部地区在这改革开放以来的25年中，产业结构调整所产生的明显结果，第一产业对经济增长的作用减弱，第二产业对经济增长的作用大大增强。与全国比较来看，西部地区经济增长依靠第一产业的程度大于全国，依靠第二产业的程度小于全国平均水平；1979～1990年，全国9.1%的平均经济增长率中，第二产业的平均贡献度为4.4%，这个阶段，西部地区在平均经济增长率只比全国低0.1个百分点的情况下，第二产业贡献度却比全国平均水平低1个百分点；在1991～2002年，全国9.7%的平均经济增长率中，第二产业的平均贡献度为6.1个百分点，在这个阶段，西部地区在平均经济增长率比全国高0.3个百分点的情况下，第二产业贡献度却比全国平均水平低1.1个百分点，说明西部地区经济增长对第二产业的依赖性比全国弱，对第一产业的依赖性比全国强（改革开放以来各年第二产业对经济增长的贡献度详见表5-1）。

以国民经济计划时期划分来看，“六五”期间，西部地区在9.9%的平均经济增长率中，第二产业的平均贡献度为3.7个百分点，具有很重要的地位；全国在“六五”期间也是9.9%的平均经济增长率，但第二产业的贡献度是4.7个百分点，西部比全国平均水平低1.0个百分点，这1个百分点正好是第一产业贡献度比全国高的数值，说明西部地区经济增长在“六五”时期第二产业的作用相对较小，第一产业的作用相对较大。“七五”期间，西部地区在7.6%的平均经济增长率中，第二产业的平均贡献度是3.1个百分点；全国在“七五”期间7.9%的平均经济增长率中，第二产业平均贡献度是4.0个百分点，这个五年期间，西部在平均经济增长率只比全国平均水平低0.3个百分点的情况下，第二产业贡献度比全国平均水平低0.9个百分点，说明西部地区在“七五”期间，第二产业在经济增长中的地位比全国弱。“八五”期间，西部地区在11.2%的平均经济增长率中，第二产业的平均贡献度是5.9个百分点，经济增长率比上一个五年计划期间平均每年上升了3.6个百分点的情况下，第二产业贡献度每年只上升2.8个百分点，说明西部地区到了“八五”时期，第二产业对经济增长的地位大大增强；全国在“八五”期间12.0%的平均经济增长率中，第二产业的平均贡献度是7.8个百分点，平均经济增长率在每年比西部地区高0.8个百分点的情况下，第二产业的贡献度比西部地区平均每年高1.9个百分点，说明在“八五”时期虽然西部地区第二产业在经济增长中的贡献增强，但其作用仍然小于全国平均水平。“九五”期间，西部地区在8.9%的平均经济增长率中，第二产业的平均贡献度是4.2个百分点，经济增长率每年平均比“八五”时期下降2.3个百分点的情况下，第二产业的平均贡献度每年只下降1.7个百分点，说明西部地区在“九五”期间，第二产业对经济增长的作用进一步增强；全国在“九五”期间8.3%平均经济增长率中，第二产业的平均贡献度是4.9个百分点，增长率平均每年比西部地区高0.6个百分点的同时，第二产业贡献度也平均每年比西部地区低0.7个百分点，说明“九五”期间第二产业对经济增长波动的影响西部地区仍然比全国小。

六、研究结论

第一，改革开放以来，西部地区第二产业在 GDP 中的比重起伏较大，但总体上保持在 40% 的水平，这一水平比全国平均水平低 6 个百分点左右，说明西部地区同全国一样，第二产业在国民经济发展中具有重要的地位。西部地区第二产业对经济增长的贡献在不断增强，因此，对经济周期波动的影响也呈不断加强的趋势，与全国的变化趋势基本一致，这是中国产业结构调整政策在西部地区实施的结果。

第二，在上述总体趋势下，西部地区第二产业在 GDP 中的比重、对经济增长的贡献度都比全国平均水平小，第二产业对经济周期波动的影响西部比全国相对弱一些，体现了西部地区工业化发展进程呈相对缓慢格局。

第三，在 20 世纪 90 年代，第二产业无论是在 GDP 中的比重，还是对经济增长的贡献度，都比 80 年代大，这种状态也与全国基本一致。因此，80 年代的经济周期更多地含有农业经济增长特征，这种特征西部地区比全国更明显；90 年代的经济周期更多地含有工业经济增长的特征，这种特征西部地区比全国弱。

第四，西部地区第二产业对经济增长波动的影响增强，但还落后于全国平均水平，需要加快工业化进程，提高第二产业对经济增长的贡献度，才能摆脱西部地区发展滞后的状态，赶上中东部地区发展步伐。

第四节　第三产业对经济周期波动的影响

一、第三产业在西部地区经济中的地位

改革开放以来，西部 12 个省（自治区、直辖市）的第三产业在西部地区经济中的地位越来越重要，第三产业增加值从 1978 年的 143.27 亿元发展到 2002 年的 7745.81 亿元，年平均增长率为 12.2%，比西部地区平均经济增长率高 2.8 个百分点，是三次产业中增长速度最高的，比第一产业平均增长率高 6.5 个百分点，比第二产业平均增长率高 1.4 个百分点，比同期、同口径

全国第三产业年平均增长率高 2.1 个百分点，说明西部地区第三产业发展速度远高于全国平均水平。1978～2002 年这 25 年，第一、第三产业增加值占西部地区 GDP 的比重平均为 29.2%，比同期全国第三产业占 GDP 的比重平均值高 0.1 个百分点，基本持平。1985 年以前，西部地区第三产业增加值占生产总值的比重不到 25%，最高的 1979 年只有 19.81%，随着经济结构的不断调整，产业结构不断趋于合理，第三产业比重不断上升，到 2002 年，第三产业增加值占 GDP 的比重稳步提高到 38.63%，达到了改革开放 25 年来的最高比重（见图 5－2），已经高于 2002 年全国平均水平 4.9 个百分点。

从西部地区改革开放以来的经济周期来看，在 1978～1981 年这个周期下降阶段，第三产业增加值在 GDP 中的比重平均只有 20.4%，也比全国同期平均水平低 1.7 个百分点，体现了西部地区第一、第二产业经济为主体的经济周期特征。在 1981～1986 年这个西部经济周期内，第三产业占 GDP 的比重平均为 23.5%，比重有所提高，但比全国同期平均水平低 1.2 个百分点，体现了西部地区还是第一、第二产业经济为主体的周期特征。在 1986～1989 年这个周期内，第三产业的比重提高到 28.5%，比上一周期提高了 5 个百分点，说明第三产业的作用有所增强，但仍低于全国 1.6 个百分点。在 1989～1999 年这个周期内，第三产业占 GDP 的比重平均为 32.5%，比上一周期的平均值提高了 4 个百分点，提高的幅度比较大，主要是第一产业下降较大的结果，说明产业结构调整对经济周期产生了较大的影响，这个阶段第三产业在西部地区经济中的地位大幅提高，超过了全国平均水平 0.5 个百分点，体现了西部地区在农业经济成分比全国强、工业经济成分比全国弱的情况下，第三产业经济成分提高较快的特点。在 1999～2002 年这个西部地区新一轮周期的上升阶段，第三产业比重的平均值继续提高到了 37.1%，比上一周期提高了近 4.6 个百分点，体现了西部地区在这个阶段产业结构不断调整，第一产业比重不断下降，第二产业比重变化不大，第三产业比重不断上升的过程，与全国平均水平相比，比同期全国平均水平高 2.7 个百分点，说明发展到现在，特别是西部大开发实施以来，西部地区产业结构调整取得较大成效，特别是第三产业在经济发展中的地位明显增强，因此，对经济周期波动的影响也逐步加大。

以1990年为界，将这25年划分为两个时期，1978~1990年这个时期内，西部地区第三产业所占比重平均为24.6%，1991~2002年这个时期西部地区第三产业所占比重平均为34.1%，90年代比80年代上升了9.5个百分点，说明西部地区经济在产业结构不断调整优化下，第三产业的比重在20世纪90年代比80年代明显提高。1978~1990年这个时期内，西部地区第三产业所占比重平均值比同期全国平均水平低1.4个百分点，1991~2002年这个时期内，西部地区第三产业所占比重平均值比同期全国平均水平高1.6个百分点，在前面分析得出西部地区第二产业比重提高不大的情况下，说明西部地区改革开放25年来第三产业比重提高的速度快于全国平均水平，第三产业发展水平对经济周期波动的影响程度略大于全国平均水平。

按国民经济发展计划阶段进行比较，也可以看出西部地区第三产业比重的上升过程和第三产业的地位。西部地区在“六五”期间，第三产业所占比重平均值为21.8%，这个时期农业经济还具有很重要的地位，第三产业比重很低，同期全国也只有23.2%。在“七五”期间，西部地区第三产业所占比重平均值为28.4%，比上一个五年计划期间提高了6.6个百分点，全国是提高了6.8个百分点，基本一致，说明西部地区产业结构调整所导致的第三产业比重上升幅度基本与全国一致，正好对应着第一产业比重下降的幅度，也表明这个时期第二产业比重上升不大。在“八五”期间，西部地区第三产业所占比重平均值为32.4%，比上一个五年计划又提高了4个百分点，同期全国提高了2.6个百分点，说明这五年西部地区产业结构调整所导致的第三产业比重上升幅度高于全国平均水平。在“九五”期间，西部地区第三产业所占比重平均值为34.1%，比上一个五年计划期间平均值上升了1.7个百分点，同期全国有所下降，下降了0.7个百分点，说明西部地区第三产业在产业结构继续优化调整中，提高的幅度高于全国平均水平。在西部地区第三产业所占比重逐步上升的态势下，各个五年计划期间第三产业比重上升的幅度高于全国平均水平，通过各个五年计划期间西部地区与全国平均水平的比较可以看出，西部地区第三产业在国民经济发展中的地位提高很快，第三产业的发展对西部经济发展的影响越来越重要。因此，加快西部地区第三产业的发展步伐，对西部地区加快经济增长也具有十分重要的意义。

西部地区第三产业比重上升幅度较大的原因，除了国家产业结构调整政策的作用外，与西部地区以工业为主的第二产业发展缓慢、第二产业比重提高不大有直接的关系，在第一产业增长后劲逐步减弱的情况下，第三产业比重相对地升高了；另外，与东中部地区相比，西部地区发展旅游服务业等第三产业具有良好资源条件，独特的自然景观和浓郁的人文景观是发展旅游服务业的优越条件，成为支撑和带动西部地区第三产业快速发展的重要部分。但相对于资源禀赋来说，西部地区旅游服务业的发展还很落后，也具有巨大的开发潜力。因此，在目前的西部大开发过程中，在西部地区工业化进程明显慢于东中部地区的情况下，发挥西部地区的资源优势，加快和提升旅游服务业的发展步伐，全面带动西部地区经济的持续快速健康发展，具有重要的意义和作用。

西部地区第三产业增加值占全国第三产业增加值的比重25年来基本保持在20%左右，这一比重高于西部地区的第二产业占全国的比重，但低于西部地区的GDP、第一产业占全国的比重。因此，第三产业在西部地区还具有很大的发展空间。

二、第三产业增长与GDP增长的相关性

从增长角度看，虽然西部地区第三产业在GDP中所占的比重不大，但第三产业增长率与GDP增长的相关性总体上较强；1979~2002年两者的相关系数为0.6535，表明为较强相关，相关性比第一产业强，比第二产业弱。与全国相比，西部地区改革开放以来第三产业增长率与GDP增长率的相关性变化的特点与全国是一致的。1979~2002年全国这两者的相关系数是0.7766，也是呈较强相关性，说明西部地区第三产业发展对经济增长波动的影响基本与全国平均水平呈一致状态。

在西部地区各周期中，第三产业增长率与GDP增长率的相关性变化较大，在1979~1981年这个西部经济周期的下降阶段，相关系数只有0.0948，为弱相关性，说明在这个时期西部地区第三产业增长对GDP增长的影响不大，第一、第二产业的影响较大，这与全国的态势是一致的，同一时期全国的第三产业增长率与GDP增长率的相关系数是-0.9342，为高度负相关，这是由于

第三产业占 GDP 的比重还不大，对经济增长波动的影响还不强；在 1981 ~ 1986 年这个周期内，西部地区第三产业增长率与 GDP 增长率的相关系数为 0.8785，为高度强相关性，说明随着第三产业的快速发展和地位的不断提高，对经济增长波动的影响不断加强，这与全国的态势也是一致的，同期全国第三产业增长率与 GDP 增长率的相关系数为 0.9826，比西部地区还强；在 1986 ~1989 年这个周期，西部地区第三产业增长率与 GDP 增长率的相关系数是 0.8847，比上一周期有所提高，但仍小于全国，同期全国两者的相关系数是 0.9825；在 1989 ~ 1999 年这个周期里，西部地区第三产业增长率与 GDP 增长率的相关系数为 0.9012，也是高度强相关，并且比上一个周期有所增强，说明第三产业在产业结构调整的作用下，第三产业不但比重进一步提高，对经济增长波动的影响也进一步加强，这一态势与全国也是一样的，同期全国第三产业增长率与 GDP 增长率的相关系数为 0.9145，还略高于西部地区；在 1999 ~ 2002 年这个周期上升阶段，西部地区第三产业与 GDP 增长率的相关系数下降为 0.3025，为低度正相关，说明近几年在工业化进程加快、第三产业发展速度下降的格局下，第三产业对经济增长的作用大大减弱，这一态势与全国也是一致的，从全国整体来看，这个时期第三产业增长率与 GDP 增长率的相关系数下降更大，降到 0.1467。从以上各个周期内相关性比较，说明第三产业增长率对 GDP 增长周期波动的影响在不同时段存在较大差异。从图 5 –7 可以看出西部地区第三产业与 GDP 增长率之间的相关性，在 1981 年以前的这个周期，两者差不多呈反方向运动，因此是弱相关；在 1981 ~ 1989 年这个周期，第三产业增长率与 GDP 增长率呈同方向运动，并且拐点基本在同一年，偏离也不大，所以为高度正相关；在 1989 ~ 1999 年这个周期，不但波动方向一致，并且几乎形成两条增长曲线的重合，所以为高度正相关；1999 ~ 2002 年这三年两者没有形成一致的变动趋势，所以形成弱相关状态，但这一轮周期第三产业增长与 GDP 增长的相关性，还有待于今后一段时期的数据验证。

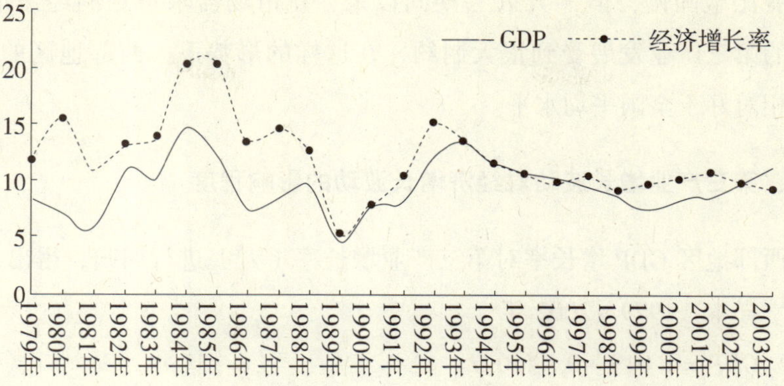

图 5－7　西部地区第三产业增长与 GDP 增长曲线对比

仍以 1990 年为界，将改革开放以来的 25 年划分为两个阶段来考察两者的相关性，发现均为强相关性，与第一产业的弱相关性形成鲜明的对比，1979～1990 年两者的相关系数为 0.8140，1991～2002 年两者的相关系数为 0.7788。这与全国平均水平基本一致，还低于全国平均水平，全国在 1979～1990 年，第三产业增长率与 GDP 增长率的相关系数是 0.9194，也是高度正相关，在 1991～2002 年两者的相关系数是 0.8941，也是高度正相关。这说明西部地区整体上第三产业对经济增长的直接作用相对较大，加快发展西部地区第三产业对于加快西部地区经济发展具有重要作用。

与国民经济计划相对应，按 5 年为一个计划时期来考察，发现除“九五”期间相关性较弱外，其他五年计划期间第三产业增长率与 GDP 增长率的相关性都很强，这正好与第一产业增长率与 GDP 增长率的相关性相反，“六五”期间西部地区第三产业增长率与 GDP 增长率的相关系数为 0.7977，为强相关；“七五”期间两者的相关系数为 0.7761，也为强相关；“八五”期间两者的相关系数为 0.7491，还是强相关；但“九五”期间两者的相关系数下降为 0.3052，为弱相关，这说明第三产业随着结构调整，在 GDP 中的比重不断提高的情况下，对经济增长波动具有较大的影响。西部地区与全国的差异是前三个五年计划期间，第三产业增长率与 GDP 增长率的相关系数都低于全国平均水平，其中，“六五”期间比全国低 0.0716，“七五”期间比全国低 0.1946，“八五”期间比全国低 0.1279，“九五”期间全国也呈下降状态，下降到低于西部地区 0.0162。通过对比说明，西部地区在“九五”以前，第三产业发展比全国慢，但“九五”期间以来，在市场需求不足的经济形势下，消费型的第三产业发展受到很大制约，在这样的形势下，西部地区的第三产业发展相对好于全国平均水平。

三、第三产业增长波动对经济增长波动的影响程度

将西部地区 GDP 增长率对第三产业增长率（TI）进行回归，得出：

样本：1979～2002 年

$$GDP = 4.019 + 0.4460TI \qquad (6)$$

（2.89）（4.05）

$R^2 = 0.43 \quad D.W. = 0.90$

模型通过统计检验，表明西部地区第三产业增长对国民经济增长的影响在统计上是显著的。当第三产业增长 1 个百分点时，相应地引致 GDP 增长 0.45 个百分点。

与全国进行比较：

将全国 GDP 增长率对第三产业增长率（TI）进行回归，得出：

样本：1979～2002 年

$$GDP = 3.4374 + 0.5881TI \qquad (7)$$

（3.11）（5.78）

$R^2 = 0.60 \quad D.W. = 0.82$

模型通过统计检验，表明全国第三产业增长对国民经济增长的影响在统计上是显著的。当第三产业增长 1 个百分点时，相应地，引致 GDP 增长 0.58 个百分点。

通过比较式（6）和式（7）可以看出，第三产业增长对国民经济增长的影响程度西部地区也比全国平均水平低得多，说明西部地区第三产业对经济增长的带动作用也比较弱。

西部地区第三产业增长周期波动系数平均为 0.22，比经济增长周期平均波动系数高 0.01，比全国第三产业增长周期平均波动系数低 0.06，说明西部地区第三产业增长波动比全国稍小。

将改革开放以来西部地区经济周期波动系数对第二产业增长周期波动系

数进行回归，得出：

样本：改革开放后的2~4周期

$$GDP = 0.9496TI \quad (8)$$

（28.27）

$R^2 = 0.96 \quad D.W. = 2.68$

模型通过统计检验，表明西部地区第三产业增长波动对国民经济增长波动的影响在统计上是显著的。当第三产业增长波动1个百分点时，相应地引致GDP增长波动0.95个百分点。

与全国进行比较：

将改革开放以来全国经济周期波动系数对第三产业增长周期波动系数进行回归，得出：

样本：改革开放后的2~4周期

$$GDP = 0.9107TI \quad (9)$$

（9.93）

$R^2 = 0.82 \quad D.W. = 2.15$

模型通过统计检验，表明全国改革开放以来第三产业增长波动对国民经济增长波动影响在统计上是显著的。当第三产业增长波动1个百分点时，引致GDP增长波动0.914个百分点。

通过比较式（8）和式（9）可以看出，第三产业增长波动对国民经济增长波动的影响程度西部地区比全国平均水平稍大一些，是由于西部地区第一、第二产业波动对经济增长波动的影响小，所以第三产业对经济增长波动的影响相应大一些。

四、第三产业对经济增长的贡献率分析

从贡献率看，1979年以来，西部地区第三产业对经济增长的贡献率24年平均为36.5%，这一贡献率高于全国（30.6%）5.9个百分点，比第一产业对经济增长的平均贡献率高15.2个百分点，总体呈不断上升的趋势。从1979年的27.1%上升到2002年的38.6%，上升得比全国平均水平快。

在西部各经济周期阶段，第三产业对经济增长的贡献均高于全国平均水

平。在 1979 ~ 1981 年这个周期下降阶段，西部地区第三产业对经济增长的平均贡献率为 36. 1% ，低于第一产业的平均贡献率 3. 1 个百分点，全国这一时期第三产业对经济增长的平均贡献率为 27. 8% ，西部地区比全国平均水平高 8. 3 个百分点，说明在改革开放初期，西部地区经济增长由于第二产业的贡献比全国弱，所以第一、第三产业的贡献相对较大；在 1981 ~ 1986 年这个周期内，西部地区第三产业对经济增长的平均贡献率为 34. 8% ，比第一产业的平均贡献率高 2 个百分点，对经济同期波动的影响有所加强，同期全国为 34. 3% ，西部地区比全国平均水平高 0. 5 个百分点，说明在这一周期阶段，西部经济发展对第三产业的依赖性比较大；在 1986 ~ 1989 年这个周期内，西部地区第三产业对经济增长的平均贡献率上升到 40% ，比上一个周期提高了 5. 2 个百分点，同期全国第三产业对经济增长的平均贡献率是 37. 3% ，西部地区比全国高 2. 7 个百分点；在 1989 ~ 1999 年这个周期内，西部地区第三产业对经济增长的平均贡献率为 35. 2% ，比第一产业的平均贡献率高 17 个百分点，对经济周期波动的影响更进一步加强，这一时期全国第三产业的平均贡献率只有 29. 1% ，西部比全国高 6. 1 个百分点，说明在这一周期阶段，西部地区经济发展更多依靠第二、第三产业的增长，对第一产业增长的依赖性大大减弱；在 1999 ~ 2002 年这个新一轮周期的上升阶段，西部地区第三产业对经济增长的贡献率进一步提高到 43% ，全国同期是 33. 3% ，西部地区比全国平均水平高 9. 7 个百分点，西部地区由于第二产业的贡献相对较小，第三产业在西部经济发展中的地位和作用，远高于全国平均水平（改革开放以来各年第三产业对经济增长的贡献率详见表 5 – 1）。

以 1990 年为界，将这 24 年划分为两个大的时期，1979 ~ 1990 年西部地区第三产业对经济增长的平均贡献率为 35. 4% ，比第一产业的平均贡献率高 6 个百分点，比全国平均水平高 4. 1 个百分点，说明西部地区在 20 世纪 80 年代，由于第二产业的贡献比全国小，所以第一、第三产业的贡献比全国大。到了 90 年代，1991 ~ 2002 年西部地区第三产业对经济增长的平均贡献率提高到 37. 6% ，比第一产业的平均贡献率高 24. 4 个百分点，地位大大增强，同期全国平均为 29. 9% ，西部地区比全国高 7. 7 个百分点，这两个阶段，在全国第三产业的平均贡献率呈下降状态的情况下，西部地区却呈上升状态，说明西部地区由于第二产业的贡献比全国小，经济增长依靠第一、第三产业的贡献率比全国大。

与国民经济计划相对应，按5年为一个计划时期来考察，也可以看出第三产业对经济增长的贡献率比全国大。“六五”时期西部地区第三产业对经济增长的平均贡献率为33.5%，比第一产业的平均贡献率低0.6个百分点，农业经济对整体经济增长的贡献率还比较强，这一时期全国为29.6%，比西部地区低3.9个百分点；“七五”时期西部地区第三产业对经济增长的平均贡献率为38.1%，比上一个五年计划期间提高了4.6个百分点，比第一产业的平均贡献率高18.3个百分点，说明第三产业对经济增长的贡献率在快速提高，第一产业对经济增长的地位在下降，这一时期全国为33.7%，比西部地区低4.4个百分点，与上一个五年计划期间相比，提高了4.1个百分点，西部地区提高的幅度比全国大；“八五”时期西部地区第三产业对经济增长的平均贡献率为35.7%，比上一个五年计划期间略有下降，下降了2.4个百分点，同期全国也下降到了平均为27.4%，下降幅度为6.3个百分点，西部地区的下降幅度比全国平均水平小，说明“八五”期间由于第二产业的贡献率提高，第一、第三产业对经济增长的贡献有所下降；“九五”时期西部地区第三产业对经济增长的平均贡献率为37.8%，比“八五”期间略有提高，提高了2.1个百分点，同期全国平均为31.6%，西部地区比全国平均水平高6.2个百分点，说明全国经济随着产业结构的不断调整和优化，第三产业对经济增长具有很重要的地位，特别是西部地区由于第二产业的贡献率比全国小，使第三产业的贡献率比全国大。

五、第三产业对经济增长的贡献度分析

从贡献度看，西部地区第三产业对经济增长的贡献度基本与经济增长呈一致波动，这一波动状态与全国平均水平一致，但西部地区第三产业贡献度总体上呈上升趋势（见图5-8）。1979~2002年西部地区经济增长率的算术平均值为9.5%，第三产业的平均贡献度为3.4个百分点，全国在9.4%的平均经济增长率中，第三产业的平均贡献度为2.9个百分点，西部地区第三产业的贡献度比全国平均水平高0.5个百分点，西部地区第三产业对经济增长

的作用比全国更大。

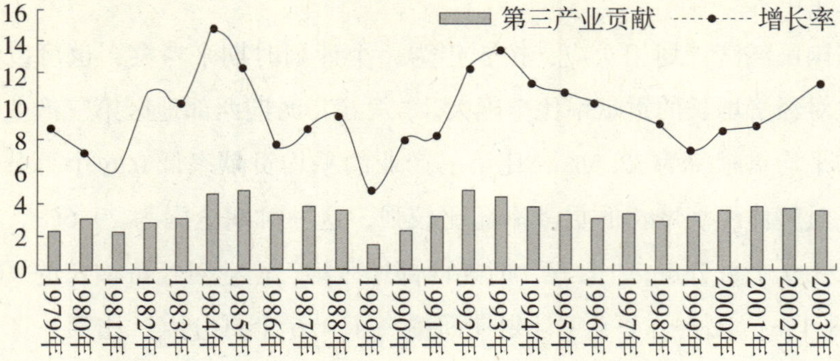

图 5－8　西部地区第三产业对经济增长的贡献度

从西部经济周期看，在 1979～1981 年这个周期下降阶段，在西部地区 7.2% 的平均经济增长率中，第三产业对经济增长的平均贡献度是 2.5 个百分点，接近第一产业的平均贡献度，同期全国在 6.9% 的平均经济增长率中，第三产业对经济增长的平均贡献度是 1.8 个百分点，西部地区比全国平均水平高 0.7 个百分点；在 1981～1986 年这个周期内，在西部地区 10.2% 的平均经济增长率中，第三产业对经济增长的平均贡献度是 3.5 个百分点，同期全国在 10.5% 的平均经济增长率中，第三产业对经济增长的贡献度是 3.4 个百分点，西部地区在经济增长率低于全国的情况下，第三产业的贡献却比全国高，说明西部地区第三产业对西部地区经济的影响比全国大；在 1986～1989 年这个周期内，在西部地区 7.6% 的平均经济增长率中，第三产业贡献了 3.1 个百分点，也比全国大，全国同期在 9% 的平均经济增长率中，第三产业的贡献率是 3.3 个百分点；在 1989～1999 年这个周期内，西部地区平均经济增长率上升到 9.5%，第三产业对经济增长的平均贡献度是 3.3 个百分点，同期全国在 9.2% 的平均经济增长率中，第三产业的贡献度是 2.6 个百分点，西部地区比全国高 0.7 个百分点；在 1999～2002 年这个新一轮周期的上升阶段，在西部地区 8.7% 的平均经济增长率中，第三产业对经济增长的贡献度是 3.7 个百分点，说明西部地区经济增长对第三产业的依赖性不断增强，但由于第二产业的贡献太小，使西部地区经济增长速度不够快。

将这 24 年以 1990 年为界来分析 20 世纪 80 年代和 90 年代西部地区第三

产业对经济增长的贡献，1979～1990年，在西部地区9.0%的平均经济增长率中，第三产业的平均贡献度为3.1个百分点；而1991～2002年，在西部地区10.0%的平均经济增长率中，第三产业的平均贡献度提高到3.7个百分点，说明西部地区在这改革开放以来的25年中，产业结构调整产生了明显结果，第三产业对经济增长的作用增强，第一产业对经济增长的作用减弱。与全国比较来看，西部地区经济增长依靠第三产业的程度大于全国；1979～1990年，在全国9.1%的平均经济增长率中，第三产业的平均贡献度为2.9%，这个阶段，西部地区在平均经济增长率比全国低0.1个百分点的情况下，第三产业的平均贡献度却比全国平均水平高0.2个百分点；在1991～2002年，在全国9.7%的平均经济增长率中，第三产业的平均贡献度仍然是2.9个百分点，在这个阶段，西部地区在平均经济增长率比全国高0.3个百分点的同时，第三产业平均贡献度比全国平均水平高0.8个百分点，说明西部地区经济增长对第三产业的依赖性比全国强（改革开放以来各年第三产业对经济增长的贡献度详见表5－1）。

以国民经济计划时期划分来看，"六五"期间，西部地区在9.9%的平均经济增长率中，第三产业的平均贡献度为3.2个百分点，基本与第一产业平均贡献度一致；全国在"六五"期间也是9.9%的平均经济增长率，但第三产业的贡献度只有2.9个百分点，西部比全国平均水平高0.3个百分点，说明西部地区经济增长在"六五"时期第三产业的贡献度就比全国略高一些。"七五"期间，西部地区在7.6%的平均经济增长率中，第三产业的平均贡献度为2.9个百分点；全国在"七五"期间7.9%的平均经济增长率中，第三产业的平均贡献度是2.8个百分点，这个五年期间，西部在平均经济增长率比全国平均水平低0.3个百分点的情况下，第三产业的平均贡献度比全国平均水平高0.1个百分点，说明西部地区在"七五"期间，第三产业在经济增长中的地位比全国强。"八五"期间，西部地区在11.2%的平均经济增长率中，第三产业的平均贡献度为4.0个百分点，在经济增长率平均每年上升了3.6个百分点的情况下，第三产业贡献度每年上升1.1个百分点，说明西部地区到了"八五"时期，第三产业对经济增长的地位进一步增强；全国在"八五"期间12.0%的平均经济增长率中，第三产业的平均贡献度是3.3个百分点，在平均经济增长率在每年比西部地区高 0.8 个百分点的情况下，第三产业的贡献度比西部地区平均每年低 0.7 个百分点，说明在“八五”时期西部地区第三产业在经济增长中的贡献度比全国大。“九五”期间，西部地区在 8.9% 的平均经济增长率中，第三产业的平均贡献度是 3.3 个百分点，在经济增长率每年平均比“八五”期内下降 2.3 个百分点的情况下，第三产业的平均贡献度每年只下降 0.7 个百分点，说明西部地区在“九五”期间，第三产业对经济增长的作用仍然比较大；全国在“九五”期间 8.3% 平均经济增长率中，第三产业的平均贡献度为 2.6 个百分点，在增长率平均每年比西部地区低 0.6 个百分点的同时，第三产业贡献度也平均每年比西部地区低 0.7 个百分点，说明“九五”期间第三产业对经济增长波动的影响西部地区仍然比全国大。

六、研究结论

第一，改革开放以来，西部地区第三产业在 GDP 中的比重不断上升，对经济增长的贡献也在不断提高，对经济周期波动的影响也呈由弱到强的趋势，与全国的变化趋势基本一致，这是中国产业结构调整政策在西部地区实施的结果。

第二，在上述总体趋势下，西部地区第三产业在 GDP 中的比重、对经济增长的贡献都比全国平均水平强，第三产业对经济周期波动的影响西部比全国强，体现了西部地区工业经济发展落后，对第一、第三产业依赖性更强的格局。

第三，在 20 世纪 80 年年代，第三产业无论是在 GDP 中的比重，还是对经济增长的贡献，都比 90 年代小，这种状态也与全国平均水平有一定的差异，因此，80 年代的经济周期更多地含有农业经济增长特征，这种特征西部地区比全国更明显，90 年代的经济周期更多地含第三产业增长的特征，这种特征西部地区也比全国强。

第四，西部地区第三产业对经济增长波动的影响不断增强，但由于比重还不算高，第三产业发展潜力还很大，需要加快西部地区第三产业的发展步伐，进一步提高第一产业对经济增长的贡献。

第五节　工业对经济周期波动的影响

一、工业在西部地区经济中的地位

改革开放以来，西部12个省（自治区、直辖市）的工业在西部地区经济中占有重要地位，工业增加值占西部地区GDP的比重平均为32.8%，比第一产业增加值占西部地区GDP的比重平均值高1个百分点，工业增加值从1978年的265.98亿元发展到2002年的6386.12亿元，年平均增长率为10.8%，高于西部地区平均经济增长率1.4个百分点，工业经济在国民经济中占据重要地位，工业增长速度高于经济增长速度，体现了西部地区经济这25年来处于工业化初期向中期过渡的时期特征，因此，工业对西部地区经济发展具有很重要的影响。尽管西部地区工业增长速度高于GDP增长速度，但在国民经济中的地位总体上呈缓慢下降的趋势（见图5－9），工业增加值占GDP的比重从1978年的36.9%逐步下降到2002年的31.8%，25年下降了5.1个百分点，在这25年中，最高的是1978年（36.9%），最低是1990年（30.0%）。改革开放以来的25年是中国加快工业化进程的重要时期，通过推进工业化进程，使中国的发展阶段从改革开放初期的工业化初期发展到现在的工业化中期，社会经济发展取得巨大进步，这25年来，中国工业经济占国民经济的比重平均值为41.2%，西部地区比全国平均水平低8.4个百分点，中国工业经济在国民经济中的地位经历了有所下降，之后又不断上升的过程，从1978年的44.3%下降到1990年的36.9%，之后又逐步扩大，2002年达到44.9%，西部地区在1990年后，工业发展明显缓慢，使西部地区工业在国民经济中的地位远低于全国平均水平。

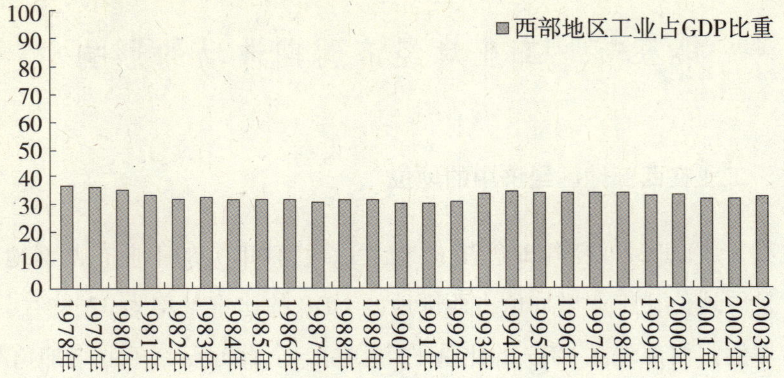

图 5－9　西部地区工业增加值占 GDP 的比重

从西部地区改革开放以来的经济周期来看，在 1978～1981 年这个周期下降阶段，工业增加值在 GDP 中的比重平均为 35.4%，比这个阶段第一产业的比重还低 3 个百分点，比全国同期平均水平低 8.2 个百分点，体现了西部地区农业经济比工业经济强的经济周期特征。在 1981～1986 年这个周期内，工业占 GDP 的比重为平均 32%，仍比这个阶段西部第一产业的比重低 6.9 个百分点，比全国同期平均水平低 7.9 个百分点，体现了西部地区在这个周期内还是农业经济比工业经济强的经济周期特征。在 1986～1989 年这个周期内，西部地区工业经济的比重略有下降，为 31.6%，仍比全国低 7 个百分点。在 1989～1999 年这个周期内，工业占 GDP 的比重平均为 32.6%，比上一周期的平均值略有上升，上升了 1 个百分点，随着产业结构的调整，农业经济所占比重不断下降，在这个周期西部地区工业经济所占比重超过了第一产业，比第一产业所占比重高 3.9 个百分点，体现了产业结构调整对经济周期产生了较大的影响，经济增长中的工业经济特征比农业经济特征强，但比同期全国平均水平仍然低 8.1 个百分点，体现了西部地区工业经济成分比全国弱，农业经济成分比全国强。在 1999～2002 年这个新一轮周期的上升阶段，工业所占比重的平均值为 32.4%，比全国平均水平低 11.5 个百分点，差距更大，说明发展到现在，特别是西部大开发实施以来，西部地区产业结构调整取得较大成效，但工业在经济发展中的地位仍然比全国弱得多，这是制约西部地区快速发展的重要因素。

以 1990 年为界，将这 25 年划分为两个时期，1978～1990 年这个时期内，西部地区工业所占比重平均为32.7%，1991～2002年这个时期西部地区工业所占比重平均为32.8%，从平均值看，90年代和80年代的差异不大，但在第一产业比重下降幅度较大，第三产业比重上升幅度更大的情况下，工业经济在国民经济中的地位没有得到应有的提高。1978～1990年这个时期内，西部地区工业所占比重平均值比同期全国平均水平低7.7个百分点，1991～2002年这个时期内。西部地区工业所占比重平均值比同期全国平均水平低9.3个百分点，说明西部地区在改革开放25年中，无论是80年代还是90年代，工业经济成分都比全国平均水平低，工业经济发展水平对经济周期波动的影响程度小于全国平均水平。

按国民经济发展计划阶段进行比较，也可以看出西部地区工业比重的缓慢下降过程和西部地区经济中工业经济的重要地位。西部地区在“六五”期间，工业所占比重平均值为33.6%，具有重要地位，但比这个时期第一产业的比重低5.3个百分点，同期全国是41.6%，比西部地区高8个百分点。在“七五”期间，西部地区工业所占比重平均值为31.4%，比上一个五年计划期间下降了2.2个百分点，全国是下降了2.7个百分点，说明西部地区产业结构调整所导致的工业比重下降幅度基本与全国一致，但比重比全国平均水平低6.9个百分点，西部地区工业经济的比重比这个时期第一产业比重低3.4个百分点，说明西部地区在“七五”期间工业经济的地位比农业经济弱，工业经济发展步伐比全国落后。在“八五”期间，西部地区工业所占比重平均值为32.7%，超过了第一产业的比重3.9个百分点，说明产业结构调整使第一产业的比重进一步下降，工业经济比重相对地得到上升，但西部地区工业经济的地位在“八五”期间比全国平均水平低7.4个百分点，说明西部地区的产业结构调整并没有使工业经济获得应有的发展步伐，落后于全国平均水平。在“九五”期间，西部地区工业所占比重平均值为33.3%，比全国平均水平低近10个百分点，与全国的差异进一步扩大，这是由于西部地区工业发展相对缓慢，因此在发展中差距进一步拉大。通过各个五年计划期间西部地区与全国平均水平的比较可以看出，西部地区工业在国民经济发展中的地位远低于全国平均水平，工业发展的好与坏、工业增长的快与慢，对西部地区经济发展的作用比全国平均水平弱，因此，加快推进西部地区新型工业化进程，尽快提高西部地区工业经济在国民经济中的地位，对西部地区加快经济发展具有十分重要的意义。

西部地区工业增加值占全国工业增加值的比重25年来平均为15.28%，这个比重低于西部地区的GDP、第一产业、第二产业、第三产业占全国的比重，比GDP占全国的比重低3.9个百分点，比第一产业占全国的比重低10个百分点，比第二产业占全国的比重低0.8个百分点，比第三产业占全国的比重高3.8个百分点。从西部地区工业经济占全国工业经济的比重变化来看，呈明显的下降态势，从1978年的16.6%逐步下降到2002年的13.9%，这个下降过程反映了西部地区工业发展比全国工业发展缓慢的过程，因此，工业经济的发展差异是西部地区与全国经济发展差异的重点，工业经济对西部地区经济的影响相对全国较弱，并且由于工业发展缓慢，直接影响着西部地区经济发展步伐。

二、工业增长与GDP增长的相关性

虽然西部地区工业在GDP中所占的比重提高不大，还呈微弱下降状态，但工业经济增长率与GDP增长率的相关性很强，1979~2002年两者的相关系数是0.8446，为强相关。与全国相比，西部地区改革开放以来工业增长率与GDP增长率的相关性强的特点与全国是一致的。1979~2002年全国这两者的相关系数是0.8768，也是强相关，并且比西部地区更强，说明西部地区工业发展对经济增长波动的影响与全国一样，具有较大的影响力，但力度比全国弱。

在西部地区各经济增长周期，工业增长率与GDP增长率之间也呈强相关。在1979~1981年这个周期的下降阶段，西部地区工业经济增长率与GDP增长率的相关系数是0.8353，为强相关性，同期全国工业增长率与GDP增长率之间的相关系数是0.9559，相关性比西部地区更强，这个阶段是改革开放以来农业经济比重最高的时期，但工业与GDP的相关性却很强，说明工业经济对这一周期下降阶段具有较大影响，但影响力度比全国弱；在1981~1986年这个周期内，西部地区工业增长率与GDP增长率的相关系数是0.9300，为强相关性，全国同期工业增长率与GDP增长率的相关系数是0.8174，也是强相关，说明在这个周期，无论是全国还是西部地区，工业经济对经济增长波动的影响较大；在 1986～1989 年这个周期内，西部地区工业经济增长率与 GDP 增长率的相关性有所下降，相关系数为 0.8852，同期全国两者的相关性却进一步加强，相关系数为 0.9624，说明这个周期中，西部地区工业经济发展相对缓慢，对经济增长的作用有所下降。在 1989～1999 年这个周期内，西部地区工业增长率与 GDP 增长率的相关系数是 0.9153，为强相关性，全国同期工业增长率与 GDP 增长率的相关系数是 0.9874，接近于 1，相关性很强，说明在这个周期内，无论是全国还是西部地区，工业对经济增长波动的影响更强，同样是相关性全国比西部地区强，在这个时期工业经济对整体经济增长波动的影响更大：在 1999～2002 年这个周期上升阶段，西部地区工业增长率与 GDP 增长率的相关系数是 0.9920，强相关性进一步提高，同期全国工业增长率与 GDP 增长率的相关系数是 0.9829，也是强相关性，说明在这个周期的上升阶段，西部地区工业增长对经济增长波动的影响加强。通过以上各周期的分析，可以看出西部地区工业增长率对 GDP 增长周期波动的影响很大，但相对全国来说显得较弱一些。从图 5－10 可以看出西部地区工业与 GDP 增长率之间的强相关性，在 1981 年以前的这个周期，两者呈同方向运动，趋势和谷底一致，因此是高度相关；在 1981～1989 年这个周期内，工业增长率与 GDP 增长率呈同方向运动，并且拐点基本在同一年，偏离不大，所以为强相关；在 1989～1999 年这个周期内，两者仍呈同方向运动，所以为强相关；1999～2002 年由于时间很短，这三年两者呈现同方向运动，所以形成高度正相关状态。

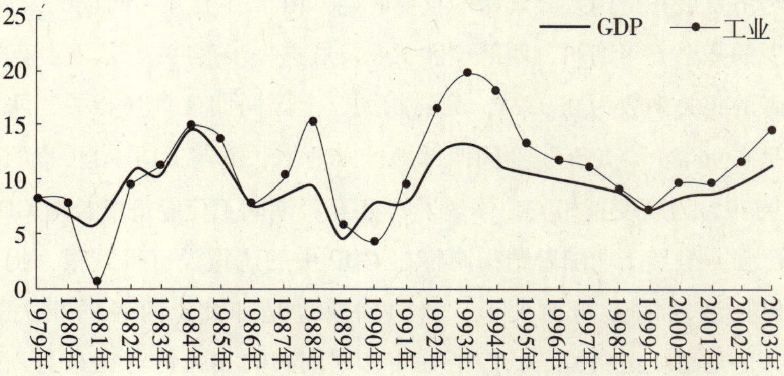

图 5－10　西部地区工业增长与 GDP 增长曲线对比

以1990年为界，将改革开放以来的25年划分为两个阶段来考察两者的相关性，发现西部地区工业增长与GDP增长的相关性在两个阶段均为强相关，1979～1990年两者的相关系数为0.7870，1991～2002年两者的相关系数为0.9606，在都是强相关的情况下，90年代的相关性比80年代弱，说明西部地区90年代以来的工业发展相对缓慢，对GDP的影响相对减弱了一些，需要加快西部地区工业经济发展步伐。与全国平均水平相比，西部地区工业经济增长率与GDP增长率的相关性比全国弱，全国在1979～1990年期间工业增长率与GDP增长率的相关系数是0.8570，也是强相关，在1991～2002年两者的相关系数是0.9864，是强相关，两个时期分别比西部地区高0.07和0.0258。说明西部地区整体上工业经济增长对经济增长的直接作用很大，但没有全国的影响力度大，工业作为推动国民经济发展的重要产业，发展不够快。

与国民经济计划相对应，按5年为一个计划时期来考察两者的相关性，发现西部地区除“七五”期间相关性较弱外，其他三个五年计划期间都是强相关。“六五”期间西部地区工业增长率与GDP增长率的相关系数是0.9102，为强相关，全国同期两者的相关系数是0.8052，也是强相关性，说明在“六五”期间，虽然工业占GDP的比重低于第一产业的比值，但工业增长对经济增长波动的影响力很强；“七五”期间西部地区两者的相关系数是0.6832，相关性并不弱，但比其他三个五年计划期间的强相关性相比，显得弱一些，特别是比全国同期弱得多，全国同期两者的相关系数是0.9759，相关性很强，说明“七五”期间西部地区工业经济增长对GDP增长的影响减弱，是西部地区工业经济发展在全国差异开始的重要时期，由于“七五”时期的发展差异，导致之后的几个五年期间，西部地区工业发展进一步落后；“八五”期间西部地区两者的相关系数为0.9374，为强相关，全国同期也是强相关，两者的相关系数是0.9648；“九五”期间西部地区工业增长率与GDP增长率的相关系数是0.9779，为高度正相关，体现了“九五”期间工业经济增长对GDP增长的作用更强，虽然工业随着结构调整在GDP中的比重没有得到很大提高，但对经济增长波动的影响加大了，全国同期也是如此，两者的相关系数是0.9830，也是高度正相关。从四个五年计划期间的相关性对比来看，西部地区由于工业经济所占比重相对全国较小，增长速度相对全国较慢，所以工业经济增长与 GDP 增长的相关性比全国弱一些，其中，“六五”时期西部比全国高 0.11，“七五”时期西部比全国低 0.2927，“八五”时期西部比全国低 0.0274，“九五”时期西部比全国低 0.0051。因此，加快西部地区工业经济发展步伐，是促进西部地区经济持续快速发展的根本保证。

三、工业增长波动对经济增长波动的影响程度

将西部地区 GDP 增长率对工业增长率（I）进行回归，得出：

样本：1979～2002 年

$$GDP = 4.5552 + 0.4525I \quad (10)$$

$$(6.41)\quad(7.39)$$

$$R^2 = 0.71 \quad D.W. = 1.45$$

模型通过统计检验，表明西部地区工业增长对国民经济增长的影响在统计上是显著的。当工业增长 1 个百分点时，相应地引致 GDP 增长 0.45 个百分点。

与全国进行比较：

将全国 CDP 增长率对工业增长率（I）进行回归，得出：

样本：1979～2002 年

$$GDP = 3.3275 + 0.5258I \quad (11)$$

$$(4.31)\quad(8.55)$$

$$R^2 = 0.77 \quad D.W. = 0.83$$

模型通过统计检验，表明全国工业增长对国民经济增长的影响在统计上是显著的。当工业增长 1 个百分点时，相应地引致 GDP 增长 0.53 个百分点。

通过比较式（10）和式（11）可以看出，工业增长对国民经济增长的影响程度西部地区比全国平均水平低得多，说明西部地区工业对经济增长的带动作用还比较弱。

西部地区工业增长周期波动系数平均为 0.41，比经济增长周期平均波动系数高 0.20，从二者曲线图的对比也可以看出，工业增长周期波动比经济增长周期波动大，比全国工业增长周期平均波动系数低 0.05，说明西部地区工业增长波动比全国稍小。

将改革开放以来西部地区经济周期波动系数对工业增长周期波动系数进行回归，得出：

样本：改革开放后的 2 ~4 周期

$$GDP = 0.6178I \quad (12)$$
$$(7.53)$$
$$R^2 = 0.98 \quad SER = 1.67$$

模型通过统计检验，表明西部地区工业增长波动对国民经济增长波动的影响在统计上是显著的。当工业增长波动 1 个百分点，相应地引致 GDP 增长波动 0.62 个百分点。

与全国进行比较：

将改革开放以来全国经济周期波动系数对工业增长周期波动系数进行回归，得出：

样本：改革开放后的 2 ~4 周期

$$GDP = 0.7800I \quad (13)$$
$$(8.39)$$
$$R^2 = 0.80 \quad SER = 1.58$$

模型通过统计检验，表明全国 1981 年以来工业增长波动对国民经济增长波动影响在统计上是显著的。当工业增长波动 1 个百分点时，引致 GDP 增长波动 0.78 个百分点。

通过比较式（12）和式（13）可以看出，工业增长波动对国民经济增长波动的影响程度西部地区比全国平均水平也低得多，与第二产业一样，也同样说明西部地区工业化进程缓慢，工业对经济增长的带动作用还比较弱。

四、工业对经济增长的贡献率分析

从贡献率来看，1979 年以来，西部地区工业对经济增长的贡献率 24 年平均为 36.3%，这一贡献率比第一产业平均贡献率高 5 个百分点，但比全国平均水平低 12.6 个百分点，说明改革开放以来的 25 年，西部地区工业对经济增长的贡献相对于全国来说太小，是致使西部地区经济落后的重要原因。

在西部各经济周期阶段，工业对经济增长贡献的变化也较大，在 1979 ~

1981年这个周期下降阶段，工业对经济增长的平均贡献率为26.9%，比第一产业的贡献低12.7个百分点，全国这一时期的平均贡献率为45.5%，西部地区比全国平均水平低18.6个百分点，说明在改革开放初期，西部地区的经济增长主要依靠第一产业的贡献，工业经济增长的贡献还比较小；在1981～1986年这个周期内，工业对经济增长的平均贡献率为28.4%，虽然有一定的提高，但比第一产业的平均贡献率低10.5个百分点，也比全国同期低6.8个百分点，说明这一周期阶段，西部经济发展对工业的依赖性增大，但贡献率还偏小；在1986～1989年这个周期内，工业经济对经济增长的平均贡献率提高到40.6%，比上一个周期提高了12.2个百分点，提高的幅度很大，但仍然低于全国，比全国同期低6个百分点；在1989～1999年这个周期内，工业对经济增长的平均贡献率为38.4%，比第一产业平均贡献率高20.2个百分点，但比上一周期下降了2.2个百分点，这一时期全国比上一周期提高了6.2个百分点，达到52.8%，西部比全国低14.4个百分点，在这一周期阶段，尽管工业经济的贡献率提高了，但由于提高得不快，西部与全国的差距进一步扩大了；在1999～2002年这个新一轮周期的上升阶段，工业对经济增长的贡献率有所下降，为36.5%，而全国同期却有所上升，提高到53.3%，西部地区比全国平均水平低16.8个百分点，因此，从各周期来看，西部地区工业经济增长对整体经济增长波动具有重要影响，但这种影响作用比全国平均水平小得多。

以1990年为界，将这24年划分为两个大的时期，1979～1990年西部地区工业对经济增长的平均贡献率为32.9%，比这个时期第一产业的平均贡献率高3.5个百分点，说明西部地区在20世纪80年代，经济发展虽然对农业的依赖性较强，但工业的影响更大，全国同期工业对经济增长的平均贡献率为42.7%，相差近10个百分点，西部地区工业经济的影响比全国相对较小。到了90年代，1991～2002年西部地区工业对经济增长的贡献率提高到平均为39.8%，地位有所增强，全国同期平均为55.1%，西部地区比全国低15.3个百分点。从两个阶段比较来看，西部地区工业经济增长贡献率与全国差距扩大了，因此，西部地区与全国发展差距的扩大，很大程度上是由于工业经济发展差距的扩大导致的。

与国民经济计划相对应，按5年为一个计划时期来考察，也可以看出工业对经济增长的贡献与全国平均水平存在的巨大差距。“六五”时期，西部工业对经济增长的平均贡献率为30.6%，比第一产业的平均贡献率低3.5个百分点，说明在这个时期农业经济对整体经济增长波动的影响还比较强，这一时期全国工业经济增长对GDP的平均贡献率为41.6%，比第一产业的平均贡献率高19.5%，从全国经济来看，工业经济对GDP增长波动的影响作用更强，比西部地区高11个百分点，由此可以看出西部地区工业发展落后是在改革开放初期就存在的；“七五”时期西部工业对经济增长的平均贡献率为36.0%，比上一个五年计划期间提高了5.4个百分点，提高的幅度比较大，说明工业经济增长对经济增长波动的影响不断加强，第一产业对经济增长波动的影响有所减弱，但与全国同期相比，仍显得力度较小，这一时期全国工业经济的平均贡献率为44.1%，比西部地区高8.1个百分点；“八五”时期西部工业对经济增长的平均贡献率为43.5%，又比上一个五年计划期间提高了7.5个百分点，全国同期却提高更大，提高到57.5%，上升幅度达到13.4个百分点，西部地区的提高幅度比全国少5个百分点以上，体现了这个时期西部地区工业发展落后与全国平均水平的动态过程；“九五”时期西部工业对经济增长的平均贡献率为37.2%，比“八五”期间有较大幅度下降，下降了6.3个百分点，同期全国平均为52.6%，也比“八五”期间下降了4.9个百分点，说明全国经济随着产业结构的不断调整和优化，特别是第三产业的快速发展以及农业经济发展从数量型向质量效益型的转变，工业经济增长的盲目性得到转变，但从工业经济增长对GDP增长的拉动作用来说，西部地区仍然严重落后于全国平均水平。

五、工业对经济增长的贡献度分析

从贡献度看，西部地区工业对经济增长的贡献度与经济增长呈明显的一致性波动（见图5-11），工业经济增长贡献是决定西部地区经济增长波动的重要因素，这一态势与全国平均水平完全一致，体现了中国工业化初期向中期过渡时期的经济特征，西部地区也处于这个动态发展过程中。1979~2002年西部地区经济增长率的算术平均值为9.5%，工业的平均贡献度为3.5个百分点，全国在9.4%的平均经济增长率中，工业的平均贡献度为4.7个百分点，西部地区工业的贡献度比全国平均水平低0.8个百分点，体现西部地区经济周期波动受工业经济增长的影响比全国弱。

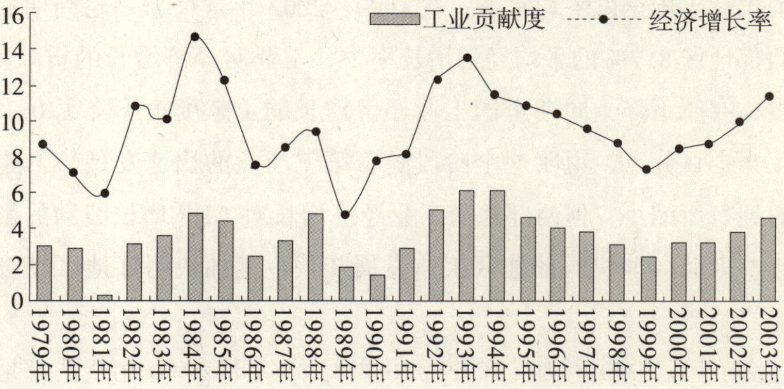

图5-11　西部地区工业对经济增长的贡献度

从西部经济周期看，在1979～1981年这个周期下降阶段，在7.2%的平均经济增长率中，工业对经济增长的平均贡献度为2.1个百分点，小于这个时期第一产业的平均贡献度0.5个百分点，同期全国在6.9%的平均经济增长率中，工业对经济增长的平均贡献度是3.4个百分点，在西部地区经济增长率比全国高0.3的情况下，工业的贡献度却比全国平均水平低0.8个百分点，可见西部地区的工业经济在改革开放初期就处于落后地位；在1981～1986年这个周期内，在西部地区10.2%的平均经济增长率中，工业对经济增长的平均贡献度为3.1个百分点，有所提高，但同期全国在10.5%的平均经济增长率中，工业对经济增长的贡献度提高到4.0个百分点，西部地区比全国低0.9个百分点，可以看出工业经济增长对这个周期的经济增长波动的作用增大，但也低于全国平均水平；在1986～1989年这个周期内，在西部地区7.6%的平均经济增长率中，工业的平均贡献度是3.1个百分点，虽然在数值上与上一个周期一致，工业的贡献度实际是提高了，但仍低于全国，全国同期在9%的平均经济增长率中，工业经济的平均贡献度为4.2个百分点，说明这个周期中，西部地区虽然工业经济的作用增强，但仍然小于全国；在1989～1999年这个西部经济周期内，西部地区平均经济增长率上升到9.5%，工业对经济增长的平均贡献度是3.8个百分点，又有所提高，可同期全国在9.2%的平均经济增长率中，工业的平均贡献度是5.0个百分点，西部地区仍然比全国低1.2个百分点，可以看出西部地区工业经济增长对经济周期波动的影响进一步加大，但仍然小于全国平均水平；在1999～2002年这个新一轮周期的上升阶段，在西部地区8.7%的平均经济增长率中，工业对经济增长的贡献度是3.2个百分点，有所下降，同期全国工业经济增长的贡献度也下降了0.1个百分点，为4.0个百分点，说明这个阶段随着第三产业的快速发展，工业经济的贡献相对地有所缩小，但西部地区工业经济增长对GDP增长波动的影响仍然比全国小。因此，加快西部地区工业发展步伐，是加快西部地区经济发展的重要途径。

将这24年以1990年为界来分析20世纪80年代和90年代西部地区工业对经济增长的贡献度，1979～1990年，在西部地区9.0%的平均经济增长率中，工业的平均贡献度为3.0个百分点，1991～2002年，在西部地区10.0%的平均经济增长率中，工业的平均贡献度提高到4.0个百分点，体现了西部地区在这改革开放以来的25年中，前后比较来看，工业对经济增长的作用增强。与全国比较来看，西部地区经济增长波动受工业经济增长的影响程度小于全国，1979～1990年，在全国9.1%的平均经济增长率中，工业的平均贡献度为4.0个百分点，这个阶段，西部地区在平均经济增长率比全国低0.1个百分点的情况下，工业贡献度比全国平均水平低1个百分点；1991～2002年，在全国9.7%的平均经济增长率中，工业的平均贡献度为5.4个百分点，在这个阶段，西部地区在平均经济增长率比全国高0.3个百分点的同时，工业贡献度却比全国平均水平低1.4个百分点，说明西部地区经济增长波动受工业经济增长的影响比全国小。

以国民经济计划时期划分来看，“六五”期间，西部地区在9.9%的平均经济增长率中，工业的平均贡献度为3.2个百分点，比第一产业的平均贡献度略高0.1个百分点，说明在改革开放初期，农业经济增长对西部地区经济增长波动的影响还较强；全国在“六五”期间也是9.9%的平均经济增长率，但工业的贡献度却是4.2个百分点，西部比全国平均水平低1.0个百分点，这个数值正好是西部地区第一产业平均贡献度比全国高的数值，这说明西部地区经济增长波动在“六五”时期受工业经济增长的影响比全国小。“七五”期间，西部地区在7.6%的平均经济增长率中，工业的平均贡献度为2.8个百分点；全国在“七五”期间7.9%的平均经济增长率中，工业平均贡献度为3.6个百分点，这个五年期间，西部在平均经济增长率比全国平均水平低0.3的情况下，工业贡献度比全国平均水平低0.8个百分点，说明在“七五”期间，无论是全国还是西部地区，由于工业经济增长的平均贡献度下降，导致GDP增长速度下降。“八五”期间，西部地区在11.2%的平均经济增长率中，工业的平均贡献度为4.9个百分点，在经济增长率平均每年上升了3.6个百分点的情况下，工业贡献度每年上升2.1个百分点，说明西部地区到了“八五”时期，工业对经济增长的地位大大增强；全国在“八五”期间12.0%的平均经济增长率中，工业的平均贡献度达到了6.9个百分点，平均经济增长率在每年比西部地区高0.8个百分点的情况下，工业的贡献度比西部地区平均每年高2.0个百分点，说明在“八五”时期虽然西部地区工业经济增长对经济增长波动的贡献增强，但作用仍然比全国小。“九五”期间，西部地区在8.9%的平均经济增长率中，工业的平均贡献度为3.3个百分点，在经济增长率每年平均比“八五”期间下降2.3个百分点的情况下，工业的平均贡献度每年下降1.7个百分点，说明西部地区在“九五”期间，工业经济增长对经济增长波动的作用进一步扩大；全国在“九五”期间8.3%平均经济增长率中，工业平均贡献度为4.4个百分点，在增长率平均每年比西部地区低0.6个百分点的同时，工业平均贡献度却每年比西部地区高1.1个百分点，说明“九五”期间虽然工业增长对西部地区经济增长波动的作用扩大，但仍然比全国小，揭示了西部地区工业发展落后、工业经济增长贡献不足是导致西部地区经济发展落后的原因。

六、研究结论

第一，改革开放以来，西部地区工业在GDP中的比重呈缓慢下降的态势，但对经济增长的贡献却不断提高，对经济周期波动的影响也呈由弱到强的趋势，而全国工业在GDP中的比重虽有较大起伏，但比重呈缓慢上升的态势，这种差异体现了西部地区工业发展滞后的状态。

第二，在上述态势下，西部地区工业在GDP中的比重、对经济增长的贡献都比全国平均水平小，工业对经济周期波动的影响也比全国弱，体现了西部地区工业发展相对落后的格局。

第三，在20世纪80年代，工业在GDP中的比重比90年代大，但工业对经济增长的贡献却比90年代小，因此，80年代的经济周期更多地含有农业经济增长因素，这种特征西部地区比全国更明显，90年代的经济周期波动更多地含有工业经济增长的因素，这种特征西部地区比全国弱。

第四，西部地区工业对经济增长波动的影响不断增强，但总体上远低于全国平均水平，无论从产业结构、产业增长与经济增长的相关性，还是产业贡献来说，都需要加快西部地区工业经济发展步伐，在目前中国实施西部大开发的政策环境下，千方百计加大面向西部地区的投资力度，切实发展壮大西部地区的工业经济，是缩小东西部差距的重要因素。

第六节　西部地区三次产业对国民经济的间接贡献

通过结构法计算的贡献率受上年产业结构的影响很大，一段时间序列内，三次产业的增长会对GDP产生什么影响，需要测算三次产业增长对GDP的间接贡献。

将西部地区改革开放以来GDP增长率对三次产业增长率进行回归，得出：

样本：1979～2002年

$$GDP = 0.3898PI + 0.4621SI + 0.1744TI \qquad (14)$$

$$(5.91)\quad(10.78)\quad(3.18)$$

$$R^2 = 0.88 \quad D.W. = 2.22$$

模型通过统计检验，表明西部地区三次产业增长对国民经济增长的影响在统计上是显著的。第一产业对经济增长的贡献率是38.98%，第二产业对经济增长的贡献率是46.21%，第三产业对经济增长的贡献率是17.44%。

前面通过结构法测算的1979～2002年的西部地区三次产业贡献率分别是21.3%、42.9%、36.5%。两者的差异在于第一产业对经济增长的贡献间接地通过第三产业体现出来，因此，虽然第一产业对经济增长的直接贡献不大，但在国民经济中具有重要的作用。另外，西部地区第二产业对经济增长的贡献也有一部分通过第三产业间接地体现。

与全国进行比较：

将全国 GDP 增长率对三次产业增长率进行回归，得出：

样本：1979～2002 年

$$GDP = 0.2726PI + 0.4964SI + 0.2402TI \quad (15)$$

（9.26）（28.87）（8.93）

$R^2 = 0.98 \quad D.W. = 1.43 \quad F = 493.73$

模型通过统计检验，表明全国三次产业增长对国民经济增长的影响在统计上是显著的。第一产业对经济增长的贡献率是 27.26%，第二产业对经济增长的贡献率是 49.64%，第三产业对经济增长的贡献率是 24.02%。

前面通过结构法测算的 1979～2002 年的全国地区三次产业贡献率分别是 14.2%、54.2%、30.6%。两者的差异在于第一产业对经济增长的贡献间接地通过第三产业和第二产业体现出来，因此，虽然第一产业对经济增长的直接贡献不大，但在国民经济中具有重要的作用。另外，全国与西部地区不同的是，第二产业对经济增长的直接贡献中也体现了一部分第一产业的间接贡献。

通过比较式（14）和式（15）可以看出，三次产业增长对国民经济增长的间接贡献中，西部地区第一产业比全国高 11.72 个百分点，第二产业和第三产业分别比全国低 3.44% 和 6.58%，进一步说明了西部地区农业经济对国民经济的影响大、工业化程度低的基本特征。

从各周期对比来看：

将西部地区改革开放后的第二个周期的 GDP 增长率对三次产业增长率进行回归，得出：

样本：第二个周期

$$GDP = 0.2809I + 0.3104SI + 0.3227TI \quad (16)$$

（2.74）（1.06）（1.56）

$R^2 = 0.95 \quad D.W. = 1.91 \quad F = 122.54$

模型通过统计检验，表明西部地区第二个周期中三次产业增长对国民经济增长的影响在统计上是显著的。第一产业对经济增长的贡献率是28.09%，第二产业对经济增长的贡献率是31.04%，第三产业对经济增长的贡献率是32.27%。

将西部地区改革开放后的第三个周期的GDP增长率对三次产业增长率进行回归，得出：

样本：第三个周期

$$GDP = 0.4719I + 0.2504SI + 0.3005TI \quad (17)$$

$$(3.13) \quad (3.49) \quad (4.17)$$

$$R^2 = 0.98 \quad D.W. = 1.73 \quad F = 119.21$$

模型通过统计检验，表明西部地区第三个周期中三次产业增长对国民经济增长的影响在统计上是显著的。第一产业对经济增长的贡献率是47.19%，第二产业对经济增长的贡献率是25.04%，第三产业对经济增长的贡献率是30.05%。

将西部地区改革开放后的第四个周期的GDP增长率对三次产业增长率进行回归，得出：

样本：第四个周期

$$GDP = 0.4712I + 0.4141SI + 0.2074TI \quad (18)$$

$$(5.37) \quad (5.57) \quad (1.80)$$

$$R^2 = 0.95 \quad D.W. = 1.72 \quad F = 145.27$$

模型通过统计检验，表明西部地区第四个周期中三次产业增长对国民经济增长的影响在统计上是显著的。第一产业对经济增长的贡献率是47.12%，第二产业对经济增长的贡献率是41.41%，第三产业对经济增长的贡献率是20.74%。

比较式（16）、式（17）和式（18）中的回归系数发现，第四个周期中第一、第二产业的间接贡献率比第二个周期高，第三产业的间接贡献比第二个周期低，这其中主要是第一产业虽然在第三个周期中直接贡献只有18.2%，但对国民经济的贡献通过第二、第三产业间接的体现。

参考全国的情况：

将全国改革开放后的第二、三、四个周期的GDP增长率对三次产业增长率进行回归，得出：

样本：第二个周期

$$GDP = 0.2828I + 0.4467SI + 0.2601TI \quad (19)$$

（7.34）（7.67）（4.14）

$R^2 = 0.99$　$D.W. = 2.02$　$F = 561.94$

样本：第三个周期

$$GDP = 0.2206I + 0.4856SI + 0.2769TI \quad (20)$$

（12.69）（9.51）（5.40）

$R^2 = 0.99$　$D.W. = 1.61$　$F = 1307.75$

样本：第四个周期

$$GDP = 0.4929I + 0.3909SI + 0.3142TI \quad (21)$$

（5.55）（13.49）（5.64）

$R^2 = 0.99$　$D.W. = 1.65$　$F = 285.70$

模型均通过统计检验，表明全国改革开放后第二、三、四个周期中三次产业增长对国民经济增长的影响在统计上是显著的。第四个周期中第一产业对经济增长的间接贡献比第二、三个周期大，第二产业的间接贡献有所下降，第三产业的间接贡献有所提高。这种变化反映了工业化进程中农业经济向加工业和服务业转化的进程。西部地区显然要慢得多。

通过三次产业对 GDP 增长的间接贡献以及与全国比较，可以看出西部地区经济增长具有以下几方面的特征：

第一，西部地区总体上农业经济成分还具有很强的地位。西部地区第一产业的间接贡献还很强，高于全国平均水平，说明西部地区 GDP 增长对第一产业的依赖性还比较高，这也是第二产业和第三产业贡献不够所致，表明西部地区在传统农业向现代农业转变方面还需加快步伐。

第二，西部地区的工业化进程滞后。第二产业的主体是工业，西部地区第二产业间接贡献低于全国，第二产业对 GDP 增长的贡献不足，是由于工业化进程总体上慢于全国，是全国工业化进程中的部分滞后地区，需要加快推进西部地区的新型工业化进程。

第三，第三产业对 GDP 增长的贡献不足。第三产业对 GDP 增长的间接贡献低于全国平均水平，说明西部地区还需要大力发展第三产业，扩大第三产业产值，有效促进经济增长。

第四，西部地区三次产业结构还不尽合理，有待进一步调整和优化。总体上，还需要加快农业现代化步伐，提高工业技术水平和装备，加快发展第三产业。

本章小结

从供给角度看，改革开放25年来，西部地区三次产业对经济增长波动的影响具有以下特点：

（1）三次产业对经济增长波动的影响状态与全国基本是一致的，所以西部地区经济周期波动状态与全国基本一致。

（2）西部地区第一产业对经济增长波动的影响呈减弱趋势，前后周期的农业经济特征由强到弱，体现出产业结构调整产生的效果；西部地区第一产业比重高，第一产业对经济增长波动的影响西部比全国强，所以西部地区第一产业增长缓慢，对经济增长的贡献不足，更影响了西部经济发展滞后于全国平均水平。

（3）西部地区第二产业对经济增长波动的影响不断增强，前后周期受第二产业增长的影响由弱到强，也体现了产业结构调整产生的效果；西部地区第二产业对经济增长波动的影响比全国弱，导致西部经济发展滞后于全国平均水平。

（4）西部地区第三产业对经济增长波动的影响不断增强，前后周期受第三产业增长的影响由弱到强，也体现了产业结构调整所产生的积极效果，特别是在西部地区第二产业对经济增长的作用比全国小的情况下，第三产业对经济增长波动的影响比全国更强。

（5）西部地区与全国平均水平的发展差距还体现在工业发展差距上，西部地区工业经济发展缓慢，工业经济在国民经济中的比重偏低，工业经济对GDP的贡献偏小，是制约西部地区经济持续快速发展的重要因素，因此，加快西部地区工业化进程尤为重要。

（6）加快西部地区现代农业发展步伐应是产业结构调整的重点，提高第一产业的增长质量，提升第一产业对经济增长的贡献，加快西部地区新型工业化进程，提高第二产业对经济增长的贡献，加快旅游服务业等第三产业发展步伐，进一步提升第三产业对经济增长的贡献，通过切实提高三次产业对经济增长的贡献提高西部地区经济增长，实现西部地区跨越式发展，缩小西部地区与东中部地区的发展差距。

第六章　总需求要素对西部经济周期的影响

第一节　研究路径

一、几个基本概念

社会总需求是在一定时期（如一年）对一国产品和劳务需求的总和，包括消费（含私人消费和政府消费）、投资（含固定资产投资和存货投资）与商品和劳务的净出口三个部分。消费需求是居民个人、社会团体和政府部门对产品和劳务的需求，其中有耐用消费品、非耐用消费品、住房、劳务等；投资需求是各生产主体对投资品的需求，其中有企业固定资产投资、存货投资等；净出口是来自国外部门的需求，反映在国民经济核算中就是支出法国内生产总值及其结构。国内生产总值有价值形态、收入形态、产品形态三种形态，在国内生产总值核算中，这三种形态表现为生产法、收入法和支出法，从不同的角度反映国民经济生产活动的成果。在宏观经济管理和宏观经济分析中，按支出法核算的国内生产总值是应用最多的。

支出法是从最终使用的角度反映国内生产总值最终使用去向，包括货物和服务的最终消费支出、资本形成总额、货物和服务净出口三部分。从支出法国内生产总值的结构、量的增减可以看出总需求结构及其量的变化，支出法国内生产总值反映了社会总需求状态，即在一定时期（如一年）对一国产品和劳务需求的总和；最终消费反映了消费（含私人消费和政府消费）需求，即居民个人、社会团体和政府部门对产品和劳务的需求，其中有耐用消费品、非耐用消费品、住房、劳务等；资本形成总额反映投资（含固定资产投资和存货投资）需求，即各生产主体对投资品的需求，其中有企业固定资产投资、存货投资等；货物和服务净出口反映商品和劳务的净出口需求，即来自国外部门的需求。

按中国现行的国民经济核算体系，地区支出法生产总值也采取与国家国内生产总值同样的核算方法，其中的货物和服务净出口，除包括本地区国际收支平衡表中反映的对外贸易进出口及与国外的非贸易往来部分外，还包括地区间货物和服务的流入流出，即省际贸易差额，也称为地区间货物和服务净流入（或流出）。它是一个地区综合竞争力强弱的重要反映指标，各产业的产品净调入（或调出）规模大小是一个地区产业竞争力强弱的直接体现。省际贸易逆差即省际货物和服务净流入，省际贸易顺差即省际货物和服务净流出。消费、投资和净出口，在市场经济体制下通常被视为拉动经济增长的“三驾马车”，对经济增长波动具有直接的影响，不同地区由于经济发展水平、资源条件、产业结构、产业技术水平等的差异，拉动经济增长的重点有较大差异，消费、投资和净出口对经济周期的影响也不相同。

二、分析框架和路径

为了总体上分析影响经济增长周期的需求因素，本章也采取纵横结合，展开分析，得出结论。“纵”是对西部地区改革开放以来整个时期、以每个周期的时期、以 1990 年为界的前后两个时期、以国民经济五年计划时期等各个时期内的对比分析，以及同全国平均水平的对比；“横”是从总需求结构中第一层次（消费、投资和净出口）、第二层次（消费中的居民消费和社会消费、投资中的固定资本形成和存货）、第三层次（居民消费中的城镇居民消费和农村居民消费）的需求结构、各需求要素增长与 GDP 增长的相关性、影响程度等方面进行分析（如图 6－1 所示），揭示西部地区需求要素对经济周期波动的影响。

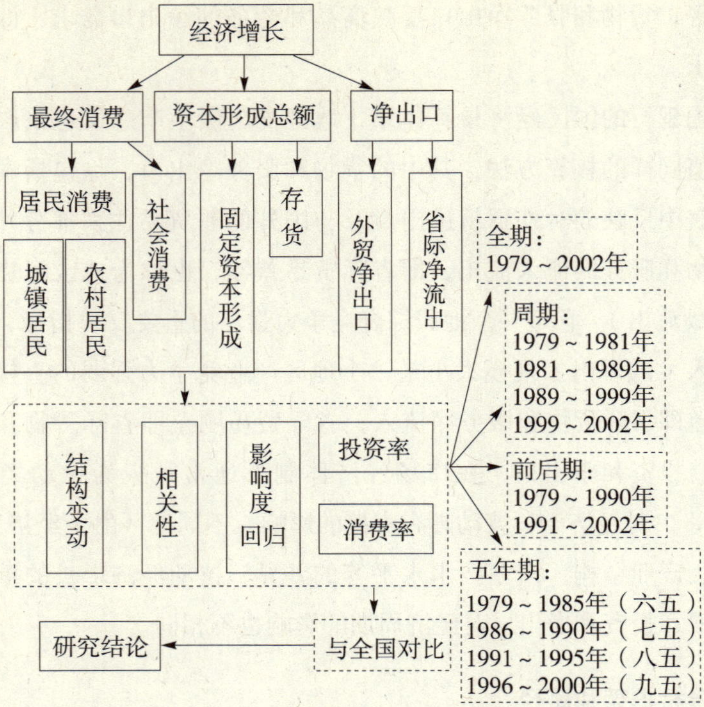

图 6－1　第六章研究路径示意图

第二节　消费需求对经济周期波动的影响

实现的消费需求就是在支出法国内生产总值中的最终消费，又称总消费，即常住单位在一定时期内为满足物质、文化生活需要，从本国经济领土或外国购买的全部货物和服务的消费支出（不包括非常住单位在本国经济领土内的消费支出）。按消费支出的主体不同，可将最终消费划分为住户的最终消费（也称居民消费）和社会公共消费（也称政府消费）。在运用支出法核算国内生产总值时，最终消费是国内生产总值的构成项目之一，最终消费占国内生产总值的比例即消费率是重要的分析指标。

一、最终消费的影响

改革开放以来，西部地区最终消费从 1978 年的 469.73 亿元提高到 2002

年的12638.63亿元，年均增长14.8%①，比全国平均水平每年低0.2个百分点；西部地区最终消费占全国最终消费的比重在20%左右。从图6－2可以较为直观地看出，最终消费增长对经济增长具有非常明显的影响，这一特点西部地区比全国略弱，最终消费增长与经济增长具有一致的周期波动性，西部地区最终消费增长形成了四个周期，与经济增长周期相同，其中，1983年以前为第一个周期，1983～1986年为第二个周期，1986～1992年为第三个周期，1992～1998年为第四个周期，1998年后进入第五个周期的上升阶段。

全国改革开放后最终消费增长也与经济增长周期一样经历了四个周期，其中，1982年以前为第一个周期，1982～1986年为第二个周期，1986～1990年为第三个周期，1990～1998年为第四个周期，1998年后进入第五个周期的上升阶段。

（一）最终消费增长与经济增长的相关性

西部地区1979～2002年最终消费增长率平均为14.8%，比经济增长率每年低0.3个百分点，因此在图6－2中最终消费增长曲线比经济增长曲线略低一些。

西部地区最终消费增长与GDP增长的相关性很强，1979～2002年两者的相关系数是0.8663，为强相关。在各周期也呈现强相关性，在1979～1981年这个周期的下降阶段，相关系数为0.4497，相关性较弱，但整个周期数据不完整，不能完全反映两者的相关程度；在1981～1986年这个周期内，相关系数为0.8270，为高度正相关；在1986～1991年这个周期内，相关系数为0.9637，相关性进一步增强；在1991～1999年这个周期内，相关系数为0.8514，也是高度正相关；在1999～2002年这个周期内上升阶段，相关系数为0.4897，相关性较弱，但不是整个周期数据，不能完全反映一个周期两者的相关程度。通过三个完整周期的相关系数可以看出，最终消费增长对GDP增长周期波动的影响很大。

① 各年增长率的算术平均值。

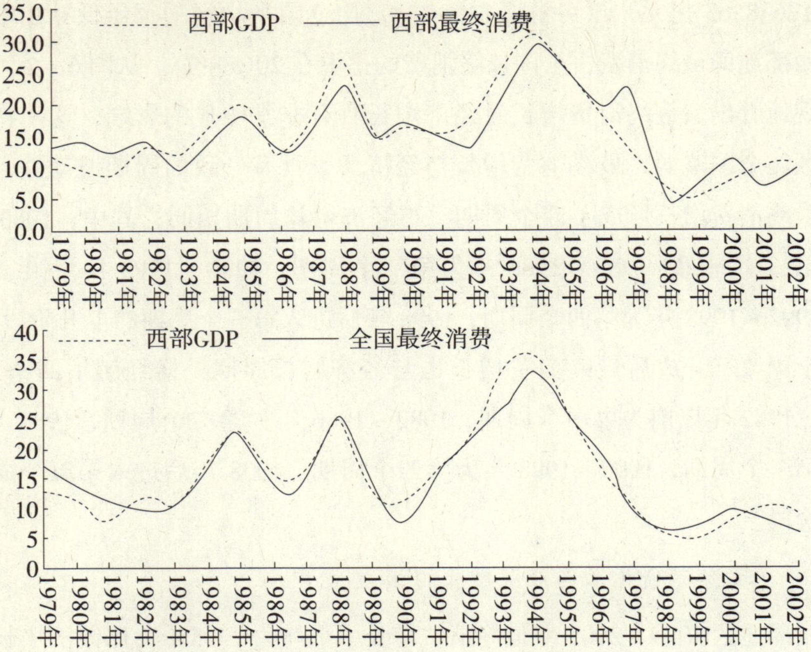

图 6－2　西部地区最终消费增长对经济周期的影响与全国对比

与全国相比，西部地区改革开放以来最终消费增长率与 GDP 增长率的相关性很强的特点与全国是一致的，但相关系数比全国略低一些，1979～2002 年全国这两者的相关系数是 0.9523，西部地区比全国平均水平低 0.09，反映了最终消费对经济增长的影响程度西部地区比全国略弱的特点，其中，第二个周期西部地区最终消费与经济增长的相关系数比全国第二个周期低 0.1，第三个周期一致，第四个周期低 0.12。

以 1990 年为界，将改革开放以来的 25 年划分为两个阶段来考察两者的相关性，发现均为强相关性，1979～1990 年两者的相关系数为 0.8899，1991～2002 年两者的相关系数为 0.8696，在相关性很高的情况下，后期还比前期略有下降。这一态势与全国平均水平相反，全国在 1979～1990 年两者的相关系数是 0.8968，在 1991～2002 年两者的相关系数提高到 0.9710，后期比前期略有提高，说明西部地区最终消费增长对经济增长的影响比全国低，程度也有减弱趋势。

与国民经济计划相对应，按 5 年为一个计划时期来考察，发现西部地区从“六五”到“九五”期间最终消费增长与经济增长的相关性都比较强，其中，“六五”期间两者的相关系数为0.7239，“七五”期间两者的相关系数是0.9622，比上一个五年计划期间上升了0.24，“八五”期间两者的相关系数为0.9230，“九五”期间两者的相关系数为0.7864，比上一个五年计划期间下降了0.15，说明西部地区最终消费对经济增长波动的影响在这四个五年计划期间变化较大。全国在四个五年计划期间最终消费增长与经济增长的相关性都很强，其中，“六五”期间为0.8898，“七五”期间为0.9653，“八五”期间为0.9433，“九五”期间为0.9682，分别比西部地区高0.17、0.00、0.02、0.18。可以看出，西部地区在“七五”和“八五”期间最终消费增长对经济增长的影响与全国是一致的，都很强，但“六五”和“九五”期间则相对弱得多，特别是“九五”以来，总消费增长对经济增长的影响作用减弱。

（二）最终消费增长对经济增长的影响程度

将西部地区GDP增长率对最终消费增长率（*FCE*）进行回归，得出：

样本：1979～2002年

$$GDP = 0.4800 + 0.9826FCE \quad (1)$$

（0.25）（8.13）

$R^2 = 0.75$　$D.W. = 1.54$　$F = 66.16$

模型通过统计检验，表明西部地区最终消费增长对国民经济增长的影响在统计上是显著的。当最终消费增长1个百分点时，相应地引致GDP增长变动0.98个百分点。

与全国进行比较：

将全国GDP增长率对最终消费增长率（*FCE*）进行回归，得出：

样本：1979～2002年

$$GDP = -0.3330 + 1.0465FCE \quad (2)$$

（0.27）（14.64）

$R^2 = 0.91$　$D.W. = 1.47$　$F = 214.30$

模型通过统计检验，表明全国最终消费增长对国民经济增长的影响在统计上是显著的。当最终消费增长1个百分点时，相应地引致GDP增长1.05个百分点。

通过比较式（1）和式（2）中的回归系数，可以看出，西部地区最终消费增长对经济增长的影响程度比全国平均水平略低一些。

改革开放以来西部地区经济周期波动系数平均为0.27，比全国改革开放以来经济周期的平均波动系数低0.08，说明西部12个省区汇总的国民经济波动相对全国稍弱。西部地区最终消费增长周期波动系数平均为0.22，比经济增长周期平均波动系数低0.05，说明最终消费的周期波动相对经济增长周期波动稍弱；比全国最终消费增长周期平均波动系数低0.12，说明西部地区最终消费增长；波动比全国弱。

将改革开放以来西部地区经济周期波动系数对最终消费增长周期波动系数进行回归，得出：

样本：改革开放后的2~4周期

$$GDP = 1.2869FCE \qquad (3)$$

（20.29）

$R^2 = 0.96 \quad D.W. = 1.79$

模型通过统计检验，表明西部地区最终消费增长波动对国民经济增长波动的影响在统计上是显著的。当最终消费增长波动1个百分点时，相应地引致GDP增长波动1.29个百分点。

与全国进行比较：

将改革开放以来全国经济周期波动系数对最终消费增长周期波动系数进行回归，得出：

样本：改革开放后的2~4周期

$$GDP = 1.0167FCE \qquad (4)$$

（7.24）

$R^2 = 0.59 \quad D.W. = 2.22$

模型通过统计检验，表明全国改革开放以来最终消费增长波动对国民经济增长波动的影响在统计上是显著的。当最终消费增长波动1个百分点时，相应地引致GDP增长波动1.02个百分点。

通过比较式（3）和式（4）中的回归系数，可以看出，最终消费增长波动对国民经济增长波动的影响程度西部地区要大于全国平均水平，说明西部地区经济增长更多地依赖消费需求的扩大。

（三）消费率

西部地区消费率比全国平均水平高，25 年来西部地区的消费率平均为 64.4%，全国平均为 62.1%，西部地区比全国平均水平高 2.3 个百分点。西部地区比全国高的消费率却没有导致比全国高的经济增长速度。西部地区消费率总体呈缓慢下降状态（见图 6－3），从 1978 年的 65.1% 下降到 2002 年的 62.6%，25 年下降了 2.5 个百分点，下降的幅度比全国小 1.6 个百分点。

从西部地区各经济周期看，在 1978～1981 年这个周期下降阶段，消费率平均为 67.5%，第二个周期消费率平均为 68.8%，第三个周期消费率平均为 65.1%，下降了 3.7 个百分点，第四个周期消费率平均为 61.0%，下降了 4.1 个百分点，进入第五个周期后消费率平均为 63.5%，上升了 2.5 个百分点，近年来西部地区消费率呈上升的态势有其深层次的原因，后面将作具体分析。

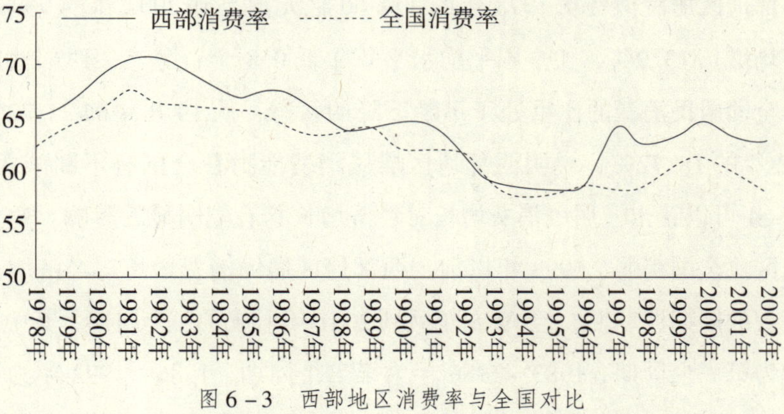

图 6－3　西部地区消费率与全国对比

以 1990 年为界，将这 25 年划分为两个时期，1978～1990 年这个时期，西部地区消费率平均为 67.0%，1991～2002 年这个时期消费率平均为 61.7%，90 年代比 80 年代下降了 5.3 个百分点。全国同期由 64.7% 下降为 59.3%，下降了 5.4 个百分点。西部地区消费率下降幅度比全国小，说明西部地区经济增长对消费的依赖性更大。

按国民经济五年计划阶段来看，西部地区“六五”期间的消费率平均为 68.1%，“七五”期间下降为 65.5%，下降了 2.6 个百分点，“八五”期间消费率平均为60.2%，下降了5.3个百分点，说明西部地区在“八五”期间，国民经济发展总体较好，“九五”期间消费率平均为62.2%，比“八五”期间上升了2.0个百分点。与全国比较来看，“六五”期间西部地区的平均消费率比全国高2.7个百分点，“七五”期间比全国高1.7个百分点，“八五”期间比全国高0.9个百分点，“九五”期间比全国高3.3个百分点。可以看出，前三个五年计划期间，西部地区消费率与全国的差距在缩小，但“九五”以后却扩大了，“九五”以来，特别是1997年以来，在外需不足的情况下，中国通过扩大投资、启动内需来提高经济增长，结合前面的相关性和影响程度分析来看，西部地区经济增长对内需消费的依赖性更强，西部地区要提高1个百分点的经济增长，需要扩大比全国更大比例的消费需求才能实现，从图6－1的对比中也可以看出这一差异。

二、居民消费的影响

西部地区居民消费从1978年的399.60亿元提高到2002年的9088.08亿元，年均增长13.9%，比全国平均水平每年低0.8个百分点；西部地区居民消费占全国居民消费的比重处于不断下降的状态，从1978年的22.72%下降到2002年的18.72%，说明西部地区居民消费能力在全国有不断减弱趋势。从图6－4可以看出，居民消费增长对经济增长具有较明显的影响，这一特点西部地区比全国稍弱，1998年以前，西部地区居民消费增长与经济增长具有基本一致的周期波动性，但1998年后到2001年形成了一个周期，其中，1983年以前为第一个周期，1983～1986年为第二个周期，1986～1992年为第三个周期，1992～1998年为第四个周期，1998～2001年为第五个周期。

全国改革开放后居民消费增长与经济增长周期一样经历了四个周期，其中，1982年以前为第一个周期，1982～1986年为第二个周期，1986～1990年为第三个周期，1990～1998年为第四个周期，1998年后进入第五个周期的上升阶段。

（一）居民消费增长与经济增长的相关性

西部地区1979～2002年居民消费增长率平均为14.1%，比经济增长率每年低 1 个百分点，因此在图 6 – 4 中居民消费增长曲线比经济增长曲线略低一些。

西部地区居民消费增长与 GDP 增长的相关性很强，1979 ~ 2002 年两者的相关系数是 0. 8514，为强相关。在各周期也呈现强相关性，在 1979 ~ 1981 年这个周期的下降阶段，相关系数为 0. 2872，相关性较弱，但整个周期数据不完整，不能完全反映两者的相关程度；在 1981 ~ 1986 年这个周期内，相关系数为 0. 7611，为较强正相关；在 1986 ~ 1991 年这个周期内，相关系数为 0. 9938，相关性大大增强；在 1991 ~ 1999 年这个周期内，相关系数为 0. 8675，也是强正相关；在 1999 ~ 2002 年这个周期上升阶段，相关系数为 0. 1202，相关性较弱，也是由于周期数据不完整，不能完全反映一个周期中两者的相关程度。通过三个完整周期的相关系数可以看出，居民消费增长对 GDP 增长周期波动的影响很大。

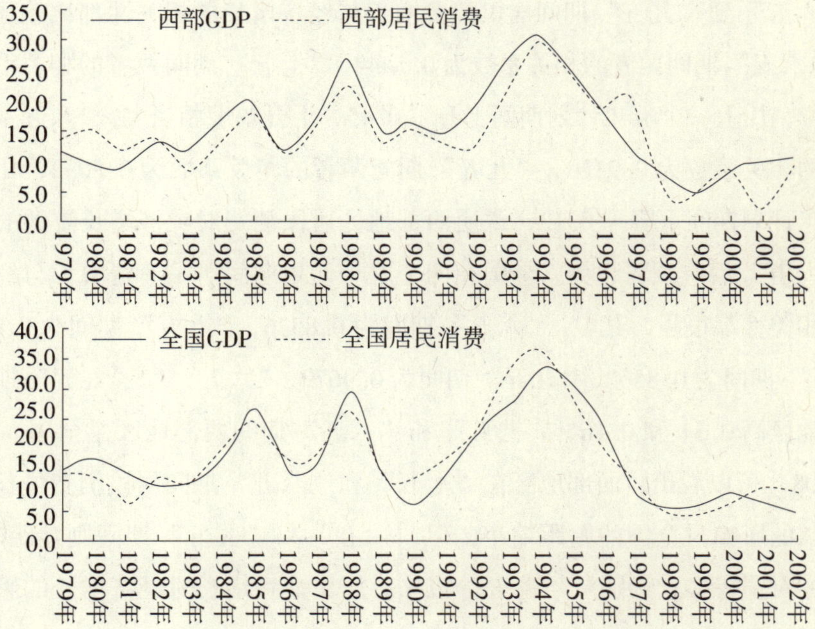

图 6 – 4　西部地区居民消费增长对经济周期的影响与全国对比

与全国相比，西部地区改革开放以来居民消费增长率与 GDP 增长率的相关性很强的特点与全国是一致的，但相关系数也比全国略低一些，1979 ~

2002 年全国这两者的相关系数是 0.9296，西部地区比全国平均水平低 0.08，反映了居民消费对经济增长的影响程度西部地区比全国稍弱的特点，其中，第二个周期西部地区居民消费与经济增长的相关系数比全国第二个周期低 0.09，第三个周期低 0.01，第四个周期低 0.08。

以 1990 年为界，将改革开放以来的 25 年划分为两个阶段来考察两者的相关性，发现均为较强相关性，1979 ~ 1990 年西部地区两者的相关系数为 0.8286，1991 ~ 2002 年两者的相关系数为 0.8712，在相关性均较强的情况下，后期比前期略有上升。这一态势与全国平均水平基本一致，全国在 1979 ~ 1990 年两者的相关系数是 0.8827，在 1991 ~ 2002 年两者的相关系数提高到 0.9521，后期比前期略有提高，说明西部地区居民消费增长对经济增长的影响比全国稍低。

与国民经济计划相对应，按 5 年为一个计划时期来考察，发现西部地区从"六五"到"九五"期间居民消费增长与经济增长的相关性都比较强，其中，"六五"期间两者的相关系数为 0.5444，"七五"期间两者的相关系数是 0.9937，比上一个五年计划期间上升了 0.45，上升幅度相当大，"八五"期间两者的相关系数为 0.9320，"九五"期间两者的相关系数为 0.8032，比上一个五年计划期间下降了 0.13，说明西部地区居民消费对经济增长波动的影响在"九五"后有减弱趋势。全国在四个五年计划期间居民消费增长与经济增长的相关性都很强，其中，"六五"期间为 0.8536，"七五"期间为 0.9817，"八五"期间为 0.8562，"九五"期间为 0.9679，"六五"和"九五"期间比西部地区高 0.31 和 0.16，"七五"和"八五"期间西部地区比全国高 0.01 和 0.08。可以看出，西部地区在"七五"和"八五"期间居民消费增长对经济增长的影响与全国的差距缩小，但"六五"和"九五"期间则差距较大，影响相对弱得多，特别是"九五"以来，居民消费增长对经济增长的影响作用减弱。

（二）居民消费增长对经济增长的影响程度

将西部地区 GDP 增长率对居民消费增长率（*HC*）进行回归，得出：

样本：1979 ~ 2002 年

$$GDP = 2.8242 + 0.8695HC \quad (5)$$
$$(1.59)\ (7.61)$$
$$R^2 = 0.72 \quad D.W. = 1.39 \quad F = 57.96$$

模型通过统计检验，表明西部地区居民消费增长对国民经济增长的影响在统计上是显著的。当西部地区居民消费增长 1 个百分点时，相应地引致西部地区 GDP 增长 0.87 个百分点。

与全国进行比较：

将全国 GDP 增长率对居民消费增长率（*HC*）进行回归，得出：

样本：1979～2002 年

$$GDP = 1.2494 + 0.9421HC \quad (6)$$
$$(0.93)\ (11.83)$$
$$R^2 = 0.86 \quad D.W. = 1.40 \quad F = 139.95$$

模型通过统计检验，表明全国居民消费增长对国民经济增长的影响在统计上是显著的。当居民消费增长 1 个百分点时，相应地引致 GDP 增长 0.94 个百分点。

通过比较式（5）和式（6）中的回归系数，可以看出，西部地区居民消费增长对经济增长的影响程度比全国平均水平略低一些。

改革开放以来西部地区居民消费增长周期波动系数平均为 0.31，比经济增长周期平均波动系数低 0.04，说明居民消费的周期波动相对经济增长周期波动稍弱；比全国居民消费增长周期平均波动系数低 0.06，说明西部地区居民消费增长波动比全国弱。

将改革开放以来西部地区经济周期波动系数对居民消费增长周期波动系数进行回归，得出：

样本：改革开放后的 2～4 周期

$$GDP = 0.8290HC \quad (7)$$
$$(10.88)$$
$$R^2 = 0.88 \quad D.W. = 1.86$$

模型通过统计检验，表明西部地区居民消费增长波动对国民经济增长波动的影响在统计上是显著的。当居民消费增长波动 1 个百分点时，相应地引致 GDP 增长波动 0.83 个百分点。

与全国进行比较：

将改革开放以来全国经济周期波动系数对居民消费增长周期波动系数进行回归，得出：

样本：改革开放后的 2～4 周期

$$GDP = 0.9132HC \qquad (8)$$

$$(6.06)$$

$$R^2 = 0.43 \quad D.W. = 2.19$$

模型通过统计检验，表明全国改革开放以来居民消费增长波动对国民经济增长波动的影响在统计上是显著的。当居民消费增长波动 1 个百分点时，相应地引致 GDP 增长波动 0.91 个百分点。

通过比较式（7）和式（8）中的回归系数，可以看出，居民消费增长波动对国民经济增长波动的影响程度西部地区要小于全国平均水平，说明西部地区居民消费对经济增长拉动作用比全国弱。

三、城镇居民消费的影响

西部地区城镇居民消费从 1978 年的 142.64 亿元提高到 2002 年的 4672.49 亿元，年均增长 15.6%，比全国平均水平每年低 1.1 个百分点；西部地区城镇居民消费占全国城镇居民消费的比重处于不断下降的状态，从 1978 年的 21.39% 下降到 2002 年的 17.08%，说明西部地区城镇居民消费能力在全国有不断减弱趋势。从图 6－5 可以看出，城镇居民消费增长对经济增长具有较明显的影响，这一特点西部地区比全国稍弱，1998 年以前，西部地区城镇居民消费增长与经济增长具有基本一致的周期波动性，但在时间上有差异，1998 年后到 2001 年形成了一个小周期状态。其中，1982 年以前为第一个周期，1982～1987 年为第二个周期，1987～1989 年为第三个周期，1989～1998 年为第四个周期，1998～2001 年为第五个周期。

全国改革开放后城镇居民消费增长与经济增长周期一样经历了四个周期，其中，1982 年以前为第一个周期，1982～1986 年为第二个周期，1986～1990 年为第三个周期，1990 年到现在为第四个周期。

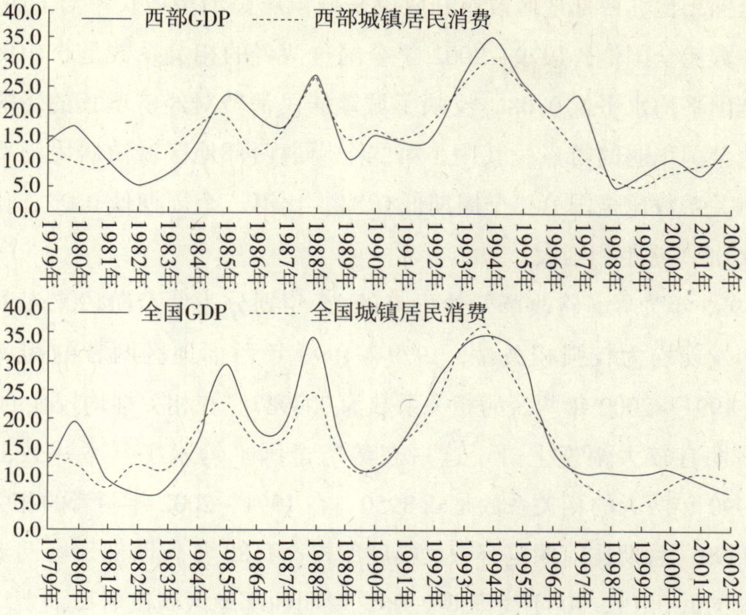

图 6－5　西部地区城镇居民消费增长对经济周期的影响与全国对比

（一）城镇居民消费增长与经济增长的相关性

西部地区 1979～2002 年城镇居民消费增长率平均为 15.9%，比经济增长率每年高 0.8 个百分点，因此在图中城镇居民消费增长曲线总体上比经济增长曲线略高一些。

西部地区城镇居民消费增长与 GDP 增长的相关性较强，但相关性比最终消费和居民消费与 GDP 增长的相关性弱。1979～2002 年两者的相关系数是 0.8349，为强相关，在各周期也呈现较强的相关性，在 1979～1981 年这个周期的下降阶段，相关系数为 0.2265，相关性较弱，但整个周期数据不完整，不能完全反映两者的相关程度；在 1981～1986 年这个周期内，相关系数为 0.5890，为较强正相关；在 1986～1991 年这个周期内，相关系数为 0.7656，相关性有所增强；在 1991～1999 年这个周期内，相关系数为 0.8886，正相关进一步增强；在 1999～2002 年这个周期上升阶段，相关系数为 0.5638，相关性较强，也是由于周期数据不完整，不能完全反映一个周期两者的相关程度。通过三个完整周期的相关系数可以看出，城镇居民消费增长对 GDP 增长周期波动的影响较大。

与全国相比，西部地区改革开放以来城镇居民消费增长率与GDP增长率的相关系数比全国低，1979~2002年全国这两者的相关系数是0.9105，西部地区比全国平均水平低0.08，反映了城镇居民消费对经济增长的影响程度西部地区比全国稍弱的特点，其中，第二个周期西部地区城镇居民消费与经济增长的相关系数比全国第二个周期低0.31，比第三个周期低0.22，比第四个周期低0.08，差距相当大。

以1990年为界，将改革开放以来的25年划分为两个阶段来考察两者的相关性，发现均为较强相关性，1979~1990年西部地区两者的相关系数为0.7043，1991~2002年两者的相关系数为0.8987，在相关性均较强的情况下，后期比前期有较大幅度上升。这一态势与全国平均水平基本一致，全国在1979~1990年两者的相关系数是0.8950，在1991~2002年两者的相关系数提高到0.9599，后期比前期也有较大幅度的提高；80年代西部地区两者的相关系数比全国低0.19，90年代则低0.06，说明西部地区城镇居民消费增长对经济增长的影响比全国稍低。

与国民经济计划相对应，按5年为一个计划时期来考察，发现西部地区从"六五"到"九五"期间居民消费增长与经济增长的相关性都比较强，其中，"六五"期间两者的相关系数为0.5536，"七五"期间两者的相关系数是0.7541，比上一个五年计划期间上升了0.2，上升幅度较大，"八五"期间两者的相关系数为0.9855，又比上一个五年计划期间上升了0.23，"九五"期间两者的相关系数为0.7689，比上一个五年计划期间下降了0.2，说明西部地区城镇居民消费对经济增长波动的影响在"九五"后有减弱趋势。全国在四个五年计划期间城镇居民消费增长与经济增长的相关性都很强，其中，"六五"期间为0.8045，"七五"期间为0.9927，"八五"期间为0.9411，"九五"期间为0.9424，分别比西部地区高0.25、0.23、-0.04和0.17。可以看出，西部地区在"八五"期间城镇居民消费增长对经济增长的影响与全国的差距缩小，其他三个五年计划期间则差距较大，影响相对弱得多，特别是"九五"以来，城镇居民消费增长对经济增长的影响作用减弱明显。

(二)城镇居民消费增长对经济增长的影响程度

将西部地区GDP增长率对城镇居民消费增长率(UHC)进行回归，得出：

样本：1979～2002 年

$$GDP = 3.6292 + 0.7199UHC \quad (9)$$

（2.03）（7.11）

$R^2 = 0.70$　$D.W. = 1.37$　$F = 50.63$

模型通过统计检验，表明西部地区城镇居民消费增长对国民经济增长的影响在统计上是显著的。当西部地区城镇居民消费增长 1 个百分点时，相应地引致西部地区 GDP 增长 0.72 个百分点。

与全国进行比较：

将全国 GDP 增长率对城镇居民消费增长率（UHC）进行回归，得出：

样本：1979～2002 年

$$GDP = 1.8687 + 0.7957UHC \quad (10)$$

（1.25）（10.32）

$R^2 = 0.83$　$D.W. = 1.40$　$F = 106.59$

模型通过统计检验，表明全国城镇居民消费增长对国民经济增长的影响在统计上是显著的。当城镇居民消费增长 1 个百分点时，相应地引致 GDP 增长 0.79 个百分点。

通过比较式（9）和式（10）中的回归系数，可以看出，西部地区城镇居民消费增长对经济增长的影响程度比全国平均水平略低一些。

改革开放以来，西部地区城镇居民消费增长周期波动系数平均为 0.38，比经济增长周期平均波动系数低 0.11，说明城镇居民消费的周期波动比经济增长周期波动强；比全国城镇居民消费增长周期平均波动系数低 0.09，说明西部地区城镇居民消费增长波动比全国弱。

将改革开放以来西部地区经济周期波动系数对城镇居民消费增长周期波动系数进行回归，得出：

样本：改革开放后的 2～4 周期

$$GDP = 0.7233UHC \quad (11)$$

（4.59）

$R^2 = 0.83$　$D.W. = 1.31$

模型通过统计检验，表明西部地区城镇居民消费增长波动对国民经济增长波动的影响在统计上是显著的。当城镇居民消费增长波动 1 个百分点时，相应地引致 GDP 增长波动 0.72 个百分点。

与全国进行比较：

将改革开放以来全国经济周期波动系数对城镇居民消费增长周期波动系数进行回归，得出：

样本：改革开放后的 2～4 周期

$$GDP = 0.7608UHC \quad (12)$$

$$(6.56)$$

$$R^2 = 0.51 \quad D.W. = 1.01$$

模型通过统计检验，表明全国改革开放以来城镇居民消费增长波动对国民经济增长波动的影响在统计上是显著的。当城镇居民消费增长波动 1 个百分点时，相应地引致 GDP 增长波动 0.76 个百分点。

通过比较式（11）和式（12）中的回归系数，可以看出，城镇居民消费增长波动对国民经济增长波动的影响程度西部地区要小于全国平均水平，说明西部地区城镇居民消费对经济增长拉动作用比全国弱。

四、农村居民消费的影响

西部地区农村居民消费从 1978 年的 256.96 亿元提高到 2002 年的 4407.82 亿元，年均增长 12.6%，比城镇居民消费增长率低 3.0 个百分点，比全国平均水平每年低 0.5 个百分点；西部地区农村居民消费占全国农村居民消费的比重总体上处于下降的状态，从 1978 年的 23.52% 下降到 2002 年的 20.82%，说明西部地区农村居民消费能力在全国有不断减弱趋势。从图 6－6 可以看出，农村居民消费增长对经济增长的影响较为明显，这一特点西部地区比全国稍弱，1998 年以前，西部地区农村居民消费增长与经济增长具有基本一致的周期波动性，但在时间上有差异，1998 年后到 2001 年形成了一个小周期状态。其中，1983 年以前为第一个周期，1983～1986 年为第二个周期，1986～1992 年为第三个周期，1992～1998 年为第四个周期，1998～2001 年为第五个周期。

全国改革开放后农村居民消费增长与经济增长周期一样经历了四个周期，

样本：1979～2002 年

其中，1982 年以前为第一个周期，1982～1986 年为第二个周期，1986～1990 年为第三个周期，1990～1998 年到现在为第四个周期，1998 年后进入第五个周期。

（一）农村居民消费增长与经济增长的相关性

西部地区 1979～2002 年农村居民消费增长率平均为 12.8%，比经济增长率每年低 2.3 个百分点，因此在图 6－6 中农村居民消费增长曲线总体上比经济增长曲线低得多。

西部地区农村居民消费增长与 GDP 增长的相关性总体上较强，但在不同的时期差异很大。1979～2002 年两者的相关系数是 0.7549，为较强相关，在各周期也有较大差异，在 1979～1981 年这个周期的下降阶段，相关系数为 0.4466，相关性较弱；在 1981～1986 年这个周期内；相关系数为 0.3558，相关性也较弱；在 1986～1991 年这个周期内，相关系数为 0.8420，相关性较强；在 1991～1999 年这个周期内，相关系数为 0.8405，相关性也较强；在 1999～2002 年这个周期的上升阶段，相关系数为－0.2409，为负的弱相关性。通过三个完整周期的相关系数可以看出，农村居民消费增长对 GDP 增长周期波动有一定的影响，但第三、四个周期影响较大。

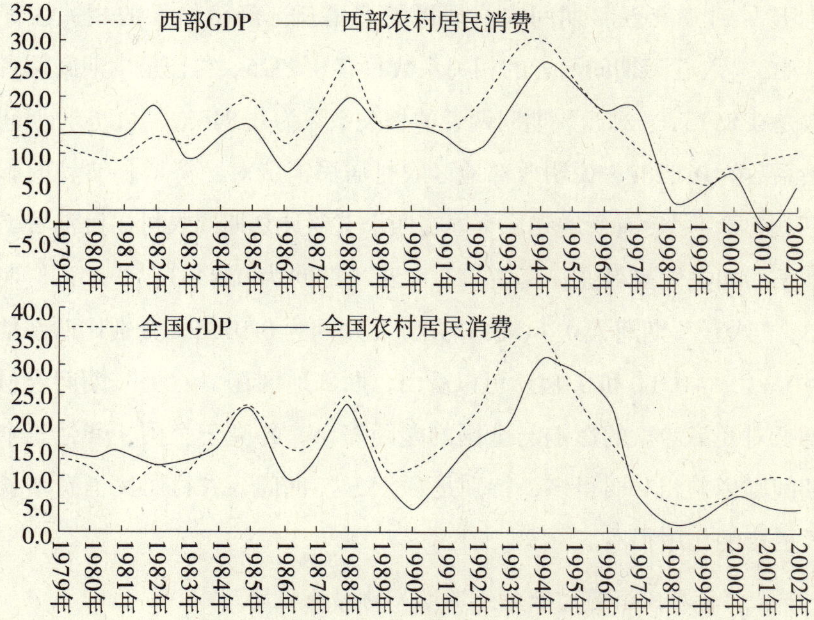

图 6－6 西部地区农村居民消费增长对经济周期的影响与全国对比

与全国相比，西部地区改革开放以来农村居民消费增长率与GDP增长率的相关系数总体上比全国稍低，1979～2002年全国这两者的相关系数是0.8444，西部地区比全国平均水平低0.09，反映了农村居民消费对经济增长的影响程度西部地区比全国稍弱的特点，其中，第二个周期西部地区农村居民消费与经济增长的相关系数比全国第二个周期低0.32，比第三个周期低0.12，比第四个周期低0.03，差距较大。

以1990年为界，将改革开放以来的25年划分为两个阶段来考察两者的相关性，发现前期较弱、后期较强，1979～1990年西部地区两者的相关系数为0.5682，1991～2002年两者的相关系数为0.8295。这一态势与全国平均水平基本一致，全国在1979～1990年两者的相关系数是0.7414，在1991～2002年两者的相关系数提高到0.8839，后期比前期也有所提高；80年代西部地区两者的相关系数比全国低0.17，90年代则低0.05，差距基本与城镇居民消费与GDP的相关性一致，说明西部地区农村居民消费增长对经济增长的影响比全国稍低。

与国民经济计划相对应，按5年为一个计划时期来考察，发现西部地区从“七五”到“九五”期间农村居民消费增长与经济增长的相关性都比较强，其中，“六五”期间两者的相关系数只有0.2325，“七五”期间两者的相关系数是0.8513，“八五”期间两者的相关系数为0.8465，“九五”期间两者的相关系数为0.8287，说明西部地区农村居民消费对经济增长波动的影响在“六五”较弱，之后有所增强。全国在四个五年计划期间农村居民消费增长与经济增长的相关性都很强，其中，“六五”期间为0.8463，“七五”期间为0.9633，“八五”期间为0.7441，“九五”期间为0.9735，分别比西部地区高0.61、0.11、－0.11和0.14。可以看出，西部地区在“八五”期间农村居民消费增长对经济增长的影响与全国的差距缩小，并高于全国，其他三个五年计划期间则影响相对弱得多，特别是“六五”期间，农村居民消费增长对经济增长的影响作用很弱。

（二）农村居民消费增长对经济增长的影响程度

将西部地区GDP增长率对农村居民消费增长率（RHC）进行回归，

得出：

样本：1979～2002年

$$GDP = 5.6430 + 0.7378RHC \quad (13)$$

（2.86）（5.39）

$R^2 = 0.57 \quad D.W. = 1.02 \quad F = 29.15$

模型通过统计检验，表明西部地区农村居民消费增长对国民经济增长的影响在统计上是显著的。当西部地区农村居民消费增长1个百分点时，相应地引致西部地区GDP增长0.74个百分点。

与全国进行比较：

将全国GDP增长率对农村居民消费增长率（*RHC*）进行回归，得出：

样本：1979～2002年

$$GDP = 4.1304 + 0.8441RHC \quad (14)$$

（2.32）（7.39）

$R^2 = 0.71 \quad D.W. = 0.98 \quad F = 54.64$

模型通过统计检验，表明全国农村居民消费增长对国民经济增长的影响在统计上是显著的。当农村居民消费增长1个百分点时，相应地引致GDP增长0.84个百分点。

通过比较式（13）和式（14）中的回归系数，可以看出，西部地区农村居民消费增长对经济增长的影响程度比全国平均水平略低一些。

改革开放以来西部地区农村居民消费增长周期波动系数平均为0.29，比经济增长周期平均波动系数低0.02，说明农村居民消费的周期波动幅度基本与经济增长周期一样；比全国农村居民消费增长周期平均波动系数低0.09，说明西部地区农村居民消费增长波动比全国弱。

将改革开放以来西部地区经济周期波动系数对农村居民消费增长周期波动系数进行回归，得出：

样本：改革开放后的2～4周期

$$GDP = 0.9716RHC \quad (15)$$

（6.38）

$R^2 = 0.65 \quad D.W. = 1.78$

模型通过统计检验，表明西部地区农村居民消费增长波动对国民经济增长波动的影响在统计上是显著的。当农村居民消费增长波动 1 个百分点时，相应地引致 GDP 增长 0.97 个百分点。

与全国进行比较：

将改革开放以来全国经济周期波动系数对农村居民消费增长周期波动系数进行回归，得出：

样本：改革开放后的 2 ~4 周期

$$GDP = 0.8351RHC \qquad (16)$$

$$(6.21)$$

$$R^2 = 0.45 \quad D.W. = 1.86$$

模型通过统计检验，表明全国改革开放以来农村居民消费增长波动对国民经济增长波动的影响在统计上是显著的。当农村居民消费增长波动 1 个百分点时，相应地引致 GDP 增长波动 0.84 个百分点。通过比较式（15）和式（16）中的回归系数，可以看出，农村居民消费增长波动对国民经济增长波动的影响程度西部地区要大于全国平均水平，说明西部地区农村居民消费对经济增长拉动作用比全国强。

五、社会消费的影响

社会公共消费又称政府消费，是指由政府部门承担费用，以一定量的货物和服务提供给全社会享用的消费行为。从职能看，政府消费支出主要用于国防、公安、教育、卫生保健、社会保障和福利、体育、文化等方面。从受益对象看，政府消费支出主要用于个人货物或服务和公共服务两个方面。对住户个人提供的政府消费是政府对某一住户、个人或群体的援助、救济，这种政府消费支出效用不可分，具有排他性；用于公共服务的政府消费是政府为了维护国家安全和秩序、执行法律、提高公共卫生水平、保护环境以及研究与发展等而进行的支出，这种政府消费支出不具有排他性。政府消费提供的方式，一是由政府部门从市场上购买某些产品，然后免费提供给特定居民；二是政府部门作为非市场生产者，将自己的产品以免费或非营利价格提供给公众。

西部地区社会消费从1978年的706.13亿元提高到2002年的3550.55亿元，增长很快，年均增长17.8%，比居民消费增长率高3.9个百分点，比全国平均水平高2.8个百分点，说明西部地区的经济增长更多的是依靠政府消费的拉动；西部地区社会消费占全国社会消费的比重提高很快，从1979年的12.93%提高到2002年的25.67%，说明西部地区社会消费能力在全国不断增强。从图6－7可以看出，社会消费增长对经济增长的影响较为明显，这一特点西部地区比全国强，特别是1995年以后，西部地区社会消费增长远高于经济增长，社会消费增长周期在发生的时间和频率上与经济增长周期差异很大。其中，1980年以前为第一个周期，1980～1987年为第二个周期，1987～1992年为第三个周期，1992～1999年为第四个周期，1999年后进入第五个周期。

全国改革开放后社会消费增长周期与经济增长周期也有较大差异，周期时间上有错位，其中，1981年以前为第一个周期，1981～1987年为第二个周期，1987～1990年为第三个周期，1990～1995年为第四个周期，1995年后进入第五个周期。

（一）社会消费增长与经济增长的相关性

西部地区1979～2002年社会消费增长率平均为17.9%，比经济增长率平均每年高2.8个百分点，因此在图6－7中社会消费增长曲线很多年份都比经济增长曲线高得多。

西部地区社会消费增长与GDP增长的相关性总体上较强，但在不同的时期差异很大。1979～2002年两者的相关系数是0.6236，为较强相关，在各周期也有较大差异，在1979～1981年这个周期的下降阶段，相关系数为0.1482，相关性很弱；在1981～1986年这个周期内，相关系数为0.6317，相关性较强；在1986～1991年这个周期内，相关系数为0.3368，相关性很弱；在1991～1999年这个周期内，相关系数为0.7225，相关性又较强；在1999～2002年这个周期上升阶段，相关系数为0.3131，为弱相关性。通过三个完整周期的相关系数可以看出，社会消费增长对GDP增长周期波动有一定的影响，但第二、四个周期影响较大。

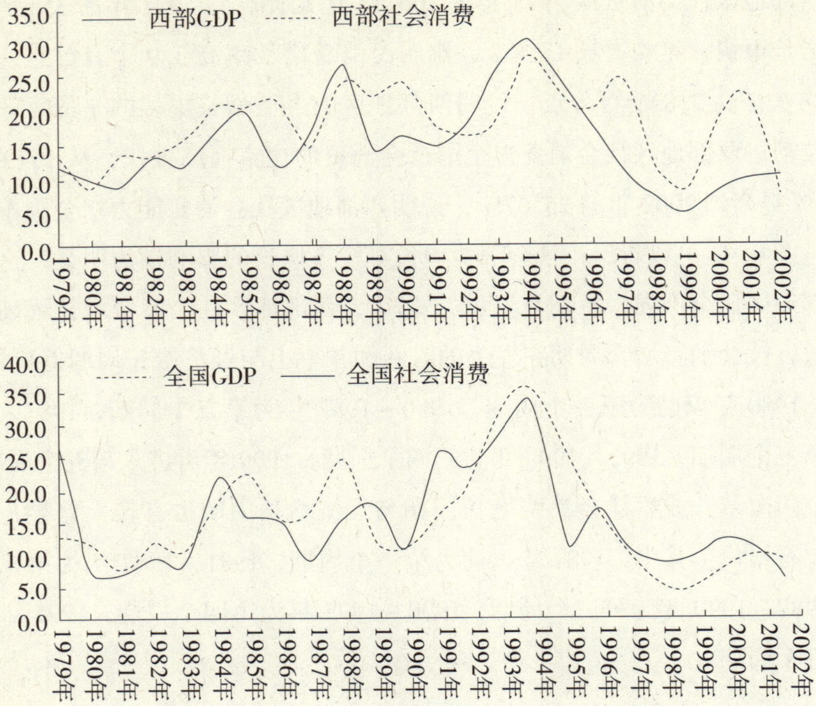

图 6－7 西部地区社会消费增长对经济周期的影响与全国对比

与全国相比，西部地区改革开放以来社会消费增长率与 GDP 增长率的相关系数总体上比全国稍低，1979～2002 年全国这两者的相关系数是 0.7073，西部地区比全国平均水平低 0.08，反映了社会消费对经济增长的影响程度西部地区比全国稍弱的特点，其中，第二个周期西部地区社会消费与经济增长的相关系数比全国第二个周期低 0.17，比第四个周期低 0.10，西部地区第三个周期社会消费增长与 GDP 增长的相关性虽然较弱，但比全国第三个同期高 0.16，比第五个周期的上升阶段高 0.27，说明西部地区 1999 年以来社会消费对经济增长的影响远高于全国平均水平。

以 1990 年为界，将改革开放以来的 25 年划分为两个阶段来考察两者的相关性，发现相关性较强，1979～1990 年西部地区两者的相关系数为 0.6707，1991～2002 年两者的相关系数为 0.6095。这一态势与全国平均水平相反，全国在 1979～1990 年两者的相关系数是 0.3715，在 1991～2002 年两者的相关系数提高到 0.8346，后期比前期提高较大；80 年代西部地区两者的相关系数比全国高0.30，90年代却比全国低0.23。

与国民经济计划相对应，按5年为一个计划时期来考察，发现西部地区“七五”期间社会消费增长与经济增长的相关性弱，为0.2831，其他三个五年计划期间两者的相关性较强，其中，“六五”期间两者的相关系数只有0.8621，“八五”期间两者的相关系数为0.8097，“九五”期间两者的相关系数为0.6710，说明西部地区社会消费对经济增长波动的影响在总体上较强。全国在四个五年计划期间除“九五”期间很强，为0.9520外，其他三个五年计划期间两者的相关性都较弱。其中，“六五”期间为0.4887，“七五”期间为0.1804，“八五”期间为0.4424，说明西部地区在前三个五年计划期间社会消费增长对经济增长的影响比全国强。

（二）社会消费增长对经济增长的影响程度

将西部地区GDP增长率对社会消费增长率（*GC*）进行回归，得出：

样本：1979～2002年

$$GDP = 1.7185 + 0.7461GC \qquad (17)$$

$$(0.46)\quad(3.74)$$

$R^2 = 0.62 \quad D.W. = 1.21 \quad F = 13.99$

模型通过统计检验，表明西部地区社会消费增长对国民经济增长的影响在统计上是显著的。当西部地区社会消费增长1个百分点时，相应地引致西部地区GDP增长0.75个百分点。

与全国进行比较：

将全国GDP增长率对社会消费增长率（*GC*）进行回归，得出：

样本：1979～2002年

$$GDP = 4.0864 + 0.7447GC \qquad (18)$$

$$(1.51)\quad(4.69)$$

$R^2 = 0.50 \quad D.W. = 1.32 \quad F = 22.02$

模型通过统计检验，表明全国社会消费增长对国民经济增长的影响在统计上是显著的。当社会消费增长1个百分点时，相应地引致GDP增长0.74个百分点。

通过比较式（17）和式（18）中的回归系数，可以看出，西部地区社会消费增长对经济增长的影响程度总体上基本与全国平均水平一致。

改革开放以来西部地区社会消费增长周期波动系数平均为0.22，比经济增长周期平均波动系数低0.05，说明社会消费的周期波动幅度比经济增长周期小；比全国社会消费增长周期平均波动系数低0.04，说明西部地区社会消费增长波动比全国弱。

将改革开放以来西部地区经济周期波动系数对社会消费增长周期波动系数进行回归，得出：

样本：改革开放后的2~4周期

$$GDP = 1.2671GC \qquad (19)$$

（6.27）

$R^2 = 0.64 \quad D.W. = 0.69$

模型通过统计检验，表明西部地区社会消费增长波动对国民经济增长波动的影响在统计上是显著的。当社会消费增长波动1个百分点时，相应地引致GDP增长波动1.27个百分点。

与全国进行比较：

将改革开放以来全国经济周期波动系数对社会消费增长周期波动系数进行回归，得出：

样本：改革开放后的2~4周期

$$GDP = 1.0774GC \qquad (20)$$

（10.05）

$R^2 = 0.78 \quad D.W = 1.44$

模型通过统计检验，表明全国改革开放以来社会消费增长波动对国民经济增长波动的影响在统计上是显著的。当社会消费增长波动1个百分点时，相应地引致GDP增长波动1.08个百分点。

通过比较式（19）和式（20）中的回归系数，可以看出，社会消费增长波动对国民经济增长波动的影响程度西部地区要大于全国平均水平，说明西部地区社会消费波动对经济增长拉动作用比全国强。

第三节 投资需求对经济周期的影响

实现的投资需求是指常住单位在一定时期内在本国经济领土上对固定资产和存货的购置支出总额，分固定资产投资和存货投资两类，亦称资本形成总额。在运用支出法计算国内生产总值时，资本形成总额是国内生产总值的重要组成部分。固定资产投资是以货币表现的建造和购置固定资产活动的工作量，包括在一定时期内完成的建筑工程、安装工程和设备器具的购置价值，是反映固定资产投资规模、速度、比例关系和使用方向的综合性指标。中国现行固定资产投资统计有两个口径：全社会固定资产投资和国有单位固定资产投资。

国有单位固定资产投资是资产归国家所有的经济单位在一定时期内完成的固定资产投资价值量。按月统计，但由于1月份投资数量较少，一般1~2月合计一起统计。国有单位固定资产投资按计划管理渠道分为基本建设投资、更新改造投资、房地产开发投资和其他投资；按隶属关系分为中央项目投资和地方项目投资；按建设性质分为新建项目投资、扩建项目投资和改建项目投资。国有单位固定资产投资是目前监测投资短期变化的主要指标。全社会固定资产投资是一国所有常住单位固定资产投资价值量的总和。按投资主体分，包括单位投资和城乡居民个人投资。其中单位投资包括国有经济单位投资、城乡集体经济单位投资以及其他各种经济类型单位的投资。城乡居民个人固定资产投资包括城市、县城、镇、工矿区所辖范围内的个人建房和农村个人建房以及购买生产性固定资产的投资。按投资内容分，全社会固定资产投资包括基本建设、更新改造、房地产开发和其他四个部分。

基本建设投资是企业、事业及行政单位为扩大生产经营能力，新建、扩建工程的投资。包括：①列入中央和各级地方政府本年基本建设计划的项目；②使用以前年度基建计划内结转投资在本年继续施工的建设项目；③本年基本建设计划内投资与更新改造计划内投资结合安排的新建项目，以及新增生产能力达到大中型项目标准的扩建项目；④国有单位既未列入基建计划，也未列入更新改造计划的总投资在5万元以上的新建、扩建及恢复项目；⑤为改变生产力布局而进行的全厂性迁建项目，以及行政、事业单位增建业务用房和生活福利设施的项目。反映基本建设投资增长的一个重要指标是基本建设新开工项目个数，新开工项目个数越多，占全部施工项目的比例越高，基本建设投资增长的潜力就越大。

更新改造投资是企业、事业单位对原有设施进行更新和技术改造，以及相应配套工程和有关工作的投资（不包括大修理和维护工程）。包括：①列入中央和地方各级政府本年更新改造计划的项目；②使用上年度更新改造计划内结转的投资在本年继续施工的项目；③本年基建投资与更新改造投资计划内结合安排的对原有设施进行技术改造或更新的项目，和增建主要生产车间、分厂等其新增生产能力未达到大中型项目标准的项目；④既未列入基建计划，也未列入更新改造计划，总投资在 5 万元以上的属于改建或更新改造性质的项目；⑤由于城市环境保护和安全生产的需要而进行的迁建工程。更新改造投资有利于提高经济增长质量，影响更新改造投资增长的主要因素是：有无新的经济增长热点、投资主体的投资行为、商业银行的信贷行为等。

房地产开发投资是对房屋建筑物及配套设施的投资，包括各种经济类型的房地产开发公司、商品房建设公司及其他房地产开发单位的以下投资：住宅、饭店、宾馆、度假村、写字楼、办公楼等房屋建筑物以及配套的服务设施和土地开发工程，如道路、给水、排水、供电、供热、通信、平整场地等。房地产开发投资不包括单纯的土地交易活动。分析房地产开发投资增长主要研究以下内容：房地产市场供求状况、住房体制改革和居民收入情况、房地产信贷、土地批租制度等。本章重点分析资本形成总额及其构成部分中的固定资本形成总额和存货，再细分层次上的构成部分，不再进行深入分析。

一、资本形成总额的影响

西部地区资本形成总额从 1978 年的 250.16 亿元提高到 2002 年的 9303.21 亿元，增长很快，年均增长 16.3%，比 GDP 年均增长高 1.4 个百分点，比总消费增长率高 1.6 个百分点，比全国资本形成总额增长率高 1 个百分点，说明西部地区的经济增长对投资的依赖比全国强；西部地区资本形成总额占全国资本形成总额的比重提高很快，从 1978 年的 18.16% 提高到 2002 年的 21.96%，说明西部地区总投资在全国的份额不断上升。从图 6－8 可以

看出，资本形成总额增加对经济增长的影响较为明显，资本形成总额增长周期在发生的时间和频率上与经济增长周期错位 1 年。其中，1980 年以前为第一个周期，1980 ~ 1986 年为第二个周期，1986 ~ 1990 年为第三个周期，1990 ~ 1999 年为第四个周期，1999 年后进入第五个周期。全国改革开放后资本形成总额增长周期与经济增长周期基本一致，其中，1981 年以前为第一个周期，1981 ~ 1987 年为第二个周期，1987 ~ 1990 年为第三个周期，1990 ~ 1998 年为第四个周期，1998 年后进入第五个周期。

（一）资本形成总额增长与经济增长的相关性

西部地区 1979 ~ 2002 年资本形成总额增长率平均为 16. 8%，比经济增长率平均每年高 1. 7 个百分点，因此在图 6 – 8 中资本形成总额增长曲线比经济增长曲线高得多。

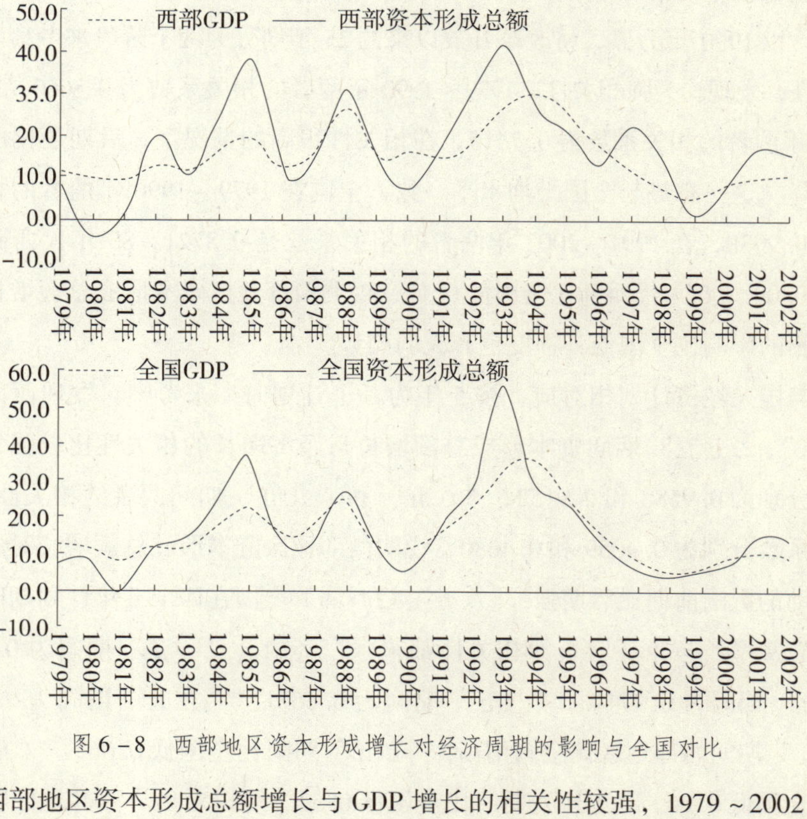

图 6 – 8　西部地区资本形成增长对经济周期的影响与全国对比

西部地区资本形成总额增长与 GDP 增长的相关性较强，1979 ~ 2002 年两者的相关系数是 0. 7230，为较强相关。在各周期相关性都比较强，在 1979 ~

1981 年这个周期的下降阶段，相关系数为 0.6964，相关性较强；在 1981～1986 年这个周期内，相关系数为 0.9800，为高度正相关；在 1986～1991 年这个周期内，相关系数为 0.8637，相关性也很强；在 1991～1999 年这个周期内，相关系数为 0.7118，也是高度正相关；在 1999～2002 年这个周期上升阶段，相关系数为 0.9487，相关性也很强，通过各周期内两者的相关系数可以看出，资本形成总额增长对 GDP 增长周期波动的影响很大。

与全国相比，西部地区改革开放以来资本形成总额增长率与 GDP 增长率的相关性很强的特点与全国是一致的，但相关系数比全国略低一些，1979～2002 年全国这两者的相关系数是 0.8702，西部地区比全国平均水平低 0.15，反映了总投资增长对经济增长的影响程度总体上西部地区比全国略弱，但不同的周期差异较大，其中，第二个周期西部地区资本形成总额与经济增长的相关系数比全国第二个周期高 0.02，比第三个周期低 0.11，比第四个周期低 0.17。以 1990 年为界，将改革开放以来的 25 年划分为两个阶段来考察两者的相关性，发现均为强相关性，1979～1990 年两者的相关系数为 0.8060，1991～2002 年两者的相关系数为 0.7415，在相关性很高的情况下，后期还比前期略有下降。这一态势与全国平均水平一致，全国在 1979～1990 年两者的相关系数是 0.9038，在 1991～2002 年两者的相关系数是 0.8721，80 年代西部比全国低 0.09，90 年代西部比全国低 0.13，说明西部地区资本形成总额增长对经济增长的影响比全国低，程度也有减弱趋势。

与国民经济计划相对应，按 5 年为一个计划时期来考察，发现西部地区"六五"、"七五"期间资本形成总额增长与经济增长的相关性比较强，相关系数分别为 0.9588 和 0.9152，"八五"和"九五"期间两者的相关性较弱，相关系数分别为 0.4059 和 0.4680，说明西部地区资本形成总额增长对经济增长波动的影响前期比后期强，"八五"后减弱。全国在四个五年计划期间资本形成总额增长与经济增长的相关性都很强，其中，"六五"期间为 0.9529，"七五"期间为 0.9714，"八五"期间为 0.6671，"九五"期间为 0.9850。"六五"期间西部地区比全国稍高，"七五"期间比全国低 0.06，"八五"期间比全国低 0.26，"九五"期间比全国低 0.52。可以看出，西部地区在"六五"和"七五"期间总投资增长对经济增长的影响与全国是一致的，都很强，但“八五”和“九五”期间则相对弱得多，特别是“九五”以来，资本形成总额增长对经济增长波动的影响作用大大减弱。结合前面的分析，西部地区“九五”以来最终消费对经济增长的影响作用也在减弱，因此，西部地区“九五”以来加快经济增长的难度很大。

（二）资本形成总额增长对经济增长的影响程度

将西部地区 GDP 增长率对资本形成总额增长率（*GF*）进行回归，得出：

样本：1979～2002 年

$$GDP = 7.8606 + 0.4297GF \quad (21)$$

$$(4.48)\ (4.90)$$

$$R^2 = 0.52 \quad D.W. = 0.93 \quad F = 24.10$$

模型通过统计检验，表明西部地区资本形成总额增长对国民经济增长的影响在统计上是显著的。当资本形成总额增长 1 个百分点时，相应地引致 GDP 增长 0.43 个百分点。

与全国进行比较：

将全国 GDP 增长率对资本形成总额增长率（*GF*）进行回归，得出：

样本：1979～2002 年

$$GDP = 6.5487 + 0.5586GF \quad (22)$$

$$(4.80)\ (8.28)$$

$$R^2 = 0.75 \quad D.W. = 1.33 \quad F = 68.63$$

模型通过统计检验，表明全国资本形成总额增长对国民经济增长的影响在统计上是显著的。当资本形成总额增长 1 个百分点时，相应地引致 GDP 增长 0.56 个百分点。

通过比较式（21）和式（22）中的回归系数，可以看出，西部地区资本形成总额增长对经济增长的影响程度比全国平均水平略低一些。

改革开放以来西部地区资本形成总额增长周期波动系数平均为 0.57，比经济增长周期平均波动系数高 0.30，说明资本形成总额增长的周期波动比经济增长周期波动大得多，从图 6－8 中也可以很直观地看到；比全国资本形成总额增长周期平均波动系数低 0.09，说明西部地区资本形成总额增长波动比全国稍弱。

将改革开放以来西部地区经济周期波动系数对资本形成总额增长周期波动系数进行回归，得出：

样本：改革开放后的2~4周期

$$GDP = 0.6667GF \qquad (23)$$

(4.42)

$R^2 = 0.25 \quad D.W. = 1.16$

模型通过统计检验，表明西部地区1982年以来资本形成总额增长波动对国民经济增长波动的影响在统计上是显著的。当资本形成总额增长波动1个百分点时，相应地引致GDP增长波动0.67个百分点。

与全国进行比较：

将改革开放以来全国经济周期波动系数对资本形成总额增长周期波动系数进行回归，得出：

样本：改革开放后的2~4周期

$$GDP = 0.6568GF \qquad (24)$$

(7.28)

$R^2 = 0.61 \quad D.W. = 1.74$

模型通过统计检验，表明全国1982年以来资本形成总额增长波动对国民经济增长波动的影响在统计上是显著的。当资本形成总额增长波动1个百分点时，相应地引致GDP增长波动0.66个百分点。

通过比较式（23）和式（24）中的回归系数，可以看出，资本形成总额增长波动对国民经济增长波动的影响程度西部地区与全国平均水平基本一致，西部地区经济增长对投资的依赖总体上与全国基本一致。

（三）投资率

西部地区投资率总体呈上升状态，从1978年34.7%提高到2002年的44.2%，全国投资率基本处于较为平稳的状态，在37%上下变动（见图6-9）。25年来西部地区的投资率平均为36%，全国平均为37.1%，西部地区比全国平均水平低1.1个百分点。

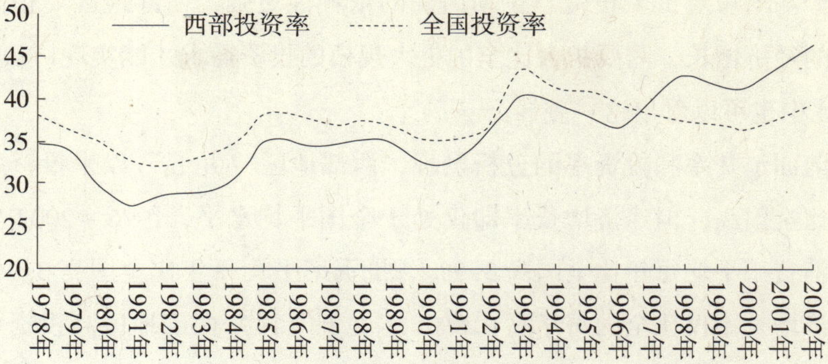

图 6－9　西部地区投资率与全国对比

从西部地区各经济周期看，在 1978～1981 年这个周期下降阶段，投资率平均为 31.2%，第二个周期投资率平均为 30.9%，第三个周期投资率平均为 34.1%，上升了 3.2 个百分点，第四个周期投资率平均为 38.8%，上升了 4.7 个百分点，进入第五个周期后投资率平均为 43.3%，上升了 4.5 个百分点，近年来西部地区投资率上升的态势有其深层次的原因，后面将作更具体分析。

以 1990 年为界，将这 25 年划分为两个时期，1978～1990 年这个时期，西部地区投资率平均为 32.3%，1991～2002 年这个时期投资率平均为 40.1%。90 年代比 80 年代上升了 7.8 个百分点。全国同期由 35.7% 上升为 38.6%，上升了 2.9 个百分点。西部地区投资率上升幅度是全国近 3 倍，说明西部地区经济增长对投资的依赖性更大，要拉动经济增长 1 个百分点，西部地区需要比全国更大规模的投资才能完成。

按国民经济五年计划阶段来看，西部地区“六五”期间的投资率平均为 31%，“七五”期间上升为 34.4%，上升了 3.4 个百分点，“八五”期间投资率平均为 37.5%，上升了 3.1 个百分点，“九五”期间投资率平均为 40.6%，上升了 3.1 个百分点。与全国比较来看，“六五”期间西部地区的平均投资率比全国低 3.9 个百分点，“七五”期间比全国低 2.7 个百分点，“八五”期间比全国低 2.1 个百分点，“九五”期间比全国高 2.9 个百分点。可以看出，前三个五年计划期间，西部地区投资率低于全国，但“九五”以后却超过全国，“九五”以来，特别是 1997 年以来，在外需不足的情况下，中国通过扩大投资、启动内需来提高经济增长，结合前面的相关性和影响程度分析来看，西部地区经济增长对扩大投资、拉动内需的依赖性更强，西部地区要提高1个百分点的经济增长，需要扩大比全国更大规模的投资需求才能实现，从图6-8的对比中也可以看出这一差异。

从前面消费率和投资率的分析发现，西部地区“九五”以来投资率和消费率都比全国高，但经济增长率却仅处于全国平均水平，1996~2002年，西部地区消费率平均每年比全国高3.5%，投资率平均每年比全国高3.9%，但平均经济增长率仅比全国每年高0.8%。“九五”以来西部地区高投资率和高消费率为什么没有拉动国民经济高增长，是值得深入研究的问题，除了前面分析的消费内部结构和投资结构外，通过后面净出口项的分析，可探其原因。

二、固定资本形成总额的影响

西部地区固定资本形成总额从1978年的192.55亿元提高到2002年的8690.43亿元，增长很快，年均增长17.2%，比GDP年均增长高2.3个百分点，比资本形成总额增长率高0.9个百分点，比全国固定资本形成总额增长率高0.7个百分点，说明西部地区的经济增长对固定资产投资的依赖年均比全国强；西部地区固定资本形成总额占全国固定资本形成总额的比重呈现逐步上升状态，从1978年的17.9%提高到2002年的20.6%，说明西部地区固定资产投资在全国的份额逐步上升。从图6-10可以看出，固定资本形成总额增长波动比经济增长大，但固定资本形成总额增长周期在发生的时间和频率上与经济增长周期基本一致，其中，1981年以前为第一个周期，1981~1986年为第二个周期，1986~1989年为第三个周期，1989~1999年为第四个周期，1999年后进入第五个周期。

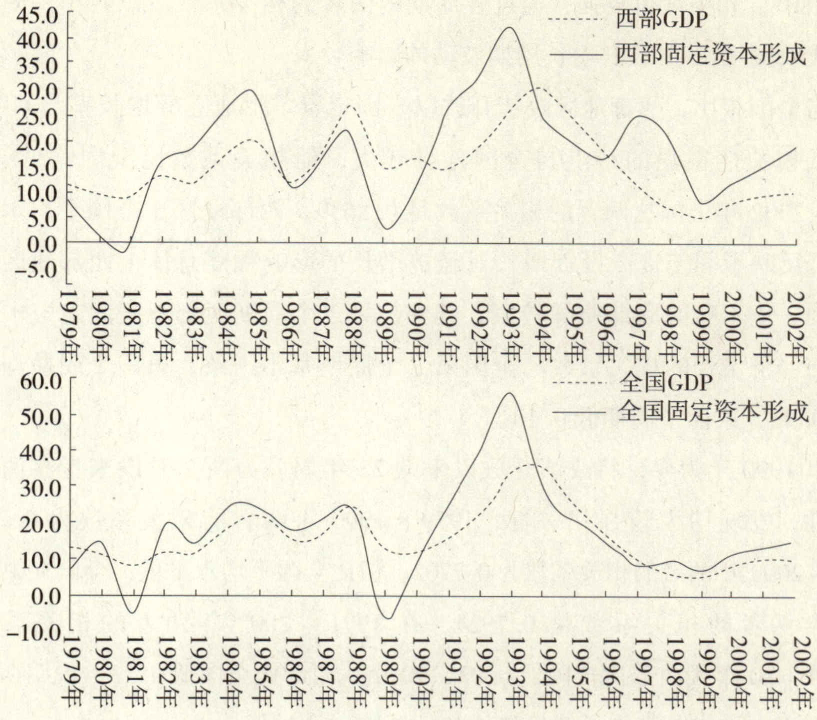

图6－10　西部固定资本形成增长对经济周期的影响与全国对比

全国改革开放后固定资本形成总额增长周期与经济增长周期差异较大，其中，1981 年以前为第一个周期，1981～1986 年为第二个周期，1986～1989 年为第三个周期，1989～1999 年为第四个周期，1999 年后进入第五个周期。

（一）固定资本形成总额增长与经济增长的相关性

西部地区 1979～2002 年固定资本形成总额增长率平均为 17.6%，比经济增长率平均每年高 2.5 个百分点，因此在图 6－10 中资本形成总额增长曲线比经济增长曲线高得多。

西部地区固定资本形成总额增长与 GDP 增长的相关性较强，1979～2002 年两者的相关系数是 0.7484，为较强相关。在各周期相关性都比较强，在 1979～1981 年这个周期的下降阶段，相关系数为 0.9146. 相关性很强；在 1981～1986 年这个周期内，相关系数为 0.8701，为强相关；在 1986～1991 年这个周期内，相关系数为 0.5872，相关性中等；在 1991～1999 年这个周期内，相关系数为 0.7828，也是较强相关；在 1999～2002 年这个周期上升阶，相关系数为0.7801，相关性也较强，通过各周期内两者的相关系数可以看出，固定资本形成总额增长对GDP增长周期波动的影响较大。

与全国相比，西部地区改革开放以来固定资本形成总额增长率与GDP增长率的相关性很强的特点与全国差异较大，但相关系数比全国略低一些，1979～2002年全国这两者的相关系数是0.8639，西部地区比全国平均水平低0.12，反映了固定资产投资增长对经济增长的影响程度总体上西部地区比全国略弱，但不同的周期差异较大，其中，第二个周期西部地区固定资本形成总额与经济增长的相关系数与全国第二个周期基本一致，第三个周期却比全国低0.33，第四个周期低0.13。

以1990年为界，将改革开放以来的25年划分为两个阶段来考察两者的相关性，发现均为较强相关性，1979～1990年两者的相关系数为0.7723，1991～2002年两者的相关系数为0.7702，但比全国平均水平低，全国在1979～1990年两者的相关系数是0.7924，在1991～2002年两者的相关系数是0.8981，80年代西部比全国低0.02，90年代西部比全国低0.13，说明西部地区固定资本形成总额增长对经济增长的影响比全国低。

与国民经济计划相对应，按5年为一个计划时期来考察，发现西部地区"六五"、"八五"期间固定资本形成总额增长与经济增长的相关性很强，相关系数分别为0.9087和0.9832，"七五"和"九五"期间两者的相关性较弱，相关系数分别为0.5454和0.1379。全国在四个五年计划期间固定资本形成总额增长与经济增长的相关生前三个五年计划都很强，其中，"六五"期间为0.7539，"七五"期间为0.8545，"八五"期间为0.9683，"九五"期间却是负的弱相关，为-0.1194，西部地区除"七五"期间比全国低0.32外，其他三个五年计划期间均比全国高。

（二）固定资本形成总额增长对经济增长的影响程度

将西部地区GDP增长率对固定资本形成总额增长率（*GFF*）进行回归，得出：

样本：1979～2002年

$$GDP = 8.3741 + 0.3799GFF \quad (25)$$

（3.62）　（3.32）

$R^2=0.56$　$D.W.=0.97$　$F=30.90$

模型通过统计检验，表明西部地区固定资本形成总额增长对国民经济增长的影响在统计上是显著的。当固定资本形成总额增长 1 个百分点时，相应地引致 GDP 增长 0.38 个百分点。

与全国进行比较：

将全国 GDP 增长率对固定资本形成总额增长率（*GFF*）进行回归，得出：

样本：1979～2002 年

$$GDP=7.1860+0.4810GFF \quad (26)$$

（4.04）（5.81）

$R^2=0.61$　$D.W.=1.05$　$F=33.86$

模型通过统计检验，表明全国固定资本形成总额增长对国民经济增长的影响在统计上是显著的。当固定资本形成总额增长 1 个百分点时，相应地引致 GDP 增长 0.48 个百分点。

通过比较式（25）和式（26）中的回归系数，可以看出，西部地区固定资本形成总额增长对经济增长的影响程度比全国平均水平略低一些。

改革开放以来西部地区固定资本形成总额增长周期波动系数平均为 1.39，比经济增长周期平均波动系数高 1.12，说明固定资本形成总额增长的周期波动比经济增长周期波动大得多，从图 6－10 中也可以很直观地看到，比全国固定资本形成总额增长周期平均波动系数高 0.08，说明西部地区资本形成总额增长波动比全国稍弱。

将改革开放以来西部地区经济周期波动系数对固定资本形成总额增长周期波动系数进行回归，得出：

样本：改革开放后的 2～4 周期

$$GDP=0.2831GFF \quad (27)$$

（11.17）

$R^2=0.85$　$D.W.=2.34$

模型通过统计检验，表明西部地区 1982 年以来固定资本形成总额增长波动对国民经济增长波动的影响在统计上是显著的。当固定资本形成总额增长波动 1 个百分点时，相应地引致 GDP 增长波动 0.28 个百分点。

与全国进行比较：

将改革开放以来全国经济周期波动系数对固定资本形成总额增长周期波动系数进行回归，得出：

样本：改革开放后的2～4周期

$$GDP = 0.3816GFF \qquad (28)$$

（40.48）

$R^2 = 0.99 \quad D.W. = 2.25$

模型通过统计检验，表明全国1982年以来固定资本形成总额增长波动对国民经济增长波动的影响在统计上是显著的。当固定资本形成总额增长波动1个百分点时，相应地引致GDP增长波动0.38个百分点。

通过比较式（27）和式（28）中的回归系数，可以看出，固定资本形成总额增长波动对国民经济增长波动的影响程度西部地区比全国平均小，一定的经济增长水平西部地区需要更大规模的投资。

三、存货增加的影响

存货是指全社会的企业在一定时期内保有的原材料、在产品和产成品的价值。包括两部分：（1）本期购买的原材料、燃料和储备物资等商品的库存；（2）本期生产的在产品、半成品和产成品等的库存。占用在存货上的资金是企业流动资金的主要组成部分。存货投资是指在一定时期内企业存货占用的资金。存货包括两类，一类是生产单位购进的原材料、燃料和储备物资等存货，另一类是生产单位生产的在制品、半成品和产成品等存货。

西部地区存货增加从1978年的57.61亿元增加到1997年的1179.92亿元，之后不断下降到2002年的618.78亿元，年均增长10.4%；全国存货增加从1978年的304亿元扩大到1995年的3376.5亿元，之后不断下降到2002年的187.1亿元。

（一）存货增长与经济增长的相关性

西部地区1979～2002年存货增长率平均为13.8%，仅比经济增长率平均每年低1.3个百分点。西部地区存货增长与GDP增长的相关性较强，这与全国相反。1979～2002 年两者的相关系数是 0. 6271. 全国为弱相关，24 年的相关系数只有 0. 3086。西部地区在各周期相关性都比较强，在 1979～1981 年这个周期的下降阶段，相关系数为 0. 0026，相关性很弱，但由于数据不完整难以判断；在 1981～1986 年这个周期内，相关系数为 0. 7567，相关性较强；在 1986～1991 年这个周期内，相关系数为 0. 7792，相关性也较强；在 1991～1999 年这个周期内，相关系数为 0. 8635，也是较强相关；在 1999～2002 年这个周期上升阶段，相关系数为 0. 4538，相关性较弱，通过三个完整周期内两者的相关系数可以看出，存货增长对 GDP 增长周期波动有一定影响。全国在第二、四个周期内，存货增长率与 GDP 增长率的相关性较强，其他期间相关性较弱，第二个周期为 0. 6995，第四个周期为 0. 8235。

以 1990 年为界，将改革开放以来的 25 年划分为两个阶段来考察两者的相关性，发现均有一定相关性，1979～1990 年两者的相关系数为 0. 7355，1991～2002 年两者的相关系数为 0. 6664，但全国均为弱相关，1979～1990 年两者的相关系数是 0. 4406，在 1991～2002 年两者的相关系数是 0. 3658。说明西部地区存货增长对经济增长的影响比全国强。

与国民经济计划相对应，按 5 年为一个计划时期来考察，发现西部地区四个五年计划期间都有一定的相关性。其中“六五”期间相关系数为 0. 7943，“七五”期间相关系数为 0. 7804，“八五”期间相关系数为 0. 7846，“九五”期间相关系数为 0. 6825。全国在四个五年计划期间存货增长与经济增长的相关性“六五”和“八五”较强，“七五”和“九五”较弱，其中，“六五”期间为 0. 7481，“七五”期间为 0. 0442，“八五”期间为 0. 6423，“九五”期间为 -0. 4482。

（二）存货增长对经济增长的影响程度

将西部地区 GDP 增长率对存货增长率（*CI*）进行回归，得出：

样本：1979～2002 年

$$GDP = 13.0565 + 0.1458CI \qquad (29)$$

$$(10.82)\ (3.77)$$

$$R^2 = 0.39 \quad D.W. = 1.06 \quad F = 14.26$$

模型通过统计检验，表明西部地区存货增长对国民经济增长的影响在统计上是显著的。当存货增长 1 个百分点时，相应地引致 GDP 增长 0.15 个百分点。

与全国进行比较：

将全国 GDP 增长率对存货增长率（*CI*）进行回归，无法得到显著的线性关系，表明全国存货增长对国民经济增长的影响在统计上不显著，存货增长对 GDP 增长的影响很小。

因此，西部地区存货增加对经济增长波动具有一定的影响，全国却没有，这是西部地区与全国的显著差异。

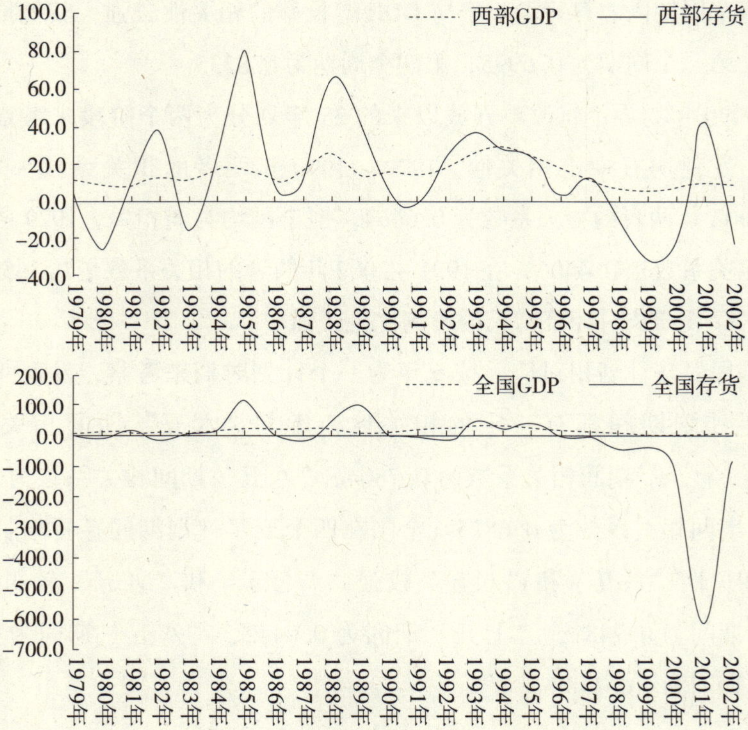

图 6－11　西部地区存货增长对经济周期的影响与全国对比

第四节　省际贸易逆差的影响

支出法 GDP 中最终消费和资本形成总额外就是货物和服务净出口。西部地区作为中国的组成部分，货物和服务净出口项与全国不完全可比，中国的货物和服务净出口是来自国外的净要素需求，但西部地区除了来自国外的净要素需求外，还包括来自省外的净要素需求。西部地区12省区汇总的货物和服务净出口一直处于负值状态，实际上是净进口，并且不断扩大，净进口额从1978年的72.3亿元迅速扩大到2002年的1768.3亿元（见图6-12），平均每年增长16.1%。西部地区经济发展滞后，对国外的贸易以原材料和初级加工产品为主，近年来整个西部地区一直处于贸易顺差地位，但国民经济核算中，货物和服务净出口一直处于逆差地位，逆差不断扩大，说明西部地区省际贸易逆差在不断扩大。

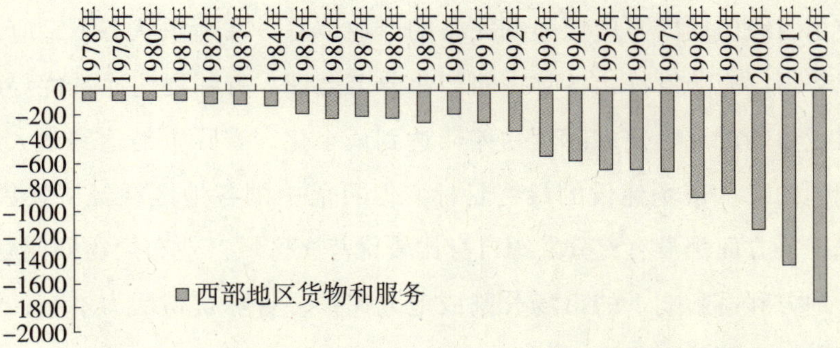

图6-12　西部地区货物和服务净出口示意图

一、省际贸易逆差的含义及研究价值

按中国现行的国民经济核算体系，地区支出法生产总值中的货物和服务净出口，除包括本地区国际收支平衡表中反映的对外贸易进出口及与国外的非贸易往来部分外，还包括地区间货物和服务的流入流出，即省际贸易。各产业的产品净调入（或净调出）规模大小是一个地区产业竞争力强弱的直接体现。省际贸易逆差就是省际货物和服务净流入，省际贸易顺差就是省际货物和服务净流出。

（一）基本测算方法

目前中国各省（自治区、直辖市）及以下行政区统计部门计算的地区间货物和服务流入流出差额，根据各地资料来源情况，大致有四种方法：直接资料计算法、银行资料计算法、财政等综合资料计算法、差额计算法（国家统计局国民经济核算司，1997 年）。差额法的测算公式为：省际贸易差额 = 支出法生产总值中的货物和服务净出口 – 外贸净出口。

为考察地区产业竞争力，公式中地区的对外贸易数据应采用按商品进口目的地和出口货源地统计的外贸进出口值。

（二）省际贸易对地区经济发展的重大意义

省际贸易是国内区域发挥比较优势、产业分工、生产要素和消费品交换的需要。省际贸易量的大小，一定程度上反映出国内统一市场的完善程度和地方保护主义的轻重程度。省级经济作为大国经济的组成部分，要素禀赋差异决定了省级区域内不应该强调完备的产业体系，在理想状态下，应是各省比较优势得以充分发挥，各省之间产业分工合理，省际之间通过优势产品交换没有优势的产品，使省际贸易差额达到最小化，省际贸易达到最大化，这是中国国内统一市场建设的最终目标。但目前中国各地区在经济发展战略、产业选择等方面都没有充分发挥自身比较优势，区域产业布局雷同问题突出，更由于地方利益影响下的市场分割或地方保护，省际贸易活力不足，市场对资源的配置作用被削弱。

从一个省来看，一定时期内省际贸易逆差持续扩大反映了该省的综合竞争力不断下降，即省内居民、社会团体和政府部门对省外消费品的需求不断增加，省内投资主体对省外投资品的需求不断增加，本省对省外产品需求不断大于本省对省外产品供给的状态，相应地抑制了本省的经济增长；相反，省际贸易顺差一定时期内持续扩大反映了该省的综合竞争力不断增强，即省外居民、社会团体和政府部门对本省消费品的需求不断增加，省外投资主体对本省投资品的需求不断增加，相应地提升了本省的经济增长。从商品交换来说，某个产（行）业商品净流入不断扩大，是省内市场不断被外省同类产（行）业产品挤占，反映了省内该产（行）业的产品竞争力不断减弱；相反，商品净流出不断扩大是产品不断扩大省外市场占有份额，反映了省内该产（行）业产品竞争力不断增强。

从全国来看，部分省份长期存在着巨额省际贸易逆差或逆差持续扩大，而部分省份长期存在着巨额省际贸易顺差或顺差持续扩大，反映出国内区域经济存在着以下严重问题：一是区域经济发展差距扩大；二是区域产业布局雷同，比较优势发挥不充分；三是产业结构失衡，各省之间都集中在少数产业上竞争，资源不合理消耗；四是逆差省为降低逆差进行市场封锁，阻止外省同类产品进入，顺差省为保持顺差势头也进行市场封锁，两方面都抑制了国内商贸市场的活力；五是逆差省对自身产业的保护阻碍着产业技术创新，顺差省对本地产业的保护阻碍了产业结构优化升级。

因此，通过研究省际贸易逆差的总量和结构变化，可以分析区域之间产品流入与流出差异和发挥比较优势的程度，分析国家的经济发展战略和产业政策对省际贸易逆差的作用、逆差对地区经济增长和国内市场一体化的影响程度，由此判断省级区域内各产业竞争力的变化趋势和存在的问题，这对实现中国区域经济统筹协调发展、促进国内统一市场的建设具有积极意义。

本章通过前面分析得出的结论是：西部地区 1996 年以来比全国高的消费率和投资率并没有带来西部地区比全国高得多的经济增长率，其原因就是在国内贸易中，由于东西部差距的不断扩大，使西部地区在国内贸易中大部分省区处于逆差地位，省际贸易逆差减缓了这些省区的高消费率和高投资率应推动的经济增长速度。由于数据搜集难度，下面以西部部分省区的省际贸易逆差为例来分析西部地区省际贸易逆差对其经济增长的影响。

二、西部地区省际贸易逆差加剧与产业整体竞争力减弱

（一）对各省（市、区）省际贸易的考察

1. 基本格局

省际贸易是中国区域分工和各地发挥比较优势的重要体现，省际贸易总额的大小，一定程度上反映出国内统一市场的完善程度和地方保护主义的轻重程度。省级区域经济作为中国经济的一个组成部分，不可能具有相当完备的产业体系，理想状态下，各省资源禀赋得到充分利用，优势得到充分发挥，各省之间产业分工合理，省际之间通过优势产品交换没有优势的产品，省际贸易差额等于0，省际贸易总额达到最大状态。但现实经济活动不可能达到这种理想状态，省际贸易差额总是大于0或小于0，省际贸易总额也总是在市场

分割或地方保护主义作用下无法达到最大化。在动态发展过程中，一个省的省际贸易差额部分年份为正值，部分年份为负值，是经济发展变动结果，属正常现象，是其通过产业结构调整、技术进步、发展促进政策等措施，不断提升产业竞争力，使省际贸易差额在一定时期内总体上接近均衡状态，即接近于0的状态，是省级区域经济健康运行的体现。

一定时期内省际贸易差额持续扩大是省级区域经济发展失衡的体现。从总需求和生产总值使用角度看，省际贸易逆差一定时期内持续扩大就反映了该省级区域的综合竞争力不断下降的过程，即省内居民、社会团体和政府部门对省外消费品的需求不断增加，省内投资主体对省外投资品的需求不断增加，相应地减少了本省的GDP，降低了本省应有的经济增长率；相反，省际贸易顺差一定时期内持续扩大反映了该省级区域的综合竞争力不断增强的过程，即省外居民、社会团体和政府部门对本省消费品的需求不断增加，省外投资主体对本省投资品的需求不断增加，相应地增加了本省的GDP，提升了本省的经济增长率。从产业结构来说，某个产（行）业商品净流入不断扩大，反映了区域内的该产（行）业产品竞争力不断减弱，省内市场不断被外省同产（行）业产品挤占，相反，商品净流出不断扩大反映了区域内的该产（行）业产品竞争力不断增强，产品不断扩大省外市场占有份额。

表6－1是1995年以来全国各省（直辖市、自治区）的省际贸易差额测算结果，省际贸易顺差持续增加的是上海、北京、辽宁、江苏、河北等东部经济发达省市，省际贸易逆差持续增加的是贵州、云南、青海、宁夏等西部经济发展滞后省区。其他省份的省际贸易差额没有持续性增加或减少，总体上接近均衡状态。

表6－1　1995年以来全国各省（直辖市、自治区）的省际贸易差额

省份	1995	1997	1998	1999	2000	2001	2002
北京#	－473	267	71	174	478	580	33
天津	－1	21	－4	65	167	48	62
河北#	317	268	296	336	396	464	519
辽宁#	330	346	405	423	518	542	534

经济存在着以下严重问题：一是区域经济发展差距扩大；二是区域产业布局雷同，比较优势发挥不充分；三是产业结构失衡，各省之间都集中在少数产业上竞争，资源不合理消耗；四是逆差省为降低逆差进行市场封锁，阻止外省同类产品进入，顺差省为保持顺差势头也进行市场封锁，两方面都抑制了国内商贸市场的活力；五是逆差省对自身产业的保护阻碍着产业技术创新，顺差省对本地产业的保护阻碍了产业结构优化升级。

因此，通过研究省际贸易逆差的总量和结构变化，可以分析区域之间产品流入与流出差异和发挥比较优势的程度，分析国家的经济发展战略和产业政策对省际贸易逆差的作用、逆差对地区经济增长和国内市场一体化的影响程度，由此判断省级区域内各产业竞争力的变化趋势和存在的问题，这对实现中国区域经济统筹协调发展、促进国内统一市场的建设具有积极意义。

本章通过前面分析得出的结论是：西部地区1996年以来比全国高的消费率和投资率并没有带来西部地区比全国高得多的经济增长率，其原因就是在国内贸易中，由于东西部差距的不断扩大，使西部地区在国内贸易中大部分省区处于逆差地位，省际贸易逆差减缓了这些省区的高消费率和高投资率应推动的经济增长速度。由于数据搜集难度，下面以西部部分省区的省际贸易逆差为例来分析西部地区省际贸易逆差对其经济增长的影响。

二、西部地区省际贸易逆差加剧与产业整体竞争力减弱

（一）对各省（市、区）省际贸易的考察

1. 基本格局

省际贸易是中国区域分工和各地发挥比较优势的重要体现，省际贸易总额的大小，一定程度上反映出国内统一市场的完善程度和地方保护主义的轻重程度。省级区域经济作为中国经济的一个组成部分，不可能具有相当完备的产业体系，理想状态下，各省资源禀赋得到充分利用，优势得到充分发挥，各省之间产业分工合理，省际之间通过优势产品交换没有优势的产品，省际贸易差额等于0，省际贸易总额达到最大状态。但现实经济活动不可能达到这种理想状态，省际贸易差额总是大于0或小于0，省际贸易总额也总是在市场

分割或地方保护主义作用下无法达到最大化。在动态发展过程中，一个省的省际贸易差额部分年份为正值，部分年份为负值，是经济发展变动结果，属正常现象，是其通过产业结构调整、技术进步、发展促进政策等措施，不断提升产业竞争力，使省际贸易差额在一定时期内总体上接近均衡状态，即接近于0的状态，是省级区域经济健康运行的体现。

一定时期内省际贸易差额持续扩大是省级区域经济发展失衡的体现。从总需求和生产总值使用角度看，省际贸易逆差一定时期内持续扩大就反映了该省级区域的综合竞争力不断下降的过程，即省内居民、社会团体和政府部门对省外消费品的需求不断增加，省内投资主体对省外投资品的需求不断增加，相应地减少了本省的GDP，降低了本省应有的经济增长率；相反，省际贸易顺差一定时期内持续扩大反映了该省级区域的综合竞争力不断增强的过程，即省外居民、社会团体和政府部门对本省消费品的需求不断增加，省外投资主体对本省投资品的需求不断增加，相应地增加了本省的GDP，提升了本省的经济增长率。从产业结构来说，某个产（行）业商品净流入不断扩大，反映了区域内的该产（行）业产品竞争力不断减弱，省内市场不断被外省同产（行）业产品挤占，相反，商品净流出不断扩大反映了区域内的该产（行）业产品竞争力不断增强，产品不断扩大省外市场占有份额。

表6-1是1995年以来全国各省（直辖市、自治区）的省际贸易差额测算结果，省际贸易顺差持续增加的是上海、北京、辽宁、江苏、河北等东部经济发达省市，省际贸易逆差持续增加的是贵州、云南、青海、宁夏等西部经济发展滞后省区。其他省份的省际贸易差额没有持续性增加或减少，总体上接近均衡状态。

表6-1 1995年以来全国各省（直辖市、自治区）的省际贸易差额

省份	1995	1997	1998	1999	2000	2001	2002
北京#	-473	267	71	174	478	580	33
天津	-1	21	-4	65	167	48	62
河北#	317	268	296	336	396	464	519
辽宁#	330	346	405	423	518	542	534

续 表

省份	1995	1997	1998	1999	2000	2001	2002
上海#	-143	-7	181	508	935	1085	1388
江苏#	564	373	376	369	533	513	629
浙江	607	-49	-213	-88	-190	-409	-802
福建	100	-219	-240	-200	-312	-376	-467
山东	292	-167	-115	-101	-84	-41	124
广东	962	-1132	-1256	-469	-103	-18	124
海南	-121	26	19	-17	-18	21	33
山西	164	-75	-74	-99	-169	-216	-219
吉林	-92	-45	-13	1	-6	2	3
黑龙江	192	-16	45	178	274	254	207
安徽	45	-47	-47	-41	-47	-61	-41
江西	0	-56	-72	-35	-33	-28	-8
河南	173	181	204	247	206	175	103
湖北	105	70	20	12	63	232	8
湖南	29	-58	-36	-63	11	-43	-23
内蒙古	-87	-47	-29	-33	4	27	-127
广西	-77	24	-124	-83	-152	-186	-150
重庆		22	-22	-16	-110	-144	-216
四川	5	-43	-2	31	-5	3	-62
贵州*	-116	-179	-194	-257	-286	-362	-367
云南*	28	-78	-101	-155	-276	-297	-203
西藏	-14	8	12	1	2	1	2
陕西	-146	-134	-166	-92	-169	-148	-212
甘肃	-53	-72	-45	-44	-45	-41	-51
青海*	-18	-47	-49	-55	-78	-117	-59
宁夏*	-18	-37	-55	-69	-103	-146	-183
新疆	-180	-118	-215	-159	-102	-55	-173

注：（1）各地区外贸净出口商品值采用按进口目的地和出口货源地统计数；（2）人民币汇率按年平均汇率中间价；（3）“-”为净流入；（4）“#”为省际贸易顺差持续增加省份；“*”为省际贸易逆差持续增加省份。

资料来源：《中国统计年鉴》。

2. 西部地区的省际贸易逆差不断扩大

从1993年至2002年的情况看，西部地区外贸净出口一直处于顺差地位，外贸出口从1993年的62.81亿美元提高到2002年的120.82亿美元，外贸进口则从52.08亿美元提高到107.45亿美元，外贸顺差额平均每年为12.04亿美元，没有出现外贸逆差，但1993年以来西部地区的货物和服务净出口一直是净进口，从1993年的558.46亿元迅速扩大到2002年的1768.3亿元，主要就是省际贸易逆差不断扩大所致。通过汇价换算后测算，西部地区省际贸易逆差从1993年的620.31亿元迅速扩大到1879.01亿元（见表6－2），年均增长13.1%。近年来西部地区持续扩大省际贸易逆差造成西部地区比全国的高投资率和高消费率所拉动的经济增长受到抑制，使西部地区加快经济增长的能力受到削弱。

表6－2 1993年以来西部地区的省际贸易逆差

年份	外贸净出口（美元）	汇率	外贸净出口（元）	货物和服务各净出口（元）	省际贸易逆差（元）
1993	10.73	5.762	61.85	－558.46	－620.31
1994	21.85	8.6187	188.33	－594.8	－783.13
1995	5.64	8.3510	47.06	－669.38	－716.44
1996	3.96	8.3142	32.95	－651.99	－684.94
1997	20.12	8.2898	166.77	－669.67	－836.44
1998	15.62	8.2791	129.29	－883.93	－1013.22
1999	6.59	8.2783	54.57	－860.62	－915.19
2000	20.16	8.2784	166.92	－1153.83	－1320.75
2001	2.34	8.2770	19.37	－1460.49	－1479.86
2002	13.38	8.2770	110.71	－1768.3	－1879.01

注：同表6－1：汇率为各年人民币兑美元年末中间价。

3. 省际贸易逆差降低了经济增长（以云、贵、青、宁四省区为例）

云南、贵州、青海、宁夏四省区的省际贸易逆差从1995年以来不断加剧，降低了经济增长率。云南省从 1997 年 0.72 亿元的净流出，持续下降到 2001 年达到 297.35 亿元的净流入，减少的 GDP 从接近 0 迅速扩大到 14.3%；贵州省的省际贸易逆差从 1995 年的 115.79 亿元迅速扩大到 2001 年的 362.07 亿元，减少的 GDP 从 18.4% 扩大到 33.4%；青海省的省际贸易逆差从 1995 年的 17.62 亿元迅速扩大到 2001 年的 117.23 亿元，减少的 GDP 从 10.6% 迅速扩大到 39.8%；宁夏回族自治区的省际贸易逆差从 1995 年的 18.22 亿元迅速增加到 2001 年的 145.67 亿元，减少的 GDP 从 10.7% 迅速扩大到 48.8%（见表 6－3）。

西部省区经济基础薄弱，经济总量小，经济增长质量较差，需要保持较高的增长率才能解决经济社会发展中的许多问题，但云、贵、青、宁四省区 1996～2001 年的经济增长率，除宁夏的 1996 年、2000 年、2001 年和青海的 2001 年位于全国 31 个省（市、区）前 10 位外，其余年份都位于各省（市、区）后列。省际贸易逆差对这些省区的经济增长起了很大的抑制作用。

表 6－3　云、贵、青、宁四省区省际贸易逆差及占 GDP 比重

年份		1995	1996	1997	1998	1999	2000	2001
省际贸易逆差值（亿元）	云南	－28.4	－3.9	77.6	101.5	155.1	276.4	297.4
	贵州	115.8	113	178.7	194.4	256.8	286.5	362.1
	青海	17.6	34.2	46.9	49	54.5	78.1	117.2
	宁夏	18.2	27.8	37.1	55.3	68.7	103.3	145.7
省际贸易逆差值占 GDP 比重（%）	云南	－2.4	－0.3	4.7	5.7	8.4	14.1	14.3
	贵州	18.4	15.8	22.1	22.2	28.2	28.8	33.4
	青海	10.6	18.6	22.6	21.8	22.6	30.9	39.8
	宁夏	10.7	14.4	17.6	24.3	28.4	38.9	48.8
经济增长率在 31 个省区市中的排位	云南		22	22	30	28	31	31
	贵州		27	25	23	15	23	24
	青海		29	26	20	19	19	3
	宁夏		1	30	24	11	8	8

注：资料来源和数据运用同表 6－1；“－”为净流出。

西部地区省际贸易逆差持续扩大，抵消了投资、消费和外贸净出口对经济增长的贡献，抑制了西部各省区的经济增长。东部地区省际贸易顺差扩大，提升了东部地区的经济增长。西部各省区经济基础薄弱，经济总量小，增长质量较差，需要保持较高的增长速度才能解决经济社会发展中的许多问题，但由于巨额的省际贸易逆差对 GDP 的扣减作用和对经济增长的抑制作用，使西部地区与东部地区的经济增长差距扩大。西部地区省际贸易逆差持续扩大主要是由于西部地区产业结构低度化，特色产业发展不突出，支柱产业选择和培育与东部、中部地区同构问题突出，比较优势发挥不足，产业技术进步缓慢，产业整体竞争力减弱，同时也有国内市场分割、地方保护主义加剧等方面的原因，为了遏制省际贸易逆差持续扩大的势头，很多省份将会采取许多地方保护措施来限制外省产品进入本地市场，以此保护本地同类产业的发展，这又将引起发达地区更严重的地方保护和市场封锁，进一步阻碍中国国内统一市场的建设，制约着中国国内贸易的增长。

（二）造成西部部分省区省际贸易逆差加剧的原因是产业竞争力减弱

省际贸易顺差持续增加是本省产品在外省的市场销售额不断高于外省产品在本省的市场销售额，反映出本地产业的竞争力不断增强；相反，省际贸易逆差持续增加是本省产品在外省的市场销售额不断低于外省产品在本省的市场销售额，反映出本地产业的竞争力不断减弱。由于西部 12 个省（区、市）的产品调出调入数据难以完全收集，下面以典型的西部省份云南省为例进行考察，从具体行业的产品调入与调出，分析 1995 年以来西部地区的产业竞争力变化。

1. 总体竞争力减弱

云南省 1987 年产品及服务调出 65. 32 亿元，调入 91. 75 亿元，净调入为 26. 43 亿元，其中：农产品净调出 4. 9 亿元，工业产品净凋入 30. 28 亿元，服务净调入 1. 05 亿元，属净调入省份。到 1997 年，全省产品和服务调出 557. 77 亿元，调入 600. 40 亿元，净调入为 42. 62 亿元，其中：农产品净调出 10. 39 亿元，工业产品净调入 115. 85 亿元，服务净调出 71. 42 亿元，也属净调入省份。到 2000 年，产品及服务调出 582. 31 亿元，调入 833. 73 亿元，净调入为251.42亿元，其中：农产品净调出1.10亿元，工业产品净调入306.57亿元，服务净调出62.87亿元，仍属净调入省份。通过三个年份的对比可以看出，净调入总额不断扩大主要是工业产品净调入额越来越大，说明云南省的工业化进程缓慢，工业产品竞争力明显减弱，农产品虽为净调出，但净调出额越来越小，说明农产品竞争力也呈减弱趋势，随着云南旅游服务业的快速发展，服务净调出在进入90年代后不断扩大，但2000年比1997年略有下降，竞争力没有明显变化。

表6-4　云南省净调出产品部门及净调出排序

单位：亿元

排序	1997年	2000年
1	食品制造及烟草加工业　177.87	食品制造及烟草加工业　205.00
2	金属压延及冶炼加工业　45.40	商业　59.49
3	商业　29.76	旅客运输业　41.64
4	旅客运输业　29.23	电力及蒸汽热水生产和供应业　22.73
5	农业　10.39	金属压延及冶炼加工业　19.86
6	社会服务业　9.97	饮食业　11.88
7	其他制造业　9.31	房地产业　8.58
8	金融保险业　5.37	社会服务业　3.81
9	木材加工及家具制造业　2.53	农业　1.10
10	电力及蒸汽热水生产和供应业　0.12	
11	邮电业　0.07	
12	货物运输及仓储业　0.07	
13	饮食业　0.04	
	合计　320.14	合计　374.08

资料来源：《云南省1997年投入产出表》、《云南省国民经济核算资料（2001）》。

按40个部门（行业）划分的云南省投入产出表中，1997年净调出的部门13个，净调入的部门有26个，没有调出和调入的部门1个；到2000年净调出的部门下降到9个，净调入的部门上升到31个，说明这四年里竞争力弱的部门（行业）增加了6个，竞争力强的部门（行业）相应地减少了6个。

2. 传统优势产业竞争力减弱

云南省净调出产品部门（行业）的净调出总额虽由1997年的320.14亿

元上升到2000年的374.08亿元，但部门（行业）却减少了4个。表6－4列出了云南净调出部门及排序，可以看出以烟草和制糖为主的食品制造及烟草加工业竞争力增强，电力产业竞争力明显增强，由于云南旅游业快速发展而带动的商业、旅客运输业、饮食业竞争力也有所增强，而金属压延及冶炼加工业净调出的下降表明云南具有传统优势的矿业竞争力减弱。1998年天然林禁伐后，木材加工及家具制造业从1997年净调出转为2000年净调入，农业净调出也从1997年的10.39亿元下降到2000年的1.1亿元，说明云南林产品、农产品竞争力在不断减弱。

表6－5　云南省净调入产品部门前10位及净调入排序

排序	1997年	2000年
1	服装皮革羽绒及其他纤维　49.81 制造业　49.81	石油加工及炼焦业　88.91
2	机械工业　49.32	机械工业　61.02
3	化学工业　48.53	电子及通信设备制造业　55.12
4	石油加工及炼焦业　44.53	服装皮革羽绒及其及他纤维　49.14 制造业　49.14
5	电子及通信设备制造业　30.63	化学工业　43.32
6	造纸印刷及文教用品制造业　28.39	交通运输设备制造业　39.50
7	非金属矿物制品业　20.83	造纸印刷及文教用品制造业　38.69
8	交通运输设备制造业　20.22	纺织业　37.10
9	纺织业　18.18	非金属矿物制品业　35.48
10	煤炭采选业　10.74	煤炭采选业　24.25
	净调入前10个部门合计　321.18	净调入前10个部门合计　472.54
	全省（26个净调入部门）　362.77 净调入合计	全省（31个净调入部门）　625.46 净调入合计

资料来源：《云南省1997年投入产出表》、《云南省国民经济核算资料（2001）》。

云南省净调入产品部门（行业）的净调入总额由1997年的362.77亿元上升到2000年的625.46亿元，表6－5列出了云南省净调入前10个部门（行业）及排序，可以看出净调入最高的前10个部门净调入额不断扩大，从1997

年的321.18亿元扩大到2000年的472.54亿元。这10个部门的特点是：①云南没有资源优势的石油加工及炼焦业、纺织业、非金属矿物制品业；②云南没有技术优势的电子及通信设备制造业、交通运输设备制造业、造纸印刷及文教用品制造业；③云南已丧失发展机遇的机械工业、化学工业、服装皮革羽绒及其他纤维制造业等。因此，无论是生产生活需求量大的劳动密集型产业，还是高技术产业，云南的竞争力都在明显减弱，省内市场不断被省外产品挤占。

贵州、青海、宁夏等西部其他省区面临着与云南基本相同的格局，产业竞争力不断减弱，省内产品市场不断被挤占，使西部省份的省际贸易逆差不断扩大，降低了西部省份的经济增长。东部地区的产业竞争力不断增强，产品不断占据省外市场，东部省份的省际贸易顺差不断提高，提升了东部省份的经济增长，东西部差距呈进一步扩大的趋势。扩张性财政政策实施效果差异是东部省市的产业竞争力增强西部省区产业竞争力减弱的重要原因。

三、积极的财政政策效应与东西部产业投资对比

（一）扩张性财政政策效应

中央政府从1998年开始实施积极的财政政策和稳健的货币政策，目的是抵御亚洲金融危机对中国的影响以及由危机引发的有效需求不足，通过长期和短期两种政策效应实现国民经济的持续快速健康发展。短期效应是在中国还没有完成工业化，投资对经济增长具有直接拉动作用的情况下，通过政府直接投资，发挥投资乘数作用抑制经济衰退，保持经济较高增长势头，稳定投资者信心，因此，1998～2002年中国国家预算内投资年均递增35.4%，超过历史上任何时期，是这期间其他类型投资增速的若干倍。积极的财政政策实施6年来，确实对拉动中国经济高速增长、保持宏观经济稳定运行发挥了巨大作用。各地区也确实依靠投资拉动，使地方经济保持了高速增长的态势。除了短期效应外，积极的财政政策更重要的政策效果是长期效应，也就是积极的财政政策传导到产业竞争力上的效应，通过政府投资于非竞争性领域，扩大对竞争性产业产品的需求，带动和吸引民间资本、外资等各种资本投入竞争性产业，促进传统产业改造提升，加快新兴产业发展，增强经济增长后

续动力。因此，通常认为积极的财政政策是不能持久运用的，产业成长起来后必然要淡出。6 年来，国家积极的财政政策长期效应在东西部地区差异很大，使东部地区产业竞争力增强，西部地区产业竞争力相对减弱，东部地区产业产品挤占西部地区市场，西部地区省际贸易逆差扩大。

（二）东西部地区政府投资所引致的投资对比

积极的财政政策实施以来，东部地区由于良好的投资环境，政府投资对非政府投资的带动效应发挥较好，产业投资跟进快；西部地区则相反，政府投资对非政府投资的引导效果不理想，产业投资仍难以有效扩大。1999～2002 年，在基本建设、更新改造和房地产开发三项投资合计中，体现政府投资力度的国家预算内投资，东部地区从 576.6 亿元增加到 608.2 亿元，所占比重反而从 4.8% 下降到 3.2%，政府投资所引致的自筹、国内贷款、利用外资及其他投资资金从 11529.8 亿元扩大到 18201.1 亿元；同期西部地区这三项投资合计中的国家预算内投资从 368.7 亿元增加到 928.7 亿元，超过了东部地区，所占比重从 9.4% 上升到 13.8%，政府投资所引致的自筹、国内贷款、利用外资及其他投资资金却只从 3558.2 亿元上升到 5818.0 亿元，2002 年只有东部的 1/3。2002 年东部地区的国家预算内投资与所引致的投资之比为 1∶29.9，西部地区仅为 1∶6.3（见表 6－6），西部地区只有东部的 1/5。

表 6－6　东部地区与西部地区的投资来源构成对比

单位：亿元

类型	东部					西部				
	1998	1999	2000	2001	2002	1998	1999	2000	2001	2002
总投资	8259	12106	13432	15731	18809	3252	3928	4617	5435	6747
国家预算内资金	4.6	4.8	4.1	4.2	3.2	7.5	9.4	9.9	10.6	13.8
国内贷款	19.1	22.6	23.5	21.6	22.6	26.4	26.4	26.1	24.9	24.8
利用外资	13.9	8.7	6.8	6.1	5.6	4.2	3.7	2.8	2.0	1.8
自筹资金	54.3	45.2	44.9	46.3	46.5	47.9	42.0	42.7	44.4	42.4

续 表

类型	东部					西部				
	1998	1999	2000	2001	2002	1998	1999	2000	2001	2002
其他资金	8.2	18.8	20.7	21.8	22.1	13.9	18.5	18.5	18.1	17.2
引致投资倍数	18.88	20.00	23.50	22.60	29.93	10.29	9.65	9.12	8.40	6.26

注：总投资为基本建设、更新改造和房地产开发投资。
资料来源：根据《中国统计年鉴》数据测算。

具体省区的差别更大，如东部的江苏省全社会固定资产投资中体现政府投资力度的国家预算内投资，1995～2001年由25.83亿元扩大到69.97亿元，占全社会固定资产投资的比重为1.54%～2.45%之间，引致投资由1645.3亿元扩大到2001年的3232.94亿元（见表6－7），江苏省2001年国家预算内投资与引致投资比为1∶46.2；同期云南省的国家预算内投资由18.57亿元扩大到72.64亿元，2001年超过了江苏省，占全省全社会固定资产投资的比重从4.88%提高到9.89%，引致投资仅由361.99亿元扩大到662.14亿元，云南省2001年国家预算内投资与引致投资比只有1∶9.1，不到江苏省的1/5，差距相当大。

东西部在政府投资带动非政府投资效应上的巨大差距，使政府投入西部更多资金以促进产业成长、拉动经济增长上的效果远低于东部，西部地区在国家实施积极的财政政策期间，产业成长仍然难以获得足够的非政府投资来源，产业竞争力难以提高，省际贸易逆差难以下降。

表6－7 江苏省与云南省的投资来源构成对比

单位：亿元

	江苏省				云南省			
	1995	1999	2000	2001	1995	1999	2000	2001
全社会固定资产投资总额	1680	2743	2995	3303	381	717	698	735
国家预算内投资	1.54	2.29	2.45	2.12	4.88	7.66	8.19	9.89
国内贷款	16.08	14.56	16.33	15.88	20.97	21.86	21.85	19.87
自筹投资	52.38	59.76	61.02	59.88	46.45	39.30	38.87	38.46
其他投资	16.38	12.12	10.82	12.24	21.80	27.60	28.39	28.50

资料来源：《江苏统计年鉴》、《云南统计年鉴》。

值得注意的是，在非政府投资中，外商直接投资（FDI）对地方投资、地方产业结构调整升级具有十分重大的影响。FDI在东西部分布的“空间二元结构”特征，也加剧了西部地区的省际贸易逆差。相关研究表明，FDI对东西部工业发展差距具有重要影响（杨先明、赵果庆，2003），东部地区工业发达，工业以机械、电子、服装、化工等为主导，这些产业技术含量较高，市场广阔，是FDI进入的目标产业，而西部地区工业基础较差，大都是低附加值的资源导向型工业，烟草、冶金、森林、电力、矿产开采等是西部地区的支柱工业，烟草工业国家禁止FDI进入，其他的西部支柱工业是FDI较少愿意进入的，2001年，东部FDI工业比重为23.92%，西部仅为5.44%。FDI工业绝大部分聚集于东部，使东部地区的机械、电子、服装、化工等产业技术升级快于西部，产品竞争力强于西部，这些产品大量占领西部地区市场，使西部地区工业品的省际贸易逆差持续扩大。

（三）东西部省份产业投资对比

政府投资带动的非政府投资，主要投入竞争性领域，东部地区政府投资带动非政府投资能力强，竞争性产业获得足够资金支持产业快速成长和技术提升，西部地区政府投资带动非政府投资的能力弱，产业成长和技术进步没有获得足够的资金投入，竞争力相对减弱。从典型的西部省份云南省和典型的东部省份江苏省对比可以看出这一规律。按16个行业划分来考察，江苏省1995年以来投资比重最大的前五个行业一直是制造业、房地产业、交通运输仓储及邮电通信业、电力煤气及水的生产和供应业、社会服务业，2001年这五个行业的投资占全社会固定资产投资的82.87%（见表6－7），这五个行业除电力煤气及水的生产和供应业主要是依靠政府投资外，其余四个行业都是非政府投资进入的产业部门，也是政府投资不断退出的部门，交通运输业中的交通设施建设虽是基础产业，但在东部地区资本市场较为健全、项目融资机制运行良好的情况下，非政府投资已大量进入。云南省1995年以来的投资结构发生较大变化，特别是制造业比重下降幅度很大，从第一位下降到第四位。2001年投资比重最高的五个行业依次为交通运输仓储及邮电通信业、其他行业、房地产业、制造业、电力煤气及水的生产和供应业，这五个行业的投资占全社会固定资产投资的71.98%，这五个行业中只有制造业和房地产业是非政府投资为主，其他三个行业都是政府投资为主，非政府投资很少进入。这体现了西部省区这些年的投资主要是以交通、能源等基础设施建设为主，吸引非政府投资进入竞争性领域的效果不理想。

分类型对比看，作为完全竞争性领域的制造业、房地产业、社会服务业、批发零售贸易餐饮业、采掘业、建筑业等六大行业的投资占全社会投资2001年江苏省为57.04%，而云南省仅31.91%，云南省比江苏省低20个百分点，其中，制造业低12个百分点，房地产业低8个百分点，社会服务业低1个百分点。作为部分竞争性领域的交通运输仓储及邮电通信业、电力煤气及水的生产和供应业、教育文化艺术广播电影电视业、农林牧渔业、金融保险业等五大行业，2001年江苏省的投资占该省全社会投资的34.3%，而云南省的投资占该省全社会投资的44.41%，云南比江苏高10个百分点，但从投资来源看，非政府投资进入这些领域在东部地区较为普遍，而在西部地区则是以政府投资为主，若考虑这样的因素，这些领域非政府投资的比重东部要大于西部地区；其他的地质勘查水利管理业、国家机关党政机关和社会团体、卫生体育和社会福利业、科学研究和综合技术服务业等五个非竞争性领域江苏省的比重是8.66%，云南是23.68%，云南比江苏高15个百分点，表明西部地区的产业投入严重不足。

表6-8　江苏省和云南省全社会固定资产投资投向结构对比

单位：%

排序	江　苏			
	行　业	1995	2000	2001
1	制造业	33.55	24.04	24.77
2	房地产业	24.14	20.51	21.95
3	交通运输仓储及邮电通信业	13.98	18.86	20.46
4	电力煤气及水的生产和供应业	7.68	11.89	8.63
5	社会服务业	3.88	6.21	7.06
6	教育文化艺术广播电影电视业	2.58	4.52	4.68
7	国家机关政党机关和社会团体	3.94	2.71	2.92
8	地质勘查水利管理业	0.83	3.10	2.65

续 表

排序	江 苏			
	行 业	1995	2000	2001
9	批发和零售贸易、餐饮业	3. 86	1. 56	1. 66
10	其他行业	1. 35	1. 74	1. 47
11	卫生体育和社会福利业	0. 85	1. 11	1. 33
12	采掘业	1. 39	1. 02	0. 85
13	建筑业	0. 87	1. 66	0. 75
14	农、林、牧、渔业	0. 21	0. 55	0. 32
15	科学研究和综合技术服务业	0. 26	0. 25	0. 30
16	金融、保险业	0. 64	0. 26	0. 21
排序	云 南			
	行 业	1995	2000	2001
1	交通运输仓储及邮电通信业	12. 11	27. 11	27. 26
2	其他行业	9. 24	12. 63	13. 27
3	房地产业	9. 79	12. 44	12. 28
4	制造业	31. 73	8. 62	
5	电力煤气及水的生产和供应业	9. 03	9. 21	9. 21
6	社会会服务业	4. 64	6. 57	5. 49
7	国家机关党政机关和社会团体	4. 66	5. 35	5. 17
8	农、林、牧、渔业	4. 39	4. 07	3. 92
9	教育文化术广播电影电视业	2. 86	2. 98	3. 03
10	批发零贸易、餐饮业	3. 10	2. 31	2. 21
11	地质勘查水利管理业	1. 44	2. 12	1. 94
12	采掘业	3. 16	1. 27	1. 59
13	卫生体育和社会福利业	1. 12	1. 74	1. 19
14	金融、保险业	1. 67	0. 78	0. 99
15	科学研究和综合技术服务业	0. 39	1. 02	0. 62
16	建筑业	0. 66	0. 86	0. 38

资料来源：《江苏统计年鉴（2002）》、《云南统计年鉴（2002）》。

（四）积极的财政政策效应在东西部的差异

从产业投资占全社会投资的比重就可以看出 1998 年以来积极的财政政策的长期效应差异，江苏省是制造业和房地产业这两大非政府投资为主的产业比重最高，超过全社会投资的45%，而云南省是交通运输仓储及邮电通信业和其他行业投资这两大政府投资为主的产业比重最高，超过全社会投资的40%。目前，中国西部地区选择的主导产业和发展战略较之东部地区而言，更加接近于违背比较优势原则（林毅夫、刘培林，2003），西部地区在发展战略选择和主导产业选择上更倾向于与东部地区趋同的情况下，加剧了东西部省区之间在积极财政政策的长期效应上存在的差异：在东部地区，政府扩大投资能引致大量的非政府部门投资跟进，竞争性产业容易获得快速成长的资金，竞争力不断增强；在西部地区，政府扩大投资却没有引致足够的非政府部门投资，与东部趋同的竞争性产业难以获得成长的足够资金，竞争力相对减弱，在相同的产业政策下，往往是同一产业在东部地区已高度发展，西部地区才开始起步，西部地区的竞争性产业失去竞争力，导致西部地区省际贸易逆差加剧，东部地区省际贸易顺差扩大，这是市场机制作用下发达地区对欠发达地区的极化效应。这种状态持续下去，将会导致西部地区出现产业弱化危机和政府支付危机。

四、基本评价

西部地区政府在积极的财政政策下投资于基础设施领域所创造的巨大市场需求，被东部地区竞争力强的产品挤占，西部地区政策效应差，产业成长缓慢，虽各省区都已形成一定的产业体系，但产业规模难以扩大甚至不断萎缩，在西部地区市场化程度低、投资环境差的情况下，产业弱化就会出现。产业支撑力不断下降使西部地区经济发展更加困难，产业弱化的后果是政府税收下降和失业压力加大。

积极的财政政策通过举债来聚集投资资金，政府投资所创造的市场需求吸引社会资本投资于竞争性产业，产业成长后政府运用不断增加的税收支付扩张性财政政策产生的债务。地方政府大规模的投资建设中，除部分是国家投资和自身财力外，更多的是通过获得政策性银行贷款并带动商业银行贷款以完成拉动当地经济增长的投资规模，在东部地区，部分有投资回报的基础设施建设项目，利用率高，回收期相对较短，民间资本、外资愿意大量进入，政府的预期支付压力较小，没有投资回报的纯公益性基础设施建设项目，也因产业成长快，政府税收预期有保障，有足够的支付能力。相同的基础设施建设项目在西部地区却给政府带来更大的支付压力，西部地区经济发展缓慢，部分有投资回报的基础设施建设项目利用率低、回收期长，民间资本、外资很少愿意进入，大量投资都需政府承担还款付息，纯公益性基础设施建设项目更是如此。若产业竞争力不能提高，产业弱化出现，政府的预期税收无法保障，必然面临着政府支付危机。

为了避免产业弱化危机和政府支付危机的出现，各省更倾向于实行不同程度和方式的地方保护，对外大力开拓省外市场，对内以非经济手段阻止省外产品进入，这又将会加剧地方保护和地区市场封锁，引起市场封锁和省际贸易逆差相互影响的恶性循环。

本章小结

从需求角度看，西部地区消费率高于全国平均水平，但城乡居民消费增长对经济增长的作用却低于全国平均水平，这是由于西部地区城乡居民收入水平低，特别是农民收入水平低，只能满足基本生活消费需要，消费率高却对经济增长的拉动力弱；西部地区的投资率从 1997 年后一直高于全国平均水平，但投资增长对经济增长的作用也低于全国平均水平。比全国高的投资率和消费率却对经济增长的拉动力弱，反映出西部地区经济结构存在的问题：从产业角度看是西部地区产业竞争力减弱，从需求角度看，是省际贸易逆差持续扩大，使国家积极财政政策在西部地区的供给效应很差，国债投入很大程度上通过极化效应拉动东部地区的产业成长，没有能够促进西部地区的产业成长和产业竞争力的提高，东西部差距进一步扩大。

西部地区省际贸易逆差加剧表明中国区域经济严重失衡，降低西部地区省际贸易持续逆差的关键是加快西部地区产业结构调整，重点扶持和培育特色产业成长，尽快提升西部地区的产业竞争力。东部沿海现在已经形成市场化发展机制，但西部地区还没有形成，国家出台一项东西部统一实施的宏观经济政策，在市场机制的作用下，东部地区对西部地区的极化效应强于辐射效应，因此，不能再采取全国各地一刀切的宏观经济政策，而应该采取东西部有差异的宏观经济政策。调节全国经济过热时，要根据西部地区的特色产业成长需要适时操作，如一些工业项目东部地区出现过热倾向时，西部地区才开始起步，这时国家进行调控，防止经济过热的应是东部地区，而在西部应在推进产业技术进步的基础上继续鼓励发展；刺激经济增长时，要根据西部地区市场化程度实施不同策略的政策，扶持西部产业快速成长。西部地区在制定发展战略和选择重点产业时，不能再沿袭东部地区的发展路径，应力避产业雷同，突出比较优势，选择特色产业进行扶持；同时，西部地区更要积极探索并建立适合自身特点的新型工业化发展道路，而不是延续传统的重化工业道路。中央和西部各省区都要积极鼓励和扶持西部地区加大技术创新力度，培育自主创新能力，不能再重复资源大开发、初级原材料大开发的传统模式，而是建立资源低消耗的特色产业成长模式，以特色产业开展与东部地区的合作、贸易，实现东西部经济一体化，才能使西部地区持续扩大的省际贸易逆差下降，实现东西部区域经济协调发展，促进无地区封锁的全国统一市场最终形成。

第七章 国家区域发展战略和宏观调控对东西部周期波动的影响

地区经济发展，一方面取决于经济基础、资源、区位、交通、人文、历史等客观因素，另一方面受经济政策、发展战略等主观因素的影响很大。20世纪80～90年代中期，国家宏观经济政策、区域发展战略重点体现效率和不平衡发展的思想，使本已存在的东西部差距进一步扩大，进入90年代后期，国家宏观经济政策和区域发展战略重点开始转向区域公平和统筹协调发展上来，为缩小日趋扩大的东西部差距，党中央于1999年提出西部开发战略。战略实施四年来，西部地区经济发展有所加快，但东西部差距扩大的势头仍没有减缓。2003年10月，党的十六届三中全会提出了统筹区域经济发展等“五统筹”作为完善社会主义市场经济体制必须坚持的原则，“五统筹”将成为“十一五”及以后较长时期我国经济社会发展的基本要求。要实现东西部统筹协调发展，需要不断完善中国的宏观调控体系，要建立东西部有差异的、符合西部经济运行特征的、加快西部社会经济发展的政策支撑与调节体系。

第一节 中国区域经济发展战略的回顾

以各个五年计划的计划期为阶段，对80年代以来中国区域经济发展战略作简要回顾，考察不同时期的国家区域发展战略对东西部经济发展差异的影响，这种影响很显然也是造成东西部经济周期波动差异的重要因素。

一、“六五”时期（1981～1985年）

以1981～1985年为计划期的“六五”计划是在实际执行两年后才正式提出的。该计划对区域经济发展的设想是，沿海地区要发挥科研力量、技术水平和管理水平的优势，调整产品结构，逐步缓和能源、交通紧张状况，积极扩展对外贸易和大力发展农业生产；其他内陆地区要加快能源、交通和原材料产业的发展来支援沿海地区，对现有机构工业进行调整、改组和配套，提高工业日用品自组水平等；同时还着重提出，要在总结经验的基础上，有计划、有步骤地开展地区经济技术协作。

从上述表述可以看出，“六五”时期的区域经济发展战略已经初步提出了区域经济要利用和发挥相对优势，形成合理分工的思路框架，并提出了大力发展区域间经济协作的设想。但这一时期的地区经济发展格局却在从均衡发展向非均衡发展转变的发展战略的指导思想影响下，对外经济开放从特区开始逐步展开，国家在产业结构的调整上，开始重视轻工业的发展，因此，具有较好的轻工业基础和对外开放政策优势的沿海地区开始成为最富经济活力的区域。

在1980年3月国务院召开的关于长期计划的座谈会上，邓小平同志指出要“发挥比较优势，扬长避短，要承认不平衡”，体现了经济建设的指导思想已经开始突破过去片面强调均衡发展的传统思想。1980年5月，国务院正式决定在广东省的深圳、珠海、汕头和福建省的厦门设立经济特区。以此为起点，沿海地区的对外开放区域逐步扩展。1984年5月，14个沿海港口城市和海南岛分别被确定为开放城市和开放地区；1985年2月，珠江三角洲、长江三角洲和闽南三角地区又被确定为经济开放区。经济特区、沿海开放城市和沿海经济开放区的确定以及在这些地区实行相应的优惠政策，是这一时期国家在对外开放和区域经济发展上最重要的战略举措。在这些地区实行的优惠政策主要包括：扩大当地政府在利用外资项目上的审批权限和对外经济活动上的自主权；给予外商投资企业以所得税和关税等方面的减免；扩大当地政府在对外贸易上的自主权和外汇留成比例等等。这种政策上的优势吸引了来自国内外的资金、人才和技术，极大地促进了这些地区的经济发展。这时期的西部地区在农村经济体制改革作用下，经济快速发展，东西部差距基本处于潜伏状态，差距扩大还不明显。

20世纪80年代初期所进行的产业结构大调整，是影响这一时期的区域经济发展格局的另一个重要因素。调整的目的主要是为了克服70年代“洋跃进”的战略失误造成的巨大困难，调整积累与消费、轻工业与重工业之间的结构关系和促进农业的发展。1981 年开始，轻工业连续两年递增 9.6%，轻工业的快速发展，一方面适应了广大人民提供基本生活消费品的需要，另一方面也使轻工业基础较好的沿海地区获得了较强的发展动力。

在这一时期，优先发展沿海地区，通过沿海地区的发展带动内地的发展开始成为地区发展战略的主导思路。1984 年年底，当时的中央主要负责同志在视察珠江三角洲和长江三角洲时谈到，“我们实行对外开放的目的，是要通过经济特区、开放城市和沿海开放带将沿海的发展和内地的开发结合起来，有效地解决中国的东西部关系问题，振兴全国经济”。

总体上来看，这一时期的区域经济发展有这样三个特点：一是由于 20 世纪 70 年代末大规模“成套引进”过程中上马的许多重化工业大型项目终成定局，国民经济的外延性投资重点实际上仍然惯性地集中于沿海若干大城市，其中以华东、华中等地的钢铁、石油化工项目，如宝钢、金山石化、武钢“一米七轧机”最为典型。二是特区经济从诞生起就以其体制上的优越性实现了快速增长并在外向型经济发展方面上发挥了巨大作用，使原来以上海、天津等传统出口基地为扩大出口主要支持力量的设想发生了重大变化。三是华南、华东地区乡镇企业“异军突起”，与大城市经济或特区经济相呼应，形成了“苏锡常”、珠江三角洲区域经济的重要增长极，而西部地区这时期仍处于传统体制束缚较重的状态下，发展活力严重不足。

二、“七五”时期（1986～1990 年）

这一时期的区域经济发展战略以“沿海地区经济发展战略”的正式提出为其主要特征，而“沿海地区经济发展战略”又是以“梯度发展战略”为其理论背景的。“梯度发展战略”是非均衡发展战略在生产力布局上的具体反映。梯度发展战略是中国学者根据邓小平的“让一部分人、一部分地区先富起来，先富带动后富，最后实现共同富裕”的思想，按照效率优先、兼顾公平的原则，提出的一种从高梯度区逐步推进的区域发展战略。梯度发展战略认为，中国各地区的经济发展水平和技术水平客观上存在着从东到西的三级梯度，即相对比较发达的“先进技术区域”、处于中间状态的“中间技术区域”和经济上落后的“传统技术区域”。面对这种现实，先进技术的引进和对外开放应从“先进技术区域”入手，逐步向“中间技术区域”和“传统技术区域”扩散和转移，这样的发展战略可以获得比较高的效率。该战略还认为，随着经济的发展，技术的地区间转移将加速进行，地区间的差距将因此而缩小。这一思路在“七五”计划中得到了反映。中共中央在关于制订“七五”计划的建议中提出，在“七五”计划期和20世纪90年代，要首先加速东部沿海地区的发展，同时把能源、原材料的开发重点转移到中部，西部的任务则是为21世纪的大规模开发打基础。这是中国在五年计划中第一次按照东部、中部和西部进行地域划分和提出的开发顺序，其明确地体现了效率优先、非均衡发展的战略思想。

这种非均衡发展战略随后在吸纳了“‘国际大循环’经济发展战略”构想的基础上进一步演变成为“沿海地区经济发展战略”。“‘国际大循环’经济发展战略”提出于1988年年初。该战略构想认为，中国为了实现产业结构的转换和经济的高度增长，必须发展外向型经济，即加入“国际大循环”。具体而言，要发展劳动密集型加工工业，应一方面解决农村剩余劳动力的出路问题，另一方面在国际市场上获得经济发展所必需的外汇资金。在区域上则应把开发的重点放在条件相对较好的沿海地区。这一构想得到当时中央主要负责同志的认可，并在其基础上提出了以沿海地区的乡镇企业为主力、“两头在外，大进大出”为主要内容的“沿海地区经济发展战略”。在1988年3月国务院召开的沿海地区对外开放工作会议上，“沿海地区经济发展战略”作为国家的方针被正式提出。与此同时，沿海经济开放地区的范围被大大扩展，成为面积32万平方公里、人口1.6亿人的广大地带。

这一时期以沿海地区为重点的地区发展战略，在中央投资的地区分配上也有明确的体现。从1986年到1989年之间，几乎所有的沿海省份的投资份额都有所提高，投资份额前六名的省市依次为广东、上海、辽宁、山东、江苏和北京，全部都是沿海省份。由于沿海地区在对外开放上的先行和国家在投资上的倾斜，以珠江三角洲和长江三角洲为中心的沿海省份获得了远高于全国平均速度的增长。在这种发展战略的作用下，东西部发展差距扩大的问题相当明显地显露出来。

除了中央政府的区域经济发展战略的影响以外，地方政府的行为方式也开始对区域经济发展，特别是区域发展差距扩大产生重要的影响。在这一时期，主要是由于政企关系改革相对于中央向地方的分权改革的滞后，使得地方政府的行为方式向作为经济利益主体的方面倾斜。为了实现区域发展和地方政府两方面利益的最大化，行政权力被动员起来为地方经济利益服务。这主要导致了两个方面的问题：第一，为了扩张自身经济规模，确保地方财政收入来源，各地方都热衷于上项目，特别是上一些短平快、高利税的项目，导致了重复引进和地区经济结构趋同的趋势。第二，为了保护本地市场，防止利益流失，很多地方政府采取了地方保护主义的手段，这导致市场分割的日益严重。在这种背景下，“诸侯经济”现象开始受到广泛的关注。

三、“八五”时期（1991～1995年）

“八五”计划提出的区域经济发展战略的指导思想是：按照统筹规划、合理分工、优势互补、协调发展、利益兼顾、共同富裕的原则，逐步实现生产力的合理布局。在后来的实施过程中，这一指导思想下的政策又经过了不断调整、修正、完善和具体化。进入90年代以后的中国区域经济发展战略，可以说是以“全方位开放”和“区域经济协调发展战略”的提出为其基本特征的。

“全方位开放”的提出既是中央实施改革开放政策以来的既定政策部署，也是现实经济发展中各方面因素综合作用的结果。早在1985年1月召开的珠江三角洲、长江三角洲、闽南三角地区座谈会上，当时的中央负责同志就提出，开放要“从沿海到内地，由点到面逐步推进”。这充分表明了中央逐步扩大开放范围的政策考虑。另外，当时制定的《全国国土规划纲要》在吸收了有关专家学者意见基础上根据“点轴发展战略”的思路，将沿海地区和沿长江地区作为第一级发展轴，提出了“T”字形发展轴构想。由此，沿长江地区的开发和开放成为国家的重要战略部署。这一时期经济政策的主要影响因素为：第一，各地要求创造公平发展环境的要求。80年代初中期，由于对外开放政策在沿海地区的先行，一部分沿海地区的发展速度大大高于全国平均水平。这引起了内陆省份对于地区发展差距的极大关注，要求公平发展环境的呼声空前高涨。第二，分权改革使地方政府在地区经济发展中的作用大大增强。由于分权改革的实施，地方政府拥有了在企业管理、财政收支和投资项目审批等方面大大高于过去的经济管理权限，地方政府对于本地区的经济发展的关心极度高涨。在这种背景下，各地政府均在探讨适合本地区的经济发展战略，在此过程中内陆省区提出了希望国家实施“全方位开放”的强烈意愿。第三，边境贸易的发展。从80年代中期开始，中国与周边各国的关系趋于缓和，而且周边各国也大多开始了发展市场经济的探索，中国与这些国家之间的边境贸易自发地发展起来。边境贸易的发展首先是促进了边境口岸的繁荣，并对边境省份的经济发展起到一定的促进和带动作用。因此边境省份和中央政府都把发展边境贸易作为振兴边疆地区经济的重要手段，并给予了积极的支持和鼓励。“沿边开放”与“沿江开放”的提出使中国的对外开放在空间上从“沿海开放”发展到“沿边开放”和“沿江开放”的“三沿开放”，并进一步发展成为“全方位开放”。

在与上述相同的背景下，政策研究部门和理论界关于国家的地区发展战略的研究也很活跃，有不少研究成果问世。在此基础上，“地区协调发展战略”的思路逐步形成并成为主流意见，并为政府所采纳。“地区协调发展战略”的基本思路是：在中国这样一个发展中国家，发展政策的目的应是在兼顾公平的同时最大限度地获得和保持国民经济的有效高度成长，为此，应给予各地区以平等的发展机会，充分发挥各地区的比较优势，加强地区间的经济协作：①应以地区间的竞争优势为基准，促进地区产业结构的合理优化；②在国家统一指导下实现全国市场的一体化；③按照社会持续发展的要求，合理补偿，调节区际人均收入差异。比较简洁的表述是：“效率优先，兼顾公平，充分发挥各地区的比较优势。”这一思路随着研究的深入和实践的发展，得到了不断的深化和完善。

这一时期国家在实施地区经济发展战略上有如下的一些重要举措：一是根据“效率优先，兼顾公平”的原则，强化了扶持贫困地区的脱贫政策。一方面国家给予这些地区更大的财力、物力和技术力量支持；另一方面安排了一批矿山、水利、交通和工业项目，并继续实行以工代赈政策，增加农民的劳动投入，为解决温饱问题创造条件。二是加大对中、西部能源、矿产资源开发项目的投入力度，包括超大型的三峡工程上马、黄河中下游水利综合开发以及西部石油和中部煤田等加快发展。三是扩大沿周边地区的对外开放，加快边境口岸建设，赋予鼓励政策，发展与周边国家的边境贸易、产业互补以及对外部资源的利用。四是加快东西走向的交通干线的建设，此期间开通了沿陇海线延伸的“第二条大陆桥”铁路线。五是从一般商业银行中将专门贯彻发展政策，其中主要是区域与产业发展政策的金融功能独立出来，成立了国家发展银行。

虽然这时期的发展战略强调了东西部协调发展，但关键是东西部地区在经济基础和增长活力上，已经处于完全不同的地位。在1992年邓小平南巡讲话的影响下，东部地区经济飞速发展，西部地区却仍然处于打基础的发展状态，因此，这一时期的东西部发展差距不但没有缩小，反而进一步扩大。

四、“九五”时期（1996～2000年）

1996年3月，八届全国人大四次会议通过了《国民经济和社会发展“九五”计划与2010年远景目标规划纲要》，其中专设了题为“促进区域经济协调发展”的一章，比较系统地论述了国家的地区发展战略。这一战略与以往的五年计划中对地区发展战略的表述相比，一个突出的特点是强调了逐步缩小地区发展差距和提出了促进中西部地区发展的六个方面的政策措施，指出：引导地区经济协调发展，逐步缩小地区发展差距，最终实现共同富裕，是体现社会主义本质的重要方面。促进中西部地区发展的六个方面的政策措施主要为：一是优先在中西部地区安排资源开发和基础设施建设项目。作为全国性基地的中西部资源开发项目，国家实行投资倾斜。跨地区的能源、交通、通信等重大基础设施项目，以国家投资为主进行建设。调整加工工业的地区布局，引导资源加工型和劳动密集型产业向中西部地区转移。二是理顺资源性产品价格，增强中西部地区自我发展的能力，加大中西部地区矿产资源勘探力度。三是实行规范的中央财政转移支付制度，逐步增加对中西部地区的财政支持。随着全国经济的发展和中央财政实力的增强，逐步提高中央财政用于支持中西部地区的比重。四是加快中西部地区改革开放的步伐，引导外资更多地投向中西部地区，提高国家政策性贷款用于中西部地区的比重，国际金融组织和外国政府贷款60%以上要用于中西部地区。五是加大对贫困地区的支持力度，扶持民族地区经济发展。继续组织中央各部门、社会各界和东部沿海地区，以多种形式支援西藏等民族地区、三峡库区和贫困地区的工程建设。六是加强东部沿海地区与中西部地区的经济联合与技术合作。鼓励东部沿海地区向中西部地区投资，组织好中西部地区对东部沿海地区的劳务输出。东部经济发达地区采取多种形式与中西部地区联合开发资源，利用中西部地区丰富的劳动力资源，发展劳动密集型产业，加强人才培训和交流。

这个时期由于亚洲金融危机的影响，使中国市场需求不足的矛盾充分显现，国家从这个五年计划期的中期，即1998年开始实施启动内需、扩大投资的积极财政政策，大量国债资金投入基础设施建设，中西部地区的基础设施建设得到进一步增强，但对产业成长的促进作用却发挥得不理想，各级政府对基础设施和基础产业的大量投入，拉动了东部地区的竞争性产业快速成长，东西部差距也没有得到明显缓解。

这个时期虽然把缩小地区发展差距，加快中西部地区发展提到很高的高度，但是中西部地区的经济基础、人口素质、开放条件都无法与东部沿海地区相比，中央政府的投入相对于需要而言，是相当不够的，难以起到加快发展的作用，仍然只是打基础的作用。这时期西部大部分省区的发展思路仍然可见到“兴科教、打基础”的表述。因此，这个时期的东西部差距仍然显现为进一步扩大。

将20世纪80年代和90年代的区域经济发展战略作一比较可以发现，80年代的区域经济发展战略在指导思想上更多地从属于国家的经济赶超战略，在实际执行中更多地从属于国家的沿海对外开放政策。进入90年代，特别是90年代后期以来，随着建立社会主义市场经济体制这一改革总体目标的确立，也由于以地区差距问题为代表的区域问题的显现和受到广泛关注，区域经济发展战略开始将注意力转向解决区际公平问题，开始有了较为独立的政策目标和政策内涵。在市场经济国家里，地区政策的本来目的就是解决单纯依赖市场机制所不能解决的区域问题。中国的地区政策正在向这一方向转变。如何更加有效地促进落后地区的发展、改善贫困地区的生活条件以解决经济发展中的区际公平问题，仍然是地区政策研究所面临的主要课题。

五、“十五”时期（2001～2005年）

2001年3月15日第九届全国人民代表大会第四次会议通过的《中华人民共和国国民经济和社会发展第十个五年计划纲要》，在区域经济协调发展的基础上，进一步确立了西部大开发战略，在第八章提出了“实施西部大开发战略，促进地区协调发展”。把重点仍然放在生态环境建设、科技、教育上，确定了“力争用五到十年时间，使西部地区基础设施和生态环境建设有突破性进展，科技、教育有较大发展”的目标。提出了发展特色经济的思路，要加快水利、交通、通信、电网及城市基础设施建设，突出抓好西电东送、西气东输、节水和开发水资源等一批具有战略意义的重点工程；加强生态建设和环境保护，保护天然林资源，因地制宜实施坡耕地退耕还林还草，推进防沙治沙和草原保护，注意发挥生态的自我修复能力；巩固和加强西部地区的农业基础；发展有特色的农牧业、绿色食品、旅游、中草药及生物制药等，推进水电、石油天然气、有色金属、钾盐、磷矿等优势资源合理开发和深度加工，加快资源优势向经济优势的转化；坚持科教先行，重点发展义务教育，大力发展职业教育，积极发展高等教育，做好人才培养、使用和引进的工作；推广应用高新技术和先进适用技术，有重点地发展高新技术产业；依托亚欧大陆桥、长江水道、西南出海通道等交通干线及中心城市，以线串点，以点带面，实行重点开发，促进西陇海兰新线经济带、长江上游经济带和南（宁）贵（阳）昆（明）经济区的形成，提高城镇化水平；国家实行重点支持西部大开发的政策措施，增加对西部地区的财政转移支付和建设资金投入，并在对外开放、税收、土地、资源、人才等方面采取优惠政策。从战略思想上看，这个时期的西部大开发战略仍然具有梯度开发理论的痕迹，明确东部带动中西部发展的思想，即“东部地区要加强与中西部地区全方位的经济技术合作，支持和参与西部开发，更好地发挥对中西部地区的辐射带动作用”。

经过这个时期国家对西部的重视和一定程度的投入，西部地区与东部地区在经济增长上的差距略有缩小，但由于国家的扶持政策对竞争性产业的支持不够，西部地区产业成长环境、投资环境改善还相当缓慢，产业发展对经济增长的拉动作用发挥得不够，西部大开发战略还需要不断补充完善。

第二节 东西部地区经济周期波动差异分析

改革开放以来，中国东西部经济周期①波动在周期发生的时间和频率基本一致，与全国经济周期也基本一致，说明东西部区域经济与全国经济密不可分，改革开放后，都是经历了四个周期，东部地区1983年以前为改革开放后的第一个周期，1983～1986年为第二个周期，1986～1989年为第三个周期，1989～1999年为第四个周期，2000年开始进入第五个周期；西部地区1981年以前为改革开放后的第一个周期，1981～1986年为第二个周期，1986～1989年为第三个周期，1989～1999年为第四个周期，2000年后进入第五个周期（详见图7－1）。

通过对比东西部经济周期波动的特征，可以看出来东西部经济周期波动的显著差异：

第一，东部地区波动峰位高，经济扩张能力强；西部地区波动峰位低，经济增长乏力。经济周期波动的峰位或称高度，是指每个周期内波峰年份的经济增长率（详见表7－1），它体现每个周期经济扩张的强度。东部地区四个周期的峰位平均为16.7%，有4年超过这个平均峰位，最高达到21.3%（1992年）；西部地区四个周期的峰位平均为12.2%，只有1984年（15.8%）超过这个平均峰位。西部地区经济周期波动高度比东部地区平均低4.5个百分点，表明改革开放以来中国东部地区经济扩张能力强，西部地区经济增长乏力。

① 东部经济周期用北京、天津、辽宁、河北、山东、浙江、江苏、上海、福建、广东、海南共11个省（直辖市）的经济增长率算术平均值刻画，西部经济周期用内蒙古、陕西、四川、重庆、云南、贵州、广西、甘肃、青海、宁夏、新疆、西藏共12个省（自治区、直辖市）的经济增长率算术平均值刻画，本章的西部经济增长率与第二、四章有微小差异，是计算方法不同所致。

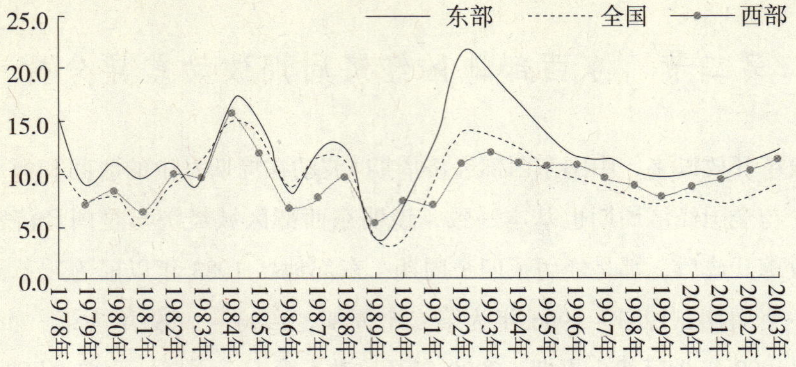

图 7－1　东西部经济周期波动态势对比

表 7－1　改革开放以来中国东西部经济周期波动特征对比

周期序号	峰位 %	谷位 %	振幅 百分点	波动系数	波位 %	扩张期 年	收缩期 年
西　部							
1978～1981 年	11.0	6.3	4.7	0.22	8.2	1	3
1981～1986 年	15.8	6.6	9.2	0.28	10.8	3	2
1986～1989 年	9.8	5.2	4.6	0.25	7.6	2	1
1989～1999 年	12.1	7.0	5.1	0.18	9.7	4	6
东部							
1978～1983 年	16.0	8.7	7.3	0.23	10.9	1	5
1983～1986 年	17.0	8.3	8.8	0.28	13.5	1	2
1986～1989 年	12.5	3.9	8.6	0.42	9.6	2	1
1989～1999 年	21.3	6.6	14.7	0.33	13.4	3	7
西部平均	12.2	6.3	5.9	0.23	9.1	2.5	3.0
东部平均	16.7	6.9	9.9	0.31	11.9	1.8	3.8
西部北东部升降（百分点）	-4.5	-0.6	-4.0	-0.08	-2.8	0.8	-0.8

资料来源：根据《中国统计年鉴》、《中国西部统计年鉴》、东部各省（市）的统计年鉴测算。

第二，东部地区波动谷位高，经济收缩性弱；西部地区波动谷位低，抗衰退能力弱。经济周期波动的谷位或称深度，是指每个周期内波谷年份的经济增长率，它体现每个周期经济收缩的力度。谷位越低，说明经济增长中抗衰退能力越弱。东部地区四个周期的谷位平均为6.9%；西部地区四个周期的谷位平均为6.3%，比东部地区低0.6个百分点。这表明中国东部地区经济增长的收缩力度小，抗衰退力强；西部地区经济增长收缩力度大，抗衰退能力比东部弱。

第三，东部地区波动振幅大，西部地区波动振幅小，波动系数也比东部小。经济周期波动的振幅或称幅度，是指每个周期内经济增长率上下波动的离差，它体现每个周期内经济增长上下波动的剧烈程度。东部地区四个周期的平均振幅为9.9个百分点，特别是第四个周期的振幅达14.7个百分点；西部地区四个周期的平均振幅只有5.9个百分点，最高的第二个周期也只有9.2个百分点。东部经济周期的平均振幅比西部经济周期平均振幅高四个百分点。经济周期的波动系数，是指实际经济增长率围绕长期趋势上下波动的量值，波动系数的绝对值越大，说明实际经济增长率偏离长期趋势的程度越大。东部地区四个周期的波动系数平均为0.31，西部地区四个周期的波动系数平均为0.23，比东部低0.08。一般认为经济周期波动振幅大，波动系数大，表明经济增长的稳定性较差，波动振幅小表明经济增长的稳定性好。但中国西部地区波动振幅比东部小，并不能说明西部经济增长的稳定性比东部好，东部地区农业比重小、工业比重大、工业中加工工业比重大的产业结构特征，使东部地区经济扩张能力强，拉动了GDP高增长，以广东为例，1999年第一产业仅占GDP的12%，工业占GDP的44%，工业中加工工业占32%；西部地区农业比重大、工业中以原料工业为主的产业结构特征，使西部地区经济扩张能力弱，导致GDP增长幅度不大，以云南为例，1999年第一产业占GDP的22%，工业占GDP的36%，工业中加工工业仅占7%，原料和采掘工业占25%。差异较大的产业结构特点导致东西部地区经济周期波动振幅的差异。

第四，东部地区波动的平均位势高，经济增长水平高，西部地区波动的平均位势低，经济增长水平低。经济周期波动的平均位势或称波位，是指每个周期内年平均经济增长率，它体现每个周期经济增长的总体水平。东部地区四个周期的波位平均为11.9%，西部地区四个周期的波位平均只有9.1%，比东部低2.8个百分点，表明中国东部地区总体经济增长水平远高于西部地区。

第五，东部地区波动的扩张期较短，西部地区波动的扩张期较长。经济周期波动的扩张期或称扩张长度，是指每个周期扩张期的时间长度，它体现每个周期内经济扩张的持续性。东部地区四个周期的扩张期平均为1.8年；西部地区四个周期的扩张期平均为2.5年，比东部长0.7年。东西部产业结构差异导致经济周期波动扩张期差异，加工工业发达的东部地区在政府抑制经济膨胀之初就迅速下降，对政策调节的反应快，导致经济周期扩张期较短；西部地区正好相反，原材料工业比重大使西部地区在政府抑制经济过热之初，还不会迅速下降，随后在加工业下降的作用下，才随之下降，导致西部地区经济周期的扩张期相对较长。

第六，东部地区波动的收缩期较长，经济的抗衰退能力较强；西部地区波动的收缩期较短，经济的抗衰退能力弱。经济周期波动的收缩期或称收缩长度，是指每个周期收缩期的时间长度，它体现每个周期内经济抗衰退能力的强弱，特别是在政府调控下的经济增长，更能从收缩期看出政策效果。东部地区四个周期的收缩期平均为3.8年，西部地区四个周期的收缩期平均为3.0年，比东部短0.8年，第一个周期差异最大，东部地区在改革开放初期的持续增长，使第一个周期的收缩期长达5年，西部地区却只有3年。

综上所述，改革开放以来中国东部地区经济周期波动的特征是：波动峰位高、谷位高、振幅大、平均位势高、扩张期短、收缩期长，反映出东部地区经济增长扩张能力强、收缩度小、发展速度快、增长水平高、对政策调节的反映快、抗衰退能力强的“高增长”型波动特征；与东部地区相比，西部地区经济周期波动的特征是：波动峰位低、谷位低、振幅小、平均位势低、扩张期稍长、收缩期较短，反映出西部地区经济增长扩张能力弱、收缩度大、发展速度慢、增长水平低、对政府调控政策反应慢、抗衰退能力弱的“低增长”型波动特征。

第三节　东西部地区三次产业对经济周期的影响程度分析

三次产业增长速度直接影响国民经济发展速度。三次产业的周期波动对国民经济整体波动的影响是十分显著的，但不同产业对国民经济波动的影响程度不同，东西部更是存在较大差异。分别就改革开放以来东西部地区的GDP增长率对第一产业（*P*）、第二产业（*S*）、第三产业（*T*）增长率进行回归，结果如下：

西部地区样本区间：1978～2003年

$$GDP = 1.7380 + 0.3109P + 0.4291S + 0.1056T \qquad (1)$$

$$(2.82)\ (4.88)\ (11.01)\ (1.97)$$

$R^2 = 0.92$　$D.W. = 2.2$　$F = 76.35$

东部地区样本区间：1978～2003年

$$GDP = 1.6794 + 0.1444P + 0.3906S + 0.2909T \qquad (2)$$

$$(2.68)\ (2.77)\ (7.52)\ (3.72)$$

$R^2 = 0.95$　$D.W. = 0.82$　$F = 143.85$

以上模型通过统计检验，表明系数的估计值在统计上是可靠的。25年来，西部第一产业增长对GDP增长的影响程度是31%，第二产业增长对GDP的影响程度是43%，第三产业增长对GDP增长的影响程度是11%；东部第一产业增长对GDP增长的影响程度是14%，第二产业对经济增长的影响程度是39%，第三产业对GDP增长的影响程度是29%。对比影响系数可看出，改革开放以来，东西部经济增长受三次产业的影响程度不同，西部经济增长受第一、第二产业的影响最大，东部经济增长受第二、第三产业影响最大。

东西部地区在第一产业的增长上差异不大（见图7－2），增长率都比较低。东部地区第一产业25年的平均增长率是5.9%，西部地区第一产业25年的平均增长率是5.7%，仅相差0.2个百分点。这种低增长状态由于东部经济增长受第一产业的影响小，拉低经济增长的作用也很小，但西部地区由于受第一产业的影响大，这种低增长状态使西部地区经济增长平均位势大幅降低，1981年到达周期谷底。东部地区第一产业增长在1985年以前是大起大落型波动，由于这个期间东部地区第三产业增长率很高，第二产业增长率也不低，使东部地区在1981年这个全国和西部都处于经济周期谷底的年份，经济增长率仍高达9.5%，使这一期间东部经济增长没有形成严格意义上的谷底。

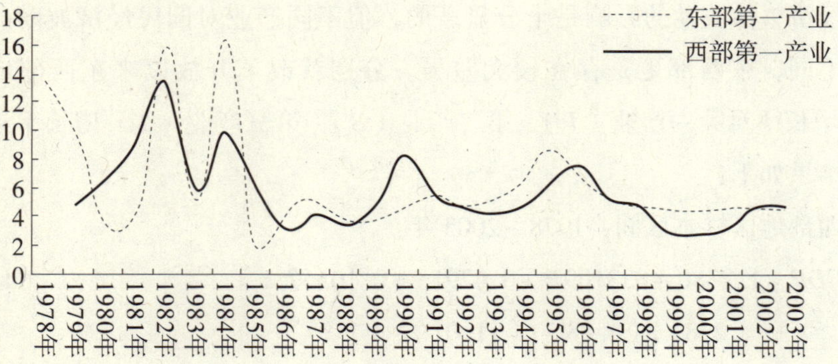

图7-2　东西部第一产业增长波动态势对比

东西部地区在第二产业的增长上差异较大，东部地区第二产业25年平均增长率是13.7%，西部地区只有10.8%，比东部地区低2.9个百分点，在各个周期内西部都比东部低，差异最大的是第一个周期和第四个周期。第一个周期的差距在谷位，西部地区第二产业的谷位处于0以下，为-0.9%，而东部地区第二产业的谷位却是在5以上，为6.6%，正是这个差异，使东西部经济增长在这个周期差距拉大。第四个周期的差异在峰位，东部地区1992~1995年第二产业的增长率都在15%以上（见图7-3），1993年达到30.2%，其中，海南高达50.6%，福建高达38.3%，广东高达36.1%，浙江高达33.2%，山东高达30.6%。西部地区第二产业的峰位也是1993年，但只有20.0%，比东部低10.2个百分点，西部地区第二产业对经济增长的影响大于东部，第二产业增长不够快，使西部经济与东部的差距拉大。

东部地区第三产业25年平均增长率为13.4%，西部地区是12.2%，比东部低1.2个百分点，差异不是很大，但最明显的仍然是第一和第四个经济周期（见图7-4）。第一个周期内西部地区第三产业增长率不算低，都在10以

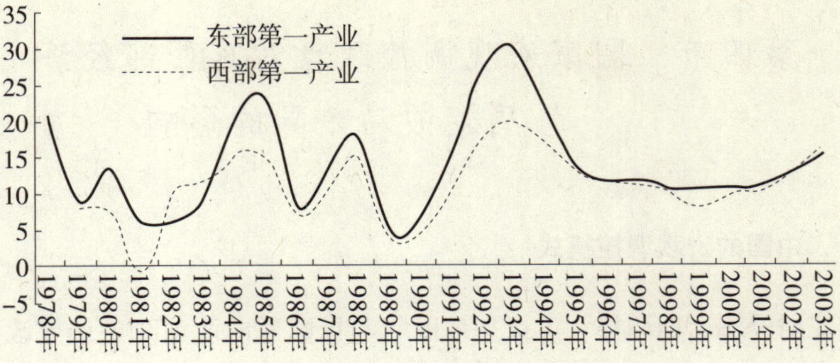

图 7－3　东西部第二产业增长波动态势对比

上，谷位是 1981 年的 10.8%，但由于西部第三产业对经济增长的影响最小，故对经济增长的拉动作用小。东部地区第三产业在 1980～1982 年这个全国经济周期和西部经济周期的谷位时期，增长率都在 14% 以上，谷底年份比西部高 3.2 个百分点，再叠加了第三产业贡献较大的因素，使东部地区 1981 年没有形成谷底。第四个周期的波峰期间（1991～1993 年）东部地区第三产业增长率都在 14% 以上，峰值是 26.3%，其中，海南 1992 年是 74.6%，浙江 1991 年是 25.7%，江苏 1992 年和 1993 年分别是 26.2% 和 25.1%，山东 1993 年是 29.7%，广东和福建等省也在 20% 左右。西部地区第三产业在这个波峰时期，峰值比东部低 11.1 个百分点，其他波峰年份增长率都在 14% 以下。第四个周期东西部第三产业增长的巨大差异，再叠加上第三产业对东部贡献较大的因素，使东部经济增长远高于西部，发展差距进一步扩大。

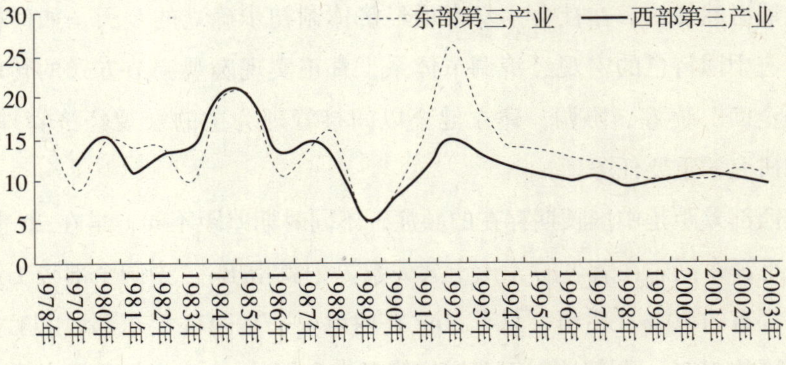

图 7－4　东西部第三产业增长波动态势对比

第四节 国家宏观调控政策对东西部经济周期波动差异的影响

一、中国的宏观调控模式

国家对经济周期调控，重点是采取“与周期逆向而动”的调节政策，在经济膨胀期采取紧的抑制政策，在经济低谷期采取松的经济促进政策。改革开放以来，中国计划经济时期长期固定不变的经济关系不断被打破，新的经济关系不断成长，在渐进式的改革过程中，国民经济一直处于二元结构下，二元结构的双重体制，使旧的调控机制逐渐失效，新的调控机制尚未建立，因此，中国宏观经济调控的传导机制，基本上是在经济膨胀期以行政指令传导紧的抑制政策，在经济低谷期，以政治动员传导经济促进政策。采取紧的调控措施时，主要是通过行政指令传导到各地、各领域，基本上是“一刀切”、“平推缩减”，缺乏区别，缺乏弹性，在调控操作上形成“上面一句话，下面一阵风”，无论是否需要紧缩的地方和企业，都令行禁止，紧的宏观政策过去后，对要素禀赋弱的西部地区往往是正常的生产和流通受阻，窒息了微观活力；对要素禀赋强的东部地区来说，生产要素能够迅速聚集，生产快速启动。两种结果都使调控大大失效。在采取松的经济促进政策时，由于是从东到西梯度开放战略，都是东部地区先行先试，资金、技术首先聚集东部地区，发展必然加快。在社会主义市场经济体制初步确立的今天，如何构造与完善具有中国特色的宏观经济调节体系，真正实现宏观调节方式的转轨，真正做到全面、统筹、协调，建立健全以间接管理为主的宏观经济管理体系，是亟需研究的重要任务。

东西部差距是中国长期存在的顽症，不同时期差距不同，早在20世纪50年代，毛泽东同志在著名的《论十大关系》中就指出：“中国全部轻工业和重工业，都有约70%在沿海，只有30%在内地……”1978年东部地区工业增加值占全国的50%，西部地区工业增加值只占全国的17%。东西部客观存在着要素禀赋差异，在相同的政策条件下，东部地区的要素聚集明显强于西部，中国改革开放以来东西部差异的经济促进政策和基本上“一刀切”的紧缩政策，使东西部差距不断扩大。到2002年，东部地区工业增加值占全国的比重上升到63%，西部地区工业增加值占全国的比重下降到14%。

二、各阶段宏观调控效果的东西部差异

从中国的经济周期波动看，经历了五个周期阶段（详见图7-1）。

（一）第一个周期阶段，1978~1981年

1. 促进政策

1978年年底，党中央召开了十一届三中全会，明确了以经济建设为中心的指导思想。随后实行“调整、改革、整顿、提高”的八字方针，恢复和发展了一系列行之有效的经济政策，放宽了政策的尺度，进行了经济体制的部分改革和试点，在农村普遍实行联产承包责任制。1979年后相继设立了深圳、珠海、汕头、厦门四个经济特区作为对外开放的窗口。

（1）正效应。解除了思想禁锢，全国人民生产积极性高涨，人民生活显著提高，农轻重、积累与消费、经济建设与文教建设等主要比例关系失调状况有所改善，生产、流通、基本建设等的经济效益明显提高，企业自主权扩大，集体经济和个体经济有所发展，流通渠道增加，整体经济空前活跃。

（2）负效应。一是基本建设规模失控，超过了国家的经济力量。1978年全国在建大中型项目1700多个，1979年1100多个，1980年1200多个，据估算，要把当时在建的计划内大中型项目全部建成，还需要投资1500亿元，而当时中国的财政收入不到1200亿元。投资增长过快使生产资料供需矛盾相当突出，加剧了当时的经济短缺。二是出现较大的财政赤字，通货膨胀压力很大。1979年赤字135亿元，1980年赤字69亿元，财政赤字引发增发货币，并在调整工资、提高农产品收购价格的作用下，城市居民消费物价1980年上涨7.5%，出现较大的通货膨胀。当时的财政赤字和物价上涨现在看起来不算大，但在当时却在经济界和理论界引起很大的争议。三是外贸大量亏损，外汇逆差增加。1978年逆差19.8亿元，1979年31.2亿元，1980年27.6亿元，大大超过此前规模；此前几年借的外资，从1981年起进入还本付息高峰期，

每年要支付几十亿美元本息，外汇严重短缺。四是1980年农业受灾，粮食减产，加剧了经济困难。

2. 紧缩政策

1980年12月中央工作会议重申了经济上实行进一步调整的方针，下决心要在1981年把失控的基本建设投资压住，力求平衡财政，实行“分灶吃饭”的财政新体制，控制货币发行，稳定市场物价。

（1）正效应。经济稳定、财政平衡、市场物价和货币稳定下来，轻纺工业发展快速。

（2）负效应。重工业特别是机械工业下降幅度过大，工业生产增长缓慢，生产能力闲置，能源浪费很大，1981年中国工业增长仅1.7%，引致国民经济到了这一轮经济周期的谷底。

3. 调控效果

东部地区正面效果较大，1981年工业还保持了6.90的增长速度（见图7-5），其中，广东、福建、浙江在经济特区的作用下还保持着两位数的工业增长，使东部经济保持较高增长，没有形成周期谷底；西部地区负面效果较大，1981年工业增长降到0.7%，12个西部省（区、市）中有8个是工业负增长，甘肃、宁夏、西藏更是达到15以上的负增长，引致国民经济到了这轮周期的谷底。东西部差距在第一次宏观调控后明显拉大。仅这三年，西部第二产业占全国第二产业的比重就下降了1.5个百分点，工业占全国工业的比重下降了1个百分点。

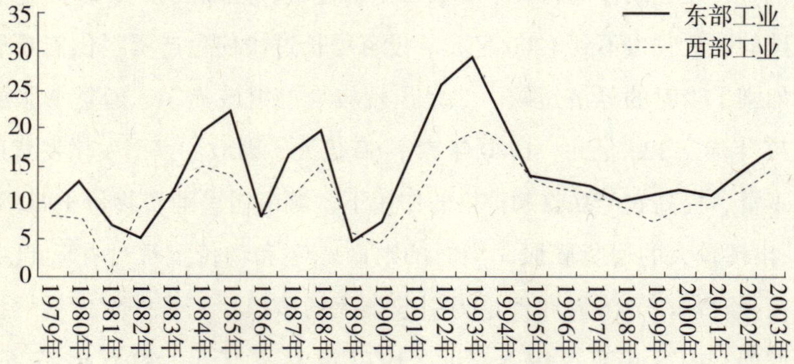

图7-5 东西部工业增长波动态势对比

（二）第二个周期阶段，1981～1986 年

1. 促进政策

1982 年党的十二大召开，提出了到世纪末工农业总产值翻两番的目标。在这样的政治动员下，国家在继续推进农村改革的同时，以国有企业“放权让利”为重点的城市改革全面展开，企业自主权明显扩大。开放沿海的大连、秦皇岛、天津、烟台、青岛、连云港、南通、上海、宁波、温州、福州、广州、湛江、北海、海南岛作为吸引外资的窗口，到 1984 年沿海开放城市和地区达到 19 个，形成对外开放前沿地带。

（1）正效应。1982～1984 年，农业的基础地位得到进一步巩固，农民收入高增长，轻工业高速增长，市场日趋繁荣，人民生活明显改善，国民经济走上了协调发展的轨道。

（2）负效应。投资和消费需求失控，经济结构失衡，轻工业快速发展使能源、原材料、铁路运输等部门难以适应；1984 年 12 月货币投放量过大，刺激了尚处于“温饱型”的城乡居民消费心理欲望，城乡居民收入水平总体上还不高的情况下，对物价上涨的承受能力弱，导致 1984 年 10 月中旬中国部分大城市出现了“抢购风”，部分中高档商品脱销，价格波动大。

2. 紧缩政策

党的十二届三中全会通过的《中共中央关于经济体制改革的决定》明确指出了中国经济实行的是有计划的商品经济。宏观调控从抓实物量控制向价值量控制转变，开始发挥财政和金融的调节作用，强调财政收支平衡和信贷平衡，实质上是通过推进改革以实行财政和金融“双紧”的调控政策，以控制投资、消费需求都过快的状况。1985 年国家采取紧缩政策，收紧银根，从严控制固定资产投资，严格管理消费基金发放，大幅度压缩社会集团购买力，加强现金管理和信贷规模限制，整顿市场秩序以及对物价进行改革和调整。

（1）正效应。失控的消费需求得到控制，市场状况好转。

（2）负效应。经济结构调整没有得到足够的重视，粗放型生产扩张需求旺盛。

3. 调控效果

经济促进政策下东部地区对外开放明显加快，外资对经济发展的推动力

强劲，西部地区还基本处于外资极少的状态，经济活力不足，国家有关部门在执行经济促进政策上偏重于东部开放地区和中国加工工业基地（东部）的发展，忽视了中国基础产业和原材料工业基地（西部）的发展，能源、冶金、化工等原材料工业大部分集中在西部地区，在十二大决议中被列为战略重点的能源（特别是电力）、原材料、交通、邮电等先行部门仍然没有被重视。1981～1984年中国工农业生产增长幅度为41.8%，机械、电子工业为代表的加工业增长63%～97%，而发电量只增长21.1%，冶金、化工为代表的原材料工业只增长30%～40%，导致当时缺电相当严重，相当一部分原材料供应紧张。在这样的差异下，东部地区1984年、1985年两年工业增长都到20%以上，其中，福建24.9%和24.2%，广东20.5%和20.9%，江苏14.6%和31.5%，海南28.4%和23.9%，浙江24.3%和35%；西部地区工业增长率只有10.7%和13.7%，工业发展不足和1985年的农业减产，使西部地区经济发展在这轮周期的扩张期明显慢于东部，峰值年的经济增长率比东部低2个百分点。

（三）第三个周期，1986～1990年

1. 促进政策

1985年实施的紧缩政策到1986年，就被当时处在放活中的企业资金短缺、要求放松的呼声打破，又逐步松动了货币控制。1987年党的十三大召开，提出社会主义初级阶段理论。在“通货膨胀适度无害”的思想影响下，追求高速度，推行高增长政策，固定资产投资、财政、金融的计划规模很大，并且超计划安排项目突出，采用财政赤字政策和宽松的货币信贷政策，不仅固定资产贷款猛增，流动资金贷款亦大幅度增加。1986年4月六届全国人大四次会议通过的《中华人民共和国国民经济和社会发展第七个五年计划》，将全国划分为东、中、西三大地带。在战略上采取从沿海到内地、逐步推进、分步实施的方针，沿海与内地适当分工，沿海发挥技术、口岸优势，内地发挥资源、基地优势。1988年9月邓小平同志在听取关于价格和工资改革初步方案汇报时指出，“沿海地区要加快对外开放，使这个拥有两亿人口的广大地带较快地先发展起来，从而带动内地更好地发展，这是一个事关大局的问题。内地要顾全这个大局。反过来，发展到一定的时候，又要求沿海拿出更多力量来帮助内地发展，这也是个大局。那时沿海也要服从这个大局……”①

（1）正效应。中国第二、第三产业加速增长，拉动国民经济快速增长，1987 年、1988 年经济增速达到 11.6% 和 11.3%。

（2）负效应。物价高涨，1988 年、1989 年商品零售物价指数升到 18.5% 和 17.8%，城市居民消费价格指数升到 20.7% 和 16.3%，生产资料价格指数升到 22.5% 和 15%，1988 年现金流通量达到 2134 亿元，增幅达 46.7%，出现明显的通货膨胀。物价上涨过快使企业成本上升过快，国有企业亏损加大，财政负担加重。1985 年制定的银行现金管理制度实际上已被破除，银行对现金的管理失去控制，企业随意坐支，不合理开支猛增，致使 1988 年出现了四次抢购风潮，8 月份对现挤兑银行存款问题。固定资产投资失控，1988 年中国在建项目总规模达到 10600 亿元，已立项待上的还有 400 多个大中型项目需 2000 多亿元。盲目的高增长思想使行政性、半行政性公司大量产生，在当时的价格双轨制下，国有物资、商业、外贸部门控制着重要物资、商品的基本分配权和调节权，引致内部不正之风产生，“官倒”、“外倒”、“银倒”的现象出现，造成市场经济秩序混乱。政企不分使宏观调控措施执行乏力。能源紧张、运力紧张、原材料紧张，造成了工业高增长、低效益的局面。

2. 紧缩政策

1988 年 9 月党的十三届三中全会提出了治理经济环境、整顿经济秩序、全面深化改革的指导方针，重点采取控制通货膨胀、压缩基建规模、整顿流通领域、紧缩银根、紧缩进口、控制消费、改善国际收支、适当增加外汇储备等措施。1988 年 9 月和 1989 年 2 月中央银行连续两次大幅度提高银行利率，居民储蓄利率还实行了保值贴补率制度。1989 年 12 月 15 日调整了汇率，调低了高估的人民币汇率。在“双紧”的政策措施下，存在着严重的结构性、体制性问题的微观环节出现企业资金短缺、周转严重困难，“三角债”增加，市场发生疲软等新问题，企业和地方要求放松银根的呼声很高。鉴于当时结构性矛盾和体制性矛盾都没有根本解决的情况，1989 年 10 月党的十三届五中全会通过的《中共中央关于进一步治理整顿和深化改革的决定》提出了“坚

① 《邓小平文选》第三卷，人民出版社 1993 年版，第 278 页。

决控制社会总需求仍然是进一步治理整顿的首要任务”的正确论断，并强调：“不下决心紧缩需求，过几年紧日子，其他诸如改善结构、整顿秩序、提高效益等等问题都难以解决，国民经济也就不可能出现基础牢靠的真正转机。对于这一点，全党必须有一个清醒的、坚定的认识。”采取的措施是疏通企业销售渠道，清理“三角债”，增加有效供给，兼并、破产亏损严重的国有企业，调整产业结构和产品结构，以产业政策大纲确定投资。积极推进价格改革、企业改革和体制改革。

（1）正效应。货币投放得到控制，物价涨势逐月回落，消费品和生产资料市场开始趋向稳定，出口势头好转，外汇储备回升，经济过热得到控制，治理整顿取得成效。

（2）负效应。出现了“紧缩负效应”。缺乏在总政策下有区别的具体调节政策，银根紧缩中，从中央银行、专业银行到基层银行“一刀切”，无论企业效益好坏都只收不贷，没有促进优胜劣汰。对现实经济运行中出现的问题，采取紧缩范围、限制内容、取缔交易等办法，能源、交通、原材料等应该加大投入的基础和薄弱环节投资不够。

3. 调控效果

在这一轮周期的膨胀期，东部沿海地区在沿海优先加快发展思想的影响下，充分利用放松的计划、信贷、财政政策，扩大投资规模，加快发展；西部地区却是经过前面两个周期阶段东西部企业的发展差异，西部企业对投资需求的强度已明显弱于东部，西部还处于上一个周期紧缩政策的影响中，发展明显慢于东部，工业增长比东部每年低 6 个百分点，经济增长每年低 3 个百分点。在紧缩政策期，在适当考虑了东西部合作，以及国家为缓解能源、交通、原材料短缺，适当加大对这些产业投入的作用下，西部地区工业保持了一定的增长速度，东西部差距稍稍缩小，1989 年西部地区工业增速比东部高 1 个百分点，经济增长比东部高 0.8 个百分点，西部地区工业和 GDP 占全国的比重均上升了 0.5 个百分点。

（四）第四个周期，1990 ~ 1999 年

1. 促进政策

1990 年是治理整顿的“微调缓解”阶段，采取在继续缓解社会总需求与

总供给矛盾的前提下，力求保持经济总量的适度增长，并通过增量投入的适当倾斜政策，提高短线有效供给，为此，先后对重点企业、流通环节和最终需求采取了多次、多种启动措施，使经济逐步恢复，平稳回升。1990 年 3 月，邓小平同志针对中国经济增速偏低的问题（1989 年 4.1%）谈道：“现在特别要注意经济发展速度滑坡的问题……如果老是停留在低速度，生活水平就很难提高……所以，我们要力争在治理整顿中早一点取得适度的发展。什么是适度？适度的要求就是确实保证这十年能够再翻一番……要实现适度的发展速度，不能只在眼前的事务里面打圈子，要用宏观战略的眼光分析问题，拿出具体措施。……比如抓上海，就算一个大措施。上海是我们的王牌，把上海搞起来是一条捷径。”1990 年 4 月 18 日，国务院作出了开发开放浦东的决策。1992 年春，邓小平南巡讲话，提出了“三个有利于”的标准，推进了进一步解放思想、加快发展的进程；党的十四大召开，确立了建立社会主义市场经济体制的改革目标，动员全党和全国人民进一步解放思想，开拓进取，使改革开放和现代化建设事业进入新阶段。1992 年调整了经济计划指标，进一步扩大开放领域和区域，实施了沿江、沿边开放战略，加快发展步伐。

（1）正效应。在东部地区房地产热、开发热的带动下，各产业持续快速增长，农业的基础地位进一步得到巩固和提高。房地产、服务业高速增长，1992 年房地产增长达到 34.7%。

（2）负效应。到 1993 年上半年，房地产投机严重膨胀，开发区盲目扩张，固定资产投资增幅连续数月达到 70 个百分点以上，信贷投放猛增，物价总水平不断攀升，达到两位数。

2. 紧缩政策

1993 年 7 月出台了宏观调控 16 条措施，改组了中国人民银行领导班子，由当时的副总理朱镕基兼任中国人民银行行长，采取适度从紧的宏观经济政策，抑制过快的经济增长速度，整顿金融秩序。这次紧缩兼顾了“从紧”和“适度”两个方面，较好地把握了紧缩的力度，引导资金需求向国家政策重点领域投放。经过一年多的宏观调控，通货膨胀逐渐回落，经济保持高速增长，比较平稳地度过了这次经济过热。

3. 调控效果

东部地区经过前面三个周期阶段的发展，资金、技术、人才优势已相当明显，投资扩张不再主要依靠国家投入，如1990年江苏固定资产投资中，国家预算内投资和国内贷款仅占17%，在1990年紧缩政策有所松动时，东部沿海各地就纷纷开始加快发展，邓小平南巡讲话后更是加快开发力度，1992年和1993年东部工业增速是25.8%和29.6%，其中，福建26.8%和41.7%，广东30.8%和39.5%，江苏30.8%和23.2%，浙江26.6%和35.3%，海南31.8%和36.3%，山东29.4%和30.7%，其他几个省市也都在两位数，使东部地区这两年的经济增长达到21.3%和19.8%。西部地区资金短缺严重，固定资产投资主要还得依靠国家投入，1990年西部各省（区、市）的固定资产投资中国家预算内投资和国内贷款基本占30%以上，因此，在1990年紧缩政策有所松动时，地方投入的能力很弱，只能努力向国家争取投资，而这一轮的经济促进政策重点是解放思想，摆脱姓“资”姓“社”的争论，鼓励依靠自身条件加快发展，国家投资规模不大，并且到1993年就开始实施适度从紧的货币政策，因此，西部地区无论是房地产、开发区还是工业发展项目，还没有热起来就要服从适度从紧政策，西部经济与东部的发展差距明显扩大。1992年和1993年，西部地区工业增速比东部低9个和10个百分点，使经济增长比东部低9个和6个百分点。

（五）第五个周期，1999年以来

1. 促进政策

从1997年下半年开始，针对亚洲金融危机造成中国出口下降、国内需求不足的困难，中央采取扩大内需的宏观调控政策，银行连续6次降息，财政扩大国债规模，增加对能源、交通、科技、教育等基础设施和社会事业的投入。1999年6月，江泽民同志提出：“在当前国际市场竞争日趋激烈的情况下，我们必须抓紧研究、部署和尽快启动西部地区大开发这个世纪工程。”①1999年11月，中央经济工作会议确定了进行西部大开发战略的决策。2000年1月，国务院组成了以总理朱镕基任组长、副总理温家宝任副组长、国务

① 《江泽民论有中国特色社会主义（专题摘编）》，中央文献出版社2002年版，第177页。

院和中直19个相关部委主要负责人参加的西部地区开发领导小组，确定了当前和今后一个时期的开发重点是加快基础设施建设、加强生态环境保护和建设、积极调整产业结构、发展科技教育和人才培养、加大改革开放力度等五个方面。结合扩大内需政策，发行国债投入基础设施和社会事业方面适当向西部地区倾斜。

（1）正效应。积极扩大内需政策抵制住了亚洲金融危机对中国的冲击，保持着国民经济持续快速发展。西部开发战略的实施使西部地区的基础设施较快改善，能源、交通、科技、教育等领域得到较快发展，促进国民经济发展步伐有所加快，西部经济增速与东部的差距有所缩小，经济增速差距由1999年的2.4个百分点缩小到2002年的1个百分点（详见表7-2），第一产业增速差距从1.5个百分点缩小到基本一致，第二产业增速差距从2.9个百分点缩小到0.9个百分点，工业增速差距由4个百分点缩小到2.8个百分点。

（2）负效应。政策实施力度不够，效果发挥不理想，比预计的要差。西部大开发的政治动员结果还没有导致中央领导所希望的“要像当年搞特区那样，加快西部地区大开发”的局面出现，也还没有出现邓小平同志当初所说的“要求沿海拿出更多力量来帮助内地发展”的局面。

表7-2　西部开发战略实施四年来的东西部增长差距变动

	东部增速比西部高（百分点）				
	GDP	第一产业	第二产业	工业	第三产业
1999年	2.4	1.5	2.9	4.0	0.2
2000年	1.7	1.4	1.0	2.0	0.4
2001年	1.2	1.8	0.9	1.3	-0.9
2002年	1.0	-0.3	0.9	2.8	1.7
2003年	1.1	-0.7	0.5	2.1	0.9

资料来源：2003年根据统计公报；其他根据《中国统计年鉴》。

2. 紧缩政策

由于目前中国经济还没有完全走出经济周期的谷底，国家还是以经济促进政策为主，尚未实施紧缩性的调控政策，只是针对各地的冶金等原材料工业投资过快的情况进行控制，2003 年压缩了钢铁等的生产规模，停止了电解铝等原材料工业的项目审批。

3. 调控效果

东部地区在实施积极的财政政策、适度放松的货币政策、努力扩大出口等措施以及国际经济形势有所好转的情况下，外需逐步扩大；在西部大开发中的西电东送、西气东输、北煤南运、南水北调等政策措施下以及自身基础设施建设项目融资能力较强的情况下，能源、交通等瓶颈制约逐步缓解；广大内地投资转化的消费需求使东部地区有竞争力的产品的内需逐步扩大。在这三种作用下，东部地区经济仍然保持着快速的发展势头，特别是第三产业成为拉动经济增长的重要力量，第三产业增速也高于西部，东西部差距有所扩大。西部地区在国家西部大开发中获得的产业投资很有限，由于西部开发的政策优势没有优于沿海地区的要素禀赋优势，原希望通过西部开发政策吸引国内外资金、技术、人才投入西部产业开发的设想还没有实现；对西部地区的基础设施建设、生态环境建设在短期内难以体现对经济增长的推动作用；西部地区在矿业开发等原材料工业的发展上受到资金、信息、运输成本、意识等制约，发展相对缓慢，还在发展起步阶段就面临着东部甚至中部地区大干快上的膨胀局面，在国家“一刀切”的控制措施下，生产受限，产业壮大不起来。在这三种大势影响下，西部地区经济发展仍然无法加快。

三、结　论

改革开放以来，国家的宏观调控政策对东西部差距扩大有直接的作用。中国适合市场经济体制、有利于东西部区域经济统筹协调发展的宏观调控体系还未建立，在改革和开放都是先东部后西部、先沿海后内地的思想作用下，实施经济促进政策时，以政治动员为传导，促进政策重点首先放在东部地区，加速了东部地区的产业增长和经济发展。实施紧缩政策时，以行政指令为传导，缺乏区别，“一刀切”，紧缩不分重点和区域差别，西部地区要素聚集缓慢，产业还未壮大起来就被紧缩，延缓了西部地区的产业增长和经济发展。经过国家对改革开放以来所经历的四次经济周期波动进行调节之后，东西部差距明显扩大。西部大开发战略的实施使西部地区加快发展、缩小东西部差距提供了可能性，但实施四年来的效果还不很明显，原因是西部地区对西部大开发的政治动员认识不足、国家促进西部产业增长的政策不明显、鼓励国内外要素聚集西部的政策不到位。区域经济理论和发达国家经验都证明，发达区域与欠发达区域之间的差异无法通过市场机制缩小，市场力的作用倾向于扩大地区之间的差距而不是缩小差距，一旦差距出现，则发达地区获得累积的竞争优势（谬尔达尔，1957）；虽然发达地区会通过“涓滴效应”在某种程度上带动欠发达地区的发展，但劳动力与资本从欠发达地区迅速流入发达地区，发挥极化效应，在市场机制作用下，极化效应起支配作用（赫希曼，1958）。要改变这种情况，缩小地区差距，唯一可行的方法是加强国家的干预，采取各种有效的经济政策扶持落后地区的发展。因此，西部大开发需要加强国家干预性的产业扶持政策，而不能只是将重点放在能源、交通和生态建设上。

分析东西部地区的经济周期差异和国家宏观调控政策对东西部经济增长以及周期波动的影响，并不是希望西部开发中照搬东部地区改革开放的模式或做法，也不是希望国家把原来给予东部的优惠简单地搬到西部开发中，更重要的是要确立这样的思想：在中国政府推进、加快地区经济发展的进程中，政治动员具有不可替代的作用，即使在中国加入 WTO、市场经济体制初步确立的现实环境下，也是如此，这是中国的国情决定的。东部地区的发展是在国家宏观经济政策偏重下得以实现超常规的发展，西部地区的开发也需要国家实施新形势下偏重于西部地区的宏观经济政策，实现西部地区的跨越式或超常规发展，才可能在未来 10 ~ 20 年内赶上东部地区，以完成东西部协调发展的目标。

第八章　第四个周期以来西部重点产业选择评析

从上一章的分析可以看出，在20世纪80年代，即“六五”和“七五”期间，国家实施了东部加快改革开放、中西部支持的梯度发展战略，东西部发展差距在这个时期进一步扩大是必然结果。到90年代，即“八五”和“九五”期间，也就是第四个周期，国家开始实施全方位开放和区域经济协调发展战略，东西部差距应该逐步缩小，但区域经济发展结果却似乎与国家战略和政策意图相反，从图7－1可以直观地看出，东西部发展差距在这个周期阶段拉得最大。这其中的深层次问题是什么？值得深入研究。在国家战略开始转向重视东、中、西部之间协调发展，国家政策开始转向全方位的改革开放的宏观背景下，东西部发展差距扩大更多的是东西部自身在产业选择、培育以及在不同的发展基础上的产业扶持政策效果对经济增长产生的影响差异上。

第一节　第四个周期东西部各省级区域支柱产业选择

第四个周期是在1990年国家完成治理整顿的“微调缓解”阶段后，采取了多次、多种启动措施，使宏观经济逐步恢复，平稳回升，在此基础上，党的十四大和邓小平南巡讲话推动了各地经济快速发展。各地确定了“九五”及到2010年的支柱产业选择、培育和发展的思路和任务，反映了各地希望这些产业不断壮大的愿望。下面引用各省（区、市）“九五”计划和2010年远景目标纲要，对各地选择的支柱产业作一比较。

一、东部地区

1. 北京十重点

以科技进步为先导，以工业结构调整为重点，以环渤海经济圈为依托，对北京产业结构进行全局性、战略性调整。巩固和加强第一产业，优化和提高第二产业，加速发展第三产业。重点发展农副产品生产及深加工业、汽车工业、电子工业、机械装备工业、建筑业、商业、金融保险业、旅游业、运输邮电业、信息服务咨询业等行业，积极扶植高新技术产业发展，加快高新技术改造传统产业的步伐。

2. 上海三层次

继续坚持“三、二、一”的产业发展方针，加快发展第三产业，不断壮大工业支柱产业，培育新的支柱产业，调整改造传统产业，探索发展都市型农业，形成第三产业和第二产业共同发展的格局，初步完成阶段性产业结构的战略性调整。第三产业以辐射长江、服务全国为宗旨，以培育市场体系为主导，以现代化技术装备为基础，重点发展金融保险、商品流通、交通通信、房地产、旅游和信息咨询等六个行业，推动第三产业增长方式向辐射型、集约化转变，进一步增强经济中心城市的综合功能。第二产业全面依靠科技进步，加大工业结构调整的力度，集中力量培育、发展和壮大汽车制造业、通信设备制造业、电站成套设备及大型机电设备制造业、家用电器制造业、石油化工及精细化工、钢铁等六大支柱产业，积极培育集成电路与计算机、现代生物技术与新药、新材料等三大新的支柱产业，调整改造传统产业，建立具有高技术含量、高附加价值、高市场占有率的现代化工业体系，提高上海工业全面参与国际竞争和国际分工的能力。

3. 天津四支柱

以提高工业经济运行质量和效益为中心，择优扶持，集中突破，加快发展以汽车及机械装备为重点的机械工业，以通信设备、计算机为重点的电子工业，以石油化工、海洋化工和精细化工为重点的化学工业，以优质钢管、高档金属制品等为重点的冶金工业等四个支柱产业，进一步形成经济规模。

4. 广东十支柱

以提高经济效益为中心，以外向型经济为先导，以技术进步为动力，着力调整产业结构，加快运用高新技术改造提高传统优势产业，适度加快发展重化工业，积极培育高新技术产业。优化企业组织结构，组建综合性企业集团，增强工业的市场竞争能力和后续发展能力。在工业保持较快增长的同时，使汽车、石化、机械、电子、以家用电器工业和食品工业为龙头的轻工业、以服装为重点的纺织工业、建筑建材业、医药、冶金、森林工业等支柱产业和企业集团发展有较大突破。

5. 江苏五支柱

以提高整体素质和运行质量为中心，以国内外市场为导向，依靠科技进步，大力推进经济联合，逐步形成以机械、电子、化工、汽车、建筑业为支柱，高新技术为依托，规模经济为特征，外向型、集约化的新格局。积极利用外资和引进先进技术，加快提高技术装备水平，增强自主开发能力，努力发展规模经济，提高行业集中度，强化带动作用，使之尽快成为带动整个经济增长和结构升级的支柱产业。

6. 浙江三层次

以国家产业政策为指导，以国内外市场为导向，以提高产品技术含量和竞争能力为主攻方向，加强工业的自主开发和创新能力，形成规模经济，提高产品附加值和市场占有率。乡镇工业已占据主要份额，要继续坚持提高与发展并举的方针，以企业制度创新、技术进步、结构调整、对外开放和科学管理为重点，合理空间布局，推动乡镇企业在提高整体素质和规模效益的基础上，有更快更好的发展。“九五”时期，工业发展要力争在以下三个方面有较大突破：一是积极培育主导产业，大力发展高新技术产业。机械、电子、化工、医药等产业要积极培育成为主导产业。二是用先进适用技术嫁接改造纺织丝绸、轻工食品、建材等传统支柱产业。三是提高企业组织化程度，形成规模经济。

7. 山东二层次

加快对化工、冶金、建材、纺织、食品、造纸等六大传统产业的改造步伐。培植主导产业是实现山东产业升级、提高经济整体素质和竞争能力的决定性因素，要加快培植石油化工、机械电子、汽车和建筑业等四大主导产业和六大主导产品系列。

8. 福建五支柱

根据国家产业政策和本省产业结构状况，在充分考虑各方面因素、广泛调查研究的基础上，确定本省“九五”时期至21世纪初的五大支柱产业为石油化工、机械电子、建筑建材、林产业和水产业；确定两大重点产业为旅游业和轻纺工业。

9. 河北五支柱

要根据国家产业政策，紧紧围绕国内外市场需求，按照加快经济增长方式转变和提高经济效益的要求，加大结构调整的力度。大力发展和培育支柱产业和骨干企业，尽快形成规模经营，提高产品附加值、市场占有率和经济效益；突出用高新技术改造传统产业，积极发展精深加工产品和高附加值产品；加快发展高新技术产业，实现传统产业现代化、支柱产业规模化、高新技术产业化，真正形成“精深重工，高效轻工”的工业结构格局。产业结构上，着力发展和培育以化工（医药）、机械（汽车）、电子、冶金、建筑（建材）等为主的支柱产业。

从以上省（市）的支柱产业（或主导产业）选择来看，重点在工业内部选择和培育支柱产业，采取发展现代农业来支持支柱产业的发展，同时大力发展第三产业。

二、西部地区

1. 四川六支柱

集中必要力量，把现有基础较好、市场前景广阔、产业关联度大的电子信息产业、机械冶金工业、建筑建材业、饮料食品业、化学医药工业、旅游业等六大产业，着力培育成本省具有竞争力的支柱产业，形成一批名优拳头产品和有特色的风景名胜旅游热点，推动结构升级，促进经济发展。

2. 云南四支柱

按照社会、经济、生态三个效益相统一的原则，重点扶持市场前景好、产业前联度高、科技含量大、效益显著的产业，力争本世纪末形成一批产值上百亿元、既富民又富省、能带动全省经济快速发展的支柱产业群体。要在巩固发展烟草产业的同时，重点培育以食品为重点的生物资源开发产业、以磷化工和有色金属为重点的矿产资源开发产业及旅游产业。

3. 贵州六支柱

按照“立足资源、面向市场、适应全局”的原则，大力培育和发展支柱产业，重点抓好产业关联度高，对经济和社会发展带动力较强，能较快地增加财政收入，增加人民收入特别是农民收入，并有一定基础的“两烟一酒”、电力工业、铝及铝加工业、汽车及零部件工业以及绿色产业和旅游业。

4. 广西四支柱

培育和振兴支柱产业，要明确目标，择优扶持，集中突破，注重提高，形成规模。“九五”时期，必须集中力量，加大资金投入和技术开发力度，重点支持发展有优势、有基础、有竞争力的蔗糖加工业，以铝和锡为主的有色金属业，汽车和机械制造业以及建材工业，使之成为全区国民经济的支柱产业。

5. 陕西六优势

实施“优势产业、名牌产品”战略，重点加快加工工业中的优势产业改组改造，提高行业技术装备水平和配套能力，形成名优产品经济规模，改变一般加工工业为主的格局，增强竞争实力，使优势产业趋于成熟，能源、机械、电子、医药化工、食品、建筑等六大优势产业增加值占国民生产总值的比重由目前的27%提高到38%左右。

6. 内蒙古四支柱

要以资源转换为重点，培育壮大支柱产业和优势产业。根据国家产业政策和本区实际，重点发展以毛绒纺织、皮革、食品、医药为主的农畜产品加工业，以煤炭为基础、以电力为主的能源工业，以钢铁为主的冶金工业，以重型汽车为主的机械电子工业等支柱产业；同时重视发展化学工业、建材工业、森林工业等优势产业，以此带动全区经济的快速发展。

7. 甘肃五支柱

加快农村支柱产业群的形成，推动农村产业结构调整；依据国家产业政策和本省现有基础，大力发展石油化工、建筑建材、机械电子、轻纺食品、医药等行业，使其成为全省工业化进程的“加速器”。

8. 新疆三支柱

坚持内涵为主与外延相结合的工业发展道路，用高技术装备支柱产业改造传统产业，实现经济增长方式从粗放型向集约型转变，实现资源优势向高水平、大规模的产业经济优势转变，“九五”期间，工业发展要立足资源优势，面向市场需求，优化产品结构，择优重点扶持，形成经济规模，增强竞争能力，提高经济效益。大力发展石油天然气化工、纺织食品和建筑建材工业，使之成为带动本区工业结构升级的支柱产业。坚持合理的经济规模和在较高的技术起点上调整、改组、改造、发展现有工业企业，提高工业整体素质和效益。

9. 宁夏五支柱

重点加强第一产业，大力调整和提高第二产业，积极发展第三产业。以较高的技术起点大力发展化工、冶金、机械、农副产品加工、建筑建材业等支柱产业，同时提高规模化、集约化程度，创建一批名牌和优势拳头产品。

10. 青海四支柱

争取到 2010 年使能源工业、盐化工业、石油天然气化学工业、冶金工业成为全省的支柱产业。

11. 重庆二层次

加快农业产业化和优质农产品生产基地建设；发展壮大以汽车摩托车为主体的机械工业、以天然气化工和医药为重点的化学工业、以优质钢材和优质铝材为代表的冶金工业三大现有支柱产业，着力培育电子信息、建筑、旅游和食品四大新的支柱产业，加快发展高新技术产业，大力发展第三产业，逐步形成以三峡库区为核心的长江上游新兴产业群，加速产业结构高级化和现代化进程。

12. 西藏完善产业体系

稳定发展第一产业，有重点地发展第二产业，大力发展第三产业。要有重点地发展以区内资源为依托的行业，主要是以水电为主、多能互补的能源工业；以铬、铜、金、硼镁石、湖盐为主的矿产业；以粮油肉奶食品、毛纺、制革、生物资源为主的农林畜产品加工业；以中药材、藏成药为主的医药工业。调整产业结构，加快企业技术改造，逐步形成符合中国实际、有地方特色的现代工业体系。

从以上西部 12 个省（区、市）的支柱产业选择以及对支柱产业培育的思路和对策来看，与东部地区并没有十分明显的差异，仅是侧重点在于体现本地资源优势的资源型产业。

三、基本评价

这期间，全国有13个省将电子或电子信息工业作为支柱产业发展，其中西部占4个；有15个省将汽车工业或汽车配套工业作为支柱产业发展，其中西部占4个；有19个省将机械制造业作为支柱产业发展，其中西部占3个；有24个省将化学工业作为支柱产业发展，其中西部占7个；有19个省将冶金或矿业作为支柱产业发展，其中西部占10个；受“八五”时期房地产热的影响，有21个省将建筑业或建筑建材业作为支柱产业发展，其中西部占10个；有4个省将能源或电力作为支柱产业发展，全部是西部省份；有5个省将森林工业或纸浆生产作为支柱产业发展，其中西部占2个；有9个省将医药工业作为支柱产业发展，西部占2个；有12个省将食品及相关产业作为支柱产业发展，其中西部占6个；有9个省将轻纺工业作为支柱产业发展，其中西部占3个；有5个省将旅游业作为支柱产业发展，其中西部占3个；其他的烟草、蔗糖等产业在西部少数几个省作为支柱产业发展。

虽然这仅是从较粗层面的产业划分，但也说明了各地区在支柱产业选择上的严重雷同性，从产业名称上看，31个省的支柱产业完全在20个产业内，集中在电子、汽车、机械、化工、冶金、建筑建材、医药、食品加工、纺织这九大产业内。这一方面体现了中国处于工业化中期的产业结构特征和国家产业政策的引导作用，同时，也体现了无论是发达地区还是欠发达地区，在重点产业的培育和发展上存在严重的产业趋同。从全国角度看，产业趋同的结果是生产能力过剩，低水平重复建设；从区域之间的产业竞争看，西部地区产业发展条件比东部差，产业趋同使西部地区处于产品竞争力弱的状态，这是西部地区在这个周期内经济增长率远低于东部地区的重要原因之一。

很显然，这个周期内西部地区经济增长率远低于东部地区是产业的支撑力度弱，西部许多省份的支柱产业不强或者是没有建立起来，特别是工业领域的支柱产业不强所造成的，从第七章的图7-2至图7-5以及第四章的分析都可以看出这一点，东西部在第一产业上的增长差异非常小，差异主要在第二、第三产业，工业增长上的差异以及由于工业增长带动的第三产业增长差异造成这一轮周期中东西部的巨大发展差异。就以上对东西部各省在“九五”期间的支柱产业选择来看，在当时的经济形势下，支柱产业的选择是在“八五”的发展基础上，经过充分研究分析确定的，问题在于支柱产业发展的条件上，东西部有巨大的差异。在“八五”期间，西部地区在中国全方位开放战略的作用下，基本上是沿用东部地区在80年代实施的开放模式，是东部发展模式的简单模仿，也就是人们常说的“后发优势”中的“学习型优势”①。如果说后发优势真能使落后地区实现跨越式发展，这个周期内西部地区的发展就不应该与东部地区的发展差距进一步扩大，而是缩小，但结果却是相反。这个时期西部地区的开放环境，无论是中国的经济体制，还是西部的发展条件，都与东部地区早期的开放和开发完全不同（详见本章第二部分的分析），因此，也就无法获得东部地区早期开放和开发那样的效果，支柱产业也难以较快成长起来。

由于1997年亚洲金融危机的影响，中国各省（区、市）确定的“九五”计划大部分指标并没有完成，一些省份到了“九五”中后期还调整了计划指标，支柱产业的发展也遇到前所未有的困难，西部各省选择的支柱产业大部分到“九五”末甚至“十五”初也没有确立起来。亚洲金融危机以及由此引起的内需不足只是部分原因，除此以外，还有许多深层次的原因。

第二节　第四个周期西部产业发展环境的深层次变化

一、经济体制转轨对传统产业发展模式的影响

1992年10月，党的十四大确立了中国社会主义市场经济体制的改革目标。这一目标的提出，是中国渐进式改革的结果，是前14年中国经济体制改革不断深入、市场机制的作用不断增强的必然结果，并不是当时的中央决策层的主观臆断。十一届三中全会到十二大，通过改革的实践，逐步摆脱了“市场经济是资本主义特有的东西，计划经济才是社会主义经济的基本特征”

① 徐建华、岳文泽著：《中国西部地区迟发展效应与后发优势及创新对策研究》，海洋出版社2002年版。

这样的传统观念；十二大提出计划经济为主，市场调节为辅；十二届三中全会指出商品经济是社会经济发展不可逾越的阶段，中国社会主义经济是公有制基础上的有计划的商品经济；十三大提出社会主义有计划的商品经济的体制应该是计划与市场内在统一的体制；十三届四中全会后，提出建立适应有计划商品经济发展的计划经济与市场调节相结合的经济体制和运行机制；邓小平南巡讲话进一步指出，计划经济不等于社会主义，资本主义也有计划，市场经济不等于资本主义，社会主义也有市场，计划多一点还是市场多一点，不是社会主义与基本主义的本质区别①。这些不断深化的指导思想，不但解决了人们的思想束缚，更是在经济体制改革中发挥了重要作用，在当时，大多数商品的价格已经放开，计划直接管理的范围已经很小，市场对经济活动的作用已经占据重要地位。因此，这一目标的确立，是中国经济体制从计划经济向市场转轨的标志，它标志着市场调节从之前的辅助地位已经开始转变到主导地位，计划调节从之前的主导地位已经开始转变到辅助地位。这两个地位转换对于东西部地区来说，具有完全不同的发展潜力。

建设社会主义市场经济体制这一目标的确立，对东部地区来说，主要解决了生产力发展上的束缚，而不是思想束缚，东部地区在此之前的超前改革开放中，对市场经济已经有了充足的思想认识，在具体运行中，每一步都是对传统体制的挑战，需要国家给予特殊的权力，市场经济体制的确立，特别是计划与市场的属性问题解决后，生产力在没有思想束缚的东部地区获得巨大的发展动力。对西部地区来说，首先主要是解决思想束缚，其次才是解决生产力的束缚，在此之前的西部地区允许开放的程度低，不但市场机制的作用小，更主要的是思想观念还保持着更多的计划经济色彩，因此，市场经济体制的确立和全方位开放战略的实施，并不能使西部地区获得与东部地区同样的、同步的增长活力。从这个时期的西部各省的许多政府工作报告、规划、文件中“解放思想、更新观念”等常见的表述可以看出这一痕迹。思想观念的差异必然导致发展上的巨大差异，而经济体制转变上的滞后是这个周期中西部经济增长缓慢于东部地区的重要原因之一。

---

① 《中国共产党第十四次全国代表大会文件汇编》，人民出版社1992年版，第21页。

这个时期东部地区非公有制企业等非国有经济已经发展起来，非国有经济成分已经占国民经济的重要地位，东部地区对束缚非国有经济成分的市场主体发展的体制障碍有了较深刻的认识，对国有企业等国有经济成分的市场主体的改革取向也有了较清晰的认识，体制创新动力主要来自于市场主体的要求，社会主义市场经济体制是体制创新的目标，这一目标确定后，东部地区能够很快进行经济体制的创新，解除对非公有制经济的体制性束缚，加快对国有经济的市场化改革。西部地区在90年代初期却还处于思想认识需要统一的混乱状态，尽管国家大政方针已经确定，但由于国有经济成分比重还很高，非公有制经济对体制创新的呼声很小，被国有经济需要政府投入解决企业生产、职工生活问题的呼声所掩盖，体制创新动力主要来自于国家的大政方针的外部推动和政府官员政绩需要的内在驱动，必然落后于东部地区。

经济体制的转变，动摇了“政府选择几个支柱产业集中投入，使其尽快发展壮大后带动相关产业发展”这种地区产业发展模式的基础。市场作用占据主导地位后，政府选择的支柱产业或主导产业的发展主要决定于市场，政府只能起引导作用，所选择的产业能否发展成为支柱产业，不再取决于政府的投入，而是取决于产品的市场需求。西部地区产业在资金、技术、人才等成长条件上都远远落后于东部地区，与东部地区趋同的产业必然处于弱势竞争地位，产品市场需求小，支柱产业成长缓慢。因此，这个时期西部省区选择进行培育的支柱产业，除烟草、黄金等少数国家计划控制生产的产业外，都没有能够在20世纪末形成地区经济的支柱。

二、供需矛盾明显转变

供给与需求的矛盾是国民经济运行的主要矛盾。中国国民经济到70年代末，由于70年代“洋跃进”的战略失误造成巨大困难，供给严重不足，因此，80年代的经济发展都是围绕人民生产生活消费需求的轻工业产品的生产而支撑的，处于短缺经济时期，企业生产都是数量扩张型的，由于没有需求制约，产品技术创新的动力很弱，这时期东部地区利用优先改革开放的政策优势，只要有能力投资，引进技术和设备，加快生产，产品都能销售出去，形成了围绕人民生产生活消费需要的支柱产业，支撑着东部地区经济快速增长。西部地区这个时期从国家梯度发展战略的需要和改革开放政策允许程度低的制约，产业重点集中在基础产业，支持东部地区对能源、交通运输和原材料的需求，在新兴加工工业的发展上，明显滞后。

到1990年前后，经过十多年的发展，特别是东部地区的日用消费品工业的快速发展，人民生产生活所必需的日用消费品得到基本满足，短缺经济开始消失，大众消费品开始出现销售难的现象，城乡居民消费结构开始升级，对产业发展提出了技术创新、产品创新以及产业结构调整的要求，在整个“八五”和“九五”期间，是中国各省提出并实施产业结构调整的主要时期，从各省的五年计划和十年远景目标规划中都可以看到，这是中国经济从短缺经济、数量扩张型经济向过剩经济、质量效益型经济转换的必然结果。虽然说“八五”时期也呈现经济高度过热状态，似乎掩盖了当时的有效需求不足的矛盾，但实际上“八五”时期的经济过热不完全相同于80年代的几次经济过热，这次经济过热很大程度上是泡沫经济的作用，是房地产热、开发区热等土地盲目开发引致的泡沫经济，表现在经济增长上是第三产业的快速增长，西部地区在这个时期第三产业增长上与东部地区的差异是经济增长差异的重要原因之一。

90年代初期，即在第四个周期的上升阶段还具有一定的数量扩张型经济增长特征，因此，各地围绕着汽车、机械、电子、家用电器、建筑建材、食品加工等领域的产品生产获得较快发展，由此形成了这些产业的产品还具有巨大的市场需求的假象，奠定了这个周期的下降阶段，即“九五”计划和2010年远景目标规划中的支柱产业选择。“九五”计划开始后，各地实际上发现，对支柱产业的扶持和培育，并没有带来预想的结果，产业成长缓慢，西部地区更是如此。

这个时期供给不足向需求不足的转换，不同于发达国家有效需求不足，而是中国特定时期的供需矛盾。中国还处于工业中期阶段，西部地区大部分省区还处于工业初期向中期的过渡时期，城乡居民的消费水平还很低，因此，这时期的需求不足仅是长期短缺的生活必需品供给出现结构性过剩，数量扩张型的供给不适应消费品升级的需要，必须以城乡居民消费需求转换为目标，以市场需求为目标进行技术创新、产品创新和产业结构调整升级，才能实现产业快速成长。因此，在市场经济体制下，政府选择、扶持、培育支柱产业的发展模式，受到市场机制的约束，已经不适应市场经济的要求。

三、消费与投资的地位发生了转换

从前面第五章的分析可知，从需求角度看，在80年代，消费对经济增长的贡献占据主导地位，到90年代，投资对经济增长的贡献占据主导地位，消费与投资的地位发生了明显的转换。这是两方面的原因所致：一方面是长期不能满足城乡居民消费需要的日常生活消费品，在前15年的快速发展中供给不断增强，城乡居民消费增长很快，消费需求成为拉动经济快速增长的主要动力，进入90年代中期后，城乡居民基本生活消费已经得到满足，普通消费品需求盲目扩张的局面不复存在，城乡居民消费需求开始向生活质量型转变，而供给却不能适应城乡居民的消费需求转换，城乡居民的消费增长趋于缓慢。同时，家庭联产承包责任制所释放的巨大能量使农村居民收入快速增长的格局到80年代中后期基本结束，农村居民收入增长从1986年开始变得非常缓慢，占中国主体地位的农村居民购买力下降，也使消费需求下降，消费需求对经济增长的贡献明显减弱，投资对经济增长的贡献上升为主导地位，特别是中国实施积极的财政政策以后，经济增长对投资拉动的依赖更强。

中国从90年代末期开始实施的积极财政政策，一方面是保持国民经济的持续稳定增长，即短期内的需求效应；另一方面是通过政府投资来引导、促进民间资本的投资，最终促进产业成长，即长期内的供给效应。因此，这个时期政府投资所带动的民间资本投资的大小，是这个时期经济增长快慢的重要因素。民间资本的投资主要取决于产业发展环境，东部地区的产业发展环境明显优于西部地区，东部地区政府投资对民间资本投资的带动作用明显强于西部地区，其结果是西部地区投资规模小，支柱产业成长的资金支持力度弱，支柱产业成长缓慢，导致这个周期内西部地区经济增长低于东部地区。

四、政府的职能发生了明显转变

计划经济时期以及计划为主市场为辅的时期，政府的职能主要是直接管理生产和消费、供给与需求，保持经济综合平衡，稳定发展；市场经济体制下，政府的职能转变为维护市场秩序，保持公平竞争环境，对公共事务等市场失灵领域进行管理和调节，以促进国民经济稳定持续健康发展。1992 年中国确立了社会主义市场经济体制后，政府职能发生明显转变，政府的财政资金不能再投资于竞争性领域，而要重点投资于公共基础设施、生态保护、社会保障、公共安全等方面。政府大规模地集中投入所选择的支柱产业的体制和机制都不存在了，政府只能通过产业政策引导民间资本投入所选择的支柱产业。民间资本是否愿意投入这些产业取决于其投资回报，取决于产业的成长性，而不取决于是否是政府选择的支柱产业。

第三节 第五个周期东西部省级区域选择重点产业评析

“十五”计划期不但是新世纪的第一个五年计划期，也是中国经济运行中第五个周期的上升阶段。东部和西部的经济周期也一样进入了第五个周期。进入新世纪，以上产业发展环境向更深程度变化，传统的产业发展思路和发展模式已经不适应形势的变化。因此，许多省份在“十五”计划纲要中已经弱化了支柱产业、主导产业的发展模式，而是转变为发展现代农业、大力发展高新技术产业、改造传统产业、加快发展现代服务业的发展思路。

一、东部地区

1. 北京产业发展思路

以大幅度提升产业综合竞争力为目标，突出发挥科技进步和信息化对产业升级的推动作用，加快发展现代服务业，大力发展高新技术产业，积极推进农业现代化，实现三次产业全面升级，形成符合首都功能要求、市场适应性和竞争力强的产业结构。现代服务业：大力发展知识密集型和以优势资源为基础的现代服务业，改造提升传统服务业，优化服务业结构，提高整体发展水平。高新技术产业：加快发展基因工程、生物芯片、超大规模集成电路、纳米技术、航天技术等高新技术，力求取得突破性的成果并形成产业规模，使首都高新技术产业的发展水平在全国处于领先地位。重点发展电子信息、生物工程和新医药、光机电一体化、新材料、环保与资源综合利用五大行业，着力开发培育一批拥有自主知识产权的名牌高新技术产品，抢占产业发展制高点，参与国际高新技术产业的分工与竞争。抓紧建设软件、微电子、电子及通信、计算机及网络、纳米材料、光机电一体化、生物芯片及新医药、燃料电池、高清晰度数字电视、液晶显示器等十个高新技术产业基地，形成高新技术产业密集增长的格局。广泛利用高新技术和先进适用技术，改造提升传统工业。着重实施好首钢优化重组、燕化乙烯改扩建、新型吉普及环保汽车开发、电厂燃料及燃烧系统清洁化、机床数控化、包装印刷升级、节能环保型家电、建材功能化、无害化环保设备、精细化工产业化等十项传统产业升级改造工程，提高传统行业的科技含量，实现产品的升级换代。积极发展食品饮料、服装、包装印刷、工艺美术及旅游产品、家具等都市型工业，为城市生产和生活提供配套服务。全面实施科教兴农，积极推进农业现代化和农业可持续发展。

2. 天津支柱产业选择

产业结构从根本上实现优化升级，高新技术产品产值占全市工业的比重提高到35%以上，服务业增加值占全市的比重提高到50%以上，发展壮大信息、汽车、商贸物流、金融、房地产五大支柱产业，逐步形成以大企业为主导、大中小企业协调发展的企业组织结构。

3. 上海支柱产业选择

要着眼未来市场需求变化，立足产业综合优势，大力发展信息、金融、商贸、汽车、成套设备、房地产六大支柱产业，努力扩大信息、汽车、成套设备等产品与技术的出口，强化金融、商贸对外辐射能力。到2005年，预计六大支柱产业增加值占生产总值比重达到55%～60%。

4. 河北产业发展思路

以全面提高经济效益和竞争力为核心，改造壮大一批传统优势产业，培育发展一批高新技术产业，压缩淘汰一批生产能力落后的企业，逐步实现产品精深化、规模合理化、市场国际化。传统优势产业：加快利用高新技术、先进适用技术特别是信息技术改造提高传统优势产业，建设一批特色产品生产基地。壮大和提高冶金、能源、医药、化工、装备机械、建材、建筑、食品、纺织等行业；高新技术产业：抓住创新机制、优化环境两个关键环节，重点在电子信息、生物工程与现代医药、新材料、光机电一体化、环保产业等领域推进产业化进程，形成新的战略优势产业。大力发展服务业：改造提高商贸流通、交通通信、市政服务等传统服务业，积极发展信息、金融、保险、证券、会计、法律、咨询等现代服务业，加快发展旅游、房地产、社区服务等新兴服务业。

5. 辽宁支柱产业选择

“十五”期间，工业经济调整和发展的重点和方向是：做大做强汽车工业、石化工业、电子信息产品制造和钢铁工业四个支柱性产业；加速培育新型建筑材料、先进制造和成套设备、环保设备、生物和基因制药四个新兴产业；优先发展乙烯等十五大类支柱产品。积极促进工业由以自然资源为基础向以知识技术为基础转变，由资源初加工为主向高度加工为主转变，把本省建设成为先进装备工业基地、新型原材料基地、高新技术产业基地，构筑辽宁工业经济新优势。

6. 山东产业发展思路

从传统工业中选优势行业，从优势行业中选龙头企业，从龙头企业中选名牌产品，集中投入，长期推进，使其迅速发展壮大。“十五”期间，重点改造十大传统工业，培植20个销售收入过百亿元的企业集团，并努力使家电、汽车、装备制造、纺织、化工、建材、造纸、食品成为优势明显的产业。要立足本省优势领域，突出重点，以企业为主体，以人才为根本，以重点项目为依托，重点发展电子信息、生物工程、新材料三大新兴产业群，带动海洋新兴产业，先进制造业、新能源等领域的发展。

7. 江苏产业发展思路

以市场需求为导向，以农业增效、农民增收为目标，依靠科技进步，全面调整产品结构、产业结构和区域布局结构。积极培育15个主导产业和一批县域特色农业。根据国家对东部地区的要求，优先发展本省具有比较优势的电子信息、生物工程和新医药、新材料产业等高新技术产业。运用高新技术和先进适用技术，改造提高机械设备制造业、石化工业、汽车工业，有重点地发展现代造纸、家用电器、新型建材、冶金短缺品种、食品、包装、中高档服装及面料等优势产业，保持江苏制造业在全国的领先地位。大力发展服务业，提高在国民经济中的比重。

8. 浙江产业发展思路

大力发展高新技术产业，着力培育战略产业。突出发展电子信息产业，重点发展生物工程和新医药、新材料、光机电一体化、环保等新兴产业。紧紧围绕改进质量、增加品种、提高效益，积极运用信息技术等高新技术和先进适用技术，重点抓好技术装备更新、工艺创新、产品创新等关键环节，加大对纺织服装、轻工业、食品、机械、石化、医药、建材、冶金等传统产业的改造力度，进一步巩固优势地位，提高国际竞争力。加快发展商贸、现代物流、金融保险、旅游、传媒、演艺、美术、会展和信息、咨询等服务业。

9. 福建产业发展思路

以市场为导向，以企业为主体，以技术进步为支撑，突出重点，有进有退，加快优势行业和主导行业向规模化、集约化发展，加快形成具有自主知识产权和技术优势的新兴产业，促进结构优化升级，增强产业的整体素质和竞争力。改造提高传统产业，重点发展造纸、绿色食品和纺织服装等产品。大力发展生物技术药物、现代中药和海洋药物。加快发展壮大电子信息、机械和石化三大产业。加快发展建筑业。

10. 广东产业发展思路

优化提高第二产业，大力发展信息技术、生物技术、光机电一体化和新材料等高新技术产业，壮大发展电子信息、电器机械和石油化工三大新兴支柱产业，改造提高纺织服装、食品饮料和建筑材料三大传统支柱产业，培育发展汽车、医药、造纸、环保等一批有潜力的产业。把发展高新技术产业和运用高新技术、适用技术改造传统产业作为经济的第一增长点，形成以高新技术产业为先导、以传统优势产业为基础、以新兴支柱产业为支撑的工业体系。加快发展第三产业，大力发展信息服务业，积极发展金融保险业。

11. 海南产业发展思路

突出重点，集中力量在热带农业、生物工程、医药产业、海洋产业、生态环保、天然气利用、光纤通唐、电子商务等重点领域，加强技术引进和技术攻关，力争取得突破。加快发展以旅游业为重点的服务业。

二、西部地区

1. 内蒙古产业发展思路

改造提升农畜产品加工业、能源工业、冶金工业、化学工业、机械工业、建材工业等传统产业。发展具有本区特色的高新技术产业，“十五”期间，重点抓好稀土、生物技术、新材料等高技术产业。加快发展服务业，使旅游业成为全区服务业发展的支柱。

2. 四川支柱产业选择

要加快发展电子信息、水电、机械冶金、医药化工、饮料食品等支柱产业，努力建设电子信息、水电、重大装备、特种钢、钒钛新材料、现代化中医药、天然气化工、饮料食品工业基地。

3. 重庆支柱产业选择

集中力量发展五大支柱产业，以技术进步为动力，突出重点，壮大提升汽车摩托车、化工医药两大现有支柱产业，加快培育食品、建筑建材、旅游三大新兴支柱产业，使之成为支撑和带动全市经济增长的骨干力量。

4. 广西产业发展思路

积极运用高新技术和先进适用技术改造提高汽车、机械、制糖、建材、化工、纺织等传统工业。大力开发优势资源，着力培育和发展新的工业优势产业。有选择、有重点地发展高技术产业，重点培育电子信息、生物工程、新材料、环保等高新技术产业。

5. 贵州产业发展思路

以市场为导向，以企业为主体，依靠机制创新和科技创新，培育壮大特色产业。加快发展以电力为重点的能源工业，发展壮大原材料工业，巩固和提高“两烟一酒”支柱产业，大力培育发展生物制药和特色食品业。用高新技术和先进适用技术改造传统产业，有重点地发展高新技术产业，逐步形成以航天航空、电子信息、生物技术为代表的高新技术产业群体，努力把旅游业培育成为新的支柱产业。

6. 云南支柱产业发展思路

以市场为导向、创新为动力，面向国内外开放，依托老企业建设大基地，实施名牌和大集团战略，走高起点、规模化、集约经营和专业分工协作的路子，继续建设和培育五大支柱产业。巩固提高烟草产业，加快发展生物资源开发创新产业，大力提升旅游产业，发展壮大矿产业，着力培育电力产业。

7. 西藏产业发展目标

力争旅游业、藏医药业、高原特色生物产业和绿色食（饮）品业、农畜产品加工业和民族手工业、矿业、建筑建材业等特色产业和支柱产业的年均增长速度比“九五”有较大幅度提高。

8. 陕西产业发展思路

尽快使能源产业成为重要的支柱产业之一，使旅游业成为经济支柱。积极发展生产服务业，进一步强化高新技术产业化工作力度，力争形成若干新兴支柱产业，带动全省经济快速增长。重点围绕输变电成套设备、工程机械、汽车及零部件、机床工具、电子元器件、通信设备等骨干产品，依托重点企业，通过引进技术，提高设计制造水平，实现产品上档次。通过资产重组，提高产业集中度和产品竞争力，增强行业整体实力，进一步抓好重点领域的技术改造。

9. 甘肃产业发展思路

充分利用现有的工业基础，积极采用高技术和先进实用技术改造传统产业，有选择地发展高新技术产业。围绕建设综合性高新石化基地、有色冶金新材料基地、生物医药和中药材现代化加工基地，在石油化工、有色冶金、机械电子、轻纺食品、医药、建材等行业，有重点地改组改造一批骨干企业，整体推进加工工业发展，集中力量扶持优势产业和特色产品，提高全省工业的整体竞争力，振兴工业经济，使服务业成为全省经济的支柱产业。

10. 青海支柱产业选择

培育壮大支柱产业和优势产业，加快工业化进程。重点是发展盐化工业、水电工业、有色金属工业、石油天然气工业、医药工业、农畜产品加工业、冶金工业、建材工业。选好切入点，发展高新技术产业，重点是推进盐源资源的综合开发与利用，使旅游业成为第三产业的龙头和国民经济的支柱产业。

11. 宁夏特色产业选择

充分利用资源优势和民族特色，加快培育一批市场潜力大的特色企业和产品，坚持高起点，运用新技术，推进高新技术产业化，争取迅速形成新的支柱产业，重点是特色绿色食品产业、特色生物医药产业、天然气化工产业、新材料产业。加快石化、冶金、机电、煤炭、轻纺、建材等产业的改造升级，采用先进适用技术和高新技术，重点改造一批骨干企业，使其产品档次和市场竞争力迈上一个新台阶。

12. 新疆特色产业选择

以资源为依托，大力发展支柱和特色工业，大力发展石油天然气化工、纺织和食品等支柱和特色工业，积极发展高新技术产业，加大轻工、机械、冶金、建材、化工、医药等传统产业的技术改造，建设中国西部重要的石油天然气化工基地和优质纱、优质布基地。优化工业布局，突出比较优势，集中扶持龙头企业做大做强，使旅游业成为自治区国民经济发展新的增长点。

三、基本评价

从以上东部沿海 11 个省份和西部 12 个省份的“十五”计划纲要中重点产业选择来看，已经与“九五”计划纲要发生了很大变化，“十五”计划的编制也是应对新的形势变化，特别是中国加入 WTO 后的体制转变需要，采用新的思想编制的规划。在产业发展思路上，基本都体现了以农民增收、农业现代化、农村产业结构调整优化为目标取向发展现代农业或特色农业；通过运用高新技术或先进适用技术改造、提升传统工业，以实现工业结构优化、升级，实现企业增效；大力发展高新技术产业或有重点地选择有一定优势的高新技术领域重点扶持；大力发展现代服务业，特别是旅游业的发展，有相当多的省份都将旅游业选择为支柱产业来培育和发展。

“十五”计划期是中国实施西部开发战略后的第一个五年计划期，为西部地区的跨越式发展带来良好的机遇。从第五章的分析知道，西部地区增长落后，与东部地区的差距主要在第二、第三产业的发展差距上。从西部各省区“十五”计划纲要中的重点产业选择看，没有能够很好体现自身的特色，也没有体现出充分作好迎接西部开发的准备。各省的重点产业选择仍是千篇一律。从全国角度看，只有北京、上海等少数几个省市体现了自身特色。

西部地区只有发展特色经济，充分体现自身的优势，在产业选择上避免与东部甚至中部地区雷同，在产业扶持发展上，避免自身的劣势与不足，才能在竞争力弱的现实条件下建立自身的产业支柱，如内蒙古、宁夏、新疆等草原地区，是中国其他省所不能比的，集中力量扶持和发展草原型农牧产业和草原观光旅游业，面对的竞争最小，通过绿色、生态农产品、畜产品加工业的高级化来实现这些地区的新型工业化，将草原依托型农产品、畜产品、加工品做强做大，壮大成为全国各地城乡居民必不可少的日常消费品，就能成为这些地区强劲的经济支柱。再如贵州、云南、重庆、四川南部、广西西北部等地，以山区高原为主，这些地区千差万别的地理单元造就了资源的多样性，动物、植物、矿产、民族、风俗都是多样性的，多样性的优点是品种多，具有物种优势、品种优势，缺点是没有规模优势，小规模开发能形成品质很好的产品，大规模开发就不能满足原材料的规模化要求和标准化要求，而且还破坏了物种的多样性，对一个矿种的大规模开发就破坏了众多伴生矿种，对资源的破坏性很大，这些地区不适宜选择少数几个支柱产业来做大做强，特别是生物资源开发和矿产资源开发，而应该发挥品种优势、品质优势，选择众多产业群，政府重点扶持其技术创新，力争自主创新，小规模工业群体形成经济支柱，同时，大力发展水电、旅游等产业。其他还有西藏、青海、四川的甘孜和阿坝、云南的迪庆等高原草甸地区，陕西、甘肃、宁夏的黄土高原地区，都应发挥自身的特色，发展特色经济，面对的竞争最小，发展潜力最大，着力扶持，使之形成全国性的产品，以此来完成工业化，而不是与东部和中部地区去竞争冶金、化学、机械等处于弱势竞争的工业，中国整体上需要通过壮大重化工业完成工业化阶段，但并不是每个地方都需要发展重化工业才能完成工业化。

第九章 调控西部经济周期的思路与对策

西部经济运行虽然呈现明显的周期波动，但波动程度和幅度都低于东部地区，当前和今后较长时期，西部经济周期运行的首要问题是发展缓慢、经济增长乏力的问题，其次是经济波动的危害问题。因此，对西部经济运行的调控首先是要加快西部地区经济发展，提高经济增长速度，保持西部经济在较高位势运行，尽快缩小与东部地区的发展差距，其次是在经济高增长状态下进行适时调节、缩小经济波动。

第一节 调控目标、思路

通过第四章和第八章对西部经济周期波动与全国、与东部地区经济周期波动的比较分析可以看出，当前及今后一段时期，西部地区最大的问题是发展滞后、经济增长速度相对较慢、经济增长在低位势运行。众多研究西部发展问题的成果以及国家西部开发战略实施的目的，也都是要加快西部地区经济社会的快速持续健康发展。因此，对西部经济周期波动的宏观调控，2020年以前的总体思路与目标应是：提升西部地区的经济增长速度，保持西部经济在高位势运行，促进西部地区的跨越式发展，使西部地区经济社会发展水平在较短时期内赶上东部地区，实现中国区域统筹经济协调发展。国家宏观调控和西部各省区的中观调控都应以此为目标，使西部在较快的经济增长中解决发展中的诸多问题。

一、拉升西部经济周期波位，推进西部地区跨越式发展

采取“拉升型”经济周期调控方式，“顺周期调控”，当经济运行接近或处于萧条期时，实施强度扩张性经济调控政策，通过各种政府控制手段和公

开市场操作，刺激消费、扩大投资、促进出口，以刺激经济增长；当经济运行接近或处于高潮期时，继续实施适度扩张性的经济调控政策，继续通过各种政府控制的手段和公开市场操作，推动技术创新、体制创新，保持较大的投资规模，继续推进出口增长，保持西部地区经济增长持续在高位势上运行，坚持10~20年，实现西部地区跨越式发展，在较短时期内赶上东部地区。到2002年年底，西部12个省（自治区、直辖市）的人均GDP为5758.39元，折算为美元只有695.71美元。按照我国确定的到2020年全面建设小康社会的目标要求，到2020年人均GDP要达到3000美元，因此，从现在到2020年，整个西部地区经济增长率需要保持9%以上，西部经济周期调控的目标也应该是确保西部经济在9%以上的位势运行。

中国改革开放以来针对经济波动的几次宏观调控操作实践，为拉升西部经济周期波位、保持西部经济在高位运行奠定了基础。特别是第四个周期，在国家积极财政政策和稳健货币政策的适时操作下，使中国在这个周期的下降阶段，抵御住亚洲金融危机的冲击和有效需求不足的影响，保持国民经济在较高位势运行，1992~1999年经济增长率都保持在7%以上，年平均经济增长率达到10.5%。这时期中国综合运用宏观调控手段调节经济运行的方式方法、实施力度、运作机制、操作程序等方面的成功经验，可以运用于对西部地区经济运行的调控。同时，西部各省在社会主义市场经济体制下的地方经济调节和管理方面进行了不断探索与尝试，积累了不少经验，对开展西部经济周期调控奠定了较好的基础。

中央政府调控和地方政府调控的大部分手段都只能是短期、适时地促进经济高增长，而要保持西部地区经济在高位运行的关键是要有成长良好、产品竞争力强的产业支撑，营造优越的产业发展环境，建立适合西部各省区自身特点的特色产业发展模式，是“拉升型”经济周期调控的重要基础。

二、实现西部地区跨越式发展应遵循的原则

在实施西部地区跨越式发展战略中，应遵循以下几个原则：

1. 实现西部的跨越式发展不能照搬东部地区的发展模式

东部开发在前，西部开发在后，东部开发中的许多经验值得西部地区借

鉴学习，但今天的西部开发面临着诸多与当时东部开发不同的环境和条件，必须探索适合西部特点（特别是适合西部各省自身经济周期变化特点）的跨越式发展模式或路子。西部开发与东部开发的差异主要有以下方面：

一是提出开发的背景不同。当年的东部开发有其深刻的经济背景，是在经过“十年”动乱，国民经济濒临崩溃的边缘，国家经济亟需发展的情况下进行的。而此次提出并实施西部大开发则更多地体现了政治背景：国际形势日益动荡不安，世界范围内的民族冲突不断升级，民族问题成为世纪末的世界性热点问题；中国东西部地区发展差距过大，尤其是西部少数民族地区还十分贫穷落后。减少地区间利益矛盾和摩擦，维护边疆稳定，处理好民族关系已经成为维护大局的当务之急；西部地区的长期落后，势必会影响到中国现代化建设第三步战略目标的实现；当时受亚洲金融危机的影响，东部沿海地区的外向型经济受阻，进而转向国内市场发展，亟需发展西部经济，拓展西部市场。

二是开发的战略目标不同。当年东部开发时，国家采取非均衡发展的区域政策，其目的是使东部地区率先发展起来，带动全国经济的发展，侧重于开发的经济效益。现在国家提出并实施的西部大开发，采取区域经济协调发展的政策，其目的是更多地把缩小地区发展差距、稳定边疆、处理好民族关系、维护社会的安定团结摆在更加突出的位置，侧重于打基础和开发的社会效应，同时为东部地区的发展拓展新的空间。

三是体制环境不同。东部开发是在中国经济体制开始由计划经济向有计划的商品经济的转轨时期进行的，资源的配置主要是通过政府来进行的，中央政府可以运用行政手段在资源配置上给予东部地区全方位的倾斜。而西部大开发是在中国初步建立社会主义市场经济体制条件下开始实施的，市场在资源配置中的基础作用不断强化，政府运用行政手段动员和组织经济资源的领域在逐渐缩小，中央政府运用行政手段在资源配置上给予西部地区倾斜的力度还不大，今后也会比当时开发东部的力度小。西部地区更需要不断改善投资环境，加大吸引国内外资金、技术和人才的力度。

四是市场条件不同。当年东部开发时，经济发展处于短缺经济阶段，内需空间巨大，同时，国际上对劳动密集型产品的加工需求也十分旺盛，内需与外需共同促进了东部地区依靠高度数量扩张带动经济的快速发展。而今全球范围内的一般加工工业普遍过剩，国内已从短缺经济时代进入了相对过剩经济时期。西部的开发面临着外需增长缓慢和内需明显不足的双重压力，传统经济时期形成的主要靠数量扩张的经济增长模式受到了严峻的挑战。与此同时，随着中国加入 WTO，东部地区由于经过二十多年的快速发展，经济基础已经比较雄厚，外向型经济发展模式趋于成熟，有较强的承受能力；而西部地区由于经济基础脆弱，开放度不够，加入 WTO 使西部面临着来自国外和东部地区的双重冲击。

五是开放程度不同。当时东部开发时，全国只是局部地区地对外开放，中央允许东部采取最优惠的政策来吸引资金、项目和人才，几乎所有的资金、项目和人才都流向东部地区。而现在西部大开发时，全国已是全方位地对外开放，即使西部地区也采取东部那样的政策，甚至更为优惠的政策，流向西部地区的资金、项目和人才也是有限的。

因此，实施西部大开发必须按照邓小平同志“三个有利于”的标准，采取新思路、新方法和新机制去开发大西部，而不能照搬东部开发的模式、老路。

2. 西部地区在努力争取实现跨越式发展中要遵循循序渐进的原则

中央实施西部大开发战略，为西部追赶东部、实现跨越式发展提供了千载难逢的机遇，西部各省区群情激奋，都在制定发展的宏伟蓝图，但必须注意要遵从客观经济规律，首先必须把可以争取的跳跃式发展和符合条件的循序渐进结合起来，切不可搞重复建设和产业趋同，更不能头脑发热，制定不切实际的高指标，要一切从实际出发，因地制宜，因势利导，根据地区优势，发展各具特色的经济，防止简单照搬、盲目攀比。

3. 实现西部地区的跨越式发展必须推进全面创新

江泽民指出：“创新是一个民族进步的灵魂，是一个国家兴旺发达的不竭动力。”西部地区与东部地区的差异主要是在观念、体制、机制、科技、政策、服务、教育上，在西部开发中必须全方位地推进全面创新。

一是观念创新。实现跨越式发展，首先要进一步解放思想，树立全新的观念。西部大开发只有思想上的大解放和观念上的大更新，才能带来发展上的大飞跃。过去发展经济的老办法已不适应新形势的需要，必须彻底更新。必须以“三个有利于”为根本标准，敢于突破旧思维、旧习惯，彻底破除“小富即安”、“求稳怕乱”的思维习惯，克服“等、靠、要”的思想观念，增强紧迫感，牢固树立创新意识，增强创新能力，运用市场经济新的思维方式，探寻加快西部开发的新思路、新途径，创造不同于过去甚至不同于东部地区发展过程中形成的开发模式。

二是体制创新。实现跨越式发展，体制创新是关键。尽管中国社会主义市场经济体制已经初步建立，但西部经济体制中计划经济的色彩还非常浓厚，国有经济所占比重过大，非公有制经济发展比较缓慢，公有制经济在生产经营上还残留着依靠国家和政府的体制弊端，市场主体缺位、政企不分、产权与经营权不分已经成为经济发展的桎梏。因此，要适应初步建立社会主义市场经济体制的要求，进行体制创新：首先是政府体制创新。政府要在西部大开发中发挥好政府的作用，努力转变政府职能，为企业创造良好的宏观环境和做好宏观导向，要减少对企业生产经营的干预，下决心解决政企不分的问题。其次是企业体制创新。企业体制创新的核心，就是要建立现代企业制度，现代企业制度的实质内容就是要建立有效的法人治理结构，有效的法人治理结构就是要实现所有者与经营者分离，并保证所有者到位，所有者和经营者各负其责、各施其能，建立一套行之有效的企业生产经营管理制度。再次是要努力培育市场主体，大力发展非公有制经济。非公有制经济的市场主体意识强于公有制经济，迅速发展壮大非公有制经济，并带动公有制经济共同成为西部开发中市场的主体，成为实现跨越式发展的主力军。

三是机制创新。实现跨越式发展，经济运行机制必须要创新。当前，西部经济运行的机制还是长期计划经济体制下形成的，其经济运行方式、管理方式较之国外与东部沿海都非常落后，已成为实现跨越式发展的障碍，必须坚决予以摒弃。要学习、借鉴国外以及东部好的经验和好的办法，并在引进、消化、吸收的基础上进行创新，创造出一套适合于西部的经济运行机制。在创新机制时，一定要突出市场机制和价值规律，充分发挥市场配置资源的基础作用。

四是科技创新。实现跨越式发展，科学技术必须创新。邓小平说过：“科学技术是第一生产力。”作为三大生产要素中的技术要素，技术是生产发展的关键，先进技术、先进设备、先进工艺对经济的拉动作用都是不可估量的。科技创新是实现跨越式发展非常重要的环节，要把科技创新放在优先的地位，加快科技体制改革，加大财政、企业对科技的投入力度，建立科技风险投资基金，培育技术创新主体，制定落实技术入股的优惠政策，推动科技的创新，促进科技成果的转化、推广和运用。

五是政策创新。国家要在开放政策、税收政策、金融政策、转移支付政策等方面给予西部地区更大的支持，同时，西部地区应当构建促进本区域经济发展的政策法规支撑体系。清理过去出台的政策，该废止的要废止，该补充的要补充。根据新形势，结合实际，制定有竞争力的产业投资政策、土地政策、财政税收政策和更具吸引力的人才政策，吸引国内外资金、技术和人才。在改善投资环境方面更要加大政策法规的力度，尽快完善。应出台规范行政事业性收费、处理外商投诉、加强涉外监督等方面的地方法规，在土地价格、服务性收费等方面制定更加灵活优惠的政策；积极支持国内外各种金融和投资机构到西部地区设立办事机构或设点经营，增强融资功能；制定引进人才的有关政策，积极引进国外留学生和省外的优秀人才。在制定政策时，不能再从传统的减税、让利、放权方面思考，而是要把完善服务、为纳税人办实事、改善软硬环境放在第一位，努力营造更好的投资环境和创业氛围。

六是服务创新。实现跨越式发展，服务必须要创新。要以转变政府职能为重点，努力创造良好的服务环境。要牢固树立服务意识，从管理者转变为服务者，真正做到为基层服务，为经济服务，为人民服务；要转变工作方式，提高办事效率，规范部门管理行为；要公开办事程序，减少办事环节，提高工作透明度；要发展各种中介服务组织，为客商提供符合国际惯例的优质良好的法律服务和咨询服务等。

4. 实现西部地区跨越式发展必须实施重点突破

按照非均衡发展理论，实现跨越式发展必须按照市场机制原则，集中精力、集中财力在重点领域、重点产业、重点区域实施重点突破，以点带面才能有效地推动经济的全面发展和进步。

一是要在重点领域率先突破。西部大开发要避免东部开发以及发达国家先发展、先污染、后治理的传统工业化道路，也不能走单纯依靠资源开发的老路，而是要实现加快发展与基础设施、生态建设相结合，走可持续发展的道路。前期要努力使基础设施不断完善，为西部地区实现跨越式发展奠定良好的基础。基础设施薄弱是制约西部经济发展的主要因素，要实现西部地区的跨越式发展，首先国家和西部地区都必须下更大的决心，以更多的投入，加快基础设施建设，特别是要围绕经济结构调整、产业结构优化升级和扩大对外开放的目标，进行整体规划、综合治理、合理布局、统筹安排，加强水利、公路、铁路、机场、天然气管道以及电网、通信、广播电视等基础设施建设，使基础设施建设再上一个新台阶，为实现跨越式发展铺平道路。其次要努力改善生态环境。这是实施西部大开发、实现跨越式发展的切入点。再次要加快产业结构的优化升级。这是实现跨越式发展的主要途径。西部地区现有的产业结构只能保持经济实现常规的线性增长，而要实现跨越式的发展必须使产业结构优化升级，重点是稳定第一产业，优化调整第二产业，大力发展第三产业。要努力降低第一产业占 GDP 的比重，提高第二、第三产业尤其是第三产业占 GDP 的比重。第一产业结构调整的重点，是在稳定粮食生产的基础上，调整农产品结构，转变农业生产经营方式，发展优质、高产、高效农业；第二产业结构调整的重点，主要放在发展高新技术和用高新技术改造传统产业上，要压缩过剩的生产能力，淘汰落后的生产技术，大力发展适应市场需求的新兴产业和产品。要积极推进国有企业的战略性调整和改组，按照有所为有所不为的原则，从竞争性行业中退出。要大力推动企业组织结构的调整，按照专业化、社会化大生产的原则，以建立现代公司法人治理结构为中心、产权多元化为方向，组建一批具有较强经济实力和国际竞争力的大集团，并逐步形成以集团为骨干，以小而专、小而优、小而特的中小企业为基础，大中小联合的社会大生产体系，提升工业的整体实力。第三产业调整的重点是大力发展。要健全法律法规，放宽市场准入，完善价格机制，鼓励和促进非公有制经济在更广泛的领域参与第三产业，推动第三产业向领域扩大、层次提升、功能完善、方式创新的方向发展。

二是必须在重点产业率先突破。西部地区要实现跨越式发展，必须壮大各省区的支柱产业，在有发展潜力的重点产业如能源、电子信息、机械制造、冶金、医药、生物资源开发创新、旅游等上率先突破。

三是必须在重点区域率先突破。首先是要在西部地区的南宁、昆明、成都、重庆、兰州、西安等几大区域中心突破，率先实现跨越式发展。其次是在各省首府所在地开发条件相对较好的区域率先突破，同时，积极创造条件在经济基础较好、发展条件较优的地州、市、区域率先实现跨越式发展。最后在以上三大类区域的带动下，实现县乡的跨越式发展，以达到未来 20 年后整个西部地区实现跨越式发展的目标。

5. 实现西部地区的跨越式发展必须高度重视人力资源开发

人是生产力中最活跃的因素，具有现代科学技术知识、懂管理、会经营的各种人才对实现跨越式发展具有关键性的作用，必须针对西部地区重点在人才方面解决以下问题：

一要转变对人的认识。要充分认识到人作为必不可少的生产要素，也是一种资源，而且是所有资本中最活跃的要素，每个人都能发挥和挖掘其才能。

二要提高全民的整体素质。培养、挖掘全体劳动者的创新能力，提高全民的素质非常重要。据测算，学龄儿童入学率每提高 1 个百分点，人均 GDP 增长率可提高 0.35 ~0.59 个百分点；人口增长每下降 1 个千分点，人均 GDP 可提高 0.36 ~0.59 个百分点。因此，要大力抓好基础教育，严格实施计划生育，少生、优生。同时，要提倡终身学习和终身受教育，全面提高人的整体素质。

三要建立人才使用和培养的良好机制。要努力创造尊重知识、尊重人才的社会环境，建立完善优秀人才脱颖而出的运行机制，培养人才，吸引人才，用好人才，稳住人才。

第二节　调控重点

按照拉升西部经济周期波位，实现西部地区经济跨越式发展的调控目标要求，重点加强以下方面的调控和建设：

一、建立西部地方特色产业发展模式，加快推进西部特色新型工业化战略

从前面第五章的分析可知，西部地区第二、第三产业的落后，特别是工

业化进程滞后是制约西部加快发展的主要问题。因此，需结合西部各地实际，创新工业发展模式，加快推进西部特色新型工业化战略。农民增收困难导致消费对经济增长的贡献不高，政府投资对民间资本的引导力弱导致投资对经济增长的贡献偏低，产业竞争力弱导致省际贸易逆差扩大，降低了消费和投资对经济增长的贡献。由于东部地区工业化历程的影响，现在西部地区很多省区都存在着要实现工业化就必须大力发展重化工业的思想，无论矿产资源多少，都纷纷把化学工业、冶金工业、机械工业、建材工业确定为支柱产业进行培育和扶持，由于技术、人才、资金等要素的制约，并受交通运输条件的限制，产业发展缓慢，产品技术含量低、竞争弱，这些产业又是东部地区成长最快、高度发展的产业，在市场竞争中西部地区总是处于劣势。而西部地区有特色、东部地区短缺的产品却没有受到重视。因此，西部开发要破除西部只有大力发展重化工业才能完成工业化的思想，树立依靠技术创新发展地方特色工业完成工业化的思想。针对西部地区支柱产业选择与东部地区雷同，产业发展环境差，竞争力弱，省际贸易逆差降低了经济增长的问题，结合西部地区的资源特点，大力实施技术模仿创新，形成西部特色的产业发展模式；通过技术创新，特别是结合特色资源，运用先进适用技术改进和更新传统工艺来发展、壮大特色工业，走出一条资源消耗低、环境污染小、经济效益高、地方特色突出的新型工业化道路。

二、借鉴发达国家开发落后地区经验，加大西部开发力度

从第七章的分析可知，1978～1999 年，国家实施的区域发展战略和宏观调控政策有利于东部地区的发展，加剧了东西部地区发展的差距，这是国家发展的需要。进入 21 世纪，当东部地区繁荣起来，西部地区也在多年的改革开放中奠定了较为坚实的发展基础的时候，国家又实施了西部开发战略，这正是国家实施的有利于西部发展的区域发展战略。现在面临的问题和困难是实施西部开发战略与当时实施东部开发的环境和条件截然不同，在东西部差距较大的情况下，市场机制只会进一步强化差距，因此，需要进一步加强西部开发的国家战略，国家在实施西部开发战略上，无论是认识上还是投入上，无论是政策上还是创新上，都必须大幅度超过当时的东部开发。这方面可以

借鉴发达国家开发欠发达地区的经验，加大西部开发的力度和强度。

区域发展差异在世界上许多国土面积较大的国家都普遍存在，为了提高总体发展水平，缩小区域发展差异，发达国家在开发战略、政策措施等方面有许多成功的经验，值得中国西部开发借鉴。

1. 出台宽松的土地政策

为了促进落后地区的发展，美国制定了一系列土地政策，极大地推动了其落后地区的开发进程。美国在1862年通过的《宅地法》规定，每个年满21岁的美国公民或宣布愿意成为美国公民的人，只需交纳10美元手续费就可以免费获得160英亩无人居住的联邦政府所有的土地；只要定居和开垦5年，土地就永远归其所有，并且可以出售。1873年美国通过的《鼓励西部草原植树法》规定，只要在自己的地产上植树40英亩并成功地保持10年以上，就可以获得160英亩的联邦土地。1877年颁布的《沙漠土地法》规定，移民在产权登记后的三年内在干旱的土地上修筑了灌溉沟渠，就可以每英亩25美分的价格购买640英亩土地。另外，在出售公地的过程中，美国还采取了部分信贷和延期付款的优惠政策。

2. 划分经济区域，打破行政区域界限

英国早在20世纪20年代末就制定并实施了针对北部旧工业区产业衰退问题的区域经济政策，后来又进行了多次调整，使老工业区迅速崛起；法国政府于1955年将本土分为22个经济区，以加强中央政府的统一领导，推动区域发展；美国政府则先后颁布法令把全国的落后地区划分为若干个经济开发区，这种划分往往跨越行政区域的界限，有利于长期综合规划和对区域经济实行综合开发。

3. 政府对落后地区采取投资倾斜政策

美国为了促进西部地区的开发，首先投入了大量的资金用于基础设施建设，从而形成了发达的公路、铁路和航空交通网络，加强了东西部的经济联合，促进了全国统一市场的形成。在人力资源开发方面，早在20世纪60年代，美国在不到全国人口1/3的落后地区的教育经费就占联邦支出总额的15%。另外，政府还采取补贴等措施鼓励发达地区的高素质人才向落后地区流动，极大地推动了其落后地区新兴工业的发展。

4. 因地制宜，制定落后地区中心产业的发展政策，积极调整产业结构

如美国在开发西部地区的初期，考虑到当地有利的气候条件，大力发展畜牧业生产，后来又根据南部和西部地区的自然资源优势和独特的地理环境条件，把尖端武器生产、航空工业和电子工业确定为开发的中心产业。日本则针对落后地区，制订了工业重新布局计划，促进制造业从经济发达的“三湾一海”地带向北边缘地带扩散，推动地方工业及其相关产业的飞速发展。

5. 以高新技术产业发展推动产业结构升级

美国西部地区土地价格低廉，资源丰富，气候温和，劳动力价格相对便宜，非常适合宇航、原子能、生物工程等高新技术工业的发展。二战后，西部紧紧抓住美国大量军事工业转为民用的契机，迅速发展了宇航、原子能、电子等高科技产业。

6. 加强落后地区的科技进步和制度创新

东德和西德统一后，联邦政府大力支持东部中小企业开展科技创新活动，成为振兴东部经济的一项重要举措。在美国西部地区的开发过程中，科技也起到了非常重要的作用，如在西部大平原这个美国最重要的农业基地的开发中，农业机械化和科学化以及科学种田方法的推广是提高农业生产力的最主要手段。而硅谷高科技园区的兴起对加利福尼亚州乃至整个美国经济的发展都起到了巨大的推动作用。

中国能够通过广泛借鉴发达国家的成功经验，在各种政策上、法律法规上、产业投入上都进一步加大力度，实现西部地区的跨越式发展。

三、以技术模仿创新为重点，建立西部产业创新模式

仅靠特色资源并不能发展成为特色产业，要建立特色产业发展模式，关键在于技术创新。技术创新是指技术的产品和工艺创新，包括实现了技术上的新产品和工艺以及技术上有重大改进的产品和工艺。技术创新涉及新产品的构思、设计、生产、销售、应用等全过程。新的科技革命给经济生产领域带来了一系列的科技成果，包括信息技术、新材料与先进制造技术、生物技术、新能源、清洁安全能源、环保技术等等。中国大力实施高新技术产业化以来，这些高科技成果正在不断结合中国实际实施产业化，为西部地区实施

技术模仿创新创造了条件。

技术创新有三种模式：技术自主创新、技术模仿创新和技术合作创新。技术自主创新主要是指在技术研究与开发、技术应用以及产品生产和销售领域等具有独创性、超前性。一旦有所突破，必将占领新技术的制高点。技术模仿创新是指在技术研究和开发领域进行跟踪研究，进行模仿，并结合自身情况进行嫁接和改造。西部地区是社会经济发展滞后区域，科技发展水平也相对低下，技术自主创新少，总体技术创新能力不足，技术创新实效不明显。因此，在当前阶段，西部地区技术创新的发展模式主要还应采用模仿创新，积极鼓励推进自主创新。

西部地区要利用好后发优势，大力开展模仿创新，通过模仿创新发挥自身资源优势，形成特色产业，增强地方产品的竞争力，并在模仿创新中积累实力，为自主创新打下基础。西部地区在进行模仿创新时不能只是简单地引进技术，应在引进购买国内外先进设备的基础上，吸收和掌握核心技术，并在此基础上，结合本地资源特点进行改造和完善，如改进产品性能和工艺，甚至可以在创新产品的启发下开发出新的创新产品，以此进一步开发和生产富有竞争力的产品来参与国内外市场竞争。

体制和机制不活是制约西部地区技术创新的重要因素，因此，西部地区的技术创新关键是要建立技术创新机制，要转换经营机制，按现代企业制度运作，通过制度创新来推动技术创新。建立政府对技术模仿创新的投入机制，提高投入力度。建立科技人才的激励机制，加快科技成果转化。

第三节　国家调控

一、区域发展战略

目前，中国经济还处于典型的政府推进快速改革与发展的转轨经济阶段，政府通过区域发展战略来推进地方经济快速发展，已经在东部获得巨大成功。现在实施的西部开发战略正是国家实施的最重大的区域发展战略。在区域发展战略中，国家通过针对特定区域的政治动员、计划投资、行政指令、税收、法律法规等手段，来推动某个区域经济快速发展。目前，在西部开发战略中，各种国家调控的手段运用得还不充分，国家高度的区域发展战略的作用还没有得到很好发挥，特别是政治动员，在东部开发战略实施期间，通过几次大的政治动员，推进了东部地区各级政府和人民解放思想，更新观念，摆脱传统体制束缚，加快创新，对各项改革和发展措施，大胆尝试，使东部地区快速发展起来，观念更新的作用大于中央倾斜政策的作用。而实施西部开发战略四年来，虽然中央领导人就西部开发作过几次指示，给出了大的思路和方针，但对西部地区各级干部、群众的思想观念影响还不够，西部地区的干部和群众还没有摆脱思想保守、观念陈旧的状态，“等、靠、要”的思想仍然十分严重，还没有摆脱中央给政策、给投资的思想，加快发展的措施和办法不多，体制创新、技术创新、政策创新的意识仍然淡薄，创新力度很小。因此，在西部开发战略中，还需要加大政治动员的力度，通过宣传和动员促进全国人民都来重视西部开发，参与西部开发，引导西部地区的干部群众解放思想，更新观念，加快创新。

二、财政政策

从 1998 年起实行的积极财政政策对拉动中国经济增长作用巨大。2003 年温家宝总理在会见中外记者时提出的施政纲要，把继续实行积极财政政策放在首要位置。

积极的财政政策，就是通过扩大财政支出、调整收入分配，使财政政策在启动经济增长、优化经济结构中发挥更直接、更有效的作用。积极的财政政策的原意是一种由政府实施的扩张性的反周期的宏观经济操作，其目标是扭转需求不足、经济衰退的宏观经济运行状态。由于扩张性的财政政策实施有两个制约性的后果，其一是经济接近充分就业水平时的通货膨胀，其二是经济接近充分就业水平时对民间投资的挤占作用。处于转型增长阶段的中国经济，其总需求的不足并非由于宏观经济周期性衰退造成，而是由于经济系统内大量闲置资源缺乏就业机会造成，而就业机会的增长（同时也是维持中国经济体系的相对稳定）依赖中国经济保持一定水平的增长速度。因此，在中国经济运行的背景下，积极的财政政策目标以及这一政策对于经济总需求的刺激作用，就不是短期的反周期行为，而是较长时期地维持经济增长速度行为。在理论层面上明确了积极的财政政策在中国的经济背景下的“长期性”，并不意味着积极财政政策的具体实施就是政府投资。虽然从中国经济运行现状看，财政赤字占GDP的比重为2.7%，低于国际上3%的安全警戒线；国债余额为GDP的18%左右，远低于国际上60%的安全警戒线；近期中国没有债务风险；由于物价的持续走低，实施积极的财政政策前也不可能引发通货膨胀；此外，现阶段这一政策的效应主要是拉动民间投资，而不是产生对民间投资的“挤出效应”。

实施积极的财政政策作为一项重大的宏观经济战略性调整控措施，保持了中国经济的持续稳定健康发展，体现中国社会主义市场经济条件下的宏观调控体系已经初步建立。

在西部开发战略中，中央已经作出国债资金向西部地区倾斜的决策，在中国经济运行已经走出谷底、正在向繁荣迈进的过程中，通过实施积极的财政政策，利用新一轮发展热潮，推进西部地区的跨越式发展。重点是：一要继续投入西部地区的基础设施网络、生态环境建设和能源开发，继续巩固西部地区经济发展的基础，强化全国经济发展后劲和东部地区持续发展的支撑力。二要培育、扶持高带动行业和支柱产业的发展，加大对高新技术研发及产业化的支持力度，大力支持技术创新，特别是技术模仿创新和产品创新，优化产业结构，形成产业新优势，增强经济的发展后劲。三要通过开放投资领域和有效的政策措施，大力发展民营经济，增强增长动力。四要加大对教育、文化、卫生等公共产品的投入，尤其要加大对教育事业的投入，形成培养人才、吸引人才和善用人才的大环境，提高核心竞争力，并为经济发展和现代化建设提供强有力的智力支撑。五要适当增加投入，在发展大城市、中等城市和区域性中心城市的基础上，发展一批重要交通沿线城市和发展潜力较大的小城镇，推动县域经济的发展，形成新的经济增长点。六要加大对农村和农业的投入，改善农村的生产条件，推进农业产业化，增强农副产品的加工能力，提高生产加工度和经济效益，增加农民的就业机会和经济收入，扩大农村消费市场。

三、金融政策

为了配合积极的财政政策，1998 年以来，中国实施了稳健的货币政策，既保证货币供应量对经济发展的必要支持，又要防止盲目放松银行信贷。1998 年以来中国所实施的货币政策更多是总量政策，即通过利率手段刺激经济。由于中国货币政策传导机制存在较大障碍，特别是中央银行层面、商业银行层面和微观主体层面的传导机制都不畅，使稳健的货币政策实施效果与政策预期有较大差别，但对保持中国这五年的经济稳定增长也发挥了重要作用。

针对西部开发战略，结合消除货币政策传导障碍，应完善货币政策制度设计，完善商业银行内部管理，深化企业制度改革，建立良好的社会信用环境和配套政策环境，加大对西部地区的金融支持，重点是：

第一，强化国家开发银行、农业发展银行对西部地区支持的功能，适时成立西部开发银行。针对西部地区经济的特点，在强化目前存在的国家开发银行、农业发展银行对西部地区的支持外，尽快成立西部开发银行，加快西部地区的基础设施建设、能源开发和生态环境建设。

第二，加大对中小企业发展的支持力度。西部地区企业规模小，中小企业偏多，且这些中小企业融资困难，但中小企业是西部地区加快发展的根本动力。在美国，中小企业被视为美国经济的脊梁；在日本，如果没有中小企业的发展就没有日本的繁荣。为中小企业融资服务，应是国家针对西部开发战略的货币政策制定和金融改革所应着重考虑的内容。首先，发展、充实能为中小企业服务的银行。由于中国目前诚信体系并不完备，法律制度尚不健全，缺乏对中小企业贷款的国家支持，面对贷款风险，国有独资商业银行很难为中小企业提供贷款。限于资金规模，愿意为中小企业提供借款的只有中小银行，而中国中小银行数量明显不足。其次，降低准入门槛，鼓励民间资本和外资入股中小商业银行，扩充中小银行资本以及大量建立中小商业银行。此外，有研究显示，现阶段在中国各类银行中间，股份制商业银行的存贷比最高，并且更倾向于为中小企业提供贷款。所以，中央银行再贷款行为可优先考虑股份制银行，以支持中小企业的发展。

第三，中小企业贷款利率可试点性地提前放开。中国利率市场化的改革已经沿着一条先外币、后本币，先贷款、后存款，先农村、后城市的次序进行。就中小企业而言，由于与大型企业相比它们拖欠贷款不还的可能性更大，所以，只有它们愿意支付更高的利率，才会补偿银行的贷款风险。因此，利率市场化的次序还可以加上先中小、后大型。根据风险不同，特大、大一和大二型企业贷款利率浮动范围可暂时维持不变，而中小企业的贷款利率则有待进一步扩大：对中一和中二型企业贷款利率浮动范围可定在法定利率上下的60%，对小型工业企业的贷款利率则应完全放开，根据市场供求状况自行商定。

第四，允许西部掌握一定的利率下浮空间。中国存在着严重的市场分割，地区之间经济发展不平衡，实行统一的金融政策不利于西部地区的企业融资。人民银行从1998年开始，撤销省级分行，建立9个大区分行，目的在于减弱地方政府的干预，强化金融监管。但是，这9个大区分行在制定地区性金融政策上却没有发挥出优势。就利率政策而言，中央银行应该适当下放权限，允许西部地区分行掌握更大的贷款利率下浮空间，东部分行掌握更大的贷款利率上浮空间，使得不同地区的官定利率更加迅速趋近民间真实利率水平，为利率市场化的最终实现作准备，吸引东部产业向西部转移。

第五，注重金融政策向农村的倾斜。中国西部地区经济发展总体上落后，而西部的农村就更为落后，城乡差距也更大。加大对西部地区的金融支持力度，发展符合比较优势的产业，使西部农村投资回报率低的局面得到显著改善。农业发展银行目前职能比较单一，主要集中在粮棉油的大宗农产品收购资金方面，对农村经济发展的政策支持力度不够。针对西部开发的需要，建议通过发行西部农业发展金融债券等方法筹措资金，用于加大对西部农业、农村和农民的支持力度。

第六，加快西部地区农村信用社的改革。中央银行可率先在西部试行农村信用社改革，比照剥离四大国有商业银行不良资产的方法，通过一次谈判协商的方式，由中央和地方政府按照一定比例出资，解决农村信用社的历史包袱，以增强农村信用社的贷款活力。

四、其他调控政策

1. 产业导向政策

集中力量，深入开展西部特色产业发展研究，确定西部地区最适宜发展的特色产业，制定鼓励优先发展产业目录，吸引国内外资金投入西部地区特色产业的发展。

2. 计划和规划

做好西部地区开发总体规划的年度分解计划指导，加强计划前的预测、预警研究分析，使计划制订更加科学合理，增强其指导性，做好制定完善各行业、各地区的发展规划，做好对西部各省开发规划的指导。

3. 加强市场体系建设，努力完善全国统一市场

建立健全市场法律法规体系，完善市场监督机构，改善并加强市场执法管理，消除地方保护。大力培育、发展西部地区的商品市场和要素市场。发展各类市场中介组织，培育建立自律性组织运行机制。

4. 加大价格执法力度，充分发挥价格对市场经济运行的调控作用

把整顿价格秩序作为整顿和规范市场经济秩序的重要内容，突出工作重点，加大执法力度，加强农村价格监督，检查，整治行政机关乱收费，制止不正当价格行为，认真受理价格举报。健全法规体系，规范执法行为，建设高素质的价格行政执法队伍，为扩大国内需求、推进结构调整、促进国民经济持续快速健康发展和社会全面进步，发挥调节作用。

5. 加大生产安全、食品安全等的执法力度

保障西部地区在快速发展的同时，具有一个良好的生产、生活环境。

第四节　西部各省区的地方调控

一、提高认识，转变职能，加强省级调控

各地需要针对自身经济运行的特征，按照实现跨越式发展的目标要求，提高认识，创新机制，进一步加强和完善调控手段，适时进行相机调控。

（一）重视建立省级调控体系

改变过去重中央宏观调控、轻省级经济调控的认识，加强省级经济调控。省级经济是中观经济，它是宏观经济与微观经济之间信息和政策传导的中介，是宏观经济调控作用于微观经济的纽带，是中央政策、法规、调控措施结合省情进行创造性实施的执行者。省级经济调控在国家宏观调控中，居于举足轻重的基础地位，全国经济发展离不开省级地方经济调控，加强和改善国家宏观调控，最终要落实到省级经济调控的加强和改善。因此，西部各省区都应重视省级经济调控体系的建设，广泛吸取国家或东部、中部地区建立省级宏观调控体系方面的成功做法和经验，加强和完善地方调控。

（二）尽快转变职能，适应市场经济下周期运行的调控要求

中国社会主义市场经济体制已基本建立，省级相关部门需要尽快从传统体制下的职能中转变过来，主要有以下几个方面：

（1）从微观管理为主转为中观管理为主。主要针对全省经济的运行和发展方向进行引导、调节和控制。

（2）从静态管理为主转向动态监测适时调控为主。力争使调控作用时效与经济周期相吻合，适当超前以确保调控措施及时、有效。

（3）从管理企业为主转为调控管理市场为主。不再插手企业的产供销等具体业务，重点转向通过培育、监督、规范市场，再由市场去调节企业。

（4）从直接管理为主转向间接管理为主。不再直接干预生产、流通等环节，主要转向产业政策制定、颁布和执行。

（5）从使用行政手段为主转向综合运用多种经济手段和法律手段为主。主要运用经济计划、政策、预算、信贷、税收、投资、储备和经济法规等办法，特殊情况下才采用行政手段调节。

（三）加强各职能部门协作，强化省级调控

建立经济周期调控联席会议制度，由主要省领导、计划、财政等部门领导和对省情熟悉的资深经济学家组成，以定期和不定期两种形式适时针对本地经济运行情况作出调节决策，对国家宏观调控措施在本省区如何创造性地实施作出决策，审议、批准经济调控重大对策方案，确定调控目标、任务和

调控的时机、力度，对各项资金宏观调控和总体指导，协调统一省级各职能部门的经济行为。

各职能部门加强协作和信息反馈，加强对本省区经济周期运行态势的适时跟踪、把握和研究，定期提出调控对策报告，对宏观调控实施效果进行跟踪反馈和评价，定期提出分析报告；建立和完善省级经济运行监测和预警系统。加强各部门相关行业的监测、预警工作，各行业各部门都应建立该行业的监测、预警系统，如信贷预警系统、市场物价和人民生活预警系统、粮食安全预警系统等。

二、努力增强省级财政对经济运行的调控能力

针对目前还存在着的地方财政职能转变不到位、对地方经济调控作用发挥不够等问题，应采取积极措施，强化改革，加快职能转变，提高调控能力。

（一）深化财税体制改革，提高省级财政调控能力

（1）加快向公共财政转移步伐，提高财政调控水平。努力实现财政收支与管理的制度化、程序化，体现民意和具备必要的透明度以接受公众监督。从预算的编制、审议、修改、批准，到执行与执行中必要的调整，都应建立严格的程序，对各个环节都规定明确的责任。财政部门要从对企事业单位的具体管理中退出，加强对财政经济形势和财政经济政策执行情况的跟踪分析，与有关部门一道努力提高宏观管理水平，充分发挥财政稳定经济、调节分配、维护公平竞争等调控职能作用。

（2）抓好省、地、县各级财政的增收节支工作，逐步向公共财政职能转变。同时应认真研究省级财政集中用于投资的资金使用和管理办法，作为省府调控经济发展的重要手段。

（3）鼓励各地做好财源建设，同时应研究制定如何通过财政返还、贴息、补贴等办法扶持各地（特别是县域）培植新财源，培育新的经济增长点。

（4）各级地方政府要研究如何利用有限的税收管理权限，结合产业政策，调节地方经济发展。

（二）努力发挥财政资金对社会投资的引导作用

充分利用财税政策扶持、财政贴息、担保融资等方式引导社会资金加入

西部产业政策和技术政策要求予以倾斜的建设项目中，以较少的财政资金牵引、衔接较大量的民间财力。采取财政贴息等多种经济杠杆形式，引导民间投资，使财政在新形势下更好地发挥调节职能。

（三）努力增加财政投资

由于西部各地经济发展相对滞后，工业化水平低，市场化程度弱，导致经济运行的稳定性弱，需要通过政府作用加快工业化、市场化进程和降低失业率、加快农业劳动力向非农产业转移、加快基础设施建设、提高区域性骨干企业竞争力、支持结构优化和升级等等，这些是市场机制无法完全替代的，相当一段时间内还需要加强政府财政投资来解决。

（1）继续支持社会公共基础设施建设。大力发展社会基础设施如铁路、公路网的建设，城市化及城市基础设施建设，农村的水、电、路等基础设施等，通过基础设施建设来推动经济增长，也为其他产业提供直接或间接的服务，来进一步推动经济发展，改善内需不足、社会公共基础设施总体落后的现实情况。

（2）强化对农业的投入。农业是国民经济的基础产业和弱质产业，在省级调控中只能加强，不能削弱。省级财政的投资重点在于：应主要包括全省性及跨地市水利工程建设，全省性农林水利事业发展项目，重大科技成果推广应用等。地县财政应在承担本区域农业工程设施建设与养护的基础上，重点发展优质高效农业、社会化服务体系及推广先进适用的农业技术等方面的投资。

（3）大力扶持高新技术产业发展。西部地区的科技投入渠道还很单一，政府举办的科研机构仍将是主要的科技力量，重大科研项目也主要由政府组织实施。这就决定了财政部门在促进科技进步中担负着重要职责，财政科技投资在全社会科技投资中仍将处于主渠道作用。特别是在科技发展计划的实施、科技工程的运转以及科研院所的发展上，财政科技投资起着主导作用，直接或间接地影响着产业发展和社会的进步，客观上要求各级政府切实强化财政科技投资。要增强预算的科学性，确保预算安排的科技投资增长高于经常财政收入的增长速度，促使财政科技投资比重逐步提高，从而加速高新技术产业发展，充分发挥科技进步在西部经济发展中的作用。

（四）优化财政投资结构

（1）对于国民经济的关键性产业和领域实行投资倾斜政策。财政投资的政策是财政政策的重要组成部分，是省级调控的重要工具。因此，财政投资应着力强化全省经济的关键性产业，即国民经济发展中的薄弱环节和新兴产业或先导产业。

（2）省级财政对竞争性领域的投资要逐步退出。按照市场经济要求，要科学界定财政投资的范围，改变财政投资包揽过多的弊端，逐步退出竞争性领域的投资，以集中财力确保投资重点。关于竞争性领域的财政投资，这是一个十分复杂的政策理论问题，在不同的发展阶段具有不同的界定。作为欠发达地区，又处于体制转轨时期，当前及今后一个时期的财政投资只能是退出一般竞争性领域，而对于支柱产业与基础产业等重点竞争性领域，政府及财政投资还不能过早地退出，应当采取扶植政策，促进产业结构和技术结构的升级。

（3）在调节区域发展差异、合理安排生产力布局方面，进一步充分发挥财政投资政策作用。由于地方经济实力、地缘优势及人文条件的不同，区域间存在差距有其必然性，今后也不可能在短期内缩小甚至消灭这一差距，更不能消极地保持区域之间的均衡。但我们也不能任由区域之间的差距无限制地扩大，而应通过强化对欠发达地区的投资，合理安排生产力布局，有效地推动经济发展，调整区域差异。

（五）建立中小企业贷款担保机制，引导和鼓励民间投资

融资难等问题仍是当前制约企业生产经营、影响银行正常开展业务的重要因素。西部地区普遍存在着企业规模小、融资困难的问题。目前许多省市都在积极探索、建立中小企业贷款担保机制中发挥了重要作用。各地要认真总结和借鉴成功的经验和做法，建立各地范围的中小企业贷款担保机制，对新创立的中小企业提供以政府信用为基础的贷款担保，从事专业融资信用担保业务，通过建立健全法律、法规体系，完善中小企业融资的信用担保、保险机制，增强金融机构对中小企业的支持，解决中小企业融资难的问题，以

鼓励民间投资。

三、实施好国家金融信贷政策

在目前中国金融调控政策总体上还存在传导渠道不畅；阻碍因素过多以及金融体制改革滞后的情况下，省级权限的金融信贷调控操作空间很有限，但并不是没有作为，重点应是积极实施国家金融信贷政策，努力缩短国家货币政策的传导时滞，大力发展地方金融，拓宽融资渠道，支持西部省区经济快速发展。

（一）制定和实施符合本省区实际的信贷政策

在贯彻执行中央货币政策的同时，依据本省区的经济运行特点和方向，制定和实施符合本省实际的信贷政策。

第一，加强对基础产业的支持。①支持农业发展。各金融机构都应加大对农业的投入。其中，国有商业银行用于支持农业方面的贷款增量要占当年新增贷款的10%，其他商业银行至少达到上年新增贷款的10%，农村信用社全力加大对农业方面的贷款比重；在政策性贷款方面，争取各项农业专项贷款占全国的比重有较大提高；积极支持农业产业化开发的企业。②支持能源、交通、通信等基础设施建设。重点支持一批骨干电厂的新建、改造及电站的建立，支持重点铁路、公路、机场的建设改造和扩建；支持城乡通信网省内长途干线和通往省外的传输网建设。

第二，加大对新兴支柱产业的支持力度。在增加流动资金贷款的同时，继续加大技改贷款的投放，重点支持科技含量高、开发新产品、开拓市场方面的项目。

第三，支持非公有制经济的发展。①在有条件的地州设立城市信用社，引进商业银行分支机构，规范和拓展非银行金融机构的业务，以增加对个体、私营以及股份（合作）经济的信贷支持。②增加办理（或代理）外汇金融业务的金融机构，支持三资企业的发展。③国有商业银行和非银行金融机构，对非公有制经济企业贷款要一视同仁。④各商业银行要从贷款计划中安排一部分资金，专门用于安排对非公有制企业的贷款。

第四，扩大科技贷款的投入。①加大对科技含量高的项目或产品的信贷支持力度。②支持科技成果商品化，逐年提高这类贷款在固定资产贷款、技术改造贷款和流动资金贷款中的比重。③对科研院所、大专院校兴办的开发科技产品的企业，在贷款上给予大力支持。

第五，调整贷款政策，加大对经济结构调整的支持力度。

（二）健全省级金融调控体系

目前，中国金融宏观调控体系已初步建立，2010 年前主要是积极执行、健全和完善金融宏观调控体系，其内容是：①健全和完善资产负债比例管理。②发展全国统一的银行同业拆借市场，使拆借利率统一化。③扩大以国家债券、中央银行债券、政策性金融债券为操作工具的公开市场业务。④推行商业汇票，扩大票据承兑、贴现及再贴现。⑤继续发挥利率杠杆作用，简化利率种类，调整利率结构。⑥加强对流通中的现金管理，依照《现金管理条例》完善管理制度，增进社会化管理，把现金管理作为控制货币供应量，打击走私、犯罪、洗钱的重要措施。⑦广开融资渠道，完善金融市场，大力筹集资金，在商业银行积极吸收各类存款的同时，尽量利用直接融资渠道，发展债券、股票、投资基金等证券业务，发展完善证券市场，扩大拆借业务，健全产权交易市场、证券交易中心系统等，吸引和引导社会资金流向最需要的行业。

（三）利用好国家西部开发中加大金融信贷支持的政策

国家已经出台了对西部地区加大金融信贷支持的政策措施，西部各地应结合本地实际，充分利用好这项国家政策，积极争取在制约西部经济发展的交通、能源、市政等基础设施和农业、生态环境建设以及产业结构调整方面获得国家更多的金融信贷支持。

（四）积极发展地方金融，加快金融对外开放步伐

为增强地方经济发展活力和调控能力，积极建设地方金融体系，努力争取筹建地方发展银行，积极发展信托、财务公司等非银行金融机构，组建地方的城市合作银行和农村合作银行。积极创造条件，加快西部地区金融对外开放步伐，积极开展外汇交易业务，盘活外汇资源，支持西部经济发展。

四、产业结构调整优化对策

产业结构不合理是制约西部地区经济发展滞后的重要因素之一，西部地区的产业结构不合理不仅仅包括目前西部各省区所确定的重点产业发展缓慢的问题，而且还包括目前扶持和培养的重点产业不合理，与其他省区雷同的问题。制定产业导向政策和产业扶持政策是地方调控的重要内容之一，地方政府能够通过制定产业导向，实施产业扶持政策，建立地区经济快速发展的产业支撑体系。

（一）以提高竞争力为目标，不断调整和优化工业结构

加快推进新型工业化是西部各省实现跨越式发展的必经之路，西部地区如何实现新型工业化，是西部各省需要认真研究的问题，关键是要深入研究、把握本地的资源特色和资源优势，这些资源特色和资源优势是其他省区没有的或不能替代的潜在的产业优势，选择这样的资源开发产业才能奠定与省外竞争的基础，在此基础上制定产业导向。要把这些资源优势转变为经济优势和竞争优势，需要技术创新，仅靠引进国外或东部地区的技术、设备、资金还不能完全发挥本地的特色资源优势，特别是在当今需求不足的情况下，更不能只是进行简单的产业模仿或接收东部地区的产业转移，而是需依靠技术创新来实现产业、产品的创新。由于西部地区科技水平、教育水平落后，人才短缺，不具备自主知识创新的条件，重点应是鼓励和支持技术模仿创新。通过引进国外或东部地区的技术，在这些技术的基础上结合自身资源的特殊性，开发最适合自身资源优势发挥的产品，避免与其他省区的竞争或具有较强竞争力，这样才能使特色产业迅速发展壮大起来，成为跨越式发展的产业支撑，要实施名牌战略，狠抓优势产业的市场营销和对外开放。深化企业改革，狠抓技术改造升级和设备更新，淘汰能耗高、资源消耗高、环境污染重、规模小、竞争力弱的工业。经过 10 ~ 15 年的培育、扶持和结构调整，形成特色工业主导型的增长格局，建立和完善促进产业结构不断优化升级的组织体制和运行机制，形成具有竞争力的产业框架。

（二）以发展优质高效农业为核心，不断调优第一产业

农业结构调整要以市场为导向，以效益为中心，以优良品种为基础，发

展优质高效农业；以科技进步和产业化为动力，优化农业产业结构；加大农业基础设施建设，改善农业生态环境。

进行全省范围内的农业区域布局和产业合理分工，以后应尽可能避免因产业雷同或盲目产业跟进而造成的增产不增收的现象，调整优化种植业结构和布局。粮食作物要全面更换品种。经济作物要向最适宜集中，依靠科技进步，主攻产品质量，养殖业要依靠科技进步和产业化经营，改变传统养殖模式，调整畜禽品种结构，加快品种改良。继续加强农田水利建设，稳定提高农业综合生产能力。

（三）加快发展第三产业

西部地区旅游资源相当丰富，独特的自然景观、民族文化、历史文化几乎在西部每个省区都有，且风格各不相同，是加快发展旅游业的重要基础条件。关键要以形成旅游综合产业体系为目标，开发名牌旅游产品为重点，通过规范旅游市场，提高服务水平，努力提高旅游业整体素质和效益水平，推进旅游产业的集团化进程，提高旅游产品的民族文化内涵和品质，加大宣传和市场开拓力度，开发有特色的旅游商品，建立健全旅游执法、监督和管理体制等。同时，积极鼓励现代物流业、教育、文化等的产业开发。

（四）继续加强基础产业

基础产业不仅是西部地区加快推进新型工业化的需要，也是支持东部地区经济继续快速健康发展的需要，要继续加强能源建设，要发展调节性能优越的大中型水电，发展大容量、高参数火电，严格限制调节性能差的中小型水电，禁止新建非综合利用的小火电并淘汰一批小火电机组。加快城乡电网改造，争取国家支持，实现“云电”外送。煤炭要严格控制产量，关闭非法和布局不合理的小煤矿，提高煤炭的转化程度和经济效益。与推进城市化进程同步，加强规划指导，逐步形成铁路、公路、水路、航空运输协调发展的综合运输体系。公路基本实现乡村公路等级化，中心城市之间和重要交通枢纽公路高等级化。邮电通信要加快新技术、新业务的开发利用，逐步建成集数字化、智能化、综合化、个人化和宽带化于一体的现代通信网。

五、综合运用其他调节手段，适时调控本省区经济运行

（一）深化计划和投资体制改革，增强省级调控能力

第一，计划工作重点转移到以中长期规划为主，制订、完善各行业、各地区的发展规划，搞好国民经济重大比例的综合平衡。加强计划前的预测、预警研究分析，使计划制订更加科学合理，更具指导性。

第二，加快改革计划投资体制。努力拓宽融资渠道，鼓励多元化投资。按国家产业政策，合理划分竞争性、基础性和公益性项目三大领域。按不同领域性质确定不同的投融资方式，形成主要依靠市场和社会、政府重点扶持和引导的投资机制。配套推行项目法人责任制、投资决策责任制等项改革。建立投资规模评估、监测和控制体系。

（二）加强市场体系建设，间接调控市场运行

建立健全市场法律法规体系，完善市场监督机构，改善并加强市场执法管理。在建立重要商品储备的基础上，建立重点商品市场风险基金，间接调控市场运行。重视市场主体发展。国有大中型流通企业加紧建立现代企业制度；小型企业实行股份合作制改造，放开搞活。管好关系国计民生的少数重要战略性物资的流通、供给。建立粮食、燃油、食糖、橡胶、有色金属等重要商品风险调节基金、商品储备制度和储备基金。大力培育、发展商品市场和要素市场。发展各类市场中介组织，培育建立自律性组织运行机制。

（三）加大价格执法力度，充分发挥价格对市场经济运行的调控作用

把整顿价格秩序作为整顿和规范市场经济秩序的重要内容，突出工作重点，加大执法力度。加强农村价格监督检查，整治行政机关乱收费，制止不正当价格行为，认真受理价格举报。健全法规体系，规范执法行为，建设高素质的价格行政执法队伍，为推进结构调整、促进国民经济持续快速健康发展发挥调节作用。

（1）根据“统一政策、分散决策”的原则，深化价格改革。适时调整少数重要生产资料的双轨价格，实现价格并轨，理顺比价关系：在培育发展要素市场过程中，逐步实现要素价格的市场形成机制。认真开展涉农价格、收

费检查；加强市场价格监管，整顿市场价格秩序。

（2）进一步改进价格工作，完善价格形成机制，加快法制建设步伐，规范市场主体和政府价格行为，推进收费体制改革，加强价格执法，做好价格服务，维护公平竞争秩序。

（3）完善价格管理机制，规范政府定价行为，提高定价的科学性。积极推进收费改革，加强价格监督检查，提高价格行政执法水平。

（4）加快价格信息系统和预警分析系统建设，增强调节市场运行能力。

后　　记

本书原是在西部开发战略实施初期，云南大学发展研究院组织开展的“中国西部发展研究”系列著作之一，也是国内第一本较为系统地研究西部经济增长周期波动的实证研究专著。开展本项研究的初衷，是基于中国区域经济发展不平衡，各地区的经济运行与经济周期也存在明显差异，有关中国经济周期波动的研究成果不能完全反映西部地区的经济运行特征，以此确定的经济调控政策也不能很好地促进西部地区经济平稳运行，很有必要揭示西部地区经济周期波动的特点和全国的差异性，指导西部开发战略实施过程中的经济调控和政策执行。成果出版后，受到了部分关心西部经济发展的学者的关注和引用，相关研究开始逐步增多。

写作本书时，西部开发战略刚刚实施，所能查到的最新数据是 2002 年的数据，所以本书揭示的只是 1978 年到 2002 年西部地区及西部各省（自治区、直辖市）的经济周期波动特点，所提出的经济调控思路与对策建议也只是针对当时西部的经济运行特点和问题，站在此后的任何时间点去看，有些观点和判断难免不妥甚至有误，敬请读者谅解、斧正。

本书有幸能够入选“当代云南社会科学百人百部优秀学术著作丛书”，反映出评审专家对西部发展问题研究的高度重视，在此深表谢意，感谢云南省社会科学界联合会对此成果的认可，感谢云南大学出版社编辑人员为本书出版所付出的辛勤劳动。

梁双陆

2012 年 3 月

于东陆园科学馆